国家出版基金资助项目

張伯苓全集

龚克 主编
王文俊 梁吉生 周利成 副主编

第九卷 规章制度

本卷主编 南开大学档案馆

国家出版基金项目
NATIONAL PUBLICATION FOUNDATION

南開大學出版社

《张伯苓全集》编委会

主　任　龚　克　孙海麟　张元龙

副主任　朱光磊　梁吉生　孙克强

委　员（按拼音排序）

崔国良　董润平　方　昀　胡光明

罗世龙　马跃美　荣　华　孙　茁

田祥平　熊　勇　杨文杰

主　编　龚　克

副主编　王文俊　梁吉生　周利成

创办南开大学时期的张伯苓

20世纪30年代，南开大学北部全景

20世纪30年代，南开大学南部全景

南开大学秀山堂

南开大学木斋图书馆

南开大学商科学生在实习

南开大学化学实验室

南开大学图书馆阅览室

南开中学的学生在模拟议会

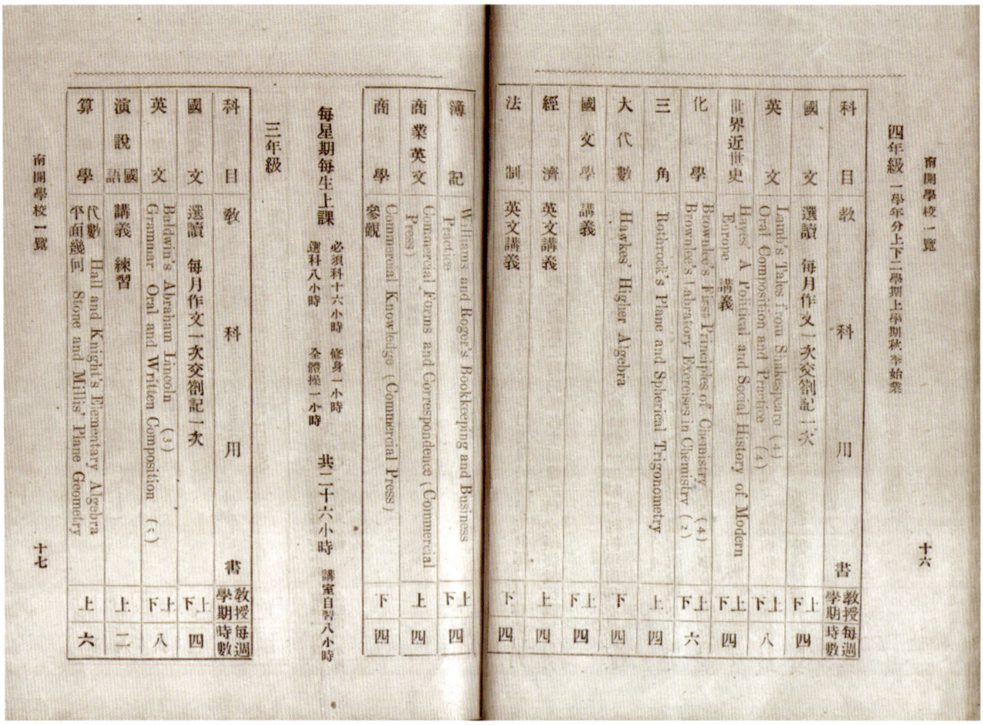

1919年出版的《南开学校一览》载南开学校四年级课表

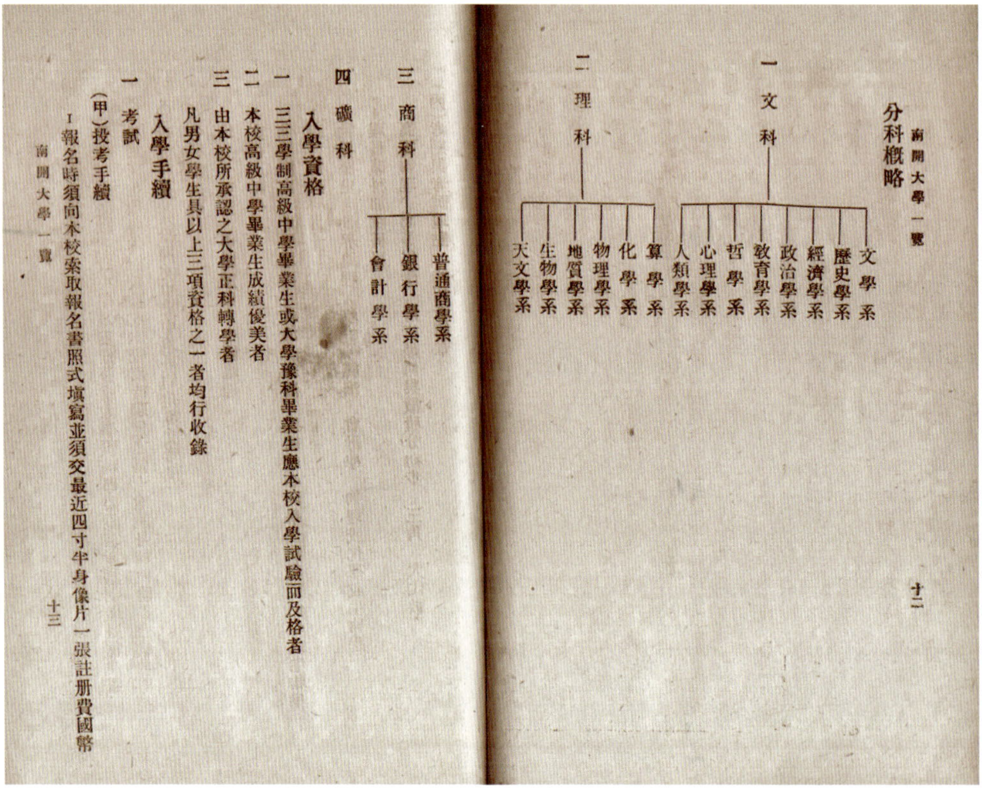

1923年出版的《南开大学一览》载南开大学分科概略

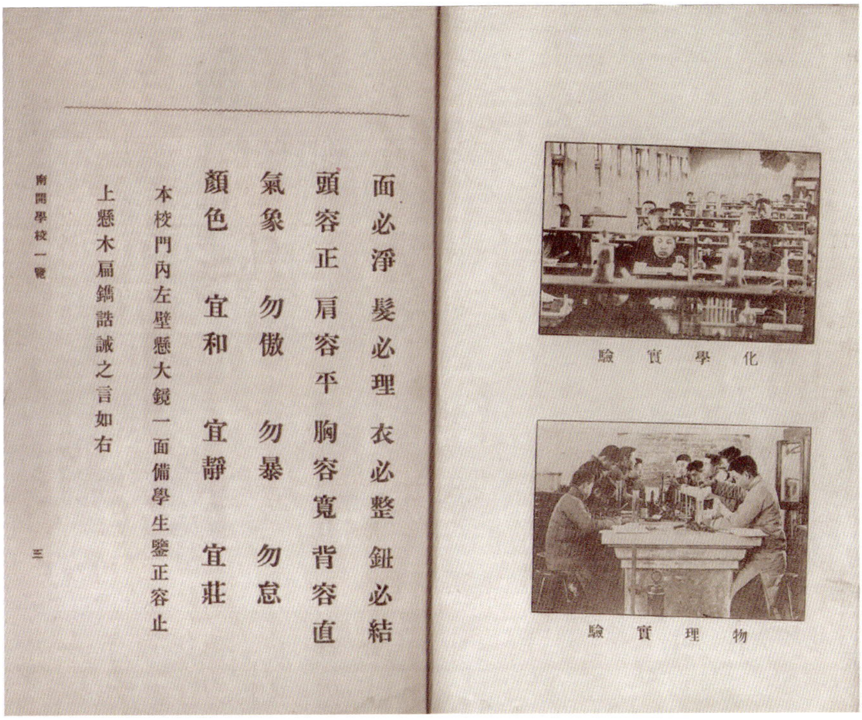

1923年出版《南开学校一览》内页

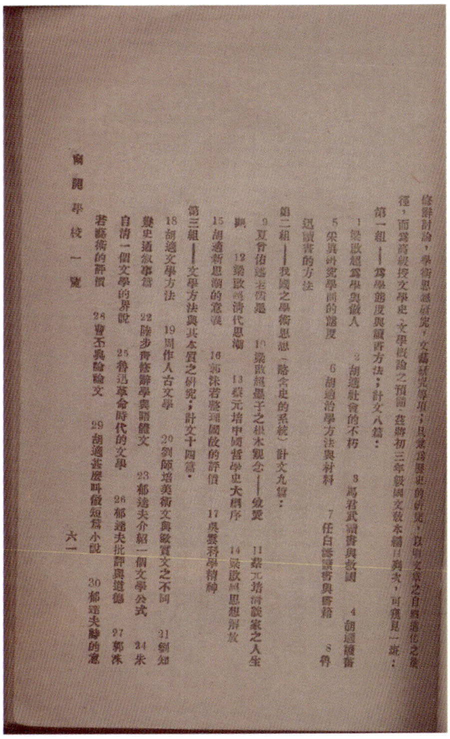

南开中学印制初三年级国文课参考篇目

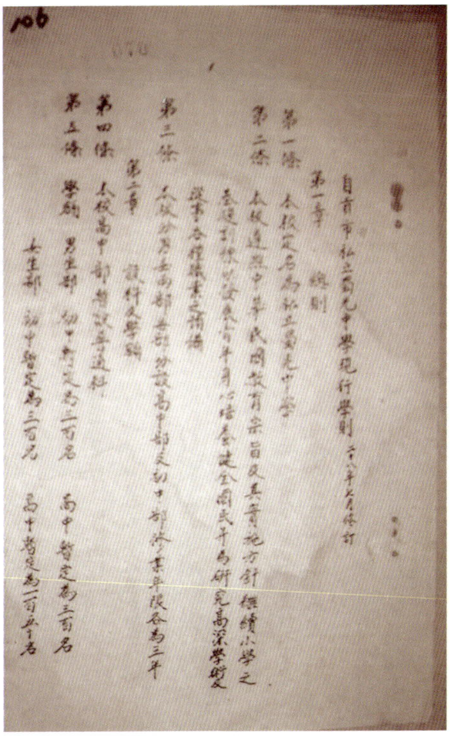

1939年7月修订《自贡市私立蜀光中学现行学则》首页

今日南开大学主楼

今日新校钟

目　录

南开学校及中学部规章制度

重庆南开中学规章制度

自贡蜀光中学规章制度

南开大学规章制度

西南联合大学规章制度

南开学校及中学部规章制度

民立中学堂招考启

（1904年9月18日）

启者：本学堂借文昌宫西严宅开办，一切课程切按《奏定学堂章程》办理，以五年为毕业期。学生毕业后，得与官学堂一律给与出身。兹已聘定教务长一人，正、副教员数人，分门教授。拟招考十五岁以上、二十五岁以下学生八十人，以已通汉文者为合格，其兼通英文、算学者亦一律收录。每人每月纳学费三元。凡有愿来堂肄业者，望于八月二十日①以前开具姓名、年岁、住址、三代，及曾读何书、曾习何科，并引保姓名，至文昌宫西严宅投报注册，听候考验。九月初即拟开学。此白。

附录：《奏定学堂章程》中，学堂课程课目、学科目凡十二：修身、读经、中国文字、外国语、历史、地理、算学、博物、物理及化学、法制及理财、图画、体操。

{《大公报》，光绪三十年八月初九（1904年9月18日）}

① 此为农历日期。

天津南开学校章程

（1915 年夏）

第一章　学则

第一条　分部

本校分专门、中学两部。

第二条　年限

一、专门部以三年为毕业期。

二、中学部以四年为毕业期。

第三条　学科

一、专门部外国语专修科：修身、国文、英文、德文、历史、地理、论理、心理、教育学、法学、经济、簿记。

二、中学部：修身、国文、英文、三角、几何、代数、数学、历史、地理、物理、化学、博物、法制、经济、簿记、乐歌、体操。

第四条　学额

随时量力扩充，不加限制。

第五条　休业

一、暑假休业五十日，自七月一日起至八月十九日止。

二、年假休业十四日，分为新年、春节各七日。

三、春假休业七日，自四月第一星期一日起。

四、夏节、秋节、纪念日各休业一日。

五、每星期六下午及星期日均休业。

第六条　试验

一、入学试验

专门部：国文、英文、历史、地理。

中学部：国文、英文、数学。

二、临时试验　由各科教员平日相宜举行，其历次得分平均，作学期试验应得分数之一半。

三、学期试验　于暑假、年假前举行，应考各科分主要、次要两项，主要者国文、英文、算学三门，国文、英文得分以六成以上为及格，算学以五成以上为及格，其他次要科目得分均以四成以上为及格。倘主要有一门不及格，或次要两门不及格，又或主要、次要各一门不及格者，均准补考一次。其有主要两门不及格，或次要三门不及格，又或主要一门兼次要两门不及格者，一律降班。

四、毕业试验及格者由本校发给证书。

五、各科特试由本校酌定日期，分科举行。全校学生不分班次，均得报名与考，成绩最优者赠给奖品。

第二章　招考

第七条　程度

一、专门部程度　中学毕业，于国文、英文特见优长者，或非中学毕业，与以上学力相等者，均可投考，试验合格取入本科。如国文程度不足，虽英文优胜亦不录取。

二、中学部程度　国文能作二百字以上清顺论说，英文须熟读浅近文法并浅近读本一册，数学须学过加减乘除、合问、大公生、小公倍、小数、比例、叠分各法，其程度稍歉者，择录归入补习班。

第八条　注册

报名时无论专门部、中学部，均须向本校索取履历程度表一张，照式详细填写，并须交注册费一元，给予收照。凡与考未录及录取入校者，皆准持收照领回，余概不缴。

第九条　考期

每年八月二十日以前招考正班、插班一次；一月十日以前招考插班一次；每届学期开学后数日择期补考插班一二次。

第十条　插班

程度合于某班即插入某班肄业。

第十一条　愿书

学生录取后，均须遵式填写愿书一纸，并须约请在津有职业之保证人加盖名字图章，缴送本校存查。

第三章　纳费

第十二条　学费

每年学费三十六圆，分三期交纳。八月至十二月为一期，纳费十五圆；一月至三月为一期，纳费九圆；四月至七月为一期，纳费十二圆。均须在入学前交清，始准上班受课。

第十三条　宿费

每年二十四圆，分两期交纳。八月至十二月为一期，纳费十二圆；一月至六月为一期，纳费十二圆。均须于入学前交清，方准入校寄宿。

第十四条　膳费

一、在校中两膳者，每月纳费银四圆九角。

二、在校中两膳，而星期六归家者，每月纳费银四圆，铜圆十四枚。星期六、日晚膳及星期日午膳校中均不预备，放假日同。

三、在校中一膳者，每月纳费银二圆，铜圆七枚。放假日不备膳。

第十五条　报费

本校学生所编辑之《南开星期报》，其印刷费由全校师生及订阅本报之人随意捐助。

第十六条　杂费

一、操衣费　冬季呢操衣、军帽每套约银六圆，夏季哈叽布操衣、军帽每套约银四圆以内。

二、浴费　每次须纳铜圆四枚。

三、赔偿费　损坏本校各项物品，随即声明，按原价缴纳。

四、校役费　每半年发赏一次，寄宿生每次银六角，通学生在校用膳者每次四角，不用膳者二角，此外不得另赏。

五、书籍、笔墨、纸张、操靴、医药等费概由自备，毋庸在校交纳。

第四章　规则

第十七条　总则

一、凡在校诸生有谈淫亵等语者，轻则记过，重则除名。

二、凡在校诸生以敦崇品行为要，倘不能自检，甚或有冶游情事，一经查出立即斥退。

三、赌博之事为少年所最忌，犯者立即开除。

四、吸烟、饮酒最有害于卫生，无论何种烟酒学生均不宜用，违者记过。

五、学生入校后年不满二十不得完婚，违者，查出即行斥退。

六、学生凡有贵重物品，均不准携带来校。倘随时应用等件或有遗失，须赶速声明，由管理人代为检查。

七、学生凡有毁坏校中物件者，须自向执事人声明，依照赔偿。

八、应纳各费按期不交者，或停学，或停饭，或令移出校外，均由管理员照章办理。

九、凡学生病假、事假，均须到事务室填写请假簿。

十、学生有犯小过者，扣大考总平均分数二十分，大过扣四十分。

十一、学生见本校师长须致敬，见同学须彼此为礼。

十二、学生对于本校员司如有不合礼之举动，轻则记大过，重则斥退。

第十八条　容止

面必净，发必理，衣必整，钮必结。

头容正，肩容平，胸容宽，背容直。

气象：勿傲，勿暴，勿怠。

颜色：宜和，宜静，宜庄。

第十九条　讲室规则

一、教员上班下班时，学生俱起立致敬，或有问答，亦须起立，不得随意坐言。

二、讲室宜肃静，不得任意谈笑。

三、讲室内不得抛弃纸屑，并不得于唾瓶外吐痰。

四、学生入讲室，除应用之书外，不得携带他物。

五、学生不准用粉笔在漆板上随意涂抹。

六、学生书桌宜随时自行揩拭，以备检查，不得涂抹污秽。

七、教员授课时学生宜端坐静听，不得欠伸欹倚而有怠气。

八、学生听讲有未清处，据书详问，不得与教员故意争辩。

九、每点钟功课学生有迟到逾十分钟者，即请教员阻其进讲室听讲，并须在事务室迟到册中署名，候至下点钟始得入讲室。教员每点钟功课有迟到逾十分钟者，由学监通知学生下班自修。

十、每日上午理课，七钟五十分齐集，八钟上班，八钟五十分休息，九钟上班，九钟五十分休息，十钟上班，十钟五十分休息，十一钟上班，十一钟五十分休息。下午理课，一钟二十分齐集，一钟三十分上班，二钟二十分休息，二钟三十分上班，三钟二十分下班。

第二十条 操场规则

一、体操时学生闻铃即须齐集操场，不得先后参差。

二、收操时必须听教员号令方准散队。

三、学生入操场时操衣、操靴均须一律，不得任意着用。

四、各生所用操枪及皮件等物，在场中不得随意戏弄抛置，操毕务须仍置原处。

五、学生在操场均须静听教员号令，不准互相谈笑，并不准有懈怠之气。

六、学生因病或因事告假者，均扣临时分一分，托故请假及旷课不到者均扣五分。

第二十一条 寝室规则

一、每早六时二刻一律晨兴，陆续到盥漱室盥漱，不得耽延。

二、校中若遇有非常事故，可施行临时检查。如有传染病，可查验学生之身体；如有失盗事，可查看学生身边及室内所有之物。

三、寝室内书籍、衣物安置宜有定所，不得颠倒紊乱。

四、寝室号数既经编定，学生须按号居住，不得自行迁换。

五、寝室内不得抛弃纸屑，并不得于唾瓶外吐痰。

六、盥漱、理发等事不得于寝室中行之。

七、不得在寝室自做食品。

八、在寝室内不得高声喧笑。

九、凡通学生及住宿不同室者，非因要事不准擅入他人寝室。

十、夏令无论热至何度不得袒裼。

十一、每晚按定时一律熄灯就寝，不得彼此谈笑，扰人眠睡；晨兴如在振铃以前行动，亦须安静，不可有作声惊人等事。

十二、熄灯后及晨兴前不得私点蜡烛，违者记过。

十三、凡寄宿生如有欲每星期六晚间归家者，须先时由家长或保证人来函声明，并须于函内盖印名号图章，以昭信实。

十四、寄宿生如有患传染病或他病必须静养者，均应照章移入调养室居住。

十五、学生不准在寝室内接待亲友。

十六、学生自修时，须按所学功课各自安心预备。

十七、星期日至星期五日，每晚自七钟至九钟三十分为学生自修时间。

十八、每晚自修时学生不得互相过访，即同室人亦不得任意闲谈。

十九、学生或有因故不能自修者，须到学监处声明。

二十、学生如有银钱等项，须交会计处代存。

二十一、学生在宿舍不得携带一切贵重物品，以防遗失。

二十二、寝室校役为数无多，除每日饬令预备茶水及扫除外，诸生均不得任意差遣。

二十三、学生不得高声呼唤校役。

附则

一、各寝室学生如能遵章自治，特别整洁者，由本校随时查验，加以奖励。

二、寄宿学生随时出入用款均须登簿自记，每至月杪分款结算，填入本校所发之表格内。

三、客籍寄宿学生每星期至少须发寄家报一次，交事务室登簿付邮。

第二十二条　调养室规则

一、凡寄宿者如有疾病非一二日能愈，或患传染病，即当声明，由学监允可后迁移此室内调养，一候病愈仍回原处。

二、患病者无论轻重，延医、购药两项费用均须患病者自付。

三、煎药等事准命校役办理，所需煤炭及器具皆可向校中取用，无须另行购置。

四、患病者若无相识之医生，即须向学监声明，延中西医士来校诊治，或径往医院就诊，均能代为介绍。

五、患病之学生向不在本校用膳者，其食品应备价购买；在本校用一餐者，每日准令厨司预备稀粥或汤面一次：用两餐者照前预备两次，均不必另行交费。唯欲用他种食品，即须另外给价。

六、本室每间只能容二人患病者，人数若多，临时由学监斟酌，可令病症较轻者回原宿舍调养。

第二十三条　书报室规则

一、阅看英汉文各种书籍及过期杂志报章，须向本室书记员声明，开橱检阅；如欲携出室外，须取借书券一纸，照式填写。

二、阅看本日各种日报及现期杂志，限于在室内阅看。

三、无论阅看何种书报，阅毕务须照旧置于原处，或折好用镇纸压住。

四、午饭、晚饭后及下午下班后为学生阅书报之时限。

五、无论何种书报，阅者均不得随意剪裁、涂抹，致碍他人披览。

六、本室只准学生披览书报，不得任便谈笑。

第二十四条 食堂规则

一、每日十二钟午餐，六钟晚餐，闻铃须即一律按名牌入座，迟久不到者不候。

二、学生不得另饬厨役添做菜品。

三、一切食物均由执事人随时检查，学生不得挑剔。

四、厨役或预备不周，学生须禀明执事人办理，不得自行交涉。

五、食时不准喧笑，并不准大声呼唤校役及击动碗碟等事。

六、凡因病不能到食堂者，须先声明，由执事人饬厨役特别预备汤面、稀粥，以便调养。

七、学生中或有患疥疮等病者，不便与人同桌用膳，准由厨役于公众饭后在食堂另备。

八、每日八钟前由厨役、校役预备晨餐，学生须以现钱购买，不准赊欠。

第二十五条 饮茶室规则

一、学生不在校内用膳者，在外所买物品，准携归此室内食之，不得在外随意走食。

二、包裹食品纸张、菜叶及零星食物之皮核等，食毕即收拾置于木箱内，不得任意抛弃。

三、本校学生人数既多，宗教自不尽同，有在回教者亦在此室饮茶，他生欲用肉食，务要检点。

四、饮茶毕，将茶杯余茶倾尽，置放原处，无论何时不得携出室外。

五、每当冬令，茶壶下加燃木炭，诸生不得随意拨弄。

六、夏令冰镇沸水价值较昂，专为诸生引[饮]啜，不得作他项之用。

七、本室器具各有定所，诸生不得随意挪置。

第二十六条 沐浴室规则

一、学生就浴，须向会计室购取凭签，无签者校役概不预备。

二、学生除星期六日可于午饭后就浴外，余以三钟半下班后至六钟，星期日上午十钟至十二钟为就浴时间，星期日下午不得入浴。

三、学生在本室洗面，无论何时均无庸纳费。

四、学生理发费须照章给予匠人，不得任意赊欠。

五、沐浴时均须各遵秩序，不得互相戏谑。

六、学生沐浴毕，须将所用一切物件另处晒晾放置，不准在此室内存留。

七、学生有患疮疥等症者，均不准入此室沐浴。

第二十七条　接待室规则

一、学生亲友欲到校内参观，须由学生向学监声明，允许后方准引入。

二、学生不得请亲友在宿舍内座谈。

三、当学生上班或晚间自修时间，亲友来访须在此室小候，至下班始可令校役通知。

四、学生亲友如欲见本校执事人询问一切情形，可令学生或校役通知，自当接见。

五、学生亲友来校，校役照例侍候茶水，如有不周，即由学生嘱令预备。

六、学生当上、下班相间之休息时间，准予接见亲友。唯一闻铃声，即须上班，不得拖延时刻，有妨功课。

第二十八条　惩罚规则

一、申斥

二、停学

三、通知家长申斥

四、记小过

五、记大过

六、请家长或保证人来校会同训诫

七、勒令退学

八、斥革

第五章　职务

第二十九条　校长

统辖全校一切事宜，并担任全校修身课程，每星期三第六时召集全校学生齐集礼堂，藉中外时事及本校发生事件，以阐发爱国立身之要义。

第三十条　专门部主任

主持专门部一切事宜，遇有要事，商承校长施行。

第三十一条　中学部主任

主持中学部一切事宜，遇有要事，商承校长施行。

第三十二条　教务学监主任

掌理教务并训育等事。

第三十三条　教员

分教各种学科。

第三十四条 斋务学监主任

掌理斋务并训育等事。

第三十五条 学监

襄理教务、斋务并训育等事。

第三十六条 庶务主任

掌理全校庶务。

第三十七条 文案

办理一切文稿，保存来往公文函件。

第三十八条 英文文案

办理英文文稿，保存来往英文函件及与西洋教员交际事项。

第三十九条 会计

办理会计一切事项。

第四十条 杂物

经理庶务主任委办事项。

第四十一条 书记

缮写一切文件、讲义等项。

第四十二条 书报室书记

经理书报一切事项。

第六章 附设各会

第四十三条 学生组织各会

一、自治励学会

二、天津南开学校基督教青年会

三、敬业乐群会

四、演说练习会

五、童子会

六、义塾服务团

七、救国储金会

第四十四条 学生组织，由职员辅助之各会。各会章程太繁，不能一一详载，仅将各会概略分列于下：

一、国文学会

各班学生文字优长者，随时由本会设法辅助其进步。

二、英文学会

本会研究英文，练习英语，增进会员英文之学识。

三、德文学会

本会以研究德文，练习德语为宗旨。

四、体育会

随时区别关于体育各方法，练习比赛，以促学生体魄之发达。

五、军乐会

凡入会会员均由本会随时教授各国普通及军用歌曲，藉以舒畅机致而健精神。

六、唱歌会

本会随时教授各会员一切复音歌曲。

七、柔术研究会

本会教授会员中国旧有尚武之技术，以辅助体育之发达。

第四十五条 师生合组之各会

一、新剧团

本团各员专编纂各种新剧稿本，每当本校周年纪念日演作庆祝，并随时试演天然滑稽短剧，藉以练习演说，改良社会。

二、中国音乐会

本会会员专研究中国旧有之音乐。

三、照相传习社

本社传习学生拍照各法。

第四十六条 临时组织之各会

一、周年纪念会

二、春季旅行会

三、辩论会

四、运动会

五、欢迎新同学会

六、庆祝毕业同学会

七、暑假、年假、春假留校学生乐群会

第四十七条 毕业学生组织之会

毕业学生同学会。

第四十八条 教员、管理员组织各会

一、教员管理员全体研究会

由校长召集，共同研究全校兴革事件。

二、管理员研究会

由校长或主任召集，共同研究管理各事。

三、教员研究会

由校长或主任召集，共同研究各科教授等事。

四、教员管理员茶话会

每星期开会一次，由会员轮流演说科学或各地风景、中外新闻，并有茶果、游戏以助兴味。

五、教员管理员球会

专练习筐球、网球、足球、台球、棍球。

第七章　报章

第四十九条　《南开星期报》

本报由学生编纂，内容分言论、本校纪事、文苑选录、杂纂小说、校外通询[讯]、本校布告、各会启事，并有英文、德文纪事等项，每星期出版一次，其印刷费均由阅报人按期补助，不敷之款，由职教员特捐或特别设法筹措。

（《天津南开中学志》编修委员会编：《天津南开中学志》，天津教育出版社 2014 年版，第 261—268 页）

南开学校学生课外组织联合会章程

（1918年10月9日修改）

第一条　定名　南开学生课外组织联合会。

第二条　宗旨　以集思广益谋全校课外进步为宗旨。

第三条　会员　凡各班正副班长，各会正副会长及出版部正副编辑、正副经理，皆为本会会员。

第四条　职员　本会置主席一人，开会时主持全会秩序；副主席一人，遇主席缺席时代行职权；书记五人，二人司记录，一人司文牍，一人司收集及宣布议案事，一人为执行部职员；检查员二人，开会时检察人数，遇表决时检查票数；会计员一人，司理会内之出入款项。如正、副主席同时缺席，得由正主席指定临时主席。

第五条　开会　每月第一星期三下午下班后开例会一次，遇有特别事故时，或由主席招集，或有八以上人连署之请愿，皆得开临时会议。

第六条　选举　本会职员每半年选举一次，于每学期起首时行之，由最高班班长先指令每年级各一人组成选举委办团，拟定候补之职员若干，于选举时当场宣布，但以外有人提议有二人以上之赞助，亦可得候补，职员全用无记名式票决选得，到会过半数即可当选，若皆不能过半数，可由最多数、次多数选决。

第七条　招集　每学期起首由最高班班长招集之，新职员选出后即退职。

第八条　提议　全体会员皆有提议权，须先将问题交本会书记，讨论时发表意见后得二人以上之赞助，方能认为议案。学校中师长或同学有所建议，亦可交本会书记交会付议。一学期内未通过之案不许再提。

第九条　议决　凡议案得全体会员三分之二以上之列席，到会人数三分之二以上通过时，为议决。

第十条　反正　议决之案有人反正，有全体三分之二以上列席，列席人数三分之二以上通过，前案仍可取消，惟赞成者方可提出反正。

第十一条　议场　临时指定。

第十二条　经费　每学期由全校同学每位各出铜子一枚，以作本会经费。

第十三条　缺席　开会时会员非有正式理由预先告假经主席允可者，不得缺席，否则罚小洋三角以资约束，此款即捐归义塾。

第十四条　施行　本章程自议决日施行。

第十五条　修改　本章程有不适宜处，经会员一月前声明提议，得全体会员四分之三同意或有全体会员四分之三以上之连署请愿，即可以修改。

水[本]会组成为谋吾校课外之进步，但所表决各件或有不能见诸实行者，致开会讨论徒托空言，今添执行部，议立简章如左：

执行部简章

第一条　组职[织]　由联合会正副主席二人，书记、会计各一人，每年级代表一人（共九人）组织之，联合会主席为本部主席。

第二条　织[职]权　有指派委办权，监督各会财政权，提议权，执行联合会之章程及通过各案件，对联合会负完全责任。

第三条　任期　半年。

南开学校学生课外组织联合会一览表

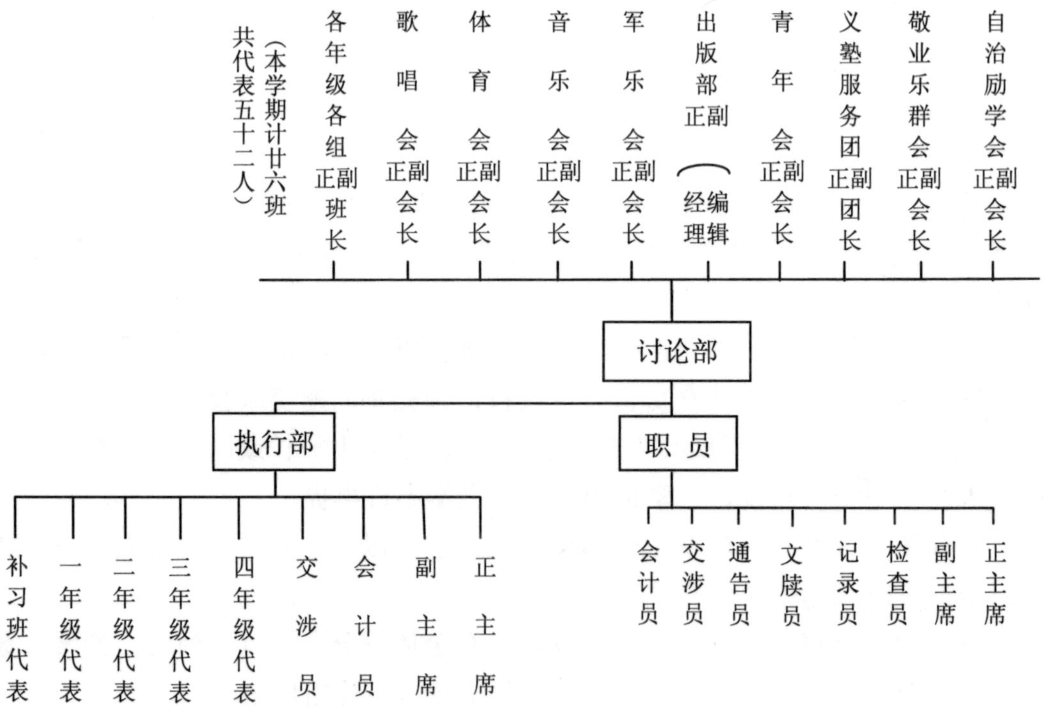

各会列表

会名	宗旨	成立年月	会费	组织
自治励学会	研究学科，谋知识之完全	前清光绪卅一年十一月	每学期银洋三角	学生
青年会	研究基督教之要道，发达德智体三育	民国元年四月		学生
敬业乐群会	以联络同学之感情为主体	民国三年四月	每半年银洋六角	学生
义塾服务团	养成急公好义之习惯	民国四年	每月银洋一角	学生
毕业同学会	联络同学感情，促进母校发达	民国三年		毕业生
军乐会		前清光绪卅一年十一月		学生
中国音乐会		民国三年		学生
歌唱会		民国二年		学生
各省同学会	联络乡谊，砥砺品学	民国五年		学生
体育会				学生
新剧团		民国三年		师生合组
周年纪念会				临时组织
旅行会				临时组织
辩论会				临时组织
运动会				临时组织
欢迎新同学会				临时组织
庆祝毕业同学会				临时组织
假期乐群会				临时组织
冬季通俗讲演会	启牖社会，促进文明	民国元年		临时组织

会内分部组织法

自治励学会：分文学、科学、经济、美术、演说、图书、交际、会务八部。

青年会：分查经、祈祷、图书、庶务、服务、经济、唱诗、导引、布道、游戏十部。

敬业乐群会：分会务、经济、图画、交际、讲演、俱乐六部，每星期六晚开俱乐会，寒暑假期组织假期乐群会。

义塾服务团：总董、副总董、教务长、庶务、会计、书启、各班干事二人，现有义塾二第，一在南开本校，第二在河东复兴庄。

南开出版部组织：分南开校风、周刊及南开思潮季刊，各有编辑、经理、顾问三部。

毕业及出校同学会组织：由毕业生及出校生组织之，已设立之分会为留美、留日、沪宁、北京、清华、唐山及北洋大学诸南开同学会。

（《南开学校一览》，1919 年春季，第 39—44 页）

南开学校课程

（1919 年春季）

四年级国文、英文、近世史三门为必须科，其余各门为选科，任学生自择二科肄业，以期所学者合于个人将来升学或处世之目的，惟各生所选之科必须经教务课认可，方准入班。

三年级分文、理二科，文科物理、化学均用国文教科书，一年毕，理科物理用英文教科书，一年毕。

修身一科不用成本，每星期三日第六时校长会集全校学生在礼堂演说修身大义，有时或借中外时事可启发各生之知识，并综合一周间学生发现各事，分别劝戒以促进步。

全体学生兵式操每星期四日第六时，集全体学生一律〈着〉操衣于院内操场，向国旗行敬礼后，由军乐队引导至门前操场操练。编制均依照陆军，共分二营，各级军官除团长由教员专任外，皆由学生中选择任用，操毕，仍回院内向国旗行礼后散队。

四年级　一学年分上下二学期，上学期秋季始业。

科目	教科用书	教授学期	每周时数
国文	选读　每月作文一次，交札记一次	上、下	四
英文	Lamb's Tales from Shakespeare (4) Oral Composition and Practice (4)	上、下	八
世界近世史	Hayes' A Political and Social History of Modern Europe 讲义	上、下	四
化学	Brownlee's First Principles of Chemistry (4) Brownlee's Labratory Exercises in Chemistry (2)	上、下	六
三角	Rothrock's Plane and Spherical Trigonometry	上	四
大代数	Hawkes' Higher Algebra	下	四
国文学	讲义	上、下	四

续表

科目	教科用书	教授学期	每周时数
经济	英文讲义	上	四
法制	英文讲义	下	四
簿记	Williams and Roger's Bookkeeping and Business Practice	上、下	四
商业英文	Commercial Forms and Correspondence (Commercial Press)	上	四
商学	Commercial Knowledge (Commercial Press) 参观	下	四

每星期每生上课：必须科十六小时，修身一小时，选科八小时，全体操一小时，共二十六小时，讲室自习八小时。

三年级

科目	教科用书	教授学期	每周时数
国文	选读　每月作文一次，交札记一次	上、下	四
英文	Baldwin's Abraham Lincoln (3) Grammar Oral and Written Composition (5)	上、下	八
演说国语	讲义　练习	上	二
算学	代数　Hall and Knight's Elementary Algebra 平面几何　Stone and Millis' Plane Geometry	上	六
化学文科	中学化学教科书　（4）　（中华书局） 实验　（2）	上或下	六
物理文科	实用教科书物理学　（4）　（商务印书馆） 实验　（2）	上或下	六
物理理科	Tower's Principles of Physics　（4） 实验　（2）	上、下	六
译英文文科	Translating English into Chinese	下	三
立体几何理科	Stone and Millis' Solid Geometry	下	三
世界史	Renouf's Outlines of General History 讲义	下	五

每星期每生上课：上学期：必须科二十小时，选科六小时。下学期：必须科十七小时，修身一小时，选科九小时，全体操一小时，共二十八小时，自习室自习六小时。

二年级 各科教授钟点上下学期同。

科目	教科用书	每周时数
国文	选读 每月作文二次	六
英文	Baldwin's Thirty More Famous Stories Retold （4） Mother Tongue Book II(2) Science Reader Vol. V. (2)	八
算学	Evans and Marsh's First Year Mathematics (3) Stone and Millis' Plane Geometry (3)	六
本国史	共和国教科书本国史二册 （商务印书馆）	四
世界地理	共和国教科书外国地理二册 （商务印书馆）	二
手工图画	金工	三

每星期每生上课二十九小时，修身一小时，全体操一小时，共三十一小时，自习室自习三小时。

一年级 各科教授钟点上下学期同。

科目	教科用书	每周时数
国文	选读 每月作文二次	六
英文	Progressive English Readers for Middle Schools First and Second Year	八
算学	共和国教科书算术（商务印书馆） 上学期 Evans and Marsh's First Year Mathematics 下学期	四
博物	植物 动物 生理卫生	四
本国地理	共和国教科书本国地理 （商务印书馆）	四
手工图画	木工	三
体操		三

每星期学生上课三十二小时，修身一小时，全体操一小时，共三十四小时。

补习班　各科教授钟点上下学期同。

科目	教科用书	每周时数
国文	国文读本注评　中学国文读本　通俗新尺牍　每月作文二次	八
英文	Progressive English Reader （高等小学英文读本） Language Lessons （初等英文轨[规]范）	八
算学	共和国教科书算术 （中学校用商务印书馆）	五
珠算	共和国教科书新算术（第三册）高等小学用 （商务印书馆）	二
体操		三

每星期每生上课二十六小时，修身一小时，全体操一小时，共二十八小时，讲室自习六小时。

考试

每月临时考试由本科教员随时订期行之，事前并不预告诸生，临时考试时间或限十分钟或十五分钟，考毕继续理课。如考题稍长须用钟点在十五分〈钟〉以外或五十分钟者，由本科教员自行酌定。

每月由各科教员将临时考试本科平均分数报告教务课一次，由教务课汇齐填写分数单通告诸生，每学期分四次报告。

学期考试各科所得分数即为本学期该科之平均分数三分之一。

学期考试

（及格程度）各科中只许有两门不及六成而在五成以上，余皆须及六成。

（补考）不及以上所列之程度而不及格之科目在两门以内者，准予补考一次，逾此留级。

补考各科均以六成为及格。

（《南开学校一览》，1919 年春季，第 15—22 页）

南开学校教务管理规则[①]

（1919年春季）

一、训育

（一）分课　本校训育课、斋务课之职员有辅助训练学生品行之责。凡属于宿舍及晚间自习之训育者，皆归斋务课；凡属于讲室以及其他时间之训育，皆归训育课。

（二）自治　本校教导学生之目的，以练习其自治能力为依归，是以有提倡令学生自行组织班风团，自习时自行管理，各班举代表办理各项事件，课外组织各会（章程另详），晚间自习有值日生维持秩序并稽查勤惰，寝室内举室长、斋长，分别照料。

（三）个人之训育及调查　职员与班长及诸生常有关于班风及各生状况之谈话，以期有相当各性之训育方法。关于学生年龄、住址及家长职业、已否娶亲、曾否入会及练习运动等项，制定格式单，每学期令学生详细填写一次。学生遇有事项约该生家长来校谈话，以收家庭、学校共同辅助之效。

本校为辅助学生择定职业起见，每年令学生禀商家长，填写择业调查表一次。其中要则即询该生毕业后家长能否供给升学，如不能升学愿就何业，并询功课长于何门，短于何门，及将来升学毕业后愿就何业等项。

（四）宿舍考美　宿舍有特别整齐洁净、始终一致者，则分别于每学期终奖以物品，以鼓励之。

（五）寄宿生写帐单　为稽查费用造成记帐习惯起见，凡二年级以下学生用项，须填写本校所订帐单，斋务课每月稽查无误，即于学期末尾寄与该生家长鉴核。

（六）寄宿生写家信　二年级以下学生须每星期寄与该生家长家报一次。

（七）缺席　因病或事项告假者，到训育课声明理由，获允后始得归去。不请假而自行离校者，以旷课论。每点钟迟到逾十分钟者，声明迟到理由亦为告

① 该题目为编者拟定。

假。每月告假逾十二小时或旷课逾六小时扣月考各科平均分一成。如因久病或亲丧及大事欲求特许不扣分者，须由家长或保证人到校证明，亦可酌夺允准之。

（八）训戒 学生因习惯之软弱有违校章者，由职员规劝之，再违则分别停学、记过，总以自去其非而悔改为训育之目的。

二、体育卫生

各班组织 各班每学期开学后选举体育干事一人，担负一班体育之责。

体育会 每年级有体育代表二人，由年级中之各班体育干事推选之，合各年级代表组织体育会，全校体育事项均归会中讨论、执行。

各项运动

（一）运动会 春秋季各开运动会一次，分甲乙二组。

（二）网球 校内筑网球场六处，球与球拍皆由学生自备，用球场每点钟纳铜元四枚。

（三）足球 每年各年级互相比赛足球一次，优胜者奖给木牌锦标。

（四）篮球 各年级比赛，与足球同。

（五）野跑 路线三英里，各年级只准八人入场，三次后平均总分，优者有奖。

（六）哑铃团 愿练习哑铃者每日晚九点半下自习班后，于食堂练习哑铃十五分钟。

（七）奖励选手办法 凡在本地与他校比赛得胜者，奖以纪念字；在华北与他校比赛得胜者，奖以纪念帽；在远东与他国比赛得胜者，奖以放大像片留校纪念。

（八）鼓励运动员办法

	甲格	乙格	丙格
百码	$10\frac{2}{5}$”	11”	$11\frac{4}{5}$”
四百四十码	55”	59”	65”
一英里	5’	5’15”	5’30”
高栏	$17\frac{4}{5}$”	$18\frac{4}{5}$”	20”
低栏	27”	$18\frac{2}{5}$” [$28\frac{2}{5}$”]	$29\frac{3}{5}$”
跃高	5’8”	5’5”	5’2”

续表

	甲格	乙格	丙格
跃远	20’	19’	17’8”
植竿	10’	96” [9’6”]	8’8”
铁弹十六磅	30’	28’	26’
铁弹二十磅	36’	34’	31’
铁饼	100’	94’	80’
三级跃远	42’	36’	34’

凡及右列甲格者，奖给纪念杯；乙格奖给银质纪念章；丙格奖铜质纪念章。

柔体操 每日第二时下班后，全体学生举行柔体操十分钟，记分三组，均由学生中之体育干事号令之。

检验疾病 每学期令学生填写格式纸一次，调查有无疾病及以前曾患何病，并验其指甲、牙齿、气色、瘦弱，如应诊治，即送校医处诊断。

校医 专延校医一人，每日午时来校，于校医室诊视学生疾病。

养病室 学生中有不甚重要病症而必须与他生离居者，入养病室调养之。

三、入学

程度 本校招考中学班学生以高等小学毕业者为合格程度。较高或稍歉者，本校班次颇多，报名时即将程度照程度表格式详细填写，由本校考验合于某班，即归于某班毕业。

注册 报名时须向本校索取履历程度表，照式填写，并须交注册费一元，给与收照，凡与考未录及录取入校者，皆准持照领回，余概不缴。

试验 国文、英文、算学及各种科学。

考期 每年暑假后（约八月）招考新生一次，第二学期前（约二月）招考插班生一次。

愿书 学生录取后遵式填写愿书，约请在津有职业者为保证人，署名、盖章，缴校存查。

四、费用

学费 全年三十六元，分两期交纳，二、八月开学前各交十八元。

宿费 全年二十四元，分两期交纳，八月、二月各纳十二元。

印刷费 每学期半元。

学生应纳各费须于每学期开学前如数交纳，领取收照，所有讲室位次及宿舍位次均按收照排列。

化学实验消耗费及手工材料费，每半年核计数目，令学生缴纳。

膳费 甲、乙饭厅及甲、乙等膳费，每月交费时由学生自择。

膳费表			
乙饭厅	甲饭厅		
	乙等	甲等	
每月四元三角二分	每月交纳三元四角	每月交纳四元七角五分	永在校中两餐者
每月交纳三元七角	每月交纳二元九角六分	每月交纳四元一角四分	除星期早及星期六晚每日在校两餐者
每月交纳一元八角五分	每月交纳一元四角八分	每月交纳二元零七分	除星期及放假外每日一餐者

学生用费 按一学期计算。

学费十八元

印刷费五角

操衣费约四元，新生须备

沐浴费约二元

膳费约二十五元（乙等膳费约减八元）

笔墨纸张费约一元五角

各班公费约八角

添书费各年级不同

医药川资衣服等费在外不计

宿费十二元

早点心费约五元

理发费约一元

洗衣费约一元

会费至多六角

校役赏二角至六角

零费约一元

资助学生费 本校为资助贫寒学生起见，已定简章数条（欲览者函索即寄），如果该生品学兼优，在本校中学肄业满一年者，即约同保证人呈准本校借予学费，毕业后遵章缴还。

五、教职员组织

分课

全校职务共分四课，曰：教务课、训育课、斋务课、庶务课（大学筹备课为本学期临时机关），各课设主任一人，课员若干人。训育课担负上课一切训育事，斋务课担任住校、自习一切训育事。

分科

全校教员分四科，以便研究讨论各科之进行，四科曰：国文科、英文科、自然科学科（物理、化学、算学、博物、手工图画等科属之）、社会科学科（历史、地理、法制、经济、商业簿记等科属之），每科设主任一人，由教员兼任，担负本科之选择教材、研究教法，每月本科开会时为主席，每学期终报告本科各门成绩及未来计画。

委办会

凡遇不属于诸课之事务，校长于职教员中选定各种委办会，并指定某人为委办长。本学期各种委办会为教授法研究委办、辅助学生课外组织委办、体育卫生委办、教员游艺委办、参观招待委办、出版事务委办、书报委办、表册改良委办、职教员运动委办。

六、新生入学须知

一、被录学生即到本校庶务室领取愿书，并声明是否住校。

二、愿书填写法：

第一行填写姓名、字、年龄；

第二行填写何省何县；

第三行[①]填写何镇何村何巷；

第四行填写外埠人现居本津何街何巷；

第五行六行填写父兄名字，在何处作事，如无父兄即在本行内填写家长名字、职业；

第七行填写三代名讳；

第十三行保证人约请常住本津有职业者填写姓名、字、在何处作事、何省何县人，现住本津何街何巷，填毕在名字下盖保证人名字图章；

---

① 本处及以下关于行数的表述有误，第 29 页“新生入学愿书”系按原文排版。

末行填写交愿书日之年月日，具字上填写本学生姓名，贴用印花四分。

三、缴愿书

填写已毕即日送交本校庶务室，执事人验收填写无讹，交清各费，换给收照，以凭入学。

四、缴愿书时应纳各费（见前费用）：

操衣费临时宣告。

寄宿生每人应备洋烧磁[瓷]脸盆一个，白布褥单两方长七尺宽两幅，可托本校售品公司代备，自购者听。应用文具、操靴等项均归自备。

五、购备应用书籍

被录各班学生向本校庶务室索取买书凭单，前往本校南操场售品公司或各书肆购买。

六、开学日学生应守秩序

本校向有稽查学生出入名牌，按通学寄宿分班悬于庶务室旁过道等处，到校时即将该生原挂之红字名牌反挂原处，出校仍须反回红字。

反牌时记清该生应入某班某讲室，按图前往静候振铃，闻铃即至礼堂行始业式。下午上课由执事凭各生纳费收照编定座位，务要记清，以后即按照所定入座上课。

七、礼节

学生与职教员无论遇于何处均缓步脱帽，职教员答如礼，若未着帽或着旧式便帽则鞠躬，车上下相见之礼与步行时同，校内出入各门遇先生均让先生先行，同学相遇亦应脱帽或鞠躬。

八、应注意各项规则悬挂地点如左：

（一）仪容格言悬于过道内右壁镜上。

（二）本校布告悬于礼堂门左。

（三）交费之通告悬于过道内左壁。

（四）总规则悬于礼堂门左。

（五）振铃时间规则悬于过道内左壁时辰钟下。

（六）讲室规则悬于讲室门外。

（七）体操规则悬于南走廊通操场过道。

（八）各班课程表悬于各班讲室门首。

（九）寝室规则悬于寝室门外及礼堂门左。

（十）食堂规则悬于食堂内。

（十一）饮茶室规则悬于饮茶室内。
（十二）书报室规则悬于书报室内。
（十三）浴室规则悬于浴室内。
（十四）调养室规则悬于调养室外。
（十五）学生接待室规则悬于接待室内。
（十六）学生及本校各项小广告均悬于礼堂门右广告盒内。
（十七）学生诊病规则悬于校内医室内。
（十八）理化实验规则悬于实验室内。

新生入学愿书

学生　　　　字　　　　年　　　　岁

籍贯　　省　　　　县　　　　镇　　　　村　　　　街　　　　巷

现居本津

父字　　　　　　　　　　职业

兄名字　　　　　　　　　　职业

曾祖　　　　祖　　　　父

今蒙考取入校归入　　班肄业，于毕业期限内心愿遵守校中一切规章，在校外时亦愿束身自爱不为玷辱学校名誉之事，为此出具愿书，邀请保证人署名、盖印，呈请天津南开学校鉴核。

盖保人名号图章

保证人　　　　字　　　　　　　　职业

省　　　　　　人现居

中华民国　　　年　　　月　　　日学生　　　　　　具

黏贴四分印花

（《南开学校一览》，1919年春季，第22—28页，第38—39页，第48—52页）

南开学校规则

（1919年春）

总则

（一）凡在校诸生有谈淫亵等语者，轻则记过，重则除名。

（二）凡在校诸生以敦崇品行为要，倘不能自检，甚或有冶游情事，一经查出立即斥退。

（三）赌博之事为少年所最忌，犯者立即开除。

（四）吸烟、饮酒有害于卫生，无论何种烟酒学生均不宜用，违者记过。

（五）学生入校后年不逾二十不得完婚，违者查出即行斥退。

（六）学生凡有贵重物品均不准携带来校，倘随时应用等件或有遗失须赶速声明，由管理员代为检查。

（七）学生凡有毁坏校中物件者，须自向执事人声明，依照赔偿。

（八）学生见本校师长须致敬，见同学须彼此为礼。

讲室规则

（一）教员上班下班时学生俱起立致敬，或有问答亦须起立，不得随意坐言。

（二）讲室宜肃静，不得任意谈笑，违则令退出讲室。

（三）讲室内不得痰唾，并不得抛弃纸屑等物。

（四）学生入讲室，除应用之书外不得携带他物。

（五）学生不准用粉笔在漆板上随意涂抹。

（六）教员授课时学生宜端坐静听，椅向前移，背宜挺直，不得欠伸欹倚而有怠气。

（七）学生听讲有未清处，据书详问，不得与教员故意争辩。

（八）每点钟功课学生有迟到逾十分钟者，即请教员阻其进讲室听讲，并须在事务室册中署名，候至下点钟始得入讲室。教员每点钟功课有迟到逾十分钟者，由管理员通知学生自习。

理化试验室规则

（一）届时齐集不得迟延，缺席者须向教员商定适宜时间补作试验。

（二）试验室内除于指定时间作相当试验外，不得随时任意操作。

（三）损坏物件须声明，按价赔偿。

（四）试验各种药品暂不向诸生取费，如随意消耗，即须赔偿。

（五）物理试验领出仪器时须验明是否完好，否则当时声明。交还时，所有仪器须整治干净完好。化学试验仪器皆储存桌柜内，试验前诸生须察视仪器是否完好，试验工作毕，亦须将仪器整治完洁，如有损缺即由该生依价赔偿。

（六）不得喧哗，有问题可向教员直接发问。

（七）试验毕由教员察视一次，如果实已竣事，学生始得离开本室。

操场规则

（一）体操时学生闻铃即须齐集操场，不得先后参差。

（二）收操时必须听号令方准散队。

（三）学生入操场时操衣、操靴须一律，不准任意着用。

（四）各生所用操枪及皮件等物，在场中不得随意戏弄抛置，操毕务须仍置原处。

（五）学生在操场均须静听号令，不准互相谈笑，并不准有懈怠之气。

寝室规则

（一）每早六时二刻一律晨兴，陆续到盥漱室盥漱，不得耽延。

（二）校中若遇有非常事故，可施行临时检查，如得传染病及失盗等事，皆依照办理。

（三）寝室内书籍、衣物安置宜有定所，不得颠到紊乱。

（四）寝室号数既经编定，学生须按号居住，不得自行迁换。

（五）寝室内不得抛弃纸屑，并不得于唾瓶外吐痰。

（六）盥漱、理发等事不得于寝室中为之。

（七）不得在寝室自做食品。

（八）在寝室内不得高声喧笑。

（九）凡通学生及住宿不同室者，非因要事不准擅入他人寝室。

（十）夏令无论热至何度不得袒裼。

（十一）每晚按定时一律息灯就寝，不得彼此谈笑，扰人眠睡。晨兴如在振铃以前行动亦须安静，不可有作声惊人等事。

（十二）息灯后及晨兴前不得私点蜡烛，违者记过。

（十三）凡寄宿生如有欲于每星期六晚间归家者，须先时由家长或保证人来函声明，并须函内盖印名号图章，以昭信实。

（十四）寄宿生如有患传染病或他病必须静养者，均应照章移入调养室居住。

（十五）学生不得在寝室内接待亲友。

（十六）上课及自修时各室锁闭，学生须向斋务课领取凭照，方可回室。

（十七）学生或有因故不能到讲室自修者，须到斋〈务〉课处声明。

（十八）学生如有银钱等项，须交会计处代存。

（十九）学生在宿舍不得携带一切贵重物品，以防遗失。

（二十）寝室校役为数无多，除每日饬令预备茶水及扫除外，诸生均不得任意差遣。

（二十一）学生不得高声呼唤校役。

（二十二）寄宿生须各备白布单两个，用以更替遮盖被褥。

（二十三）寄宿生被褥每星期至少须晒晾一次。

晚间自习规则

（一）不准诵读。

（二）上班前及休息时间方准饮茶。

（三）不准闲谈，如讨论功课务须低声。

（四）每室举定干事六人，每日一人应职维持班上秩序。

学生诊病规则

每日午十二钟半至一钟半为诊病时间，礼拜日停诊。在上列时间外遇有紧急病症由管理员代为函请者，每次由患病人出诊费银一元，药品由患病者自行购备（在订时内诊治，药价稍低者暂由校备）。

凡病势沉重或医治稍费时日者，均须自行归家调治，愿赴本埠各医院者，本校皆可代为介绍，医药费由病者自备。

患病者欲请中医诊治，本校亦可代为介绍，医药费由病者自备。学生在家患病延校医往治者，可直接往请，诊费须按章交付。

调养室规则

（一）凡寄宿生如有疾病非一二日能愈者，经校医允可后迁移此室内调养，一俟病愈仍回原处。

（二）证情较轻者即由校医随时诊治，重者或延中西医士来校疗治，或径往医院就诊，均能代为介绍，至延医、购药两项费用，均须由学生自付。

（三）煎药等事准命校役办理，所需煤炭及器具皆可向校中取用，无须另行购置。

（四）患病之学生向不在本校用膳者，其食品应备价购买；在本校用一餐者，每日准令厨司预备稀粥或汤面一次；用两餐者，照前预备两次，均不必另行交费。惟欲用他种食品，即须另外给价。

（五）本室每间只能容二人，患病者人数若多，临时可令病证较轻者回原宿舍调养。

书报室暂行简章

（一）阅书时间

每日饭后十二钟半至一钟半；

下午下班后三钟半至六钟；

每星期六日至下午三钟。

（二）阅书秩序

阅书时间内不准彼此谈话，一切行动均不得有声。

（三）借书规则

借书出阅每人限定至多二本，自星期六日起至星期一日下午一钟半前必须将原书缴还，如当日过时缴还每册罚铜元三枚，或次日缴还每册罚小洋一角。

书既借出，如有损失均须由借者负责。报张、杂志概不外借。

附布（书橱之门寻常一律锁闭，阅者欲向橱内取书须请事务员开锁）。

食堂规则

（一）每日午餐、晚餐闻铃须即一律按名牌入座，迟久不到者不候。

（二）学生不得另饬厨役添做菜品。

（三）一切食物均由执事人随时检查，学生不得挑剔。

（四）厨役或预备不周，学生须通知管理员办理，不得自行交涉。

（五）食时不准喧笑，并不准大声呼唤厨役及击动碗碟等事。

（六）每日八钟前由厨役、校役预备晨餐，学生须以现钱购买，不准赊欠。

（七）食堂分两处，饭菜分甲、乙两等，学生可以任便择用。

（八）每桌中间特设之箸专用以取菜，不得随意入口，以重卫生。

饮茶室规则

（一）学生不在校内用膳者，在外所买食品，准携归此室内食之，不得在外随意走食。

（二）包裹食品纸张、菜叶及零星食物之皮核等，食毕即收拾置于木箱内，不得任意抛弃。

（三）本校学生人数既多，宗教自不尽同，有奉回教者亦在此室饮茶，他生欲用肉食，务要检点。

（四）饮茶毕将茶杯余茶倾尽，置放原处，无论何时不得携出室外。

（五）每当冬令茶壶下加燃木炭，诸生不得随意拨弄。

（六）夏令冰镇沸水价值较昂，专为诸生饮啜，不得作他项之用。

沐浴室规则

（一）学生就浴须向会计室购取凭签，无签者校役概不预备。

（二）学生除星期六日可于午饭后就浴外，余以三钟半下班后至六钟，星期日上午十钟至十二钟为就浴时间，星期日下午不得入浴。

（三）学生理发费须照章给与匠人，不得任意赊欠。

（四）沐浴时均须各遵秩序，不得互相戏谑。

（五）学生沐浴毕须将所用一切物件另处晒晾放置，不准在此室内存留。

（六）学生有患疥疮等症者均不准入此室沐浴。

接待室规则

（一）学生亲友欲到校内参观，须由学生向管理员声明，允许后方准引入。

（二）学生不得请亲友在宿舍内坐谈。

（三）当学生上班或晚间自修时间亲友来访，须在此室小候至下班始可令校役通知。

（四）学生亲友如欲见本校执事人询问一切情形，可令学生或校役通知，自当接见。

（五）学生亲友来校，校役照例侍候茶水，如有不周即由学生嘱令预备。

（六）学生当上、下班相间之休息时间准予接见亲友，惟一闻铃声即须上班，不得拖延时刻有误功课。

（《南开学校一览》，1919 年春季，第 28—38 页）

天津南开学校学生会简章

（1919 年 12 月 4 日通过施行）

第一章　总纲

第一条　本会定名为天津南开学校学生会。

第二条　本会以联络感情，昌明学术，促进社会，辅卫国家为宗旨。

第二章　组织

第三条　本会以本校全体学生组织之。

第四条　本会设正、副会长各一人，并评议、执行两部。

第三章　会长之职权

第五条　会长对外代表本会，对内总理一切事宜；副会长协理，遇会长缺席时，副会长代理之。

第六条　会长得建议于评议部并出席发言，但无表决权。

第四章　评议部

第七条　本部以正、副评议长及评议员组织之。

第八条　本部之职权如左：

一、议决本会一切规章；

二、议决本会预算并审查决算；

三、议决本会一切进行事宜；

四、质问及弹劾；

五、选举。

第九条　本部得设各种委员会。

第十条　本部细则另定之。

第五章　执行部

第十一条　本部以正、副部长，各科正、副科长及科员组织之。

第十二条　本部暂设左列各项职员：

一、教育科正、副科长及科员；

二、讲演科正、副科长及科员；

三、庶务；

四、会计；

五、文牍书记；

六、交际员。

第十三条　本部及各科细则另定之。

第十四条　本部之职权如左：

一、执行评议部议决案件及其他应行事宜；

二、得建议于评议部；

三、评议部议决案之碍难实行者，得提交覆议，但一案不得覆议二次；

四、经评议长许可后，得出席发言，但无表决权；

五、得设各种委员会。

第六章　选举法

第十五条　正、副会长由评议部用不记名投票法先经预选一次，再从预选当选人中决选之。

第十六条　本校同学均有被选为职员权。

第十七条　选举正、副〈会长〉时须有全体评议员四分之三出席，经出席人数四分之三通过，但预选时不在此限。

第十八条　本会评议员以由每班选出之正式代表每班一人充任之。

第十九条　评议部设正、副评议长各一人，由各评议员互选之，其代表被选为正、副议长之班次，须另选一代表充评议员。

第二十条　执行部正、副部长由会长提出，经出席评议员过半数通过之。

第二十一条　各科正、副科长由会长会同执行部长提出，经出席评议员过半数通过之。

第二十二条　各科科员由执行部长会同科长聘请之，科员人数按各科事务繁简，由各〈科〉长自定之。

第二十三条　本会选举日期分二次，每年寒假及暑假开学后一月内举行之。

第七章　职员任期

第二十四条　本会职员任期半年，但连选得连任。

第八章　会约

第二十五条　凡本会会员当严守本会之宗旨，不得有逸出范围之举动。

第九章　会期

第二十六条　本会于每学期开学后，开首次大会一次，并于每学期放假前开闭会式一次。临时大会由会长随时搜[召]集之。

第十章　经费

第二十七条　本会经费由各班同学自由捐助，不充足时得临时募捐。

第十一章　附则

第二十八条　本会简章自经评议部通过之日实行。

第二十九条　本《简章》有不完善处，由四分之一以上评议员提议，经三分之二以上通过，得修改之。

中华民国八年十二月四日通过施行。

（《校风》第 134、135 期，1919 年 12 月 18 日、26 日）

南开学校中学部仪器管理规定[①]

（1921 年 4 月 1 日）

（一）各室仪器经此次分配后不得随意移徙。

（二）如有损伤务登记于损伤簿上。

（三）理化博物教员上课所用仪器务于上班前自行检妥，然后命校役携至课堂。

（四）理化博物教员借用仪器时须签名于各室所设之纸本上，并注明移往何处、何日交还。

（五）每星期由张膺九先生查验一次，如有缺少，校役负责。

（六）各门均设特别锁一具，非本室校役不能入室，以免杂乱。

（七）非理化博物教员不得擅入各仪器室取器具。

（《南开周刊》第 1 期，1921 年 4 月 1 日，第 27 页）

① 标题为编者所拟。

天津南开学校集金赎路会简章

（1922年3月10日）

一、定名　本会定名为天津南开学校集金赎路会。

二、会员　本校教职员愿认股者皆得为会员。

三、金额　本校预定二万圆，先尽本校师生，承受不足时由学校认购。

四、认股　凡认股者请先认定数目，按照下列缴款办法缴纳。

五、缴款

（一）认购五十圆者每月至少一圆，百圆者二圆，余类推。

（二）缴款分四年零二月缴完，先愿早完者听。

（三）每月储款认定后，按月缴纳，由本校会计课代收，付与收据。

（四）认股者二十五圆以下不愿每月储一圆者，可分期缴纳。

（五）认定款数后不得中途停交及减低额数。

六、存款　每日储款总数择一妥实银行存放，存款利息周利至少五厘，半年一付。

七、停交　会员离校后愿继续缴款者听，如不愿续缴，已缴股款不得提出，购股时即照已缴之数购买。

八、付款　五年后付款赎路时将该款提出，付交正当之收款机关。未付款前，全款概以南开学校名义存储银行。

附则

（一）本会一切事宜公举委员会承办，委员会会员五人由全体大会公举之。

（二）本章程有未尽善处得开大会修改之。

（《南开周刊》第29期，1922年3月10日，第22页）

南开学校春季运动会办法

（1922年3月15日）

分部比赛　大学部分三年级、二年级、一年级、矿科四组；中学部分四年级、三年级、二年级、一年级、补习班五组。

分组比赛（只限于中学部）。

甲组：曾在各种运动得过奖者。

乙组：未曾得过奖者。

童子组：凡年十七岁以内，身高在五尺以下者。

报名方法　现由体育课发出报名格式纸，交与各年级体育总干事，凡欲报名者，即与该总干事接洽。

报名截止　本月十一日（上星期六日）下午六钟为报名截止时间。

运动门类　百码、二百二十码、四百四十码、半英里、一英里、高栏、低栏、跃高、跃远、掷铁饼、掷铁球、掷标枪、植杆跃高、三级跃远、半英里接力、一英里接力　。

童子运动门类　五十码、二百二十码、跃高、跃远、四百四十码接力。

报名限制　每年级每门不得过四人，每人报名不得过五门。

奖品　得胜年级交给盾牌一面，每门前三名各奖给奖牌一个。

计分法　第一名五分，第二名三分，第三名二分，第四名一分。

罚则　运动会时按报名单点名，不得临时使他人替代，亦不得临时不到。凡已报名而无故不到者，扣该年级总分一分。

预赛　预赛时间与门类再志。

（《南开周刊》第30期，1922年3月15日）

南开学校中学部三三制国文与算学草案①

（1922 年 5 月 31 日）

本校三三制国文草案

1. 初级中学

第一年

（一）选文（语体文十之七，文言文十之三）……4

（二）语法（词性，单句、复句之组织，标点符号）……2

（三）作文及演说……2

第二年

（一）选文（语体文与文言文参半）……4

（二）文法（词性、单复句、组织等）……1

（三）作文演说及辩论……1

第三年

（一）选文（语体文十之三，文言文十之七）……4

（二）修辞要例……1

（三）作文演说及辩论……1

2. 高级中学：第一组、第三组、第七组

第一年

（一）选文……3

（二）修辞学……1

（三）文字学大纲……2

第二年

（一）选文……3

（二）国学概要……3

① 标题为编者所拟。

第三年

（一）选文……………………………………………………………3

（二）文学史…………………………………………………………3

3. 高级中学：第二组、第四组、第五组、第六组、第八组

第一年
第二年　｝每周三小时——选文
第三年

附注

（一）作文每两周一次，高级中学在课外作之。

（二）各级教材俟规定后再行宣布。

本校三三制算学课程草案及教科书

A. 初级中学

第一年

笔算——自整数四则起至复比例及利息止，以实用为目的，全年每周六小时。

教科书——算术教本（中华书局）

第二年

初等代数、平面几何及几何画——用混合教授法，以简单几何图形引入几何原理，代数至一次方程完及简单劈因数，几何至三角形完，全年每周六小时。

教科书——Breslich's First-year Mathematics

第三年

初等代数、平面几何及几何画——代数至二次方程完。

平面几何完，全年每周六小时。

教科书——Breslich's Second-year Mathematics

B. 高级中学

（1）普通部

第一组　文科

第一年

平面三角——第一学期完，每周三小时。

教科书——Passano: Plane Trigonometry

第二组　理科

第一年

中等代数——比及比例、变量、指数论、无理数、幻数、差级数、倍级数、阶级数、排列及组合，全年每周二小时（讲义）。

立体几何——第一学期完，每周四小时。

教科书——Betzand Webb: Solid Geometry

平面三角——第二学期完，每周四小时。

教科书与文科同，酌加讲义。

第二年

中等代数——二项式定理、定列式函数及图解完，〈全〉年每周二小时（讲义）。

平面解析几何——直线、圆周、抛物线、椭圆、双曲线完，全年每周三小时。

教科书——Fine and Thompson: Coordinate Geometry 或 Bocher And Glenstien: Analytic Geometry.

第三年

大代数——方程式论、无限级数及引伸分数，全年每周二小时（讲义）。

平面解析几何——第一学期完，每周三小时。

教科书与第二年同。

微分初步——微分定意[义]求各函数之引伸函数及其应用，至小量与至大量，第二学期每周三小时（讲义）。

第三组

第一年

平面三角——与文科同。

商算——第二学期每周三小时。

教科书未定。

（2）职业部

第四组　商科

第一年

商算——与第三组同。

珠算——第二学期每周三小时。

教科书未定。

第五组　工业化学

第一年算学与理科第一年同。

第六组　测绘科

第一年算学与理科第一年同。

第七组　教育科英语部

第一年算学与文科第一年同。

第八组　教育科数理部

各年级算学均与理科同。

附注

初级中学笔算用汉文教本，其他各课均用英文教本，以上各教科书均系临时暂定，每种约用二次即行更换。

（《南开周刊》第 38 期，1922 年 5 月 31 日，第 28—31 页）

南开学校修身班注意事项

（1922年9月28日）

一、 每日见师长须致敬为礼。

二、 校内及路间遇有本校女教员及女学员，须特别致敬——如让路等礼节。

三、 除阴雨外，由电车站至校门前不得坐人力车。

四、 同学每早见面须彼此为礼。

五、 不得在礼堂周围栏上及学校头门下随意坐卧，言语喧哗。

六、 下班休息时间不得在通行各处群立徘徊，阻碍他人经过。

七、 食堂壁间所悬报纸，不得摘下持向他处阅看。

八、 校内花木果食[实]须共相保存，不得特意毁坏、摘食。

九、 遇有外国教员，每晨见面，无论班上、班下，均须问候答礼。

十、 衣履服饰不得奢华，如华丽履袜及金戒指等，均须戒却。

（《南开周刊》第41期，1922年9月28日）

南开学校中学部现行组织

（1923 年春季）

（甲）董事会

（一）董事会以董事九人组织之。

（二）本校大学中学二部统由董事会董理。

（三）本校校长由董事会聘任，大学部及中学部主任各一人，由校长推荐经董事会通过。

（四）董事会担任筹募经费、议决预算、审查决算。

（五）学校章程之制定及变更，应由董事会通过。

（乙）校长

（一）校长总理全校一切事务。

（二）校长办公室设秘书二人，文牍一人，办理一切文件及校长随时委任事宜。

（丙）中学部主任（现暂由校长兼任）

（一）主任襄助校长办理一切事务。

（二）校长外出时，主任代理校长职务。

（丁）各课

a 教务课

（一）教务课设教务主任一人，综理全课事务，课员及事务员各一人，办理本课一切事宜。

（二）主任参预校务会议，并会同他课谋校务之进行。

（三）教务课所掌职务列左：

1. 执行校务会议及教务会议议决关于教务事项；
2. 考察讲室内授课情形；
3. 会同教员研究教授方法；
4. 商承校长延聘教员；
5. 规定课程及授课时间表；
6. 办理入学试验、平时试验，并宣布核算试验成绩。

7. 掌理关于教务之各项表簿文件；

8. 购置并保管关于教科应用之书籍、仪器；

9. 掌理关于学生分科、编级事宜；

10. 掌理教员告假。

b 训育课

（一）训育课设训育主任一人，综理全课事务，科员二人，办理本课一切事宜，事务员一人，管理誊录。

（二）主任参预校务会议，并会同他课谋校务之进行。

（三）本课所掌职务列左：

1. 执行校务会议议决关于训育事项；

2. 调查学生个性及家庭状况；

3. 掌理学生违犯校规惩责事项；

4. 掌理学生告假事项；

5. 调查各省学生人数、各班学生年龄及家长职业，并制定比较表；

6. 辅助学生自治；

7. 维持讲室内外一切秩序；

8. 每月与各班辅导员会议一次，以谋训育上兴革事项。

c 斋务课

（一）本课设主任、副主任各一人，综理全课事务，课员六人，事务员一人，办理本课一切事宜。

（二）主任参预校务会议，并会同他课谋校务之进行。

（三）斋务课所掌职务列左：

1. 执行校务会议议决关于斋务事项；

2. 训练寄宿生自治之能力；

3. 支配宿舍；

4. 稽查宿舍自修之勤惰；

5. 考核宿舍之整洁；

6. 经发初级寄宿生之家信；

7. 调查寄学生个性及家庭状况；

8. 慰问患病之学生。

d 庶务课

（一）庶务课设主任一人，综理全课事务，课员六人，分任会计、杂务，办理本课一切事宜，事务员若干人，缮写讲义、文件及办理本课及他课临时委办事件。

（二）主任参预校务会议，并会同他课谋校务之进行。

（三）本课所掌职务列左：

1. 执行校务会议议决关于庶务事项；

2. 添购、保管一切物件；

3. 经收房租、地租、学生学宿膳费、零星存款及其他各种款项；

4. 经管校内财政，并主五十元以内之出款；

5. 分别勤惰，进退夫役；

6. 稽查厨房、饭厅；

7. 管理建筑及修理校舍；

8. 保存学校贵重物品；

9. 保管已往存查一切账簿；

10. 会同教务课管理理化仪器；

11. 保管假期内学生存物；

12. 辅助办理开学、放学、大考一切事宜。

e 体育课

（一）体育课设主任一人，副主任一人，综理全课事宜，课员三人，事务员一人，办理本课一切事宜。

（二）主任参预校务会议，并会同他课谋校务之进行。

（三）体育课所掌职务列左：

1. 执行校务会议议决关于体育事项；

2. 会同教务课分配各班体育钟点及课程；

3. 检验全数学生身体；

4. 注意身体软弱之学生，务使得有适宜之运动；

5. 联络他校，组织各种运动比赛事项；

6. 选拔并组织与他校比赛各门运动之队员；

7. 组织校内各级各组体育竞艺事宜；

8. 规定鼓励运动员之奖格及奖品；

9. 掌理关于运动之一切设备事宜；

10. 协助学生课外组织之哑铃团、武术社等。

（戊）图书馆

（一）本馆设主任一人，综理本馆一切事宜，馆员与事务员若干人，其职务由主任分配之。

（二）本馆主任列席校务会议，并执行校务会议所议决关于本馆之一切事件。

（三）关于购置图书、杂志等事件，图书委员会得建议于本馆主任，由本馆主任酌量办理。

（四）本馆所掌职务列左：

1. 按照预算额支配用款；

2. 图书之购置及保管；

3. 编辑目录，装订书报；

4. 图书之出纳；

5. 阅览人及阅览图书之统计。

（己）会议

1. 校务会议

（一）校务会议以校长，校长室秘书，文牍，中学主任，各课主任及图书馆主任组织之。

（二）本会议为本校议事机关。

（三）本会议校长为主席，每星期开会一次。

（四）本会议议决事项，交各课执行之。

（五）凡重大事项得由校长召集全体职教员会议公决之。

2. 教务会议

（一）教务会议以中学主任、教务主任及教员数人组织之。

（二）教务会议讨论教务上一切进行及改良事宜。

（三）本会议议决重大事项，得校长或校务会议承认后施行之。

（四）本会议由教务课召集，每月开会一次或两次，如有特别事故得临时召集之。

3. 各科会议

（一）各科会议研究各科进行事宜，由教务课召集各科教员组织之。

（二）凡关于教务上重大事项得开全体教员会议公决之。

4. 各课会议

各课会议由各课主任随时召集该课职员组织之。

（庚）委员会

本校为辅助各课进行及使校务公开、责任分担起见，组织各会，其章程另订之，会名列左：

师生校务研究会、各班辅导委员会、卫生委员会、运动委员会、出版委员会、图书委员会、仪器委员会、入学考试委员会、预算委员会、成绩委员会、花木委员会、暑期学校委员会。

（《天津南开学校中学部一览》，1923 年春季，第 7—14 页）

南开学校中学部课程

（1923 年春季）

本校中学部采行三三学制：初级中学三年，高级中学三年。初级中学不分科，高级中学分普通及职业两部。普通部为毕业后升学者而设，分文、理、商三科；职业部为毕业后就事者而设，暂设职商一科。初级及高级各科课程如左：

初级中学

第一年	每周时数	第二年	每周时数	第三年	每周时数
国文	8	国文	6	国文	6
英文	8	英文	8	英文	8
算学	5	算学	5	算学	5
中地	3	中史	3	西地	3
图画手工	3	生理卫生	2	生物学	3
体操	2	图画手工	3	公民常识	1
修身	1	体操	2	体操	2
		修身	1	修身	1
	30		30		29

高级中学课程

（一）普通部——文科

第一年	每周时数	第二年	每周时数	第三年	每周时数
国文	4	国文	4	国文	4
文字学	2	国学概要	2	文学史	2
英文	6	英文	6	英文	6
西洋史	3	西洋近世史	3	政治学	3
化学	4	论理学（上）	3	经济学	3
算学（上）	3	心理学（下）			
中国近百年史（下）		第二外国语或英文学	3	第二外国语或英文学	3
体操	2	体操	2	体操	2
修身	1	修身	1	修身	1
	25		24		24

理科

第一年	每周时数	第二年	每周时数	第三年	每周时数
国文	3	国文	3	国文	3
英文	6	英文	6	英文	6
西洋史	3	物理	6	高等化学	6
算学	6	算学	5	算学	5
化学	6	第二外国语	3	第二外国语	3
体操	2	或机器画		或力学	
修身	1	体操	2	体操	2
		修身	1	修身	1
	27		26		26

商科

第一年	每周时数	第二年	每周时数	第三年	每周时数
国文	3	国文	3	国文	3
英文	6	英文	6	英文	6
西洋史	3	西洋近世史	3	政治学	3
算学	6	簿记学	3	经济学	3
化学	4	商业常识	3	会计学	3
体操	2	第二外国语	3	第二外国语	3
修身	1	或英文学		或英文学	
		体操	2	体操	2
		修身	1	修身	1
	25		24		24

（二）职业部

商科

第一年	每周时数	第二年	每周时数	第三年	每周时数
国文	3	国文	3	国文	3
英文	6	英文	6	英文	3
西洋史	3	经济学	3	实习（下）	
化学	4	会计学	3	商业英文	3
簿记学	3	商业常识	3	货币银行论	3
商算（上）	3	商法	3	银行簿记	3
				银行实践	3
珠算（下）				打字	3
体操	2	体操	2	体操	2
修身	1	修身	1	修身	1
	25		24		24

（《天津南开学校中学部一览》，1923 年春季，第 15—18 页）

南开学校中学部教务管理规则[1]

（1923年春季）

一、入学

程度　旧制高等小学毕业者，得投考初级中学二年级；新制高等小学毕业者，得投考初中一年级。

注册　报名时须向本校索取履历程度表，照式填写，并须交注册费一元及四寸最近半身照像一张，注册费及相片无论录取与否均不退还。

试验　本校招考简章订有各年级考试课程表，新生欲入何年级可照表内所列功课预备。

考期　每年秋季开学前招考新生一次，春季开学前招考插班生一次，考试日期见学年历。

检验身体　学生考试及格须受身体检验，不及格者不录。

保证书　学生录取后须约请在津有职业者为保证人，照式填写保证书，并署名、盖章缴校存查。

二、退学

（一）成绩过劣者于学期或学年之末得令退学，但仍得随新生考试。

（二）未考学年考试者及一学期内缺席逾授课时间三分之一者，认为退学，但仍得随新生考试。

（三）操行、学业两者实系不堪造就，得斟酌情形，令中途或学期之末退学。

（四）开学后两星期不报到亦未告假者，认为退学。

（五）学生因故自愿告退，须经家长之证明。

（六）中途退学学生已交各费概不退还。

---

① 题目为编者拟定。

三、转学

（一）学生中途退学，如非因故斥退，准予发给证书以凭转学。

（二）已转学之学生复校时，须经入学试验。

（三）每学生只准给转学证书一次。

四、告假

（一）学生因事或因病告假如经训育课准许者，其钟点每学期逾十小时，则由训育课通知教务课扣其学年考或学期考各科平均分数各一分；不经训育课准假者，以旷课论，旷课钟点每学期如逾三小时，亦同上办理。

（二）学生实因亲丧大故，其告假钟点经家长证明，酌予特许假，凡得特许假者不扣分数。

（三）学生每学期告假不得逾学业时间三分之一。

五、试验

（一）试验分平时试验、学期试验、学年试验三种。

（二）平时试验每学期两次，临时小考不拘次数，由教员任意酌定，第一学期终举行学期试验，第二学期终举行学年试验。

（三）学生有请求习高学年课程或免习某科者，得举行特别试验。

（四）平时试验考毕，由各教员将考试成绩报告教务课，由教务课汇齐填写报告单，通告学生学期及学年试验成绩，由教务课通告学生家长。各科试验以百分为满分，六十分为及格，特别试验七十分以上为及格。

（五）平时试验分数与学期考试分数平均，但期考分数等于两次平时试验分数，第一学期与第二学期分数平均为年考分数。

（六）试验成绩评定办法：

（1）试验成绩分甲乙丙丁戊五等，九十分至百分为甲等，八十分至八十九分为乙等，六十分至七十九分为丙等，五十分至五十九分为丁等，五十分以下为戊等。各科成绩以六十分为及格，五十分至五十九分者补考，五十分以下者重习。

（2）各等比例：甲等（0—10%）、乙等（5%—20%）、丙等（50%—80%）、丁等（5%—20%）、戊等（0—10%）。

（七）如因特别事故于平时试验告假缺席者，经教务课之认可，每学期得予补考一次，补考费一元，分数按九扣计算。请求补试者须于假满返校日行之，补试日期由教务课临时酌定。

（八）每学科每周授课一小时者为一学点，不及格学点每学年之末不得过全数五分之二，逾此者退学。

（九）不合格学点在五分之二以下者不及格，学科于次学年重习之，但成绩在五十分以上者得予补考一次，补考日期由教务课先期宣布，届时不到不得再请求补考。

（十）重习科目重习后又不及格，以两倍学点计算。

六、费用

学费　全年五十元，分春秋两季交纳，每次各二十五元。

宿费　全年三十元，春秋两季开学前各交十五元。

印刷费　每学期半元。

预偿费　每学期二元，学期内如未损坏物件，原数退还。

实验费　每学期化学一元，物理半元，手工材料费半元，打字费一元。

膳费　甲乙饭厅及甲乙等膳费，每月交费时由学生自择膳费，暂定如左：

膳费表

乙饭厅	甲饭厅		
	乙等	甲等	
每月四元七角二分	每月三元八角	每月五元一角五分	永在校中两餐者
每月四元一角	每月三元三角	每月四元四角八分	除星期早及星期六晚每日在校两餐者
每月二元五分	每月一元六角五分	每月二元二角四分	除星期及放假外每日一餐者

七、新生入学须知

（一）被录学生即到本校庶务室领取保证据，并声明是否住校。

（二）约请常住本津之保证人，照保证据格式填写并盖名字图章，即日送交本校庶务室换取执照，再到报到处领取纳费凭单，交清各费后，再凭收据向教务课领取上课证，以凭开学日入学。

（三）寄宿生每人应备脸盆一个，白布褥单两方长七尺宽两幅，可托本校实业公司代备，自购者听。

（四）被录学生向本校索取买书凭单，前往本校实业公司伊文思或各书肆购买。

（五）被录学生应入之班次及班次所在讲室，本校在礼堂旁广告栏内宣布，学生须按照前往静候振钟，闻钟声即至礼堂入新生席行开学式，次日凭上课证上班。

（六）本校所设之兵式体操与童子军教练二门，初级一、二年学生可任选其一练习，惟愿入童子军者，须与童子军规则相合。

（《天津南开学校中学部一览》，1923 年春季，第 19—23 页，第 36 页）

南开学校中学部规则

（1923年春季）

总则

（一）凡在校诸生以敦崇品行为要，倘不自检，有冶游及入坤书馆等情事，一经查出立令退学。

（二）赌博之事为少年所最忌，犯者即令退学。

（三）吸烟、饮酒有害于卫生，无论何种烟酒学生均不宜用，违者记过。

（四）凡在校诸生有谈淫亵等语者，轻则记过，重则退学。

（五）学生入校后，年不满二十不得完婚，违者查出即行斥退。

（六）凡学生对于公家物件均须爱惜以重公德，倘有毁坏校中物件者，须自向学校声明，照价赔偿。

（七）学生见本校职教员须致敬，同学相见须彼此为礼。

讲室规则

（一）教员上班、下班时，学生俱起立致敬，或有问答亦须起立。

（二）讲室宜肃静，不得任意谈笑。

（三）上课时不得随意出入教室。

（四）学生入讲室除应用之书外，不得携带他物并零星食品。

（五）学生不准用粉笔在漆板上随意涂抹，并不得在地上抛弃纸屑等物。

（六）每日第一时学生有迟到逾十分〈钟〉者，即以旷课论，即请教员阻其进讲室听讲。自第二时起，迟到不得逾五分钟。

（七）自修及教员告假时间，由各班值周生点名，并维持讲室内秩序。

理化试验室规则

（一）学生除规定时间实习外，不得随时在本室任意试验。

（二）损坏物件，须自行声明，按价赔偿。

（三）试验所用各种药品，如任意消耗亦须赔偿。

（四）物理化学试验领出仪器时，须验明是否完好，如有损缺须当时声明。交还时，所领仪器须整治干净，如有损坏即由该生照价赔偿。

（五）试验室内不得喧哗，有问题可向教员直接发问。

（六）试验毕，如有余暇，可在试验室内缮写报告，不得遽离本室。

金木工教室规则

（一）学生闻铃须即入讲室，不得耽延，如有迟到者以旷课论。

（二）学生齐集后须端立于讲桌前，静候点名。

（三）在教室内彼此不得谈笑，并不得随便出入。

（四）当工作时须各在指定之位次，不得随便更换。

（五）工作时所用器具由匠人预先安好位置，学生不得无故移动，用毕仍置于原位。

（六）学生遇有用特别器具时得教员之允许后，可向匠人索取，用毕仍交还匠人。

（七）下堂时学生须一律退出教室，以免器具紊乱。

（八）学生如有损坏器具及材料者，须按价赔偿。

（九）本室器具概不外借，亦不得随意舞弄。

（十）本室工作材料不得携出室外。

体操规则

（一）体操时学生闻铃即须齐集操场，不得先后参差。

（二）学生有迟到者即以旷课论，与他科同。

（三）收操时必须听号令，方准散队。

（四）学生在操场均须静听号令，不准互相谈笑，并不得藉故违背。

（五）体操时如遇风雨场中不能操作，可在讲室内讲授各项操法及运动规则。

（六）学生在体操时间入操场时，须着制定操衣，便衣上操以不到论。

（七）学生所用操枪、皮件及各种器械，在场中均不得随意戏弄抛置，操毕务须仍置原处。

（八）体操课程预有规定，学生不得任意要求另作他项游戏。

（九）体操教员如因故不到时，该班体育干事代为点名，点名后回班自修，不得随意解散。

柔软操规则

（一）各班学生每日第二时下课后，宜迅赴操场练习柔软操十分钟。

（二）学生在操场站立地点都有标定，不得错乱。

（三）练习时由值周生点名，各班秩序由该班值周生维持。

（四）学生有未到者，该班值周生须于点名册内画缺席符号，迟到者亦同。

（五）缺席一次等于旷课一小时。

打字室规则

（一）学生除规定时间练习外，不得随时入室任意练习。

（二）在练习打字时，不得任意喧哗。

（三）如打字机有某机关不灵通或损坏时，可告明教员令人修理，幸勿自己擅动。

（四）各机如有损坏，各组共负责任。

（五）废纸须置于字篓，不得任意抛弃地上。

（六）每日进室务先签名，然后起始练习。

寝室规则①

1. 每早六点二刻晨兴。

2. 盥漱、理发等事，应在规定地点为之。

3. 每日早八点前，慎勿作乐。

4. 上课时间各室一律锁门，应用书籍什物须预先取出。

5. 每晚按定时息灯就寝，不应彼此谈笑，扰人睡眠。晨兴以前行动，亦须安静，不应有作声、惊人等事。

6. 如有不请假外出并至晚不归校住宿者，轻则记大过，重则斥退。

7. 每星期六晚间归家者，须由家长或保证人来函声明，函内必须盖有名号图章，以昭信实。

8. 息灯后及晨兴前私点洋烛者，记过。

9. 寝室号数、床位，既经编定不应自行迁换。

10. 凡通学生及住宿不同室者，非有要事不准擅入他人寝室。

---

① “寝室规则”与“晚间自修规则”部分原文序号如此。

11. 校中若遇有传染病及失盗等事，得施行临时检查。

12. 银钱等项须交会计处代存，其他贵重物品不得携带来校，以防遗失。

13. 不准在寝室内接待亲友。

14. 不准在寝室内自作食品。

15. 寝室校役为数无多，除每日预备茶水及扫除外，不应任意差遣。

16. 寝室内不应高声喧笑及呼唤校役。

17. 天气无论热至何度，不应袒裼。

18. 如有患传染病者应移入调养所居住。

19. 初级客籍寄宿学生，每星期至少须发家信一封，投置就近信箱内，以便斋务课登簿、付邮。

20. 每室举室长一人，维持本室一切秩序。

21. 每人须备白单两个，用以更替遮盖床面，被褥一律平铺。

22. 寄宿生被褥，每星期至少须晒晾一次。

23. 有特别整洁者，由本校随时考查加以奖励，特别不整洁并屡戒不悛者，即不准住宿。

24. 假期内住宿规则另订之。

晚间自修规则

1. 自修时不准迟到。
2. 自修时不准擅自离室。
3. 自修时无论何种小说一律不准阅看。
4. 自修第一时不应出声诵读，弟[第]二时准许诵读，但声音亦不得过高。
5. 如因病不能自修者，须各就所近斋务办公室请假。

学生诊病规则

（一）本校聘有校医一人，每星期一、二、三、四、五日下午三点半至四点半，星期六日下午一点至两点，为诊病时间。星期日停诊。

（二）在校医室用药时，关于内科者按服用日之多寡，酌收药费一角至三角，外科用药暂不收费。

调养室规则

（一）凡寄宿生如有疾病非一二日能愈者，经校医允许可迁移此室内调养。一俟病愈能上班时，即须仍回原处。

（二）症情较重者，须自行回家调治或径往医院就诊。

（三）学生如患肺病或其他危险传染病证明后，须立即离校，不得留住此室。

（四）本校请看护员一人，任校医室助手及看护事宜。

（五）患病者如自请中医诊治，煎药等事准命校役办理，所需煤炭及器具皆须自行购置。

（六）患病之学生向不在本校用膳者，其食品应备价购买；在本校用一餐者，每日准令厨司预备稀粥或汤面一次；用两餐者，照前预备两次，均不必另行交费。惟欲用他种食品，即须另行给价。

（七）室内力求洁净，病人所用器具须特别存置，不得通用。

图书馆规则

（一）本馆所备各书，凡本校教职员、学生均有借阅之权。

（二）平常书籍可由图书馆借出，以五日为限，但得续借一次。逾期不还，逐日罚洋一角，受罚过五日而仍不缴还者，由馆员停止其在图书馆应享之权利若干日。

（三）每次借书以二册为限，未还之前不得再借。

（四）借阅之书如经损坏、失落，须按原价之二倍赔偿，如遇特别贵重之书临时议罚。

（五）借阅书报，须于本馆办公之时间行之。

（六）新到之书在一月内暂不出借，各种杂志须在下期出版到馆时，上期方得出借。

（七）已经装订之杂志、报纸、大部之书籍，如字典、百科全书等，概不外借。

（八）本馆清理书籍及编目之时，借出之书得以随时索回。

（九）图书馆之书为本校公共所有物，宜共同爱惜不得污损，亦不得加以圈点、批注。

（十）阅览室为公共阅书之所，宜共保安静，不得交谈、喧笑，以免防碍他人。

（十一）阅览室桌上勿得涂写字句。

（十二）碎纸、废物勿信手弃掷。

（十三）室内不得食物。

食堂规则

（一）每日午餐、晚餐，闻铃须即一律按名牌入座，迟久不到者不候。

（二）学生不得另饬厨役添做菜品。

（三）一切食物均由职员随时检查，厨役如预备不周，学生须通知职员办理，不得自行交涉。

（四）食时不准喧笑，并不准大声呼唤厨役及击动碗碟等事。

（五）每日八钟前由厨役、校役预备晨餐，学生可以现钱购买，不准赊欠。

（六）食堂分两处，饭菜分甲乙两等，学生每月可以选择交费。

（七）每桌中间特设之箸，专用以取菜，不得随意入口，以重卫生。

沐浴室规则

（一）学生就浴须向会计室购取凭签，无签者不得入浴。

（二）就浴时间，星期一至星期五每日三钟半至六钟；星期六下午一钟至六钟；星期日上午九钟至十二钟。

（三）学生入浴时请勿携带衣包及其他贵重物品。

（四）学生入浴毕须将所用衣、袜等件携回，不得在此室内存放。

（五）学生有患疥疮及他项皮肤病者，均不准入此室沐浴。

接待室规则

（一）学生亲友欲到校内参观，须由学生向职员声明，允许后方准引入。

（二）学生不得请亲友在宿舍内坐谈。

（三）当学生上班或晚间自修时间亲友来访，须在此室小候至下班，始可令校役通知。

（四）学生亲友如欲见本校职员询问一切情形，可令学生或校役通知，自当接见。

（五）学生当上、下班相间之休息时间准予接见亲友，惟一闻铃声即须上班，不得拖延时刻，有误功课。

盥漱室规则

（一）秋冬两季每日准六钟启钥，春夏两季每日准五钟启钥，各生届时可入室盥漱，晚九钟三刻闭门。

（二）盥漱者所用盆、巾、皂盒、漱盂等物，均须自备。

（三）本室另设洗衣盆数个，学生有单衣、零件愿自行洗涤者，洗毕须携出晒于寝室近处。

理发室规则

（一）学生来室理发，须于上课、自习、自修时间外为之。

（二）理发费须按规定数目交付现钱，不得赊欠。

（三）凡不理发者不得随意入室闲谈，匠人不在室时亦不得自在室内等候。

（四）室内匠人有不守规则者，查出即为更换。

通学生储物处规则

（一）本室之设专为通学生寄存体操日带来之操衣及冬日所服之大氅等物，天暖时有减、脱衣服者，亦可暂代存储。

（二）室内存物须于当日取出，若因故未得取出者，至学期放假时必须取清，否则下学期开学后变卖得价，捐助本校义塾。

（三）凡存物均有竹牌为质，取物时即凭竹牌，无牌不付。

（四）凡大件物品、贵重物品、精细物品，概不存放。

假期存物规则

（一）每至暑假、寒假教员、学生可将大件行李存放校内，惟空房不多，只限行李、箱子、网篮三项。

（二）存物须遵照本校规定时间内行之。

（三）凡有寄存物件者，必在下学期开学后方准照领，假期内不得任便索取。

（四）存物均有收条，取时即凭条交付。

（五）存物时必须自缀布条书清，以免混淆。

（六）银钱、贵重物品不代存放。

（七）开学后必须将存物取出，如存物人开学时不来延至一年弗取者，即由校将物变卖，得价捐助本校义塾。

招领失物规则

（一）凡本校师生或夫役捡拾他人遗物，均须送交本校庶务课。

（二）庶务课收到有人送来之拾物，即登录招领簿，并悬示招领。

（三）失物者来庶务课认领遗物，经庶务课查询无误方准领去，但领去时必须在招领簿书清姓名，以备存查。

（四）凡有送来物件悬示招领，逾一月无人领取，再过一月，即由学校将该物变卖，得价捐入义塾。

（《天津南开学校中学部一览》，1923 年春季，第 23—36 页）

天津南开学校中学部招考简章

（1923年4月）

程度　本校中学部分男子及女子两部，女子部暂设初级中学一年及二年各一组(章程另订)，男子部分初级中学及高级中学，各三年毕业。高等小学六年毕业者得投考初中一年，七年毕业者得投考初中二年。

报名　报名时须填写履历程度表，并交注册费一元及半身四寸相片一张，注册费及像片无论录取与否均不退还。

试验科目及考试日期表

<table>
<tr><th colspan="2">日期 科目 年级</th><th colspan="2">八月廿二日
上午八钟</th><th>八月廿二日
下午一钟</th><th>八月廿三日
上午八钟</th><th>八月廿三日
下午一钟</th></tr>
<tr><td rowspan="4">初级中学</td><td>第一年</td><td>国文</td><td>作文
解释字义</td><td>英文　拼音　造句
笔算　比例止</td><td></td><td></td></tr>
<tr><td>第二年</td><td>国文</td><td>作文
解释字义</td><td>英文　拼音　造句　默书
笔算　全</td><td>中地</td><td></td></tr>
<tr><td rowspan="2">第三年</td><td rowspan="2">国文</td><td rowspan="2">作文断句
解释字义</td><td>英文　拼音　造句
默书　文法要略</td><td rowspan="2">混合　算学
（第一册完）</td><td rowspan="2"></td></tr>
<tr><td>中史</td></tr>
<tr><td rowspan="6">高级中学</td><td rowspan="2">第一年</td><td rowspan="2">国文</td><td rowspan="2">作文　问答
断句</td><td>英文　作短文　文法
会话　默书</td><td rowspan="2">代数（二次方程）
几何（圆）</td><td rowspan="2">中史
生物学</td></tr>
<tr><td>西地</td></tr>
<tr><td rowspan="2">第二年
（文商）</td><td rowspan="2">国文</td><td rowspan="2">作文　问答
断句</td><td>英文　作文　文法
会话　默书</td><td rowspan="2">代数（全）
几何（全）</td><td rowspan="2">化学</td></tr>
<tr><td>世界史（上古中古）</td></tr>
<tr><td rowspan="2">第二年
（理）</td><td rowspan="2">国文</td><td rowspan="2">作文　问答
断句</td><td>英文　作文　文法
会话　默书</td><td rowspan="2">代数（全）
几何（平面立体）</td><td rowspan="2">物理</td></tr>
<tr><td>世界史（上古中古）</td></tr>
</table>

考试地点　天津本校，但高级中学第一年及第二年于七月十七、十八二日在上海招考一次，考试科目与上表同。

报名地点　报名处天津本校。如在上海投考者，请于七月十三、十四、十五三日至法界霞飞路商科大学临时办公处报名，如愿早日报名者请直接致函本校。

检验身体　新生考试及格后，须受检验身体一次，检验不合格者不录。

费用

1．学费：全年五十元，分春秋两季交纳，每次各二十五元。

2．宿费：全年三十元，分春秋两季交纳，每次各十五元。

3．印刷费：每学期半元。

4．预偿费：每学期二元。

5．试验费：化学每学期一元，物理每学期半元，手工每学期半元。

6．膳费：暂定如左，将来如有更改临时布告。

<table>
<tr><td rowspan="4">膳费表</td><td colspan="2"></td><td>永在校中两餐者</td><td>除星期早及星期六晚每日在校两餐者</td><td>除星期及放假外每日一餐者</td></tr>
<tr><td rowspan="2">甲饭厅</td><td>甲等</td><td>每月五元一角五分</td><td>每月四元四角八分</td><td>每月二元二角四分</td></tr>
<tr><td>乙等</td><td>每月三元八角</td><td>每月三元三角</td><td>每月一元六角五分</td></tr>
<tr><td colspan="2">乙饭厅</td><td>每月四元七角二分</td><td>每月四元一角</td><td>每月二元零五分</td></tr>
</table>

学年历（民国十二年秋至十三年夏）：

十二年八月二十二、二十三两日招考新生

八月二十八、二十九日旧生补考

八月三十、三十一、九月一日新旧生报到

九月三日上午举行始业式

二十五日秋节放假一日

十月七日孔子诞日放假一日

十日国庆日放假一日

十七日本校成立十九周年纪念日放假一日

十二月二十五日云南起义纪念日放假一日

十三年一月一日至三日年节放假三日
一月二十三日至二十九日学期考试
一月三十日至二月十三日寒假
二月九日、十一日招考初级插班生
十二日、十三日新旧学生报到
十四日上午举行始业式
四月七日至十三日春假
六月六日夏节放假一日
十六日毕业考试
二十三日至二十八日学年考试
二十八日下午举行第十八次毕业式
七月一日至八月三十一日暑假

课程

本校初级中学不分科，高级中学分普通及职业两部。普通部为毕业后升学者而设，分文、理、商三科。职业部为毕业后就事者而设，暂设职商一科。兹将初级及高级各科课程列左：

初级中学

第一年	每周时数	第二年	每周时数	第三年	每周时数
国　文	8	国　文	6	国　文	6
英　文	8	英　文	8	英　文	8
算　学	5	算　学	5	算　学	5
中　地	3	中　史	3	西　地	3
图画手工	3	生理卫生	2	生物学	3
体　操	2	图画手工	3	公民常识	1
修　身	1	体　操	2	体　操	2
		修　身	1	修　身	1
	30		30		29

高级中学课程

（一）普通部——文科

第一年	每周时数	第二年	每周时数	第三年	每周时数
国　文	4	国　文	4	国　文	4
文字学	2	国学概要	2	文学史	2
英　文	6	英　文	6	英　文	6
西洋史	3	西洋近世史	3	政治学	3
化　学	4	伦理学（上）	3	经济学	3
算学（上）	3	心理学（下）			
中国近百年史（下）		第二外国语或英文学	3	第二外国语或英文学	3
体　操	2	体　操	2	体　操	2
修　身	1	修　身	1	修　身	1
	25		24		24

理科

第一年	每周时数	第二年	每周时数	第三年	每周时数
国　文	3	国　文	3	国　文	3
英　文	6	英　文	6	英　文	6
西洋史	3	物　理	6	高等化学	6
算　学	6	算　学	5	算　学	5
化　学	6	第二外国语	3	第二外国语	3
体　操	2	或机器画		或力学	
修　身	1	体　操	2	体　操	2
		修　身	1	修　身	1
	27		26		26

商科

第一年	每周时数	第二年	每周时数	第三年	每周时数
国　文	3	国　文	3	国　文	3
英　文	6	英　文	6	英　文	6
西洋史	3	西洋近世史	3	政 治 学	3
算　学	6	簿 记 学	3	经 济 学	3
化　学	4	商业常识	3	会 计 学	3
体　操	2	第二外国语	3	第二外国语	3
修　身	1	或英文学		或英文学	
		体　操	2	体　操	2
		修　身	1	修　身	1
	25		24		24

（二）职业部

商科

第一年	每周时数	第二年	每周时数	第三年	每周时数
国　文	3	国　文	3	国　文	3
英　文	6	英　文	6	英　文	3
西洋史	3	经济学	3	实习（下）	
化　学	4	会计学	3	商业英文	3
簿记学	3	商业常识	3	货币银行论	3
商算（上）	3	商　法	3	银行簿记	3
				银行实践	3
珠算（下）				打　字	3
体　操	2	体　操	2	体　操	2
修　身	1	修　身	1	修　身	1
	25		24		24

民国十一年秋至十二年夏教科用书

初级中学——第一年

学　科		每周时数
国文	选读，每月作文两次	8
英文	Graybill: Mastery of English Bk I&II Commercial Press: Model Reader Bk II	8
算学	算数课本（中华）	6
中地	本国地理（商务）	3
图画手工	工作画，木工，金工	3
体操		2
修身		1
		31

第二年

学　科		每周时数
国文	选读，每月作文两次	6
英文	Mastery of English Bk II&III Model Reader Bk III	8
算学	Breslich: First Year Mathematics	6
中史	本国史（新编，商务）	3
中地	本国地理（商务）	3
图画手工	工作画，木工，金工	3
体操		2
修身		1
		32

第三年

学　科		每周时数
国文	选读，每月作文两次	6
英文	Thirty More Famous Stories Everyday Classics Bk V Mother Tongue	8
算学	Hawkes-Luby-Touton: Complete School Algebra, Betz & Webb: Plane Geometry	6
西　地	Wolcott: World Geography	3
生物学	植物学，动物学，生理卫生	4
公民常识	讲义	1
体　操		2
修　身		1
		31

高级中学第一年——文科

学科		每周时数
国　文	选读，每月作文两次，交字学	6
英　文	Abraham Lincoln，Canfield & Carpenter: Elementary Composition,Dyer & Brady: Readings in Literalture Bk I	8
西洋史	Renouf：Outlines of General History	3
算　学	Hawkes-Luby-Touton: Complete School Algebra,Betz & Webb: Plane Geometry(上) Passano: Plane Trigonometry(下)	6
中国近世史	讲义（下）	
化　学	化学（王兼善）	3
体　操		2
修　身		1
		29

第一年——理科

学 科		每周时数
国　文	选读，每月作文两次	3
英　文	Abraham Lincoln，Canfield & Carpenter: Elementary Composition	6
算　学	Hawkes-Luby-Touton: Complete School Algebra,Betz & Webb: Plane Geometry(上) Hawkes: Advanced Algebra(下)	6
西洋史	Renouf：Outlines of General History	3
物　理	Black & Davis: Practical Physics	6
实　验	Millikan-Gale-Bisbop: Laboratory Physics	2
体　操		2
修　身		1
		29

第一年——普通商科

学 科		每周时数
国　文	选读，每月作文两次，交字学	6
英　文	Abraham Lincoln，Canfield and Carpenter: Elementary Composition	6
算　学	Hawkes-Luby-Touton: Complete School Algebra,Betz & Webb: Plane Geometry(上) Passano: Plane Trigonometry;Moore & Miner: Concise Business Arithmetic(下)	6
西洋史	Renouf：Outlines of General History	3

续表

学　科		每周时数
化　学	化学（王兼善）	3
体　操		2
修　身		1
		27

第一年——职业商科

学　科		每周时数
国　文	选读，每月作文两次	3
英　文	Abraham Lincoln，Canfield & Carpenter: Elementary Composition	6
算　学	Hawkes-Luby-Touton: Complete School Algebra,Betz & Webb: Plane Geometry (上) Moore & Miner: Concise Business Arithmetic 珠算　(下)	6
簿记学	Klein: Book-keeping and Accounting	3
西洋史	西洋史（商务）	3
化　学	化学（王兼善）	3
体　操		2
修　身		1
		27

附注：此次高级中学三年级不招新生，故高二各教科书未列出。

（《天津南开中学志》）

南开学校斋务课考美新章

（1924年9月29日）

一、寝室整洁方面

以下三条系寝室内必须之设置，望诸生务各遵守：

（一）床上被褥一律平铺，床单垂过床面，须在四寸以内。

（二）床单须洁白，被褥、枕面及衣服等物均须洁净。

（三）由晨兴至就寝之时间内，室中所有物件均须安置有序，不可乱放。

二、寝室自治方面

本学期考美不仅限于宿舍整洁，举凡诸生在室内一切行为皆包括在内。

（一）晨兴按时起床。

（二）自修班不迟到，并勤于读书。

（三）在室内肃静，无喧哗扰人及拉唱二簧等不规则行动。

三、奖励方面

（一）凡室内特别整洁者，奖以鲜花，或将姓名在修身班宣布，及在《周刊》发表，以示优异。

（二）凡在室内一切布置及行为，除合以上一、二两项规定外，得美至八次者，即给以奖品；其未满八次者，下学期仍继续有效。

（《南开周刊》第98期，1924年9月29日）

南开学校男中学部、大学部、女中学部春季运动大会办法

（1925年3月23日）

一、比赛分组

（一）大学部分文、理、商、矿、预五科，旁听、试读生，按其所习之科加入。女生比赛另设项目。

（二）男中学部分初一、初二、初三、高一、高二、高三六个年级比赛。复按各生之年龄、身高、体重，分甲、乙、丙三组比赛。其资格列下：

1．组数在三百四十分以上者为甲组；

2．组数在二百八十分以下者为丙组；

3．组数在二百八十分与三百四十分之间者为乙组。

二、报名手续 由体育课发出报名格式纸，交各体育干事分项报名。于三月廿五日前交到体育课，审察资格。

三、运动门类

大学部与男中学部甲组：

一百米、二百米、四百米、八百米、一千五百米、五千米、一百一十米高栏、二百米低栏、八百米接力、一千六百米接力、掷十二磅铁球、掷铁饼、掷标枪、急行跃高、急行跃远、撑杆跃高、三级跃远、五项运动、十项运动，共十九项。

男中学乙组：

除五项、十项、高栏、一千五百米、五千米、铁饼、标枪外，余与甲组同。共十二项。

大学女生：未定。

女中学部：未定。

四、计分法

（一）各项运动，除接力赛跑、五项运动与十项运动外，其他计分法如下：第一名五分，第二名三分，第三名二分，第四名一分。

（二）接力赛跑、五项运动与十项运动计分法如左：

第一名十分，第二名六分，第三名四分，第四名二分。

（三）某项运动加入人数不足五人时，所取人数应比加入人数少一名。倘一项运动只剩下一人时，取消该门比赛。

五、奖励 各项运动前三名奖给奖牌，总分最优之团体（大学分科，中学分年级并分组）刻入纪念牌中。

六、限制 每团体报名，每门不得过四人。每人与赛，大学与男中学甲组不得过五门，乙组不得过四门，丙组不得过三门。

七、罚则 运动时按报名单点名，运动员不得使他人替代，亦不得临时不到。凡已报名而无故不到者，扣该团体总分一分。

（《南开周刊》第117期，1925年3月23日）

南开运动员须知

（1925年9月14日）

运动仁侠的精神

学校提倡比赛运动的目的有四：

（一）发达身体，增进个人的康健率，合元气使之能到最高的限度。

（二）练习肌肉与神经系密切的合谐，养成敏捷适应环境的能力，与准确的合作技能。

（三）使同学实验社会上的伦理练习与友伴的合作及社会的联合，且满足游戏本能的需要。

（四）磨练同学的品格，训练自守、节制合光明磊落的精神。

运动员在一切运动上，应表显仁侠的精神（Sportsmanship），就是做一种运动，乃是为身体合心灵的娱快，并增进团体的利益，并无丝毫别的目的存乎其间，仁侠运动员的精神，是包括一种高尚义气的精神，诚实公平的态度，有礼貌，有忍耐，有谦逊，有节制的生活。

仁侠运动员看他的品格比较运动的胜利更为要紧，胜固可喜，败亦无伤，而且正当约[的]批评也不一定以胜利为好，正当的失败比不正当的胜利更有价值，所以**仁侠运动员资格的标准**即按左列的条件规定之：

（甲）普通的标准

（一）对于本队、敌队及大众面前须时时表现义气、诚实、公平、谦恭且有节制的态度。

（二）必须以运动的规则为两方比赛的协定，最高等的运动员除了靠着自己优等运动的技能合力量胜人外，并不求别种的利益。

（三）不可在来宾面前自炫其能，要求傍[旁]人的唱采；虽遇参观人唱采，自己尤须谦抑。

（乙）个人的标准（Amateurism）

（四）须抱纯粹游乐主义。

（五）不求一切例外的优待。

（六）须有百折不回的精神。

（七）勿因失败而气萎，勿因胜利而矜夸。

（八）始终遵守运动规则，服从本队队长及教练员的指挥。

（丙）对于本队的标准

（九）热心辅助本队的同伴，维持本队所规定的程序。

（十）热心遵守一切训练的条件。

（十一）牺牲自己的荣耀，求全队的胜利。

（十二）时时顾全团体的协力（TeamWork）。

（十三）队员应当合衷共济，不可发生意见。

（十四）同队队员如有错误，应当婉言劝导，不可责斥。

（丁）对于敌队的标准

（十五）皆应友爱相待，恭敬有礼。

（十六）应具容忍的度量，彼队占胜应加庆贺，不可嫉妒，我队占胜尤当谦恭，不可表示骄傲的态度。

（十七）比赛时须保守光明磊落的态度，虽时或使用谋略，但不可用背理欺诈的方法。

（十八）无论敌队之公道与否，自己切不可用不公道的行为报复效尤。

（戊）对于裁判员的标准

（十九）双方请定的裁判员皆应始终服从，切不可毁谤无礼。

（二十）即裁判员偶有不公道处，亦须婉言质问，不可批评、污辱或表示不满意的态度（惟队长有质问权）。

（二十一）不可乘裁判员对于裁判的疏忽或解释规则的缺漏，窃得不公道的利益。

参观比赛者应具的态度：参观人对于运动员所表示的态度，影响运动员的举止甚重，且表示全体看运动的程度及本校的校风，所以同学参观运动的时候应具下列的精神：

（一）当为运动员高尚义气的行动唱采。

（二）当为运动员优美的技能唱采（勿论何方得胜）。

（三）若运动员表现不义气或粗野的举动时，大众不应作声。

（四）对于裁判员裁判失当时，不得作无礼的呼声或污辱。

奖励运动员规则

1. 凡有下列资格的运动员，在毕业时，学校发给运动奖状存为纪念。

（甲）田径赛运动员，在不同时间对外比赛之运动会曾得奖品满三次者；

（乙）各种团体比赛之运动员，如足球、篮球、网球、队球、棒球等队，曾代表学校满二年或经正式比赛逾十次者。

2. 代表本国赴国际运动会得奖者，由校拍照放大像片二张，一存学校，一给得奖运动员。

3. 凡能胜过学校已往之运动成绩者，由校奖给纪念杯一只，惟本人已得此奖者即不再奖，只将其最高成绩刻入学校运动成绩牌上（University Athletic Records）。

Ⅵ[4]. 凡代表学校对外比赛运动之得胜队，由学校奖给各队员全体之八吋像片一张（未得胜时只拍照，纪念像存于校中）。

Ⅴ[5]. 凡代表学校运动得奖者，由校奖给荣誉，校字如左：

四寸方

练习运动之要件

凡愿养成完全运动员者，首当勤加练习，且须熟悉训练的时期及保证身体的方法。

在起首练习运动之前须自询以下各问题：

（一）自己是否有充分的气力，练习时不致有碍卫生；

（二）自己是否有坚强的意志，能始终练习实获裨益；

（三）自己欲达所期之成绩应多习何种体操辅助长进；

（四）自己应按何种训练方法不致妨碍本身健康；

（五）自己应特别注重饮食起居及一切普通卫生惯例。

大学部选手队应具之资格、组织及选拔法

（一）选手队之资格

甲、受校医之检查及弗斯脱氏之体能测验，对于做激烈运动无妨碍者；

乙、受体力测验平均分数超过二百五十分以上者（大学）；

丙、受运动标准测验平均分数超过二百五十分以上者；

丁、能恒心格[恪]守指导员所规定之练习例条者；

戊、对于上学期所习学程至少满三分之二及格者。

（二）选手队之组织法

甲、每队设指导员一人，由运动委员会商同体育主任聘请之，其职务列下：

一、指导队长之运动；

二、指导队长及干事之任务；

三、与体育主任选定选手队。

乙、每队设队长一人，由队员中互选之，其职务列下：

一、队长负指导及管理本队队员之责；

二、商同指导员决定练习方法及校外比赛事项；

三、对外代表本队；

四、比赛时商同指导员布置队员之位置。

丙、每队设干事一人，由队长商同体育主任聘任之，其职务如下：

一、编制关于本队一年之预算，提交体育课运动委员会；

二、运动季终了时，对于体育课运动委员会报告一年所用之账目；

三、商同体育主任及指导员计划、实施练习方法；

四、对于本队经费及服装等负完全责任；

五、出外比赛时负庶务之责任；

六、招待来宾。

（三）选手队之选拔法

甲、首由选习普通体育班之学生自由报名，或由指导员在体育班中推荐，定期练习试验。

乙、在练习试验期中公举临时队长一人，干事一人，辅助指导员认真练习。

丙、经过定期练习之试验后，选手第一、二队分配即由指导员规定之。

中学部选手队资格、选拔及组织之法

一、选手队之资格

甲、受校医验查及弗斯脱氏之体能测验，对于做激烈运动无妨碍者；

乙、受体力测验平均分数超过二百分以上者；

丙、受运动标准测验平均分数超过二百分以上者；

丁、恪心遵守练习条例者；

戊、重习功课不满三门者（留级学生视留级之原因规定之）。

二、选手队之选拔及组织法

甲、于每季运动之始，由体育课通告招集运动员（学生自由报名或由教员、同学之推荐）定期练习试验。

乙、在试验练习期内，由队员中公举临时队长一人，干事二人，辅佐指导员认真练习。

丙、经过定期之试验后，第一、二队之选择由指导员全权分配之。

丁、组织法

一、每队设指导员一人，由运动委员会商同体育主任聘请之，其职务如下：

一、指导该队之运动；

二、指导队长及干事之任务；

三、与体育主任选定选手队。

二、每队设队长一人，由队员中互选之，其职务列下：

一、队长负指导及管理本队队员之责；

二、商同指导员决定练习方法及校外比赛事项；

比赛事项：

三、对外代表本校；

四、比赛时商同指导员布置队员之位置。

三、每队设干事一人，由队长商同体育主任聘任之，其职务列下：

一、编制关于本队一年预算，提交体育课运动委员会；

二、运动季终了时，对于体育课运动委员会报告一年所用之账目；

三、商同体育主任及指导员计划、实施练习方法；

四、对于本队经费及服制等负完全责任；

五、出外比赛时负庶务之责任；

六、招待外宾。

（《南开周刊》第一卷第一号，1925年9月14日，第8—12页）

南开学校中学部训育课告诫学生事项

（1925年9月21日）

一、为敦崇学生品德起见，如查有嫖赌行为者，定行照章革除，决不宽贷。

二、烟酒最有害于卫生，勿吸勿饮，违者记过。

三、坤书馆（即落子馆）为冶游媒介所，诸生不得前往，违者革除。

四、严禁谈淫亵语，违则重罚或令退学。

五、体态松懈、言语蛮横、奇装异服、光彩华丽，凡一切惹人注目之行为装饰皆行禁绝。

六、每日上午由八点至十二点，下午由一点四十分至三点半，在此时间内不得购食一切零星食品，违者每次罚停课一小时并大洋两角，以补充本校平民学校经费。

七、校门外贩食物之处栉比皆是，学生最宜少食以重卫生。如口欲一时不能戒除，亦须以现钱购买，赊欠者查出罚之。

八、每时下班在教室等处切戒喧嚣及击动桌板，并不得用粉笔向黑板随意写画。

九、上班只带应用教科书籍及图书，此外不许携带他种书籍，尤不许窃看小说。

十、上班时不得随意藉词走出教室。

十一、严戒随地吐痰，以重卫生。

十二、诸生在校内拾得财物须交由庶务课招领，干没者查出重罚。

十三、上课时学生不得在南院作各种球戏及练习脚踏车，违则罚之。

十四、每点钟上班各生均不得迟到，迟到过上班十分钟即不许入讲室，即为旷课一小时。如在点名后到班者，亦以旷课一小时论。

十五、本课各项广告在礼堂前玻璃盒或在天桥左侧及南楼各处悬挂，各生务要时常留意，一有疏忽即有影响，勉之慎之，勿贻后悔。

十六、每日旷课各生，翌日本课皆有宣告悬挂礼堂前，本课玻璃盒内如有错误，准许三日内到课声明改正，过期请求更改者不生效力。

十七、诸生告假本学期如过十小时，则扣学期考各科平均分一分。旷课（不告假不到班者是）每小时按告假三小时计算，停学钟点皆为旷课。

十八、诸生如因亲丧及本身疾病不能到校肄业者，如有家长切实证明函件，经本课允准特许，则不扣学分。

十九、初级各班当自修钟点或教师告假，全班须在教室安静自修，不许早出，并不得到图书馆及各处。自修由本课职员点名并时由本课抽查，如有故意扰害秩序者，则严重罚之。

二十、退学须经家长或保证人亲来声明理由，或切实函件亦可，否则不生效力。

廿一、一学期内缺席钟点（告假旷课皆为缺席）过三分之一者，照章不得与学期考试。

廿二、连续旷课至三星期者，照章即令退学。

廿三、肄业生年龄到二十一岁始准娶亲，如违，查出即令退学。

廿四、各班由本课约请教员一人为该班辅导员，助理班上之组织及选举。各班选举总干事一人，体育、卫生、庶务、教科、平校干事各二人，辅导员并辅助学生实行自治整理班风等事。

廿五、贵重物品不可携带来校，尤不可存放教室之内，以防遗失。

廿六、为预防银钱遗失起见，诸生不可自行储存，尽数寄存银行内以免意外。

（《南开周刊》第一卷第二号，1925年9月21日，第3—4页）

南开学校中学部图书馆新布规则

（1925年9月21日）

第一条　阅览时间

（一）星期一至星期五每日上午八时至十二时，下午一时半至六时；

（二）星期六上午八时至十二时；

（三）星期日下午一时半至六时；

（四）寻常假日及特别假日临时宣布。

附注：本馆于闭馆前十分摇铃一次。

第二条　借还书籍时间（在阅览时间内除五时半至六时外，均可借书）。

第三条　借书限制

（一）学生每人限定借书二本，职教员每人借书五本，如为讲室参考多借者，须先与教务主任接洽。

（二）未装订之杂志及报章、课本（见第四条）、百科全书、教员指定书、参考书（见第四条）及更细小册，概不外借。

第四条　下午借指定参考书及前期杂志办法：

教员指定参考书及前期杂志于每晚闭馆前十分时均可向出纳处借出，但须于次早八时三十分前交还，每人以一本为限。倘过时不还，第一小时内（凡逾五分以上即作一小时计算）罚大洋五分，其次每一小时罚大洋一角。倘受罚至三次者得于本学期内停止其借阅教员指定参考书及前期杂志之权利。

第五条　借书手续

（一）无论借阅何书必须经出纳处登录后方可携出馆外，如未经正式手续而擅自携书出馆者，一经查出，当由学校除名。①

第六条　借书期限

（一）凡借出之书限十四天（星期日及假日在内）归还，如他人不待用亦可续借十四天（星期日及假日在内），但逾期不还头，三天每日每本罚大洋二分，其次每日每本罚大洋五分。

---

① 原文第五条下仅列“（一）”。

（二）职教员所借出之书限二十天归还，如他人不待用时，亦可续借。

（三）凡借出之书遇有学校各部急欲参考者，虽未满期亦可由图书馆通知归还。

（四）职教员所借之书满二星期后，如遇阅者急欲参考时，可由图书馆通知归还，但若声明续借此书，亦可于相当时间内送还原借人。

第七条　损失赔偿

图书馆之书籍如有污毁、遗失等情，须照原价二倍赔偿。但遗失某整套书之一册时，须照该整套书籍原价赔偿。

第八条　架上取书

凡在书架上取阅之书籍，阅览后请勿放置原处。

第九条　禁止

图书馆禁止交谈、喧笑、高声朗诵、吸烟、吐痰、食物，以防阻碍他人。

第十条　建议

正当的建议及批评请投入建议箱内，无任欢迎。

（《南开周刊》第一卷第二号，1925 年 9 月 21 日，第 4 页）

南开学校中学部师生校务研究会简章

（1925 年 10 月 17 日）

（一）凡在本校事务范围以内皆得由本会讨论之。

（二）本会会员之组织：

教职员　　教员五人　　职员四人

学生　　　初选每班一人

　　　　　复选高三两人　　高二两人　　高一两人

　　　　　　　初三一人　　初二一人　　初一一人

共十八人组织本会

（三）本会推举正副会长各一人，正副书记各一人，开会时即以会长充任主席。

（四）每当秋季始业后，本会会员得改选一次，惟许联任。

（五）本校教职员、学生、校役皆有建议权及旁听权。

（六）本会议决事项封送校务会议通过后，交由校长核准，分与各机关执行。

（七）本会订每月开常会一次，如有特别事项，得由会长召集之，以三分之二出席人为法定人数。

（八）本会章如有改革之处，由本会第一次常会时讨论更易之。

（《南开周刊》，第一卷第五、六号合刊，1925 年 10 月 17 日，第 42 页）

南开学校教职员体育会简章

（1925 年 11 月 30 日）

一、定名　本会定名为南开学校教职员体育会。

二、宗旨　本会以提倡体育、联络感情为宗旨。

三、会员　凡本校教职员皆可为本会会员。

四、会费　本会会员每学期纳会费大洋五角。

五、职员　本会设会长一人，副会长一人，书记兼会计一人，由全体会员公推之。

六、分队　每年按时期之适宜设：（一）篮球，（二）足球，（三）网球，（四）队球，（五）垒球，（六）远足，（七）乒乓，（八）踢毽，（九）武术各队。每队设正副队长各一人，司理各本队一切事务。

七、练习　各项运动练习时间与方法均由各本队队长临时规定之。

八、罚则　练习时无故不到者罚大洋一角，迟到逾十分钟者罚铜元十枚，充作本会公费。

九、修章　本简章有不适宜处，开会时经会员三人以上之提议得会员过半数之通过修改之。

十、会期　本会定于每学期之始、末开全体会各一次。

职员

会长　张伯苓先生

副会长　尹劭询先生

书记兼会计　章辑五先生

（《南开周刊》第一卷第十二号，1925 年 11 月 30 日，第 117—118 页）

南开学校中学部学期考试办法八则

（1926 年 1 月 11 日）

一、日期　一月二十五日起，至三十日止。

二、时间　上午八时半起，至十一时半止；下午二时起，至五时止。每学科时间一点半点，或两点钟。

三、试题

（一）全学期所授功课为出题范围。

（二）试题务请于一月十五日前拟好，送交教务课。

（三）试题如甚明了，可不必讲解；如必须讲解时，后逾五分钟，如有发问，请不必再答。

四、补考试题　每学期不及格学科在五十分以上者，必须补考；各科补考试题，务请与学期考试题同时拟好。

五、主考

（一）考试日务请到场主考，如有作弊者请令停考。

（二）考试日请先时到场，学生有发题后逾十分钟到场者，不得与考。

六、分数

（一）各科满分为二[一]百分 ，每类分数由同科教员商定之。

（二）给分标准如无特别情形，请参照左列“成绩评定标准”办理。

甲等	九十分至百分	至多 10%	至少 0
乙等	八十分至八十九分	至多 20%	至少 5%
丙等	六十分至七十九分	至多 50%	至少 50%
丁等	五十分至五十九分	至多 20%	至少 5%
戊等	五十分以下	至多 10%	至少 0

七、考卷　各科试卷缴卷时甚易夹杂，贵班考卷中如夹有别科卷子时，请即赐交教务课，以便转送该科教员评阅。

八、分数单

（一）各学科分数请填在各班学生姓名单内。（学生姓名单在庶务课）

（二）各科分数及考卷，务请随阅随交，以便抄写。三十日所考各科分数，至迟请勿过二月二日。

（三）考试分数请勿在寝室先期发表，以免嘈杂。

（《南开周刊》第一卷第十七号，1926 年 1 月 11 日，第 156—157 页）

南开学校大学部、中学部春季运动大会办法

（1926年4月12日）

一、比赛分组

（一）大学部分文、理、商、矿、预五科，旁听生、试读生及未分班生，按其所习之科加入比赛。

（二）中学部分初一、初二、初三、高一、高二、高三六个年级比赛。复按各生之年龄、身高、体重，分为甲、乙、丙三组比赛。其资格列下：

1．体格分数在三百四十分以上者为甲组。

2．体格分数在二百八十分以下者为丙组。

3．体格分数在二百八十分与三百四十分之间者为乙组。

二、报名手续 由体育课发出报名格式纸，交各体育干事分项报名。于四月二十日前，交到体育课，审察资格。

三、运动门类

大学部与中学部甲组：

百米、二百米、〈四百米〉、八百米、一千五百米、五千米、一百一十米高栏、二百米低栏、八百米接力、一千六百米接力、掷十二磅铁球、掷铁饼、掷标枪、急行跳高、急行跳远、撑杆跳高、三级跳远、五项运动、十项运动，共十九项。

中学部乙组：

除五项、十项、高栏、〈一千五百米〉、五千米、铁饼、标枪外，余与甲组同。共十二项。

中学部丙组：

五十米、百米、四百米、跳高、跳远、掷八磅铁球、八百米接力。共七项。

四、计分法

（一）各项运动，除接力赛跑、五项、十项运动外，其他计分法如下：

第一名五分，第二名三分，第三名二分，第四名一分。

（二）接力赛跑与五项、十项运动计分法如左：

第一名十分，第二名六分，第三名四分，第四名二分。

（三）某项运动加入人数不足五人时，所取名数应比加入人数少一人。倘一项运动只剩下一人时，取消该门比赛。

五、奖励　各项运动前三名奖给奖章，总分最优之团体（大学部分科，中学部分年级并分组），即将该团体刻入纪念牌。

六、限制　每科（大学）或年级（中学）每门报名不得过四人。每人与赛甲组不得过五门，乙组不得过四门，丙组不得过三门（报名十项、五项运动者亦以一门计）。

（《南中周刊》第2期，1926年4月12日）

南开学校中学部学科与训练两方面的新实施

（1927 年 9 月 17 日）

甲、学科方面

兹将现时学校所已试行及待举行者几项，报告于左：

一、初一新课程

现代中国青年所最需要的，是科学的方法和民治的精神，这是大家所承认的。在学科方面，拟即以此为出发点，规定以下的各种办法。

1. 目的　注重公民训练，使每个学生养成良好的公民习惯。

2. 科目及每周时数　每周讲室学科共二十小时，计国文六小时，英文六小时，算学四小时，社会常识二小时，自然现象二小时。自星期一至星期五，每日上午共上课四小时。

3. 学科性质　各学科教材，须适应下列四项：

a. 社会的需要

b. 个人的需要

c. 动作中所感到的需要

d. 学科进程步骤的需要

4. 教授方法　教授方法分以下各项：

a. 讲演

b. 讨论

c. 辩论

d. 问答

e. 指导自习

f. 同学互助

5. 动作

（1）时间：每日下午或利用星期六、星期日等。

（2）种类：

a. 改编的童子军训练

b. 体育

c. 艺术的训练（图画、乐、歌）

d. 职业的训练（金工、木工）

e. 观察（自然观察与社会观察）

f. 练习自治

（3）分组：全年级分五大团，〈每〉团六十四人，每团分八队，队有队长，团有团长。

学科与动作皆有联络。

二、考试问题

教者及学者两方面，皆觉已往考试制度及考试方法应行改良之处甚多。此次讨论会对于考试问题，拟定数项原则如次：

1. 考试的目的

a. 作测验教学效率的根据；

b. 为评定学业成绩的标准。

2. 改良方法

a. 月考废止，学期考依旧；

b. 临时考试加多，惟不预告；

c. 以 A、B、C、D、E 代替分数用以评定成绩；

d. 各学科成绩每学期由教员作一次总报告；

e. 学生升降，由学科及动作指导员合组审查会审定之。担任同组之指导员，宜常有机会接洽。

3. 试读

成绩稍差之学生，在未留级之先，得试读一学期。

4. 优才生之奖励

对于优才生宜有相当之奖励，办法另定之。

三、国文自由研究办法

为提倡学生自习，及鼓励优才生起见，拟定国文自由研究办法数则如左：

1. 高二、高三学生国文程度佳者，得免上普通国文班。

2. 欲免习者可先期至教务课报名，以便定期举行考试，考试及格，始得免习。

3. 免习国文之学生，得在教员指导之下，自行学习。但于相当时期内，必须将进行工作报告于教员。

4. 免习国文之学生，须常与指导员接洽，时间及办法另定之。

四、其他

其他关于国文、英文、科学、历史，及公民等科，对于教学方法及学科教材，建议者尚多，原则上均可容纳。但施诸实际，须待负教授之责者的详细研究及讨论，均拟移交各学科会议，或教务委员会规定办法。

乙、训练方面

训练计画及组织大纲

现在将训练计画及组织大纲胪列如左：

甲、训练之目的及工作

目的——养成良好公民：
- 一、发展自治的能力
- 二、自由的发展个性
- 三、养成适应现代生活的习惯
- 四、注重团体训练，培养互助精神

工作——注重积极指导：
- 一、各年级班会
- 二、各楼自治会
- 三、住校生自治会
- 四、走读生代表会
- 五、各课外组织
- 六、童子军

乙、各年级班会

一、初一、二、三、高一各年级以组为单位，高二、三各年级以科为单位分设班会。

二、各班会设执行委员会，公举执行委员长一人，执行委员四人组织之。

三、各班会每周或每两周开常会一次，作为公民训练，系正式功课。

四、每班会设指导员一人，即公民训练员，以教职员充当之，初级一年各组得请高级学生一人作顾问。

五、各班会执行委员暨指导员每月开联席会议一次，由训练课召集之，讨论每月内常会内容以及其他问题。

丙、各楼自治会

一、中南楼上下及东楼上之班会执行委员会，合组为各该区自治代表会议。

二、各区自治代表会议由其会员中选举七人为各该区自治委员，负各该区秩序与卫生责任，每周开会一次，训练课得派员参加。

丁、住校生自治会

一、每室公举室长一人

二、室长职务

1. 维持本室秩序。

2. 注意本室卫生。

3. 每夜于打就寝铃后，报告有无缺席者于本斋训练课办公分室。

4. 代表本室出席本斋代表会。

三、各斋代表会

1. 由各斋全体室长合组之。

2. 于每学期之始开会一次，互选会员三人为本斋执行委员会。

3. 遇有特别事故，得召集临时会。

四、各斋执行委员会

1. 委员长一人，委员二人。

2. 每周会议一次。

3. 训练课得派员参加会议。

五、全体住校生代表会

1. 由各斋委员会合组之。

2. 于每学期之初公推会长一人，副会长一人及书记一人。

3. 每月集会一次，由会长召集之，训练课得派员参加。

六、全体住校生自治会

1. 遇必要时得召集全体大会。[①]

戊、走读生代表会

一、高二、三年级各科及初一、二、三、高一年级各组走读生得公举代表一人，组织全校走读生代表大会。

二、走读生代表会之下设执行委员会，由代表大会全体会员公推各年级代表三人组织之，训练课内有专员负指导走读生责任。

三、走读生执行委员会得随时召集走读生会议，讨论走读生特别问题，其召集方法或以区域为单位，或以年级为单位，每次开会时训练课得派员参加。

四、训练课须向各教员处调查各班走读生学业成绩及其品行，并须特别注

---

① 原文“六、”之下仅列“1.”。

意其努力精神与事业之进退。

五、训练课宜与走读生多有个人或小团体的谈话。

六、训练课应特别与学业及品行较劣之学生家长时加联络。

七、余见课外组织。

己、各课外组织

一、各会须将其职员与会员名单送交训练课。

二、训练课得派员参加各会议。

三、训练课得商请各课外组织职员，多邀走读生参加。

四、训练课得令走读生参加各课外组织，以每人必须加入一个课外组织为原则。

庚、细则

一、训练课与教务课得会同各年级教员每月开会一次，专讨论各该年级学生优劣问题。

二、学生旷课至五十小时者，即令退学。

三、学生告假逾每学期三分之一者，停止大考。

（《南中周刊》临时增刊第 3 号，1927 年 9 月 17 日，第 1—8 页）

南开学校中学部现行组织

（1929 年 10 月 17 日）

本校因系私立，经费竭蹶，用费务求其省，效率务求其高。故组织方面，分部甚简。约言之，校长之下有主任，下复分五课：曰教务，训练，体育，庶务，会计，分理全校事务。惟本校因规模稍大，事务颇形复杂，全校工作之推行，不得不有赖于全体师生之协助，于是又有各种会议及委员会之组织，以期实现（一）校务公开（二）责任分担（三）师生合作之三原则。本校同人多专任，工作皆繁重，但皆不辞劳瘁，乐予赞助焉。

兹将本校各部组织及其职务，各种会议及委员会约述于左：

甲　董事会

一、董事会以董事九人组织之。

二、本校大学中学女中学三部统由董事会董理。

三、本校校长由董事会聘任，大学部及中学部主任各一人，由校长推荐经董事会通过。

四、董事会担任筹募经费议决预算审查决算。

五、学校章程之制定及变更应由董事会通过。

乙　校长

一、校长总理全校一切事务。

二、校长办公室设秘书若干人，文牍一人，办理一切文件及校长随时委任事宜。

丙　中学部主任

一、主任襄助校长办理一切事务。

二、校长外出时主任代理校长职务。

丁　各课

（子）教务课

一、教务课设主任副主任各一人，综理全课事务，课员一人，事务员二人，办理本课一切事宜。

二、教务课所掌职务列左：

1．考察讲室内授课情形

2．会同教员研究教授方法

3．商承校长延聘教员

4．规定课程及授课时间表

5．掌理关于学生分科编级事宜

6．办理关于入学试验及平时试验等事务

7．登记及保管学生成绩表册

8．掌理关于教务之各项表簿文件

9．购置并保管关于教科应用之书籍仪器

10．布告及统计教员请假

（丑）训练课

一、训练课设主任一人，综理全课事务，课员若干人，分任辅导，讲室，斋舍三股事务。又事务员四人管理誊录。

二、本课所掌职务列左：

关于辅导者

1．指导学生组织班会及各种团体活动

2．计划全体学生集会及年级集会事宜

3．与学生个人谈话，实施个别指导

4．与各辅导员及各教员接洽调查各班学生之品学成绩

5．调查学生生活之各方面（教室，斋舍，校外，家庭）

6．与学生家长和保证人通讯及谈话

7．制定并保管关于训练各种统计表

8．执行关于惩罚学生犯规事宜

关于讲室者

1．司理告假及稽查学生旷课事宜

2．督促学生自修

3．调查各班学生上课时之勤惰情形

4．办理讲室考美事宜

5．维持各楼讲室秩序

6．注意各班卫生状况

7．调查各教室公物，如有毁坏者，酌令赔偿

关于斋舍者

1．监督学生自修及稽查每晚迟到之学生

2．办理斋舍考美事宜

3．报告患病学生于校医室，并为之照料一切

4．督促初级学生按时写家信并写日用帐

5．调查学生日常生活习惯

6．维持斋舍秩序

7．注意斋舍卫生

8．为住宿学生具证明条及盖证明图章

（寅）体育课

一、体育课设主任一人，综理全课事务，课员四人，事务员三人，办理本课一切事宜。

二、体育课所掌职务列左：

1．会同教务课分配各班体育钟点及课程

2．会同训练课谋宿舍内之清洁及监察学生之卫生习惯

3．稽核并保管全数学生体育之成绩并报告家长

4．会同校医管理全校卫生及医药事宜

5．检验全数学生身体

6．注意身体软弱之学生，务使得有适宜之运动

7．联络他校组织各种运动比赛事项

8．选拔并组织与他校比赛各门运动之选手队

9．组织校内各级各组体育竞赛及表演事宜

10．组织童子军露营旅行郊叙等

11．规定鼓励运动员之奖格及奖品

12．管理关于军事训练之一切事务

（卯）庶务课

一、庶务课设主任一人，综理全课事务，课员四人，办理本课一切事宜，

事务员若干人，缮写讲义文件及其他杂项。

二、本课所掌职务列左：

1．添购保管一切校具及物件

2．经理房地之出租

3．分别勤惰，进退校役

4．稽查厨房食堂

5．修理校舍

6．保存学校贵重物品

7．会同教务课管理标本仪器

8．管理假期内学生存物事件

9．辅助办理开学放学大考一切事宜

（辰）会计课

一、会计课设主任一人，辅助校长管理全校财政，会计员及助理员三人，办理本课一切事宜。

二、本课所掌职务列左：

1．会同各课编制预算草案

2．编造报销按月决算比较表计算书及每学年总决算草案

3．经收学宿等费房租地租及零星存款

4．根据预算经理开支事宜

5．保管一切重要执据及已往账簿

（巳）图书馆

一、本馆设主任一人（暂缺），综理本馆一切事宜，馆员与事务员若干人，其职务由主任分配之。

二、本馆所掌职务列左：

1．按照预算额支配用款

2．图书之购置及保管

3．编辑目录，装订书报

4．图书之统计

5．阅览人及阅览图书之统计

戊 会议及委员会

（一）事务会议

一、事务会议以校长，校长室秘书，中学主任，各课主任及图书馆主任组织之。

二、本会议为本校议事机关。

三、本会议校长为主席，每星期开会一次。

四、本会议议决事项交各课执行之。

五、凡重大事项得由校长召集全体职教员会议公决之。

（二）各课课务会议

一、课务会议由各课主任召集各该课职员组织之。

二、课务会议讨论及接洽各该课进行事务。

三、关于各该课重大事项有须与他课接洽者，提出事务会议讨论之。

四、课务会议每周举行一次。

（三）学科会议

一、学科会议以教务主任及各分科会议所推定之主席组织之。

二、各班学科委员得推举代表五人出席本会，备咨询及陈述意见。

三、学科会议讨论关于全校教务上一切进行及改良事宜。

四、本会议开会前由教务课向本会会员及本校全体师生征集议案。

五、本会议议决重大事项得校长或主任承认后施行之。

六、本会议由教务主任召集，每月开会一次，如有特别事故得临时召集之。

（四）分科会议

一、分科会议分七：

1. 国文学科

2. 外国语学科

3. 算学科

4. 自然学科

5. 社会学科

6. 艺术学科

7. 体育学科

二、分科会议之职务：

1. 研究该科教授方法

2. 审订该科教材及教科书

3. 计划该科一切兴革事宜

三、分科会议开会时得分全体会议与年级会议：

1．全体会议——由教务课及全体担任同一科目之教员组织之。

2．年级会议——由同年级担任同学科之教员组织之。

四、全体会议依人数之多寡推举主席若干人，负轮流召集会议之责，年级会议推举主席一人。

五、全体会议及年级会议各推举书记一人，负记录之责。

六、分科会议推举代表若干人出席学科会议。

七、分科会议每月举行一次，年级会议无定期。

（五）训练委员会

一、训练委员会以训练课主任，学校聘请之职教员约十人，暨各级训练委员代表十人组织之。

二、本委员会讨论关于训练上各种问题及议定各种必须规则。

三、本委员会主席由训练主任充任之。

四、本委员会每学期开会二三次，由本委员会主席召集之。

五、本委员会开会前，由训练课向本委员会师生会员及本校全体师生征集议案。

六、本委员会议决事项或规划，由本委员会辅佐训练课执行之。

七、本会议决重大事项得校长或主任承认后施行之。

（六）辅导员会

一、辅导员会由训练课主任及由学校聘充之各班辅导员组织之。

二、本会议每月开会一次，由训练主任召集之。

三、本会议开会前由训练课向各辅导员及本校全体师生征集议案，并汇作议事日程先期分交各辅导员以资准备。

四、本会议讨论关于各班班会之工作方针与计划，及普通训练问题。

五、本会议议决事项由各辅导员或训练课执行之。

六、本校校长主任及教务主任为本会议之当然会员。

（七）体育委员会

一、体育委员会以体育主任体育课课员，及各级体育委员代表十人组织之。

二、体育委员会讨论体育上一切进行及改良事宜。

三、本会每月开会一次，由体育主任召集之，如遇特别事故得临时召集之。

四、本会解决一切班际级际体育竞赛问题。

五、本会附设卫生巡查委员三人，注意巡察学校卫生事项，建议于负责各课。

六、本委员会辅佐体育课推行一切体育普及事项。

七、本会议决重大事项得校长或主任承认后施行之。

（八）庶务委员会

一、庶务委员会以庶务主任，庶务课课员，会计课课员，及各年级之庶务委员代表十人组织之。

二、庶务委员会讨论关于庶务上应行兴革事宜。

三、本委员会每月开会一次，由庶务主任召集之，遇有重要事得随时召集之。

四、本委员会开会前得向全体师生征集议案。

五、本会议决重大事项得校长或事务会议承认后施行之。

（九）社会视察委员会

一、本委员会由左列人员组成之：

1. 中学主任
2. 教务主任
3. 社会视察主任干事
4. 指导员四人——由校长聘请教员充任之
5. 学生十人——由学生每组推举二人

二、本委员会之职务为：

1. 规定视察方针
2. 对外各机关之接洽
3. 编制各种应用之讲义，大纲，问题表，及地图
4. 整理视察所得之材料而制成各项统计与图表
5. 组织假期旅行团

三、本委员会每月开会一次，由主任干事召集之。

（十）暑期学校委员会

一、本会为筹备暑期学校及执行暑校一切事务之专设机关。

二、本会由各课主任及校长室秘书组织之。

三、本会设主任干事一人，书记一人，负召集会议及记录之责。

四、本会每年于春假后组织之。

（十一）预算委员会

根据各课预算，编制全校出入预算表。

（十二）图书委员会

会同图书馆主任商定书籍之购置，及书目之编订等事项。

（十三）入学考试委员会

办理入学考试关于命题阅卷等事项。

（十四）仪器委员会

会同教务课商定仪器之添置及整理事项。

（十五）花木委员会

培植花木，增美校景。

（南开中学校编：《天津私立南开中学一览》，天成印字馆，1929年10月17日，正文第14—30页）

南开学校中学部学科

（1929年10月17日）

甲　学级编制

学制是社会之产物，社会情形改变，学制自随之而异。中国旧日学制系统，组织单纯，科目划一，其不合国情，不适个性，尽人皆知。以中等教育一段，窒碍为尤甚焉，于是有文实分科之制，有倡为职业教育之说，迄乎今日，三三学制，普行全国，纵横活动，较诸旧日学制，大形适合，此诚中国教育进步之表示，抑亦几经变革，而始克有此结果也。

南开学校自成立以来，一切设施，变更至多，因系私立，学制课程，颇有伸缩余地。自民国十一年秋起采行新制，溯其递擅[嬗]之迹，亦可分为三时期：

1. **固定时期**　自清光绪三十一年起至民国五年止。在此时期内，完全系单科制学校，一切学科，均属固定，毕业期为四年。

2. **分科时期**　自民国五年起至十一年夏止，为采行分科制时期。中学第一二年学科皆划一，第三年分文理两科，第四年又添设商科，每科内学科皆固定，学生得随其性之所近，分科选习。毕业期因有补习班之设，订为五年。

3. **分选科时期**　民国十一年秋起，采行“三三”新制，中学改为六年毕业。前三年为初级，后三年为高级，行分选科制。当采行之初，高级分普通及职业两部：普通部分文理商三科，为毕业后升学者入之；职业部分工商教育三科，为毕业后从事职业者入之。迨夫实施，因本校学生升学者几占十之八九，报名入职业部者为数寥寥，于是职业部仅余一商科。行至数年，情状一如往昔。惟普通部文理商三科，因皆系升学，商科之名取消，改名甲乙两组；甲组为升入文科者之预备，乙组为升入理科者之预备。至职业部之商科，依旧存在，惟商科之名易称丙组焉。

乙　课程

本校自采行“三三”制以来，课程设施，年有变更，盖因新制初行，无可取法，环境既异，适应至难也。但课程者，学生在校时之生活历程也。课程表中应列何种学科，每学科中应有何种教材，似不可不设立几项原则，为设置或废弃之根据。 简言之有四，即各种学科应合乎：

1．社会的需要；

2．个人的需要；

3．动作中所感到的需要；

4．学科进程步骤的需要。

反是，则学生之时间精力，耗费必多，教育结果，效率必低。今欲根据中国之需要，现时之环境，自辟途径，另创新法，一切困难自非短时期内所能解决；一切实施，非徒托空言所可做到。若不经专家讨论，长时期预备，教者学者双方心理上，先行改革，施行必难期有成。今本校先从初一做起，所特别注重者计有五点：

1. 注重实地观察，使学生能自己求到活的智识，并以养成其科学的观念。

2. 注重动作。凡一切学科都是帮助动作，使所学得与实际生活发生关系。

3. 注重童子军训练，以养成其勇敢服务之精神。

4. 注重团体组织，以养成其民治的精神。

5. 注重生活技能。

最要的主目标，则为培养学生使之有适应现代生活及解决实际问题之能力。故初级一年现时课程分两部教授：

1. **学科方面**　有国文，英文，算学，社会常识，自然现象等，每周共二十小时。时间均在上午。

2. **动作方面**　时间均在下午。工作种类凡六，均使与学科发生联络。

a. 改编的童子军训练

b. 体育

c. 艺术的训练——图画乐歌等

d. 职业的训练——金工木工等

e. 观察——社会观察自然观察等

f. 练习自治

右初级一年现时课程设置之大要也。实行以来，成效尚佳，拟再逐渐推广之于他年级，藉作更进一步之试验。

现行课程表

初级中学

第一年	学点	第二年	学点	第三年	学点
国　文	8	国　文	6	国　文	6
英　文	7	英　文	8	英　文	8
算　学	5	算　学	5	算　学	5
社会常识	3	中　史	2	中　史	2
自然现象	2	党　义	1	西　地	3
图画手工	3	混合理科	2	初级生物学	3
乐　歌	1	图画手工	4	党　义	1
体　育	2	乐　歌	1	体　育	2
童子军	2	体　育	2	集　会	1
集　会	1	集　会	1		
	34		32		31

高级中学

普通部——甲组

第一年	学点	第二年	学点	第三年	学点
国　文	4	国　文	4	国　文	4
英　文	6	英　文	6	英　文	6
西　史	3	物理及实验	5	党　义	1
算　学	5	西近世史	3	军事训练	2

续表

第一年	学点	第二年	学点	第三年	学点
化学及实验	5	党义	1	集会	1
中近世史	2	社会视察	1	任选四门：簿记学	3
党义	1	军事训练	2	政治学	3
体育	2	集会	1	经济学	3
集会	1	任选二门：英文选读	3	算学	3
		商业常识	3	生物及实验	3
		文学概论	3	社会学	3
		名著选读	3	名著选读	3
				文学概论	3
				英文选读	3
	29		29		26

普通部——乙组

第一年	学点	第二年	学点	第三年	学点
国文	4	国文	4	国文	4
英文	6	英文	6	英文	6
西史	3	物理及实验	5	算学	5
算学	5	算学	5	物理及实验	4
化学及实验	5	西近世史	3	化学及实验	4
中近世史	2	党义	1	党义	1

续表

第一年	学点	第二年	学点	第三年	学点
党　义	1	社会视察	1	军事训练	2
体　育	2	军事训练	2	集　会	1
集　会	1	集　会	1		
		任选一门：算学选习	3		
		任选一门：英文选读	3		
		任选一门：初等测量	3		
	29		31		27

职业部——丙组

第一年	学点	第二年	学点	第三年	学点
国　文	4	国　文	4	国　文	4
英　文	6	英　文	6	英　文	6
西　史	3	商业经济	3	商业英文	3
化学及实验	5	会计学	3	货币银行	3
簿记学	3	保险（上）	3	银行簿记	3
商业常识	3	汇兑（下）		公司理财	3
党　义	1	打　字	2	统计学	3
体　育	2	会　话	2	军事训练	2
集　会	1	党　义	1	党　义	1
		社会视察	1	集　会	1
		军事训练	2		
		集　会	1		
	28		28		29

关于本校现行课程有数点应行说明：

1. 本校学生入学后，多愿在高中毕业，初级修满，转学他校者甚少，故本校课程，系按整个的六年计划。易言之，本校系六年毕业之中学，“三三”或“四二”在本校均不成问题。

2. 本校学生初级修满后，直升入高级各组肄业。

3. 本校初级学生修业期满后，多属升学，故初级课程未设关于职业之选科。

4. 高级普通部分甲乙两组，职业部仅设丙组：

a. 甲组为升学预备，注重在属于文科之基础科学，有志研究文学哲理及政法等科者入之。

b. 乙组为升学预备，注重在属于理科之基础科学，毕业后学习数理工矿等科者入之。

c. 丙组为造就商界之实用人才而设，一切学科注重应用，毕业后拟就事者入之。

5. 每周授课一小时，或实习二小时为一学点。学生于毕业时，除固定之学科外，必须修足规定之选修学点。

6. 高级各组课程，除必修科外，每组酌设选修学科若干种。

7. 丙组现时因肄业人数过少，各年级课程暂属固定。

8. 本校课程时有更改，右表为民国十八年度施行之课程。

丙　各学科教学纲要说明

子　国文学科

（一）教学旨趣：

1. 培育学生立身处世之根本态度；

2. 期望学生能感受本国文化之精神以孕育本国国民性；

感受方面——应具有 {明了历史背景；察识现代趋势} 等要件

孕育方面——是包括 {补救缺点；发展优点} 两事

3. 培养学生学习国文之兴趣，并陶铸学生优美的情绪，及情操；

4. 启发，纠绳，整理学生之思想以使之丰富，正确，而清晰；

5. 扩充学生之观察及思想之范围，以增进其智力；

6. 指示学生学习之途径及方法，使其具有自动研究之能力；

7. 辅助学生作“学术深造”或“职业应用”之准备。

（二）各级标准

本校依学生国文程度发达之自然顺序，谋系统之教学，姑将全部划为三级；

第一级——初一初二　　第二级——初三高一　　第三级——高二高三

各级教学标准，分载各级教学计画中。

（三）时间——初一每周七小时，初二初三每周六小时，高级各年每周四小时。

I. 第一级——初一初二年级——国文学科教学计画

A. 总纲

（一）标准——本学科本阶段教学标准，依据本校国文学科教学大纲（依教学大纲本段属于第一级）就“读”“作”“说”“写”四方面，规定左列数项：

（甲）读——1. 能了解普通应用的文字；

2. 能阅看平易的短篇文言文和语体文；

3. 能运用读书工具（如查字典注国音等）。

（乙）作——1. 能作简单的记叙文及应用文（如日记，报告，书牍等）。

2. 能使用新式标点符号，及划分文章段落。

（丙）说——能用正确之国语，作短时间之演述或报告。

（丁）写——使学生明了字体分部配合诸法，练习大小楷书之结构；以方劲端秀，工整匀称为目的。

（二）教学要则——本学科本阶段教学要则有左列三项：

（甲）注重学生自动；

（乙）启发研究兴趣；

（丙）指示研究方法。

B. 分目

（一）读的方面教学法——读分“精读”“略读”两种。

（甲）精读——选印模范文，在课堂讲授。

1. 教材——

a. 选取标准
（一）形式方面——文字简明；适于模范；篇幅不过长。
（二）实质方面——适合学生生活体验内容；不背[悖]时代精神。

d[b]. 组织方法——所选又皆依“内容”或“形式”分为若干组，互相联络，成一系统。

就内容分组
- （一）模范与教训——如佛兰克林自传
- （二）人间爱——如芳儿的梦
- （三）勇侠的精神——如漳南侠士传
- （四）自然美——如大明湖
- （五）奇异的想象——如白雪女郎
- ……

就形式分组
- 寓言
- 故事
- 小说
- 童话
- 史传
- 诗歌
- 论文
- ……

c. 教材须经过多次试验，时时编修：有不适宜者，去之；随时遇有良好材料，得斟酌加入。每授完一组，令学生在该组文目录上，标列各种符号，将其会合统计，藉以调查学生对于教材心理如何，供此后编修时之参考。

2. 教授方法

a. 预习——每文在讲授前一二日，先指令学生预习：（一）查检艰生字句；（二）考查作者小史；（三）标出疑点，以备质询；（四）摘录所得各种感想。

b. 讲授——

（一）诠释题义；

（二）叙述作者（不著名作者，略说其所生时代即可）；

（三）指示全篇旨趣；

（四）诵读　指令学生诵读，或由教者诵读；

（五）指出艰生字句——注意字形字音词义句意；

（六）解释疑问——在诵读时，每完一段，可稍停止，令学生提出本段疑难点，为之一一详解；

（七）整理大意——表列各段大意；

（八）形式深究——注意常用成语，美丽词藻，文句构造，及全篇组织等；

（九）内容深究——探讨文中包含之重要问题。

c. 考察成绩方法——

1. 问答；2. 背诵；3. 复讲；4. 笔试；5. 默写；6. 检阅笔记。

（乙）略读——指定书籍数种，令学生课外阅览。

1. 阅书应注意之点——

a. 引起学生自动阅书的兴趣；

b. 养成学生阅书的习惯；

c. 注意阅读速率之增加；

d. 练习写笔记方法。

2. 选书标准——

a. 关于帮助身心修养的；

b. 富于文学趣味的；

c. 关于增加国文常识启发思想的；

d. 关于实际应用的；

共通的标准为练习文章技术。

3. 时间之分配——

a. 规限学生课外每日至少阅书一小时。

b. 每两周以二小时时间在课堂讨论阅读结果。

4. 教者的工作——

a. 作“自修书提要及其评论”印发学生，使其对于所阅之书预有一概念；

b. 拟问题多条，为学生阅读时之一助；

c. 教以读书方法并示以写笔记之例；

d. 教以检查字典，及参考书法。

5. 考察成绩法——

a. 每月或两星期，审阅学生阅书笔记一次；

b. 口试；

c. 作为正式成绩之一部分。

（二）作的方面——分正式作文及补充作文：

（甲）正式作文——按照学校规定，在课堂上正式作文。

1. 次数——每周一次

2. 时间——

a. 两小时或一小时当堂交卷；

b. 有特别情形两小时不能完卷者，得于下课后继续作之；但必在教员所指定之时间内交卷。

3. 命题——

a. 题性——叙述及描写参互。

b. 题数——每次至少二题，俾学生得自由选择。

c. 题材——题材要合于学生生活经验的内容。

（一）动的现实生活的叙写（个人的，家庭的，学校的）；

（二）静物的描写。

4. 文卷形式及内容方面之规定——

形式方面——

a. 各备作文簿一册；

b. 字体全用真书；

c. 句读用新式标点符号；

d. 书写格式——

（一）题目低两格，

（二）题目后正文前写本篇大纲，

（三）按照新式分段法分段（每段起首须空二格），

（四）卷末载明日期。

e. 篇幅长短依乎自然；

f. 文言白话，各从所便；有时亦可由教者指定。

内容方面——写真事，说实话。

5. 批改——分个别批改及总评：

个别批改（在各个文卷上）

a. 改正笔误字，别字，讹字；

b. 删除闲字闲句；

c. 订正不通之词句；

d. 批示其错误之故；

e. 批示其精采之所在；

f. 不必皆有总批，而分批眉端，力求其细。

总评（印发讲义，名为作文评语）

a. 归纳大多数之笔误字，别字，讹字，而表列之；

b. 归纳大多数间字间句而列举之；

c. 列举最容易刺目之不通语句；

d. 指示大多数人思想上及态度上之错误；

e. 揭示少数优秀之文；

f. 授以作文常识；

g. 练习改文。

6. 优良作品的宣示——

a. 宣读；

b. 将原卷合订一起，传观全班；

c. 在作文评语内选印；

d. 奖赠书报。

（乙）补充作文——

1. 日记；2. 读书笔记；3. 讲演记录；4. 视察报告。

（三）说的方面——分指导方法，表演训练，批评三部分：

（甲）指导方法

本阶段为演说训练之初步，其目的仅能按照规定之标准，作基本之训练，故指导方法务求简易，以便引起学者之兴趣。兹略规定通则数条。

1. 注重国语发音之纯正，

2. 注重态度之从容，

3. 注重姿式之自然，

4. 注重演材内容之明白及组织之有条理，

5. 关于演题之选定，内容与组织，由教者予以充分之帮助，

6. 略授以演说应有之常识。

（乙）表演训练

1. 表演练习除在指定时间外，并利用国文默读之机会使之陈述文章大意，或利用班会时间使之报告事项，或演讲。

2. 校中举行国语演说比赛会，一学期两次或三次。

（丙）批评

根据指导各项及演说应备各种技能为适宜之批评，惟须积极的批评，以免打消学生之兴趣；其佳者应加以特别鼓励。

（四）写的方面——

（甲）教材

1. 讲授——每单元大楷范书六字，小楷范书每单元二十字，讲授毕，即令

其在讲室切实练习，以确实其观念。

2. 练习——随各生性之所近，指定应临摹之帖，使之自行练习。

（乙）教材上之注意

大楷——注意：

1. 横之平匀 2. 竖之正直 3. 点之圆浑 4. 撇捺之遒劲 5. 趯钩之雄利 6. 接笔之曲折 7. 偏旁之配合 8. 首中尾之配合 9. 左中右之配合 10. 全字之结构 11. 笔书之锋利 12. 结体之峭拔 13. 结构之互相照应中正揖让布白停匀。

小楷——注意：

1. 字之大小 2. 笔书之平直 3. 墨色之整洁 4. 字之匀称 5. 行间之平直 6. 破体字之辨识 7. 笔书之圆润 8. 字体之工整 9. 气势之停匀。

（丙）教学上之注意

1. 起手——执笔宜端正有方，磨墨宜浓淡适宜，教者宜先说明之，并告以保存笔墨之法，使之自行治理。

2. 点画——点画之法甚多，名称亦夥，教者宜将普通应用各法，随时指示，绘图说明，使之仿书。

3. 分部配合——字有偏旁，宜将其相让处举例指明，其变例亦宜间为指示。

4. 全字结构——字有横竖，宜将其俯仰向背，举例指示，并仿大字结构八十四法之例，摘要说明，更须参以分笔先后之法。

（丁）成绩之处理

1. 讲室练习之成绩除随时巡视指导外，并当堂收集详加评判，发还时，须说明各别误点，及共同误点。

2. 自行练习之成绩，按指定日期由学科干事收集送交评判。

II. 第二级——初三高一年级——国文学科教学计画

A. 总纲

（一）标准——本学科本阶段教学标准，依据本校国文学科教学大纲（依教学大纲本段属于第二级）就“读”“作”“说” 三方面规定有左列数项：

（甲）读——

1. 使学生能鉴赏近代国语文艺作品，并了解其性质与变迁；

2. 使学生能鉴赏古代浅明而富有文学情趣之文言文，并了解其在文学史上之地位；

3. 使学生能读内容较为深富之文章；

4. 使学生能阅读平易的古书并能整理其中所含之思想。

（乙）作——

1. 使学生能有自由发表思想之能力；

2. 使学生能自由运用各体文章作法，以养成基本技能；

3. 使学生能作普通论说文，并能运用论理方式；

4. 使学生能作浅显的艺术文，并能运用修辞方式。

（丙）说——

1. 使学生能作较长时间（十分钟至二十分钟）之演讲；

2. 对于演讲时之声音姿态并为基本之训练，使之纯正自如；

3. 使能明了辩论术，而运用之。

（二）教学要则——本学科本阶段教学要则有左列六项：

（甲）根据本校国文学科课程大纲规定之旨趣；

（乙）引起研究文学兴趣；

（丙）规定学习标准；

（丁）注重“指导学习”；

（戊）侧重文章之形式，内容次之；

（己）注重审察学习之历程——学习方法与态度。

B. 分目

（一）读的方面教学法，分两部分：

（甲）精读——正篇讲授，分：选材，教学方法，成绩考核三项：

子　选材

1. 选材之标准　选材标准，除依照本阶段教学旨趣选择外，并参照左列数原则：

a. 篇幅不过长者，

b. 程度适当者，

c. 接近青年生活者，

d. 不悖时代思潮者，

e. 能激发志气者，

f. 能陶冶性情者，

g. 能激发爱国思想者。

2. 教材之编次方法：

本段教材依据国文学科教学旨趣及本段教学标准用左列组织法，初三，高一各编定为十组——

a. 配合（篇与篇之关系）——每组自为一单元，各有其中心主旨。依照中心主旨选定教材，然后再按照为学之步骤，思想进步之途径，文章自然发达之顺序以及文章之体性，加以适当之排列；在一组中不必各体皆备；但合全部教材以观，则略具有：文章作法，文体讨论，修辞讨论，学术思想研究，文艺研究等项；且兼为历史的研究，以明文章之自然进化之途径，而为高级授文学史、文学概论之预备。兹将初三年级国文教本编目列次，可窥见一斑：

第一组——为学态度与读书方法，计文八篇：

1. 梁启超为学与做人
2. 胡适社会的不朽
3. 马君武读书与救国
4. 胡适读书
5. 采真研究学问的态度
6. 胡适治学方法与材料
7. 任白涛读书与书籍
8. 鲁迅读书的方法

第二组——我国之学术思想（略含史的系统），计文九篇：

9. 夏曾佑述老儒墨
10. 梁启超墨子之根本观念——兼爱
11. 蔡元培清淡家之人生观
12. 梁启超清代思潮
13. 蔡元培中国哲学史大纲序
14. 梁启超思想解放
15. 胡适新思潮的意义
16. 郭沫若整理国故的评价
17. 吴云科学精神

第三组——文学方法与其本质之研究，计文十四篇：

18. 胡适文学方法
19. 周作人古文学
20. 刘师培美术文与征实文之不同
21. 刘知几史通叙事篇
22. 陆步青修辞学与语体文
23. 郁达夫介绍一个文学公式

24. 朱自清一个文学的界说
25. 鲁迅革命时代的文学
26. 郁达夫批评与道德
27. 郭沫若艺术的评价
28. 曹丕典论论文
29. 胡适什么叫做短篇小说
30. 郁达夫诗的意义
31. 周作人诗的效用
第四组——新旧小说之比较的研究，计文八篇：
32. 杜光庭虬髯客传
33. 侯方域徐作霖张渭传
34. 胡适译柏林之围
34[35]. 胡适译二渔父
36. 周作人译乐人扬珂
37. 常惠译项链
38. 冰心爱的实现
39. 鲁迅故乡
第五组——描写文，写人方法之研究，计文六篇：
40. 史记廉颇蔺相如列传
41. 战国策冯谖
42. 前汉书霍光传节录
43. 三国志王粲传
44. 三国志注邴原别传
45. 后汉书黄宪传
第六组——描写文，写景写情方法之研究，计文九篇：
46. 水经注孟门山
47. 水经注黄牛滩
48. 白居易庐山草堂记
49. 鲍照芜城赋
50. 俞平伯桨声灯影里的秦淮河
51. 朱自清桨声灯影里的秦淮河
52. 俞平伯陶然亭的雪

53. 俞平伯西湖六月十八夜

54. 周作人苦雨

第七组——叙事文方法之研究，叙事文以叙战事为最难，故本组专选叙战〈事〉文字，以收以简御繁之效，计文四篇：

55. 左传城濮之战

56. 左传鄢陵之战

57. 通鉴赤壁之战

58. 通鉴淝水之战

第八组——旧诗形与质之研究（有历史的系统），计各体诗二十二篇：

（篇目过繁从略）

第九组——新诗形与质之研究，各体诗计三十四篇：

（篇目过繁从略）

第十组——小品杂文之研究，计文六篇：

（篇目从略）

（高一组织略同）

b. 联络（组与组之关系）——各组排列，系按照读书进程，先为总体的研究（如第一二组），再依次作个体的研究，如第三组以下各组，其间有系统上之自然关系。

c. 升进（年级与年级之关系）——本阶段分两期，教材升进，依于形与质之侧重；即：

第一期（初三年级）侧重形的方面，多为文章体性方法上之研究；

第二期（高一年级）侧重质的方面，多为文章内含的讨论。

丑　教学方法

1. 预习

目的：在使学者于讨论某篇之前，了解其大意，得一概括之观念，以减少教室内字解句释之时间；并引起学者对于本篇之注意，藉收事半功倍之效。惟文章性质，篇各不同，预习方法，自难泥守一格；教者仍随时指导。下列事项，系属必要，著为通则：

a. 指定教材：讲授本篇前一周指定；

b. 检查艰生字句：注意音义典实（通常字书辞典所不能检出者，由教者另编注释印发）；

c. 考查作者小史；

d. 摘录疑问，以备讨论；

e. 记录预习时所得各种感想。

以上b至d均须登录笔记簿。

2. 订正

目的在整理预习之结果，以督促学生努力；方法如次：

a. 口试：问答。

b. 笔试：临时发小纸片，由教者口说题目，令学生以简短之语句解答；每次至多十分钟。令全班同做，或抽考某行，临时酌定。此种考试，留作平日成绩之一种；对于程度较低及不努力之学生，特加注意。

c. 检阅笔记。

d. 订正：口试有错误，随时加以订正；笔试有错误，予以书面订正；其笔答之共同错误提出在黑板上订正。

e. 补充：口试或笔试答案之未充分理解者，加以补充。

以上各项在授本文前行之；系学生在堂下工作。

3. 讲读

a. 宣示教材：揭示篇名，诠解题义；

b. 尚论作家：作家之生卒年代，性格，思想，时代背景，当时思潮及其作品在文学上之价值；根据学者预习各项加以讨论；

c. 提醒应有观念：未读本文前之各项应有的观念；

d. 补充学文常识：利用机会，授以与本篇有关系之国文常识：如：文体，文法，修辞方式，文学史及诸家论文之通说等；

e. 指示作意：指示作者之作意与动机，以使学生有批评之眼光与手段；

以上各项，均令学生随听随记入笔记簿。

f. 诵读：或令学生默读，或由教者范读；文言文并注意音调；

g. 提出艰生字句：注意字音，字形，词义，句意，补充预习之不足；

h. 段解：每段先指定学力较强，或当时听讲不注意之学生行之；

i. 通解：教者贯通讲解。

4. 讨论

讲读一文毕，作下列之讨论：

a. 分析形式：文意，章法，修辞以及词性之变化，教者学者，互相质问，以求彻底了解。

b. 整理内容：表列全篇大意，总为大纲，使学生得有统一之观念，及深刻之印象（表列大纲得指定学力较强之学生。在预习中行之，临时提出订正）。

c. 研究问题：提出文中包含之重要问题，加以讨论。以上为学者教者在堂上共同工作。

寅　成绩考查

考查学生精读一文以后所得之结果，其方法如次：

1. 问答；2. 背诵；3. 复讲；4. 测验；5. 默写；6. 检阅笔记；7. 讨论

以上由教者分别在堂上堂下行之。

（乙）略读——本项包括国文教本以内以外所指定之副篇，及课外读书而言。

子　指导方法

1. 课外指导：略读以课外工作为主，以课内工作为辅。指导以团体为主，以个人为辅。其成绩之表现法，完全以札记为主，指导方法有二：

a. 每周预发阅读进程表，指定研究事项，读物起讫，及参考书等。

b. 开示札记大纲及问题。

以上各项研究所得，以及意见，疑问或其他关于范围内之问题，均须札记。

c. 发读书汇记表　填记阅读进程表所开各项研究之结果，每两周随阅读札记缴阅。（表均从略）

2. 课内指导：为辅导学生略读工作，增进读书效率起见，订课内指导方法如次：

a. 在每隔一周指定之一小时内，令学生各带教者指定之课外阅读书籍，在课堂内工作。

b. 在此一小时内，以质疑，问难，研究，讨论为主。

c. 学生须各带字典辞源及他种参考书入课室。

d. 学生须各带札记簿；有须记录者即时记录。

e. 课外指导以个别指导为准（有时专作团体指导），凡质问讨论，声浪须低，不妨他人。

丑　成绩考查

略读成绩之考查方法：

1. 检阅札记，

2. 问答所读读物之内容，

3. 测验，

4. 略讲大义，

5. 严格督促填写读书表。

（二）作的方面　此专指训练作法而言：

（甲）次数　初三年级每四周作三次（第一至三周作文，第四周整理札记）。高级隔一周作一次。

（乙）时间　二小时当堂交卷；有时为训练构思速，出笔快起见可限定一小时。

（丙）题目

1. 教者出题，一题或数题，由作者任择其一；

2. 指定范围，由作者自拟题；

3. 作者自由拟题。

（丁）题材

1. 与精读教材，略读教材或课外阅读书籍有关者，

2. 学生自身经验——自由叙述见闻往迹，

3. 时事述评及感想，

4. 学校事项述评及感想，

5. 社会事项述评及感想，

6. 偶发事项述评及感想，

7. 自然界之描写，

8. 时令之描写，

9. 应用文，

10. 其他。

（戊）订正

1. 学者自动订正　由教者用几种符号，标出文中缺点，或加眉批，然后发还，使作者自行纠正，改好另卷誊正，连同原卷交与教者第二次批改。

2. 教者批改　以订正文法上，修辞上各种缺点为主；并评判其优劣；必要时加眉批总批。

（己）发还

关于普通错误，由教者另制一表，于发文时，在黑板上一一提出订正，以引起全组学生注意；并发表此题应注重之各方面及作法；其优良作品，或由教者对众宣读，或揭示课室相当地方，或传观，或刊布校刊，以收观摩之效。

（三）说的方面　分指导文法，表演训练，批评三部分：

（甲）指导文法　说即口语作法，故亦适用作的方面各法之一部分；下列各项，专为演说而设：

1. 每周指定一小时讲授演说辩论方术；

2. 指导学生在指定时间内，作讲演练习；

3. 演说材料不加限制，以就个人所长，尽量发表为主；有时由教育者出题，或指定范围；

4. 无论演说者自由发表意见，教者出题，或指定范围，均须由演说者作一纲要表，庶几登台演说，能有条不紊；表例临时酌定。

（乙）表演训练

1. 演说练习除在指定时间外，并利用发文之暇，或开班会时行之；

2. 每学期中由每年级开演说比赛会一次；

3. 练习时为防听众松懈及鼓励共同练习起见，预由指导者各发批评表格一纸，令其听时记载演说内容大要，及讲演者之姿态音调之优劣各点，以便终结时，依次批评；然后由指导者予以最后满意的批评。（比赛时不在此例）

（丙）批评

分学生互相批评，指导者批评两种：

1. 学生互相批评　演说时学生自己互相批评，效率大而印象深；为使学者批评有系统起见，略示批评要项如次：

a. 组织　组织之有条理与否；

b. 内容　内容之丰富，正确与否；

c. 语法　语法之合于逻辑与否；

d. 音调　音调之和谐与否，读音之正确与否；

e. 姿式　姿式之自然与否。

2. 指导者批评　除上列各点详细审察，予以确切之批评外，并为批评之批评。

（丁）成绩及成绩之考查　表演训练之结果，亦作为平日成绩之一种；成绩考查方法，除练习时或比赛时由指导者加意考查外，有时并请精于演讲术者共同审查。

第三级——高二高三年级——国文学科教学计画

A. 总纲

（一）标准——本学科本阶段教学标准，依据本校本学科教学大纲（依教学大纲本段属于“第三级”）就“读”“作”“体察”三方面，定有左列数项：

（甲）读——1. 能细究文章中所明示暗含的人生问题；

2. 使学生能略知文艺的创作鉴赏之理法。

（乙）作——1. 能批评现代生活及思想；
2. 能评论教者所介绍的文艺作品；
3. 能作复杂的动态或静态的记叙文；
4. 能作说理较深的论说文。

（丙）体察——1. 能深省自己生活的内容；
2. 能深刻地观察社会的情况；
3. 能观照并享乐“自然”。

（二）教学要则——本学科本阶段教学要则有左列七项：

（甲）根据本校本学科课程大纲规定之“旨趣”；

（乙）发展学习兴味；

（丙）定立学习标准；

（丁）利导嗜好；

（戊）注重指导学习；

（己）并重文章之内容与形式；

（庚）注意审察学习之历程（包含学习的方法，途径，与态度）。

B. 分目

（一）读文教学法——本节分三方面：

（甲）正篇讲授——

1. 教材——本段教材依据全部国文教学旨趣以及“本段教学标准”用左列“组织法”。高二编定十组，高三编定十三组：

a. 配合（篇与篇之关系）——以“各组总旨”（各组一贯的意旨）为本位而分组，于各组之中又搭配“各种体裁”（论说文，记叙文，文艺文，），既便鉴赏各体文章艺术，又可调和学习兴味。

“例”——高三上册第一组文：

就“内容”言，则《胠箧》《辨似》《针名》《名教》《名教之分析》《养晦堂记》《诗三首》《群鬼》诸篇通含着“名与实”问题；

就“体裁”论，则《胠箧》《辨似》《针名》《名教之分析》为“论说文”，《养晦堂记》，为“记叙文”，《诗三首》，《群鬼》属“文艺文”。

b. 联络（组与组之关系）——各组文章内容皆有自然之联络。

c. 升进（年级与年级之关系）——本阶段分两期，教材升进，依于“内质”，进程如左：

（第一期高二年级）——就青年思想生活的重大问题的 “干部”讨论；

（第二期高三年级）——进而向问题的“根核”探究。

2. 教顺——

a. 启示——提示注意点

解释文题——题旨　题材　体裁

b. 介绍——作者方面——略史；思想；作风；时代思潮；社会背影……

本文方面——述作文时，地；作者著述中之位置；文艺家，思想家对于本文之评论。

c. 讲读——试讲读，范讲读，覆讲读。

d. 解析——将本文各段要义，依次撮述。（用表解式）

e. 研究欣赏或详论。

（乙）副篇伴读——教者讲授一组正篇之后，随即依据某种标准，指定副篇，（文章或在教本内，或在教本外），令学生阅读而已则陪伴之——伴读副篇之程序如下：

1. 说明副篇与正篇之关系；

2. 提示“阅读的注意点”商榷内含问题；

3. 介绍“参考书”；

4. 规定阅读期限；

5. 收集批订“副篇笔记”。

（丙）课外阅书指导——

1. 指定书籍；

2. 讲说内容概要；

3. 预拟阅读程序，指示阅读方法；

4. 考核阅读成绩。

（二）作文教学法：此与第二阶段大致相同，约述如左：

（甲）题目——1. 题数——每次一道或数道（至多三四道）；

2. 题材——取材于下几方面：

自然界，个人，家庭，学校，社会。

（乙）指导点——1. 指示制作要法；

2. 略供实质；

3. 帮助列举纲要；

4. …………

（丙）批订法——1. 卷上批订（对于个人）；

2. 板上批订（对于全班）。

附：选修学科

1. 名著选读——高二、高三甲组选修 每周三小时

（一）教学旨趣

（甲）选读中国学术名著；

（乙）使学生明了吾国学术之真相，并期望其能感受本国文化之根本精神，以长育其国民性；

（丙）提示适当之治学方法，以引起学生治学之兴趣；

（丁）注重实际工作，于所选各书作普遍之研究，使学生养成治学之毅力。

（二）教学程限

据教学旨趣，规定左列学程四组，分两年修毕：

（甲）第一学程 文学名著

（乙）第二学程 哲学名著

（丙）第三学程 史学名著

（丁）第四学程 语言学名著

（三）教学方法

（甲）启发教授 本学科教学时，分类提示各书重要观念，使学生能触类旁通，资深逢源。

（乙）比较研究 本学科所选各书，均有连带关系：如孟子与荀子，左传与公羊，李白与杜甫，宋元学案与明儒学案，史通与文史通义，皆须比较研究始能得其真相。

（丙）通论大势 意在寓通论于专书：如读诗经与杜甫集，则通论先秦与有唐之文学大势；读孟子与庄子，则通论儒道二家之哲学流变。

（丁）实际工作 本学科教学时有各项实际工作：指导实习分类研究各书内容，作确切之报告。

（四）教学材料——左列各书学生每年可任选十种，由浅入深参互读之，所用板本以最通行而简便者为主：

（甲）关于第一学程之书籍

（1）诗经（2）楚辞（3）曹植（4）陶潜（5）李白（6）杜甫（7）白居易（8）南唐二主词（9）辛稼轩词 （10）中国名剧选（吴梅选）（11）琵琶记（12）词选（张惠言选）（13）唐贤三昧集（王士祯选）（14）文心雕龙

（乙）关于第二学程之书籍

（15）论声（16）孟子（17）荀子（18）庄子（19）墨子（20）韩非子（21）老子（22）宋元学案（商务节本）（23）明儒学案（新会梁氏节本）（24）公羊传

（丙）关于第三学程之书籍

（25）左传（26）战国策（27）史记（28）后汉书（29）礼记（30）史通（31）文史通义

（丁）关于第四学程之书籍

（32）说文部首（33）经传释词（34）古书疑义举例

2. 文学概论——高二、高三甲组选修　每周三小时

（一）教学旨趣：

（甲）略阐文学理趣，引导学生赏味作品，藉以培养其艺术的精神；

（乙）指示学习文学的途径及方法，使学生具有创作、鉴赏之能力。

（二）教学程限——依据旨趣，规定左列四学程，限二学年修完：

（甲）第一学程——文学园之开辟，疆界，区画及价值等；

（乙）第二学程——文学园与“自然”，“人生”，“艺术”之关系；

（丙）第三学程——中国文学园里的妙趣与特采；

（丁）第四学程——关于文学园的耕作，游赏的重大问题。

（三）教学材料：

教者按照各学程，介绍左列各种必读书，以便学生循序玩读：

第一、二学程必读书：

章锡琛译新文学概论

王希和著西洋时学浅说

黄侃著文心雕龙札记（选读）

鲁迅译苦闷的象征

俞寄凡艺术学纲要

第三学程必读书：

朱熹诗经集注　王逸注楚辞　古诗源　古唐诗合解　唐宋诗醇　注疏唐诗三百首　白话词选　诗人玉屑　要籍解题（诗经，楚辞两部）　葛遵礼中国文学史

第四学程必读书：

诗品注　文心雕龙札记（选读）　养一斋诗话　人间词话　李笠翁曲话　自己的园地　陈钟凡文学批评史　王希和诗学原理　小说法程　余

上沅戏剧论集　曾国藩求阙斋日记（品藻，文艺两部）

（四）学者依教者规定之期限，将“必读书”仔细研味，作成系统的笔记或报告，送交教者批阅。

丑　英语学科

（一）观点

现代的中学学生，要学外国语的理由，尽人皆知，学科纲要中可以不必一一举出。但是中学的外国语中，何以要选读英文，必有特殊的理由存在。据我们的观察，英文系世界各国最普遍通用的语言文字，懂英语的人到处多有，各国的新旧文化又多用英语作传播的媒介，读了英语，便能明了全世界各国的生活，思想，和文化，所以我们把英语当作最主要的外国语。我们教英语，实在就是当它是一种国际语言。一切教材，当然也就是世界性的，而不专是英美性的。

还有，英语的教学，并不是以英语的本身做最终的目标。我们所以读英语是要明了世界各国的生活，思想，习惯，文化等等。单是英语的擅长，而忽其实质，是很不值得的事。因此我们教学英语，只以英语为一种工具的学识，而用以达正当的目的的，并不是为英语而教学英语的。

所以我们的观点可以总起来说：

英语是一种工具的学识，用之可以达到明了世界各国生活，思想，习惯，文化等等的目的。

（二）理想的目的

我们教学英语的目的，总起来说，是要使学生熟悉英语，能以英语思想，并用之以发表其思想；明白并应用口讲及写作的英语，并了解外国人民及其文化。分条的说，教学英语的目标有四：

1. 技能——听的技能，说的技能，看的技能，写的技能，了解的技能，及应用的技能。

2. 训练——读书的习惯，行为的习惯，养成各种美德，如科学精神，创造精神，守法精神的模仿。

3. 知识——关于语言文字，文学，人民，历史地理，社会情形，风俗习惯，道德，性格等的知识。

4. 享用——诗歌的唱奏，小说，戏剧的欣赏等。

（三）实用的价值

教学英语既是一种工具学识的灌输，我们当然要注意实用的价值。这种实用的价值，应当不仅在整个的学程修毕以后再实现，而要在教学进程中，每一个阶段多能实现。所以在本纲要中，每一年级的学程，多有其特殊的价值，一方面使他每年成一个独立阶段，一方面又和整个的学程组合起来表现他全部的价值。

要定有实用价值的课程，先要明白学生的性质。初中学生在理论上当然是预备升入高中，高中的学生升入大学，继续求学。我们给予他们的英语教育，当然是一种继续学习较深英语的准备。不过同时我们也要顾到事实，即初高中毕业的学生不全是升学，毕业后谋职业的也不少，所以对于职业上应用的英语知识，也要兼顾着，不过没有升学准备的这样重要罢了。

（四）教学的方法

我们以为旧式的翻译法缺点太多，不容易达到教学的目的，并实现教学的价值。所以尽量的采用直接英语教学法。直接法有一举两得的功用：一面使实体的事物，生活，和语言文字发生相互的直接关系；一面又从讲解及讨论中学习并熟练日用的英语。

A. 初级中学

（一）目的——各级英语教程当然脱不了理想的目的，不过理想的目的太笼统，我们要充分实现实际的价值，必须有切实的目标，条举出来，一项一项地去覆[履]行。不过覆[履]行这些目标时，同时不要忘记了理想的总目的。

现在，把初中英语教学的切实目标，条举于下：

（甲）能发准确的读音，

（乙）能听能讲日常的会话，

（丙）能读浅显的书报文字，

（丁）能写简单的信札及短文，

（戊）能明了外国人的生活概况。

（二）内容——初中英语学程的内容，应当充满现实生活的教材，含有实验的性质，以增进儿童学习的兴趣。一切文字句语的结构，及其变化，皆应使学生自然的，不自觉的吸收；而养成其口讲及写作的良好正确习惯。因此文法上之名词及意义，及其他一切运用文字之规则等，多应设法避免，而另以归纳的方法训练之。关于知识的灌输，亦须从切合儿童的生活环境出发，渐渐的介绍国外的生活，特别注意于中外生活上不同之点，使学生有深刻的认识。

（三）学程——

初中一年级

（甲）时间——每周七小时。

（乙）课本——实验班用南开英语读本第一册，其他各班暂用周越然模范读本第二册。

（丙）工作说明及教学方法

1. 读音——英语音素的准确，认识子音母音的各个分析及字音之组合。

教学的次序，应先训练听觉，使辨别异同，再说明某音为发音机关某部所发，使照样模仿。学生对于音素有准确的认识之后，必须多给练习的机会。练习的方法，最好应用“数字及大写制”，每一母音有一个“数字”的名称，每一子音有一个“大写”的名称。教师读某音使学生说出其名称，或教师说名称而使学生读出某音，这样的翻覆练习，自然有满意的成效。单独的音，既经训练准确，再照着下面的例子练习音之组合。

a. { Cat a ca—cat
Cat a —at cat

a. { hen e he— hen
hen e— en hen

在练习读音的时候，最应当防范的，就是相似的土音之掺入。

2. 口讲英语——每日在教室中师生及同学间，常用的话，和休息时游戏时常用的话。

此等句语，应当因地因时而教，教师须制造讲英语的空气，使学生感觉其需要。教过之后，令其到处应用，以求纯熟自然。

3. 单字——本年所教单字，以最常用的七百字为标准

单字的读法，最怕是一个一个的死读。教单字的时候，便应当把它用在最常说的句语里，最好还不止一两句。这样学生不仅明了字的意义，而同时也明了字的用法。一个字有一个字的环境，因其环境而联想到字的本身，就叫学生记忆也便容易得多。

4. 阅读——暂用模范读本第二册为教本，有不甚适宜者，酌行删除。至实验班之教材，多关于儿童环境的现实生活的材料，如天空，地球，本国外国城市，学校，家庭等等。每星期除知识方面之灌输外，另有趣味读物一篇。

讲解阅读教材宜以英语为主，应用 1 实物指示法，2 定义法，3 动作表演法，4 图画法，5 衬托法等。凡能设法以英语讲解者最好避免翻译。若直接法有时而穷，则略一取用翻译，作为补救方法。但是决不可使学生把翻译记着，而忘掉它在语句中原有的环境。趣味读物须令学生背诵。

5. 文法——已经学过的字的用法，和它们在句语中的地位，句子的形式，如大写，读点，句点等；时间的意义，注重（1）现在（2）过去（3）将来（4）现在进行（5）现在完成等五种最常用的。

文法本是无聊的东西，分条析理的时候，应当多给例子，多给练习，使学生养成准确的习惯，不至于用错。文法的目的，也就达到了。本年文法的最要目标，是给学生一种句语的观念（Sentence Sense）。

6. 书法——清楚整齐的直体书法。

我们采用直体书法，是有两种理由：第一，犹如平行的垂直线比平行的斜直线容易画，所以直体的书法，比斜体的书法容易写得整齐。第二，学生习斜体字，往往把身体倾斜着写，对于姿态很有妨害，习直体字便没有这种弊病。

初中二年级

（甲）时间——每周八小时。

（乙）课本——本年暂用周越然编模范读本第三册

Gage：Learning to Speak Book II

（丙）工作说明及教学方法

1. 读音——字音之强读式及弱读式，句语读法之口气。

本学年对于读音教学，除上学年教材之复习外，更增上述两项。其方法即以口语为读音训练之单位，使每字在句语中得显出其应有之地位。经过这种训练以后，学生之会话及朗读， 均可得英语之精神，不至有本地口味掺杂其间。

2. 会话——以西人生活为题，作有系统的日常会话。

教授方法注重练习，鼓励学生在各种想像的，或真实的环境中应用之。教师在教室中应多发问题，令学生作迅速的，清晰的，正确的，切当的答语。训练的目标，在求其纯熟自然。

3. 单字及习语——增加日常用字及习语约五百字，总数约为一千二百字。

除一年级中应有的训练仍旧继续外，更增应用习语的训练。教学方法仍以句语为单位。关于单字及习语之活用，可采用“替换表”（Substitution tables），以便令学生将单字及习语多造句语。

4. 阅读——暂用模范读本第三为教本，有不甚适用者酌行删除。至自编之南开英语读本第二册，拟注重西国风俗习惯，精采短篇的故事，寓言，诗歌，戏剧式的对话等，以助学生之兴趣。教授方法与上学年同，惟对于趣味隽永之选读教材，应注意于英文文字之特美，以引起初步文学的欣赏与阅读的兴致。各课在讲解以前必须预习。

5. 文法——习语的用法，主动被动语气之变换，时间的意义，及其他阅读教材中常见之结构等。本学年读毕后，学生应能将学过的字造各式单句而无文法的谬误。上年所用教授方法仍可继续应用，多加字或字群在句语中之功能（Function）的研究，务使学生熟悉造单句的机械方法。“替换表”之应用，可训练字与字群之功能。平时练习注重自动的材料的应用。

6. 写习——每周练习造句一次，注重各式单句之构造及简单的混合句与组合句之构造（每句至多含有二个子句）。

练习写作先从填字，改错，仿效等入手，再令学生自由造句。教师应特别注意的，就是不要给能力不到的问题，以免谬误。因为谬误的预防，比谬误的改正有效得多。前者可以养成正确的习惯，而后者足以遗误学生的将来。

初中三年级

（甲）时间——每周八小时

（乙）教科书——南开英文读本第三册（短篇文选）

Graybill:　Mastery of English IV　（Sentence Study）

（丙）工作说明及教学方法

1. 口讲英语：日常会话关于阅读教材之谈话及口述。

平日在教室中教学英语时，须予学生充分讨论并质疑之机会，以养成自由以英语问答之习惯。教材中有兴味之故事寓言等读后，应令学生口述。每学期中并举行背诵竞赛一次，作公开演讲训练之初步。

2. 阅读：阅读教材，本年偏重于行为思想之训练，如含有诚实，守时刻，冒险，勇敢，等等美德的教材；其体裁则偏重有兴趣的记事文与描写文。

本年阅读教材不仅限于教科书，凡与教科书同等程度的故事书，报纸文字等，应介绍给学生作课外读物。教室中注重自由问答，以引起研习英语选文的兴趣。

3. 文法：各式单句，混合句与组合句的分析，注重字，字群，仿语，短句的功能。

教学句语的构造，最好以句语的公式，比作一个机体。机体系部分所组成，各部有其特殊的功能，句语也是一样。不过教某一句语的公式时，应当用归纳法使学生认识其公式，然后再将各部分分解开来细细研究。上年所用“替换表”仍可应用，惟所讨论的材料，当然增加其分量和范围。教师的注意点，仍在养成良好的正确的习惯。

4. 写习：以各种句语传达其思想，写习简单的应用信札及单段的短文。

练习每星期一次，文字但求达意与自然。凡尚未学习，从未见识的事物，不可勉强作入句中，作题的范围只限于日常生活。

B. 高级中学

（一）目的——高中英语自二年级便分文理商三科，各科除共同目的外，尚有专门目的。

共同目的有四：

（甲）养成敢于说话的习惯，能用英语对话，或谈论普通事物及日常生活而无困难；

（乙）养成欣赏良好文学作品的兴趣，增加阅读书籍，报章杂志之能力；

（丙）鼓励自由的表达思想，使能写习信札，及清楚无误的各式短文；

（丁）对于英语文法有系统的认识，并能应用普通的修辞方法。

专门目的：

文科：

（甲）以清楚的自然的声调，正确的读音，朗读良好的文学作品，能将作者思想与精神，传达于听者而感觉其趣味；

（乙）略具文学的常识，能辨别各种作品的体裁，主旨，及作者之风格；

（丙）能作有系统的阅书报告，及短篇的美术文字。

理科：

（甲）能阅读理科的专门书籍而无困难；

（乙）能作浅显的通畅的简单说理文字。

商科：

（甲）能写习各种简单的商业文件；

（乙）能作各种关于商业的应酬谈话；

（丙）具有与外人交际的普通仪礼常识。

（二）内容——高中各年级必修学程教材相同，而平时注意之点则因科而异。选修学程则自高中二年级起各科不同。文科有英文选习二年，理科有英文选习一年，商科有商业会话及商业英文各一年。此外各科均有课外活动，如商科组织会话会，商业讨论会；文理科组织演讲会，辩论会，均由教师指导。文理科的教材偏于升学预备，商科纯系职业预备。

高中一年级

（甲）时间——每周六小时

（乙）课本——南开高中英文教本第一、二册

Tanner-Correct English

（丙）工作说明及教学方法

（1）阅读：阅读的教材选择标准，兼重文字及实质。文字则各种体材[裁]俱备，如小说，论文，诗歌，戏剧，游记，传记等等。实质则包括社会组织，科学文明，时代思潮等代表作品。

本年阅读课程修毕之后，学生应能自动阅览各种普通的文学作品，及英文报纸。教员在讲室中处领导讨论之地位。每次指定预习课程，令学生自动阅读。在上课时可少注意于逐字逐句的详解，仅提出有值得特别注意之点，加以讨论。实质上注重问题的研究，文字上注重文学的欣赏。

（2）文法：文法之系统研究，英语的性质之认识，普通谬误的纠正，文法与习用的关系。

初中文法注重习惯用法的养成，及字句的功能。本年方介绍系统的文法。学生在事实上已能明了句语的组合，然还是知其当然而不知其所以然。读过本学程以后，便能明了英语文法的特性，使从前已养成的正确习惯，更加稳固，从前谬误的地方，立时更正。然系统的文法往往引学生入于纯粹的科学分析，因此对于不合逻辑的习用发出疑问。在这种情形之下，教师应当指出文法的限制性，和文字的沿革习惯，使之兼重并顾。

（3）作文：写习短篇记叙文，描写文，与各式书启，养成保持日记与读书札记的习惯。

本学年作文，有时间与长短的限止。规定每星期写习一次，须在教室中当场缴卷，以训练其适应限止之习惯。日记及读书札记等作为课外的补充写习。教师须随时提阅而改正其谬误。作文题目须限于日常生活及有关于阅读教材者。

（4）背诵：背诵短篇阅读的教材，须文字的结构和教材的实质，多有背诵价值的。

本年的背诵练习，注重纯熟清晰，及声调之得体。在课内每月至少背诵一篇，课外另行组织英语研究会，以增加练习的机会，并同时增进会话与讨论的能力。

高中二年级

A. 共同必修课程

（甲）时间——每周六小时

（乙）课本——Woo-Fifty Modern Short Stories

T. H. Lee-Vital Factors in China's Problems

Tanner-Composition &Rhetoric

Selected Current Literature from Periodicals

（丙）工作说明及教学方法

（1）阅读：选读现代的名家小说，与现代专家论文。本学程所授阅读教材，均须予以精细的研究。在小说方面应当知道作者的生平，时代，及地方的背景，小说的结构，篇中的用意及人物的描写。教师于指定预习之后，须令学生作关于以上诸点的报告，然后在教室中共同讨论之。在论文方面，应当明了提出的问题，问题的困难，解决的方法，文体的结构，作者的态度等，也同样令学生作预习报告。然后在教室中提出讨论，尤须注重于思想的批评，以充实学生的批断能力。

课外须规定阅读的书报，鼓励学生作阅读札记。

（2）文法与修辞学：句法的研究，单节短文的结构及作法，短文的大纲，材料收集及整理的方法，把大纲扩充作论文的方法，字句的修饰。

作文方法的研究，须重实例。教授各种方式时，应精选模范的作品，分析证明。

（3）作文：较长之记叙文及描写文，继续课外的日记，和阅读书报札记。

本年作文求文字结构的确当精细，并不限定在教室中写习。作文的思想方面应加注意，规定每两礼拜批阅一次。

（4）演讲：读书报告，问题讨论，简单的说理，在正课中每两星期举行一次。注意声调的适当，姿态的自然，词句的简洁有力。课外另组演讲会加增练习的机会，由教师随时指导。

B．选修课程

（一）文科——英文选习，每周三小时

课本——

Dickens-Oliver Twist Retold

Dickens-David Copperfield Retold

Dickens-A Tale of Two Cities

Lamb-Tales from Shakespeare

Ibson-Plays

Selections of Stories, Biographies, Essays, and Poems

本学程阅读的材料很多，各种体材[裁]全备。每次上课必令学生预习兼作报告，增进其阅读能力。在教室中注重文学的欣赏，使学生感觉西洋文学的价值与风格。

（二）理科——英文选习，每周三小时

酌用文科选习数种教材外，增加关于科学的论文作品，俾给予学生以科学的常识并示以科学论文的结构。

（三）商科——商业会话，每周二小时

本学程分两步教授：第一步，为日常交际礼仪，及应用会话。第二步，为专门的分类会话，如银行，交通，公司，各种商店的术语，及应用语。全年注重练习。

（四）打字实习　本校备有打字机多具并请专人指导。商科学生练习打字的技术，准备职业上的应用。

高中三年级

A. 共同必修课

（甲）时间——每周六小时

（乙）课本——Woo-Fifty Modern Short Stories

T. H. Lee- Vital Factors in China's Problems

Tanner-Composition & Rhetoric

Selected Current Literature from Periodicals

（丙）工作说明及教学方法

1. 阅读：继续上学年的教材，而增加时事论文。课外规定某种报纸及杂志，令学生作阅读报告。平日上课注重问题的讨论，思想的精密。

2. 修辞学：风格词句的修饰，记叙文，描写文，说理文，论辩文的作法。

理论与实例并重。讨论的时候，可以引用阅读教材作根据。注重思想的合理进程的训练。

3. 作文：除记叙文及描写文外，加习论说文，和短篇小说之仿作。规定的练习仍是两星期批阅一次。课外的日记及阅读札记，随时交由教师考查。

4. 演讲与辩论：每学期在教室中酌量举行数次。课外另组演讲辩论会，以增加练习机会。开会之时，须遵守集会法规，以养成守秩序的习惯。辩论的题目须简单，注重在材料的收集布置，与理由的充分。

B. 选修课程

（一）文科——英文选修，每周三小时

课本——选读英美各名家作品

选读欧美各名家作品时，作者简单的传记，他们的代表作品和批评亦所注重，俾学生得到预备研究较深文学的必需常识。平时讲授的时候，教师应说明各作家的相互关系，及其影响。尤应注意于各时代社会的生活及其制度。

（二）商科——商业英文，每周三小时

课本——Fong F. Sec-Business English

本学程知识与练习并重。学生应熟悉并能应用各种商业文件，如广告，新闻等。能作悦目的商业函件，并具有商业机关文牍书记之常识，每星期实习一次。

（三）打字实习　本年仍继续练习以求纯熟。

寅　算学学科

A. 总纲

（一）目标

（1）供给现今社会生活上所必需之形数知识与技能；

（2）训练推理之方式与能力；

（3）明了算学对于文化之贡献；

（4）准备高深科学研究之形数知识与技能；

（5）养成正确，负责，节俭与彻底之习惯。

（二）教材

（1）初一以日常之空间问题为中心，藉以促进学生对于控制日常空间之能力。

（2）初二以日常变量关系之表示法及决定法为中心，藉以促进学生对于日常自然界及社会现象中数量之认识与推究。

（3）初三以证法几何为中心，藉以促进学生对于推理之方式与能力之训练。

（4）高一以介绍各种近代之算学方法为中心，藉以促进学生对于算学能力之认识，与近代科学文明之了解。

（5）高二必修科以高等代数为中心，藉以促进学生对于算学逻辑之认识及其研究之方法；选修科以初等测量与近世几何、初等力学为主，藉以适召学生之个性。

（6）高三以解析几何及初等微积术为中心，藉以促进学生对于形数相关性质之认识，及其方法运用之能力。

（三）教法

（1）废止纯粹讲演法，采用问答自现法与讨论法，以实现思想训练之目的，并以促进学生对于算理之了解；

（2）注重算学之应用以实现算学实用之目的，并以提高学生对于算学之兴趣；

（3）注重算学真理发现法之训练，以培养学生开辟之精神；

（4）注重计算之正确与敏捷，以提高算学实用之价值；

（5）注重一般问题之解法，以培养分析，判断，与组织之能力；

（6）注重一般真理之证法，以训练推理之方式与能力；

（7）注重作业之考查以提高学习之效率。

（四）时间支配

（1）初一至高一算学为一般学生之必修科，时间每周 5 小时；

（2）高二之高等代数为理科学生之必修科，时间每周 5 小时；

算选与初等测量为理科学生之选科，时间每周各 3 小时。

（3）高三算学为理科学生之必修科，时间每周 5 小时。

B. 分目

（一）初一年级

（甲）目标

（1）供给日常空间之知识与技能；

（2）训练用实验与观察发现空间真理之方法；

（3）养成正确，负责与节俭之习惯。

（乙）教材

（1）直观几何——

（a）美术、建筑、工业、制造及自然界中各种重要几何形之认识；

（b）距离与角度之直接量法与精密度之意义；

（c）简单几何形作法——如垂直平分线，平分角线，平行线等（用尺，半圆规，圆规，丁字规，三角板）；

（d）三角形之基本性质及相合与相似之关系；

（e）间接量法——用比例图与万格纸；

（f）普通直线图形之面积，圆面积与圆周，日常重要立体之表面积与体积，及其相当公式之构造。

（2）算术——

（a）图形之对称与各种简单图形设计之作法；

（b）整数，分数，小数之准捷训练；

（c）日常通用之度量衡表与币制表；

（d）近似数之计算法与有效数字之意义；

（e）百分法与学力经验中所能了解之应用；

（f）家庭算术——如家帐，储蓄与借贷，汇款等。

（3）代数——

（a）日常公式之意义，构造及其应用；

（b）一元一次方程之应用。

（丙）编制

本年级之教本由本校自行编制，用混合法。以日常之空间问题为中心，算术代数均因解决空间问题之需要而随时引进。

（丁）教法

（1）一切日常空间之真理均令学生用实验法与观察法自行发现；

（2）对于日常几何形之基本观念如形状，位置，大小等均令学生有充分之认识；

（3）对于日常空间概念及想象之训练，均予学生以充分之机会；

（4）对于各种日常几何形之基本关系，均令学生常加探讨以显明彼此间论理之关系；

（5）常令学生从已发现之几何性质中，作新事实之推究，以为将来学习证法几何学之基础；

（6）对于数值运算之准捷，常加特殊之注意，藉以提高算学实用之价值，并养成学生正确负责之习惯；

（7）空间应用问题之与值类，由度量而得其准确，均有相当之限度，故在本期教学中，对于精密度之意义及略算法，均令学生有相当之认识及其运用之技能；

（8）公式之三种用法——（a）简明之普通文字叙述，（b）简短之计算规则，（c）变量相因之表示——常就本学年已习之教材及学生旧有之经验，详举实例，与学生作翔实之讨论，以为第二学年学习日常函数之基础。

（戊）作业要项

（1）观察及搜集几何形；

（2）制造模型；

（3）作简单之图形设计；

（4）作简单之立体图；

（5）卷尺测量；

（6）作练习题；
（7）记帐。
（二）初二年级
（甲）目标——
（1）引起学生对于日常自然界及社会现象中数量之认识与推究；
（2）训练用归纳法发现各种变量相因之关系；
（3）养成正确，负责，与节俭之习惯。
（乙）教材——
（1）统计——
（a）统计之基本观念；
（b）日常统计图表之作法与说明。
（2）算术——
（c[a]）公民算术——赋税与保险；
（d[b]）银行算术——储蓄存款，活期存款，与定期存款章。
（3）代数——
（a）图线——用法，作法与说明；
（b）正负数之意义及其四则运算；
（c）各种简单代数式之四则运算；
（d）简单劈因数法；
（e）简单指数与根式之运用；
（f）方程——二元一次方程组之解法与应用。
简单一元二次方程之解法与应用，比与比例与意义及其简单之应用。
（4）计算三角——
（a）正弦、余弦、正切之函数意义；
（b）直角三角形解法——间接量法。
（5）直观几何各种重要几何观念与性质之复习与整理。
（丙）编制——
本学年之教本由本校自编。编制用混合法，以日常变量关系之表示法及决定法为中心，算术，统计，代数，三角，几何均因演进之需要而相机应用。
（丁）教法——
（1）一切日常数量间之关系，悉令学生用归纳法自行发现；
（2）图表之主要功用，为显示变量相因之关系，教者常以此点提示学生令作严重之注意；

（3）一切公式均以表示变量相因之关系为立足点，与学生作详尽之讨论；

（4）一切方程均随决定公式中变量之需要而随时引进；

（5）一切代数之机械运算，均以日常公式之各种表示法及其决定法中所需要者为度，不令作冗繁之运算；

（6）一切代数之机械运算与算术运算之关系，常随时提示并令作充分之应用；

（7）代数上各种基本观念如正负数，比，比例，变等均令学生有充分之认识；

（8）各种三角比均根函数之观念，与学生作严密之讨论，并令多作应用题以显示其功用；

（9）以函数观念为根据，将第一学年所已习之几何重作有系统之复习，并注重论理之推究，以为第三学年学习证法几何之基础。

（戊）作业要项——

（1）制造各种简单统计图表；

（2）卷尺与象限仪测量及其制图；

（3）作练习题；

（4）记帐；

（5）算学游戏题征解。

（三）初三年级

（甲）目标——

（1）训练各种推理之方式与能力；

（2）训练用演绎探求空间真理之方法；

（3）养成正确彻底之习惯。

（乙）教材——

（1）平面几何——

（a）各种推理方式与几何证法；

（b）相合三角形，垂直平分线与平分角线；

（c）平行线，平行四边形；

（d）三角形与多边形之角和；

（e）相似三角形；

（f）圆内弧，角，弦之关系；

（g）圆之割线与切线；

（h）正多边形；

（i）面积与圆周；

（j）计算题；

（k）求作题；

（l）轨迹题

（2）立体几何——

（a）空间之线与面；

（b）两面角；

（c）简单轨迹题。

（3）算术——投资——如公债、股票等。

（丙）教本——暂用布利氏第二册。求作题，轨迹题与算术三部分另行补充。

（丁）教法——

（1）几何中之新事实，悉令学生用作图法先行探得而后用演绎法以证明之。

（2）解析法为发现证法最利之工具，故一切几何事实之证明，悉令学生先用解析法而后令用综合法叙述之。

（3）反证法为日常应用之辩证法。其证法之步骤与其适用之情境，悉令学生有充分之了解，并多举日常实例以广其用。

（4）轨迹题与作图题二部，于训练证法之外尚可用以发展学生探求发明之能力。布利氏第二册对于此类问题殊嫌缺少，故多另加补充以培养学生开辟之精神与能力。

（5）常用运动观念与连续观念，以沟通各几何性质间之关系而使学生对于几何之各部得较明确而概括之认识。

（6）常用函数观念，以显明各几何量相因为变之理及其决定之法。

（7）证法与作法中之陈述，务令正确明晰，以养成学生正确彻底之习惯。

（8）空间概念与想象力之训练，宜继续予学生以充分训练之机会。

（9）计算题可资新教之应用与旧教材之复习，常令学生有充分练习之机会。

（戊）作业要项——

（1）制图；

（2）制模型；

（3）预习；

（4）作练习题；

（5）几何难题征解。

（四）高一年级

（甲）目标——

（1）介绍各种近代之算学知识与方法，以促进学生对于算学本身价值之认识。

（2）介绍各种近代算学方法之应用，以促进学生对于算学能力之了解。

（3）培养好知深造之态度。

（乙）教材——

（1）统计——各种社会科学上普通应用之统计图表之作法与说明。

（2）三角——

（a）任何角之三角函数；

（b）三角函数之关系；

（c）斜三角形之解法及其应用。

（3）代数——

（a）指数定律，对数；

（b）无理方程之解法及其应用；

（c）二元二次方程组之解法及其应用；

（d）等差级数，等比级数，二项式定律；

（e）复数。

（4）解析几何——

（a）形数之基本关系；

（b）直线之基本性质；

（c）圆之基本性质。

（5）初等微积——

（a）极限意义之介绍；

（b）变率（Rate of Change）意义之介绍；

（c）微分意义之介绍及其在变率，极大，极小问题上之简单应用；

（e[d]）积分意义之介绍及其在运动，求积问题上之简单应用。

（6）立体几何——

（a）求积；

（b）球面几何；

（c）相合与相似立体。

（丙）教本——

暂用 General Mathematics by C. H. Currier。立体几何部分用布利氏第三册补充之。

（丁）教法——

（1）于教授之始，先罗列近代各种算学方法之应用，及其中所需要之算学技能与观念，以引起学生学习之兴趣，并以确定本学年学习之方针，而后令学生按算理难易之次序逐渐推求；

（2）本学年虽以介绍各种近代算学方法之应用为主，但其组织仍宜以函数与极限两观念为中心，以谋系统之谨严；

（3）统计注重中心趋向之算法，及其在现今社会科学上与商业上之应用；

（4）三角注重函数之基本关系，斜三角形之解法及其在天文、测量、航海术上之应用；

（5）对数为计算之利器，宜令学生作严格之训练并作适当之应用；

（6）复数为研究有向量所必需之知识，对于其意义宜令学生有充分之认识；

（7）解析几何为研究空间问题之利器，对于其基本观念与方法，宜令学生有相当运用之能力；

（8）微积术为研究实验科学所必需之知识，对于其基本观念与方法，宜予学生以相当之介绍及其实际之应用；

（9）立体几何注重求积之应用，立体图形之表示及空间想像之训练。至推理证法已在初三年级施以相当训练，本学年教学中可不必十分注意，求积宜多应用微积术。

（戊）作业要项——

（1）预习；

（2）作练习题；

（3）作立体图；

（4）制模型；

（5）各种重要运算器之用法（如推尺等）；

（6）测量实习（用卷尺与象限仪）；

（7）制统计图表；

（8）重要算学方法演进之历史。

（五）高二年级

A. 必修科

（甲）目标——

（1）准备高深科学研究之代数观念与技能；

（2）训练用演绎推求数理之方法；

（3）养成正确彻底之态度。

（乙）教材——

（1）数系；

（2）直线函数与直线方程；

（3）二次函数与二次方程；

（4）高次整式有理函数及其数字方程真根之求法；

（5）高次整式有理函数及其文字方程之代数解法；

（6）分式有理函数；

（7）无理函数；

（8）指数函数与对数；

（9）直线方程组及二次与三次行列序之讨论；

（10）排列与配合；

（11）机遇；

（12）高次行列式及多元直线方程组；

（13）含两自变数之二次函数及二次方程组之解法；

（14）极限；

（15）级数。

（丙）教本——

用 College Algebra with Applications by Wilczynski and Slaught。

（丁）教法——

（1）除数系之研究得借用几何方法与三角方法外，其他各部悉令学生用代数演绎法逐渐推究；

（2）以函数观念组织各部之教材，并以训练学生严密之函数思想；

（3）注重代数之观念，运算之理论，及各项定理之证明；

（4）纯粹之代数理论每易过于抽象，宜常附用图示法以令学生得较具体之认识；

（5）纯粹之代数问题每易陷于干枯，宜多注重应用题以谋实用与理论之调剂；

（6）每次预习中之习题，令学生先自试作，于下次上课时呈交，藉以促进学习之效率；

（7）选择预习中理论上及习题上之难点，与学生用讨论法详为阐明，并与已习教材中相关之点力为沟通。

（戊）作业要项——

（1）预习；

（2）作练习题；

（3）选读报告；

（4）代数演进之历史；

（5）难题征解。

B. 选科

（一）算选

（甲）目标——

（1）补助初等几何与物理正课之不足；

（2）引起学习纯粹几何之兴趣；

（3）促进算学与物理关系之了解；

（4）增加思想与应用训练之机会。

（乙）教材——

（1）上学期以介绍近世几何之基本观念与方法为主，而以初等几何之复习副之；

（2）下学期以介绍算学方法在初等力学上之应用为主， 而以促进学生对于物理性质之了解副之。

（丙）教本——

（1）近世几何用 Modern Geometry by Godfrey and Siddons。

（2）初等力学——待选

（丁）作业要项——

（1）预习；

（2）作练习题；

（3）选读报告；

（4）难题征解。

（二）初等测量

（甲）目标——

（1）粗明日常测量；
（2）略谙普通制图；
（3）几何三角之应用；
（4）野外生活之训练。
（乙）教材——
（甲）户内工作——
（1）图字；
（2）绘图器用法；
（3）制图；
（4）计算。
（乙）户外工作——
（1）卷尺测量；
（2）罗盘仪测量；
（3）平板仪测量；
（4）水准仪测量；
（5）纯纬仪初步测量。
（丙）教本——用讲义。
（丁）作业要项——
（1）制图；
（2）计算；
（3）野外练习；
（4）实地测量。
（六）高三年级
（甲）目标——
（1）准备高深科学研究之解析知识与技能；
（2）训练形数互推之方法；
（3）养成好知深造之态度。
（乙）教材——
用 Analytic Geometry and Calculus, by Woods and Bailey。
（丙）教法——
（1）以阐明形数相关之性质及其方法之沟通为本学年教学之中心；
（2）注重各种曲线之描写，以显示各种函数变化之迹象及其间之区别；

（3）对于用解析法讨论几何性质之便利及其应用之普遍，宜令学生有充分之认识并有适当运用之能力；

（4）对于极限，变率，微系数，积分之意义宜用近似算法与图示法作详明之讨论，以令学生有切实之认识；

（5）注重微积分在高等物理，几何，代数上之应用；

（6）课内工作用讨论法，但于作系统讲述时得以演讲法行之；

（7）预习中之习题，宜令学生先期试作，于下次上课时呈交，以促进学生预习之效率。

（丁）作业要项——

（1）预习；

（2）作练习题；

（3）选读报告；

（4）近代算学演进之历史；

（5）难题征解；

（6）复习。

卯　史地学科

（一）教学总旨：

本学科总旨在与学生以充分的史地知识，和激发其爱国观念。除令了解人类已往之过程，现代世界之情势，并本国所处之境地外，并使能利用人类过去之经验，参酌今日社会之需要，以为改造中国之准备。

（二）课程述要：

（1）社会常识：初中一年级必修课程，每星期三小时。本科教学之目的，在使学生了解己身所处之社会，本国之山川大势，实业状况，交通情形。凡一切人生与地理有关之问题，均要与以深切之印象。

（2）外国地理：初中三年级必修课程，每星期三小时。本科教学目的在使学生明了世界地理之形势与文化之关系，以中国之现势与列强作比较研究，处处与学生以深刻之刺激，而策励其奋斗性焉。至如日本国土与其殖民政策，英国属土之与扩张海军，美国环境与国富之关系，以及其他国际间之重要问题，无不与以详密之讨论及提示。

（3）中国通史：初中二、三年级必修课程，每星期二小时。本学程在使学生了解本国文化发达之经过；举凡生活之演进，文字之体例，学术之流变，政治之因革，疆土之盈缩，外交之得失，文化之融汇，皆不厌精详而探讨之。

（4）中国近世史：高中一年级必修课程，每星期二小时。本学程在使学生明了鸦片战争后之国情而作深一步之研究。凡关乎内政外交学术思想莫不详加探讨，而于近今国民革命史实，及年来对外事项，尤所注意，以期学生能了解现代潮流及国家地位，而猛省其己身之责任。

（5）西洋通史：高中一年级必修课程，每星期三小时。本学程在使学生了解人类文化发达之经过。上古史纯以“为史学而史学”的态度研究，以增加学生史学之知识；中古近世两部则于求知之外兼寓“致用”之意。

（6）西洋近世史：高中二年级必修课程，每星期三小时。本学程在使学生对于西洋近世史作深一步之研究。始于欧陆之君权扩张，终于大战之后。其间各国工业与政治革命之经过，及民治主义之渐渐发展，均详及之。而大战后所生之重大问题，如“赔款”“军缩”及各种社会问题等亦博采史料，以事补充，俾学生对于现在世界大势有明确之认识。

（三）教材概略：

（1）社会常识：

a. 第一学期以本校为出发点，由本校而推及天津，由天津而河北，而全国，逐渐讲去。教材系自编，以天津各方面之报告和统计为教材基础；举凡政治，教育，水陆交通，无不尽量搜集之。课余并常导学生作校外视察，以便实地引起学生对于社会之兴趣。

b. 第二学期教材注重分省地理，举凡自然人文两方面之重要教材，均将详细讲及之。大致以商务刘虎如所编之新时代本国地理教科书下册为蓝本，并佐以屠思聪所编之中国形势一览图及各种挂图。

（2）外国地理：

教材系本校自编，首讲地球与人类，次讲亚欧非美及海洋各大洲，终之以南北两极，举凡山脉，河流，气候，政治，交通，实业，风俗，宗教以及其他本科范围内之重要问题均详细研讨之。参考书以张其昀之经济地理，Bowman's The New World 及 Lands and People 诸书为主。所用地图以世界与地学社印行屠思聪之世界新形势一览图为主，而辅以美人腓力布所制之各种挂图。

（3）中国通史：

教材以中华书局印行金兆梓所编之初级本国史为课本，而佐以武昌亚新印行欧阳缨所制之中国历代疆域战争合图，及各种历史挂图。

（4）中国近世史：

教材以文化学社印行高博彦所编之近百年史纲要为课本，而参以孟世杰之中国最近世史，刘彦之外交史，谢彬之国防与外交诸书。图则用欧阳缨之中国历代疆域战争合图，谢彬之中国丧地图，洪钧之中俄交界图及各种挂图。

（5）西洋通史：

教材以商务印行陈衡哲女士之西洋史为课本，而以何炳松之上古欧洲史，中古欧洲史，近世欧洲史，韦尔斯世界史纲，布里氏之古代史为参考，此外再辅以 Shephered Historicas Atlas 及腓力布之挂图。

（6）西洋近世史：

教材以 Hayes and Moon 所编之 Modern History 为课本，辅以(1)Europe since 1789 By Turner；（2）A Social and Political History in Modern Europe By Hayes；（3）Readings in Modern European History By Robinson and Beard；（4）A Short History of England By Cheyney；及 The New World By Bowman,图则用 Shephered Historical Atlas 及 Philip's Historical Atlas。

（四）教学方法：

（1）预算：

各学程于开学伊始，教者将其所任之学科作成预算，以确定一学期之进程及每月进行之阶段，循序渐进，详略适中，期收好整以暇之效。

（2）决算：

每学期之末教者均将每月所授之学程，详细核结以验其是否合于预算。

（3）预习：

每日教员上堂，即将下次所讲之功课，命学生预习以便下次上堂听讲与讨论。如学生中有不预习者，则以“五分钟”之考试法督促之。

（4）讨论：

堂上功课多半由教员作问答式之讲授，或参中而酌外，或引古以证今，其遇有可讨论之点，则教员必与学生以充分时间，发挥意见，而己则从傍补充之纠正之。

（5）考试：

考试分平日考与大考两种，学生平时堂上工作亦时加稽查。

（五）课外作业：

（1）实地视察：

平时常作天津视察，假期内间或组织短期旅行团，往北平，唐山，大连，宁沪等处作学术上之视察，以为研究探讨之预备。

（2）课外阅读：

平日正课之外，教员常介绍与史地有关之书籍，以补正课之不足，学生中亦有组织读书会以收集思之效者。

（3）制造图表：

表所以化零为整，图所以却疑止惑，故学生课外作业，以此为最。梁任公先生自叙其平生治学之方法云，“每遇繁难之处，辄以表治之”，此为治学之经验语，亦足证图表之不可忽略也。

辰　党义学科

（一）目标

（甲）输入本党中心理论：

1. 使学生真确的了解本党主义，政纲，政策，信任本党一切措施；

2. 使学生认识：革命事业之伟大，本党之使命与学生自身之责任。

（乙）启发学生以革命的自觉：

1. 完成国民革命；

2. 建设三民主义的新社会。

（二）程序

A. 初级中学

第一学年

1. 孙中山先生革命史略；

2. 民权初步演习；

3. 三民主义浅说。

第二学年

（甲）三民主义

1. 三民主义的时代背景；

2. 三民主义的发生和完成；

3. 三民主义的演进；

4. 三民主义的整个性；

5. 民族主义——民族主义的意义，民族主义与国家主义及世界主义的分别，中国民族的地位，及中华民族的使命；

6. 民权主义——民权主义的特质，权能区分的民主制，政权与治权的研究；

7. 民生主义——民生主义的意义，民生主义与资本主义及社会政策，民生主义与社会主义及共产主义，平均地权与节制资本的研究。

（乙）五权宪法浅说

第三学年

三民主义革命的方法

1. 心理建设——行易知难；

2. 物质建设——实业计划；

3. 社会建设——民权初步；

4. 国家建设——建国大纲；

5. 中国国民党——宣言，党史，政纲。

B. 高级中学

现时高级中学学生，因在初中时，多未受三民主义之熏陶，故高中党义课程一部分可与初中同，惟进度需较速。除初中课程外，再酌量增加教材。兹根据大学院颁布党义课程暂行通则，左列课程于三年内酌量支配授毕。

1. 三民主义；

2. 建国大纲浅释；

3. 建国方略概要；

4. 五权宪法浅说；

5. 直接民权之运用。

（四）时间：每周一小时。①

（五）方法，讲演，讨论，研究，问答。

巳　社会视察

（一）意义——使学生到社会上去作实地的观察与研究，藉以谋知识之扩充，进而求社会问题之解决。

（二）目的——社会视察之目的，可分为六：

（甲）培养学生实际观察力；

（乙）谋学校生活与社会生活之联络；

（丙）注重客观的事实作为学术研究之根据；

（丁）作将来课程改造之科学的基础；

（戊）引起学生兴趣作将来择业之准备；

（己）将研究视察结果，报告社会，供将来解决问题时之参考。

（三）范围——

（甲）高级中学部——暂在高级二年班试行，视察各种社会机构。

---

① 原文无（三）。

（乙）初级中学部——暂在初级一年班试行，观察自然与社会各种现象。

（四）实施——

（甲）推行步骤

1. 事先预备

a. 接洽——对于拟参观之机关，先以专函接洽，出发前再用电话通知。然往往有被拒绝或另改时间之可能，最好设法预先觅妥熟人，托其代为疏通。

b. 指导员出发——遇新成立或以前未曾视察之机关，在大队出发之前，由指导员二三人前往参观一遍，以便预先为学生讲解并出发时担任指导。

c. 演讲——由指导员略述欲视察机关之概况，说明视察该地之用意，并提示将来出发应注意各点。上班时发讲义，指定应预习之书报，以为知识上之预备。

d. 编调查表——制成一详细而有系统之调查表，作为将来学生出发时思路上之线索，视察上之参考。

2. 出发

a. 组织——每十人成一小队，公推队长一人，负维持秩序及点名之责。

b. 方法——近途步行，稍远者可利用电车，极远程可利用载重大汽车，车费公摊。

c. 程序——每值出发时先齐集讲室内，俟问题表及路线图发毕，即全队出发。抵目的地时，由该机关之招待人及指导员引导视察，随各将所备记录小簿取出，将目见耳闻所得笔记于簿上。

d. 报告——归校即整理记录簿上之零星材料及感想，成一篇有条理之报告，交指导员审阅。

3. 结束

a. 演讲——约请校内外有专门智识者到班对已视察过之机关，作一总括的及学理的论述。例如：已视察过纺纱厂，即可请人演讲“纺织事业与世界文明”或“中国棉纱事业”等题目。

b. 问答与答问——指导员与学生对疑难点可相互为问答。

c. 讨论——师生各提出若干问题来讨论，俾各问题皆得一解决方案。例如视察银行后，即可提出“国外汇兑”“国际贸易”“金融与币制”“天津银根吃紧”等问题。

d. 测验——指导员就平时班上讲演讨论及外出观察所得知识，出题测验，藉以审核学生之成绩。

4. 发表——每次视察后之报告经指导员评阅后，择优登载于本校周刊或报章杂志，用以鼓励学生，并得与国人商榷焉。

（乙）教材——本学年拟实施之教材暂定如左：

1. 高级中学部

a. 第一学期——本学期希学生用极少时间，对社会各方面得一总括的印象，用是选材以普遍而且易了解为主。本学期预订教材为视察下列各机关：

（一）社会机关——（1）广仁堂（2）妇女救济院（3）济良所（4）教养院。

（二）政治机关——（1）天津地方法院（2）河北第三监狱（3）天津警备司令部（4）天津特别市政府与各局。

（三）商业机关——（1）利济贸易公司（2）怡和洋行（3）三井洋行（4）太古洋行（5）西北贸易公司。

（四）教育机关——各组均视察广智馆。

（五）舆论机关——（1）大公报社（2）益世报馆（3）庸报馆（4）华北明星报馆。

b. 第二学期——本学期以所事较专，拟分四组，以期精审。

（一）甲组

1. 小学教育

a. 机关——模范小学，私立第一小学，日本寻常小学，英租界公立小学，市立第二女子小学，勤敏女子小学。

b. 分组问题——

（A）按性质分：

（子）公立与私立男子小学（丑）外国人公立小学（寅）公立与私立女子小学。

（B）按内容分：

（子）学校组织与管理（丑）教学研究（寅）学校卫生（卯）学龄儿童智力测验等。

2. 交通事业

a. 机关——天津招商局，天津特别市内河航运局，北宁铁路局，津浦铁路驻津办事处。

b. 分组问题——

（A）按性质分：

（子）水路交通（丑）陆路交通。

（B）按内容分：

（子）组织系统与政策（丑）航务或车务之管理（寅）船或车之构造与修理（卯）警务之准备（辰）收入与搭客及货物之研究等。

3. 租界市政

a. 机关——英租界工部局，日本租界局，法租界工部局。

b. 分组问题（A）董事会与居民之关系（B）租界局之组织系统与祖国关系（C）租界卫生（D）租界公安及消防（E）租界工程（F）租界公用（G）租界财政等。

4. 海河问题

a. 机关——海河工程局，华北水利委员会，海河整理委员会，市港务处。

b. 分组问题——（A）管理海河之机关的研究（B）经营海河之经费问题（C）治理海河之方法（D）海河之地理研究（E）海河沿岸之商务问题等。

（二）乙组

1. 化学工业

a. 机关——北洋火柴公司，丹华火柴公司，天津造胰公司，兴业造胰工厂，宏中酱油公司，民兴铅油厂，光明汽水公司，鸿兴汽水公司。

b. 分组问题——

（A）按性质分：

（子）火柴（丑）胰皂（寅）油类 （卯）汽水。

（B）按内容分：

（子）组织与资本问题（丑）原料问题（寅）制造方法（卯）推销情形（辰）工人生活（巳）工厂设备等。

2. 纺织事业

a. 机关——裕元纺纱厂，恒源纺纱厂，北洋纺纱厂，利利提花工厂，信记提花工厂，民兴提花工厂，海京地毯公司，平和地毯工厂。

b. 分组问题——

（A）按性质分：

（子）纺纱（丑）提花（寅）地毯。

（B）按内容分：

（子）组织与收支（丑）机器分类（寅）原料问题（卯）制造方法（辰）销路（巳）工人生活。

3. 机器工业

a. 机关——东方铁厂，平津修械厂天津分厂，津浦铁路机厂，电车公司机车厂。

b. 分组问题——（A）组织与管理（B）鏇床之研究（C）翻砂与电钎（D）附属木工（E）工作概况（F）工人生活等。

4. 电气事业

a. 机关——电话局，无线电台，摄影电报，电报局，电车公司，电灯房。

b. 分组问题——

（A）按性质分：

（子）电话（丑）电报（寅）发电机（卯）电车。

（B）按内容分：

（子）管理与监督（丑）电线之支配（寅）电之来源（卯）机械之研究（辰）工人生活等。

（三）丙组

1. 出入口贸易

a. 机关——益昌洋行，兴隆洋行，美最时洋行，美丰洋行。

b. 分组问题——

（A）按性质分：

（子）出口（丑）入口（寅）其他。

（B）按内容分：

（子）组织与管理（丑）买货情形（寅）卖货状况（卯）账目制度（辰）行员之待遇。

2. 保险事业

a. 机关——永明保险公司，永宁保险公司，华安保险公司。

b. 分组问题——

（A）按性质分：

（子）水险（丑）火险（寅）人寿险（卯）其他。

（B）按内容分：

（子）公司组织与营业状况（丑）保险单之研究（寅）保险手续（卯）保险政策等。

3. 关税问题

a. 机关——海关，常关。

b. 分组问题——（A）组织系统（B）税则（C）收税手续（D）各种关税

之研究（E）统计。

4. 银行与币制

a. 机关——中国银行，交通银行，盐业银行，汇丰银行，天津造币厂。

b. 分组问题——

（A）按性质分：

（子）银行（丑）造币。

（B）按内容分：

（子）组织系统（丑）进行手续（寅）职员或工人之待遇（卯）账簿之研究。

2. 初级中学部

初中之社会观察，侧重各种现象，换言之，即以沿途之见闻，加以引申，作问题之研究，非如高中视察之多注意于机关之内容也。其教材为天津五大路线，及各路经过地点与所引起之问题。

兹略述于左：

1. 第一路——总问题系租界问题。

a. 海光寺驻津日本兵营——天津条约之史迹，庚子八国联军之役外兵驻华问题；

b. 西开后之桃源村——老西开问题，该段地界之管理问题；

c. 佟楼马厂[场]道——租界推广问题，以及河水垫地之工程问题；

d. 平安电影院附近——租界管理问题，市政工程问题；

e. 老西开教堂——天主教与基督教，及其他宗教问题；

f. 日租界——日本之市政管理与市政工程。

2. 第二路——总问题系外人在津之势力及新天津建设问题。

a. 海关——关税自主问题，国外贸易问题，码头工人问题；

b. 英租界中街上之各银行——外国银行纸币问题，外人投资问题，中国金融问题；

c. 戈登堂——戈登将军小史，租界公园之特点；

d. 海河沿——海河淤塞问题，起重机之研究；

e. 特别三区公园——希腊教之研究，各种花木之研究；

f. 开滦煤厂——天津之燃煤问题，开滦矿局之权利丧失问题，工人生活问题；

g. 东车站——天津之交通问题，常关税；

h. 邮政总局与摄影电报处——信件之交通问题，外人之管理事业法；

i. 万国桥——新式桥梁之建筑。

3. 第三路——总问题系中国旧社会之情状，及几种新旧工业。

a. 南大道上之大车——中国旧式交通与新式交通之比较，从车上客谈到乡间生活；

b. 沿途之故物摊——废物利用问题，古董之价值；

c. 僧王祠——僧格林沁与大沽炮台失守，僧王传；

d. 育黎堂——贫民救济问题；

e. 贞女墓——妇女之贞节问题；

f. 小道子各提花工厂——手工业与机器工业之比较；

g. 南大道永盛香店——香之制造法，香之销路与宗教之发达；

h. 千福寺——天津之迷信；

i. 济安自来水厂——天津之饮料，滤水之方；

j. 河北第三监狱——犯罪心理，社会罪恶与法律裁制；

k. 北洋火柴公司——中国之火柴工业，火柴之制造法；

l. 南运河——天津之五大河流。

4. 第四路——总问题系天津市之历史 。

a. 赴金家窑途中——海河之裁湾取直问题，废河之整理问题，大胡同商情与租界商情之比较；

b. 天津电车电灯公司发电厂——天津电车之收回问题，发电机之构造，锅炉之功用与制造，天津阖城用电之统计；

c. 狮子林天主堂——三岔河口之形势问题，望海寺之史迹，天主教之研究，庚子之役，教徒被戮与天津拆城之小史；

d. 玉皇阁——玉皇阁之史迹，工会与工人问题；

e. 娘娘宫——天津古时航海之迷信，烧香人与求子，庙会与都会；

f. 宫南宫北大街——银号之研究，外人初到天津时之寄居于宫北与现时租界之扩张；

g. 鼓楼——鼓楼之历史，天津之起源与发展，消防与公安。

5. 第五路——总问题系天津之各方面。

a. 河北大街——宣讲所与社会教育，北大关铁桥之建筑，北乡居民来津之状况；

b. 石桥——石桥之俗谚，石桥小学；

c. 北营门——津浦路之交通；

d. 北开同顺永粮店及营门外万春斗店——天津之粮食问题，粮商与斗店之关系，粮食与面粉；

e. 大红桥——子牙河，大清河，北运河，永定河之形势，红桥之历史，浮桥之科学研究，河坝与码头之修筑；

f. 西沽教堂——基督教之研究；

g. 西沽树林与菜圃——动植物学之研究；

h. 北洋大学——北洋大学之光荣史；工业学校之设备；

i. 杨桥西之住户——贫民生活问题；

j. 育婴堂——婴儿救济问题；

k. 西窑洼造币分厂——中国之币制；

l. 西窑洼李公祠——李鸿章小史，天津之公共娱乐问题；

m. 天津地方法院——司法独立问题，民刑诉讼，陪审制与保民状；

n. 天津特别市政府——天津之政治统治问题，中国之市政。

（丙）旅行团——为利用假期扩大视察范围，藉以欣赏自然，获开辟经验起见，于假中每举办旅行团。

兹分述之。

1. 民国十七年春假——共有三组：

a. 北平组——学生八十四人，由指导员三人引导，游平西香山诸景，西山八大处，玉泉山，颐和园，城内中央公园，北海公园，参观城外之燕京清华二大学，城内之古物陈列所，故宫博物馆，历史博物馆及协和医学，往返费时一星期。

b. 唐山组——学生十五人，由指导员引导参观塘沽之久大永利二工厂，唐山启新洋灰公司，华新纺纱厂，北宁路机厂，交通大学，马家沟开滦煤矿，往返费时计五日。

c. 大沽组——学生十五人，由指导员引导参观塘沽永利久大二工厂，黄海工业化验所，大沽口炮台，往返费时二日。

2. 民国十八年春假——有西山测量实习团及南口游览团。唐山组与大沽组仍成立，行程与上年相同，人数则唐山组学生廿三人，指导员二人；大沽组学生廿四人，指导员一人。

（五）试验之结果

（甲）过去之成就：

1. 了解社会——凡曾参加视察工作之学生，均获得相当社会常识，同时对于天津之地位，更多一层了解。

2. 养成开辟精神——对于实际的问题渐知应付之方，而野外生活更可促进勇敢之精神。

3. 明了学生个性——出发行路时，与学生接触之机会较多，易于了解学生个性。

4. 促起学生自重心——在校外时每有各个人均系学校代表之心理，自重心遂油然而生，且易使学生感觉到师生间，同学间，关系之宜亲切。

5. 帮助课程进行——例如讲保险学时参观保险公司，讲电学时参观发电机，于课程之进行自觉便利。

（乙）以往之困难：

1. 督促上之困难——“社会视察”重在自得。而学生每有以视察与普通学科不同，因生轻视之心。今后拟一面详加解释而严加督促，一面设法引起学生兴趣。

2. 经济上之困难——学校因经费困难，发展颇感不易。

3. 时间上之困难——校中钟点每不与外间相合，错动课程表极不易，而校中规定时期为二小时，常不敷用。

4. 机关不足——视察班学生甚多，而社会上各机关之能使学生视察时引起兴味者殊寥寥；且某一机关最多每年前往参观一次，多去未免令人生厌。

5. 指导人才之难得——社会视察之指导员，既须学识渊博，更须身体健壮，不畏走路，有勇猛作事之精神，并须善于辅导使学生遵守秩序，实难才也。

（丙）将来之希望——上列诸难问题当设法逐渐解决。在最近将来拟试办者，计有左列三事：

1. 职业练习：在假中拟多设法使学生有入工厂商店练习之机会；

2. 长途旅行；

3. 扩充视察范围。

午　自然科学

A. 初级中学

（一）课程支配

1. 自然研究　每周三小时，初一学生必修；

2. 自然研究　每周三小时，初二学生必修；

3. 初级生物学　每周三小时，初二学生必修。

（二）目标

1. 使学生认识自己与环境，并与环境相互之关系；

2. 引起学生对于自然科学之兴趣，并养成观察自然之能力，作继续研究之准备；

3. 增加生活常识，并能在实际上应用；

4. 使学生领会自然界之理法，人类在自然界所处之地位，并藉以养成正当之人生观。

（三）内容及教法

（甲）初一初二自然研究

1. 内容　教本本校自编，其内容为整个的，力排将数种科学割碎拼凑之弊。故学生读毕后对于自然界可得一整个的概念。教材内容：

第一学年　以与人类关系最密切之水，空气，日光为线索，讨论各种自然现象；

第二学年　从最近的讨论到最远的——自人体，人类起源，地层，岩石，能力，推而至于天空天体。

2. 教学方法

a. 教授时，完全取视察，实验，讨论方法。务使问题由学生方面提出，由学生自行讨论，而在教师指导之下，得一相当结果。教本编辑体裁，亦取此式，故在每章之前，有“讨论问题”，每章之末，有“应用问题”，而课本之中，“？”符号亦甚多，使学生解答；

b. 观察，实验，讨论的结果，均由学生自行笔记；

c. 教室中实验，由师生合作。实验时间，约占授课时间百分之五十，然实验，讨论是同时进行，绝非半小时试验，半小时讲解；

d. 时时由教师领导到野外远足，观察原野自然现象，或到附近工厂，陈列馆，等处参观，令学生笔记其所得；

e. 总之，此科之教法，处处注重兴趣，注意学生自动，因此为学生第一次与自然科学见面，若非如此，恐后此学生视自然科学为畏途，而被动为当然矣。

（乙）初级生物学

1. 内容　教本“生物学大纲”本校编印。其内容为普通动植物之形态，生理与用途，尤注重生物适应环境之方法，以及与他生物或无生物之关系。

2. 教学方法

a. 根据学生互助之精神，自动之能力，提高兴趣，供给教材；

b. 指导学生自行参考，自行研究，研究结果，登入笔记本，在上课时共同讨论，共同更正。

c. 观察与实验特别注重，藉以训练学生之观察力及思考力；校园及暖室中培养生物多种，以便课内实验，课外观察；

d. 课外组织生物学会，专事制图，剥制，切片，讨论问题，及实验等项；

e. 组织郊外旅行，藉以采制标本，欣赏自然。

B. 高级中学

（一）课程支配

1. 普通化学　每周四小时，实验二小时，为高一必修科；

2. 高级化学　每周三小时，实验二小时，为高三乙组之必修科；

3. 普通物理　每周四小时，实验二小时，为高二必修科；

4. 高级物理　每周三小时，实验二小时，为高三乙组之必修科；

5. 高级生物学　每周三小时，实验二小时，为高三甲组之选修科。

（二）分科说期

（甲）化学

1. 目标

a. 对于化学各种原理作一统系之研究；

b. 明了化学在现代工业上之重要，藉以增进人类幸福；

c. 养成学生研究科学之正当态度；

d. 培养基础能力作为升学预备。

2. 教本

a. 高一普通化学

Black & Conant-Practical Chenirstry［Chemistry］

Black-Laboratory Experiments in Chenirstry［Chemistry］

名词之意义，化学之普通概论，物质之功用，并新近发明重要事项均所注重，俾学生得一鸟瞰的观念。

b. 高三高级化学

Deming-General Chenirstry［Chemistry］

实验教本　本校自编

关于化学之重要定律，著名理论，开列方程之新式方法，类胶物等，均作详理讨论；而对于化学平衡，游子理化论之应用，电离，游子，溶液，沉淀，电子，放射性，并元子之构造等，尤所注意。

3. 教学方法

a. 注重日常生活中关于化学之普通事实，藉以引起研究化学之兴味；

b. 注重工业上、家庭中、社会中化学之实际应用；

c. 讲授化学原理皆取讨论式，由师生共同研究之，注入式及讲演式之教授法，概所不取；

d. 表示原理之实验，在教室中由师生合作之；

e. 实验每周二小时，学者必须在实验室内亲作实验，详细观察种种现象，试验毕，既作报告，交由教者审阅；

f. 此科目的不专在所得之智识，尤注重在研究科学之方法。

（乙）物理

1. 目标

a. 使学生了解其周围之自然环境，与其生活之关系，且更使之能知利用自然，改造环境；

b. 使学生明了物理与人类幸福有密切关系，因而增加其对于科学之兴趣，与增进其人类之同情心；

c. 养成学生有科学之态度，使之思想有系统，观察正确，判断忠实，同时更培养其独立之创造能力；

d. 建立良好基础，俾学生于升学后，能有充分之能力，以学习其专修之学科。

2. 教本

a. 高二物理学及实验

Millikan, Gale &Pyle-Practical Physics

Millikan, Gale &Bishop-Laboratory Physics

b. 高三物理学及实验

教材临时印发，主要部分为磁电及力学。

3. 教学方法

a. 注重讨论。教授学生某一问题或某一原理与定例时，不宜直述，应先对于日常生活有关之现象向学生多多发问，使彼发现其共同之点，由此而得一结论，再将此结论应用到其他之自然现象。在讲室中不取讲述之方法，乃取讨论之方式，使各学生皆有发言之余地。并且设法增加其自己之判断力，务期改正其依赖性及盲从性。

b. 注重实验。物理学为必须实验之科学，故除讨论事实外，宜多作实验以表验之。学生自作实验每周一次，盖不但使学生要听，且使学生要看，要自己用手去作，如此不但使学生得一深刻之印象，且能使学生增加其独立之创造能力。故此在实验班上，不但只教学生将前人所作之实验再作一遍，务必使学生得知：此试验为何如此作？除此以外更可另用何法？为何用此法而不用他法？此法可应用到其他问题否？

c. 增添算题。近来有许多教授中学物理者以为中学生无须多作算题，应当多注意其日常生活。但据已往之经验，则知学生果能作算题者方能真正了解其所学之原理，故宜增添课外算题，使学生多有练习。

d. 考查成绩。至于考查学生之成绩则不只在乎定期之考试，尤注重其每日之努力。故除每日有口问外，多用短时间之测验。

（丙）高级生物学

1. 目标

a. 使学生了解动植物营养生长，知觉及生理之原理；同时并认明生命现象基本相同之原理；

b. 使学生了解生物对于人生之实际关系；

c. 灌输生物学之常识，为将来在他学科上之应用；

d. 引起学生研究生物学之兴趣。

2. 教本

General Biology by L. T. Lauphit

实验——每周一次，教本自编，参考及补充临时指定。

3. 教学方法

a. 注重实验，每周令学生自作实验一次，俾学理与事实得互相印证，并同时施以观察与解剖等训练；

b. 注重讨论，除固定教材外，凡在本科范围内有价值之问题皆可提出讨论，以求相当之结果；

c. 注重培养学生观察研究之能力，及爱好自然之兴趣。

未　体育学科

（一）原则

1. 凡体育教材能顺应潮流，适合社会进化需要者，无论时代中外皆应选择采用；

2. 力求方法普及，使各个学生机会均等；

3. 令全体学生得就各个人性情之所近者尽量自由发展；

4. 一切设施应顾及本校经济状况，斟酌损益。

（二）目标

现在中国体育制度尚无正确规定。本校选择教材之标准，无论其为瑞典式，德国式，美国式或国术式，总以能使身体各部平均发育，训练端正之姿势；使各器官之机能完全发达，增进全身之健康；使一切动作敏捷正确，精神愉快，发生美感，并养成能守纪律，重协力，尚仁侠之健全人格为目标。

（三）作业要项——分二部，为（甲）课内之教授及练习 （乙）课外运动及其他作业。

（甲）课内之教授及练习

1. 时间，自初中一年级至高中三年级（本学期暂以军事训练在高二高三两年级内替代体育），每星期二小时。

2. 教材大纲

a. 步法；

b. 矫正姿势体操，仿效体操及自然体操；

c. 自试的活动，如器械体操，机巧运动等；

d. 韵律的活动，如健身舞，土风舞，及各种进行等；或自卫的技能，如国技角力等；

e. 游戏活动，如简单之团体游戏，各种球术，田径赛运动等。

各时间教程之排列，按照春夏秋冬四季时期之不同，循序渐进。外并利用测验方法，使学生自觉运动技能之增长，添授新教材以诱导其运动之兴趣。

（乙）课外运动及其他作业

1. 作业种类——本校按学生个性之发展，力求普遍，其课外作业大致为——

a. 露营；

b. 远足旅行；

c. 校内班际及级际运动比赛；

d. 各种运动选手队之组织及校际运动比赛；

e. 各种设计及表演；

f. 国术团之组织；

g. 游泳，滑冰，划船渔猎等。

2. 教材内容

A. 初级中学

I. 室内（风雨时间所授体育常识题目）

1. 人体姿势概要；

2. 检验身体的意义；

3. 正常体重之重要及测量法；
4. 健康的意义；
5. 露宿的价值；
6. 运动之价值；
7. 日用饮食的需要；
8. 运动上仁侠的精神；
9. 游戏的意义及方法；
10. 田径赛运动基本练习法；
11. 田径赛运动规则；
12. 各项球术基本练习法；
13. 各项球术规则；
14. 临时体育问题之报告及讨论。

II. 室外（本校无体育馆设备教材只限于室外操场者）

1. 基本动作教练：

归队，散队，立正，稍息，看齐，报数，原地转法。

2. 步法：

应用走步法，快步，较复杂走步法，各种穿花跑。

3. 体操：

矫正姿势体操（徒手或带轻重器械）；

普通模仿柔软体操（如登山，举重，耕田，救火，等）；

技术模仿柔软体操（如模仿田径赛运动及各球术比赛的姿势）。

4. 自试的活动：

重器械体操（如单横杠，平形[行]杠，木马，吊环，平梯，吊绳，吊杆跳箱等）；

各种机巧运动（如翻筋斗，单足全蹲，堆罗汉等）。

5. 韵律的活动：

土风舞蹈，健身舞蹈，各式进行等。

6. 自卫的技能：

拳术，国技，角力。

7. 游戏活动：

简单团体游戏；

各种接力赛跑；

田径赛基本方法；

篮球，足球，垒球，排球，网球等球术之基本练习方法。

B. 高级中学

I. 室内（风雨时间所授体育常识题目）

1. 体育底目的和范围；
2. 中国体育沿革概要；
3. 西洋体育史概要；
4. 人之始原及其演进；
5. 人生发育之次序及各年龄应有之体育；
6. 运动生理摘要；
7. 世界，远东，全国，华北运动会之历史及组织法；
8. 舞蹈的价值；
9. 体育标准的研究；
10. 世界通用运动计分法；
11. 田径赛科学的练习法；
12. 各项球术团体练习法；
13. 运动规则之讨论；
14. 临时体育问题之报告及讨论。

II. 室外

1. 基本动作之练习：

归队，散队，立正，稍息，看齐，报数，原地转法。

2. 步法：

军式步伐，应用走步法，快步，较复杂走步法，各种穿花跑。

3. 体操：

矫正姿势体操；

较复杂技术仿效体操。

4. 自试的活动：

较复杂重器械体操；

各种机巧运动。

5. 韵律的活动：

土风舞蹈，健身舞蹈，各式进行等。

6. 自卫的技能：

拳术，国技，角力。

7. 游戏活动：

各种接力赛跑；

田径赛练习法；

各项球术之团体练习法。

关于军事训练及童子军办法请阅第七体育章内。

申　艺术学科

A. 手工

（一）目标

（甲）研究简单工艺，作实地的练习；

（乙）引起学生对于工艺，有自动研究，想像，及活用之兴味；

（丙）多予学生以自行“设计”之机会，养成其创造之能力；

（丁）给予学生以共同“设计”之机会，养成其有组织能合作之习惯；

（戊）培养学生鉴赏艺术作品之能力，藉以增进其美感。

（二）标准

I. 知识方面

（a）金木二种主要工艺的概况，并原料的性质和优劣；

（b）金木二种工艺简单机械之构造和使用法；

（c）工艺美术品的欣赏。

1. 技能方面

（a）测绘简易的工作图；

（b）木工方面：能用胶合，钉合，榫接涂饰诸法，制成简易木质的用品，并能使用鏇床工具；

（c）金工方面：能用锻焊诸法，制成简单各种金属用品。

（三）时间　每周实习二小时，初一初二必修。

（四）教材　根据以上标准，酌定手工技能和知识之教材如左：

1. 知识方面

（a）金木二种工艺大意，工具的构造和使用法，材料的性质和种类；

（b）制图法大要，绘图仪器用法；

（c）工艺美术品的欣赏，古代工艺美术品影片，近世金木工艺品的影片。

2. 技能方面

（a）金木二种工作制图，设计制图，装饰图案；

（b）金工方面：

（一）锻金工，

（二）板金工。

（c）木工方面：

（一）简易木工，

（二）雕刻木工，

（三）车床木工。

（五）教学方法

1. 选择教材须合于实用的，有兴味的，及与他学科有连络的；

2. 教材分配：

（a）初级一年级　基本练习，普通工具使用法，简易木工和板金工；

（b）初级二年级　细木工，雕刻木工，车床木工，锻金工，及运用基本诸法自由制作。

3. 实习方面：

（a）初级一年级注重基本诸法的练习，各组连络制作；

（b）初级二年级注重个人的设计，运用基本诸法，完成自己的创作品。

B. 图画

（一）目标

本科目的在增高学生审美之能力，并发展其艺术之天才，故提倡实地写生，而极端排除临摹范本。

（二）标准

1. 初级一年：能运用铅笔写生，状绘各种简单静物；

2. 初级二年：能运用水彩粉色写生，除绘画各种较复杂之静物风景等物外，并能自由制作图案。

（三）时间

1. 初级一年，每周一小时，为必修科；

2. 初级二年，每周二小时，为必修科。

（四）教材

1. 初级一年　静物写生：单纯陶器，书籍，立体几何形体，果蔬等类。

2. 初级二年

a. 静物写生——玻璃器皿，瓷器，书籍，漆器，果蔬，花卉等类；

b. 野外写生——简单屋宇，树木，山水，人物；

c. 图案制作——动植物变化，色彩配合，二方连续，四方连续，适合图案，装饰图案等。

（五）教学方法

1. 理论——近代绘画史，鉴赏常识，写生画法，图案画法等均酌量介绍；

2. 实习——分三部：即室内静物写生，野外风景写生，及图案制作等；

3. 鉴赏——举行展览会，陈列学生作品；参观绘画展览会，介绍名画。

C. 音乐

（一）目标

a. 美化人生，陶冶性情；

b. 引起学生对于音乐兴趣，并发展其对于音乐上之艺术天才；

c. 提倡高尚娱乐，俾能补益身心，增进求学效率；

d. 给予基本训练，作为研究高深音乐之预备。

（二）时间　每周一小时，为初一初二必修科。

（三）教材

1. 理论方面——a. 音乐常识；
　　　　　　　b. 音乐鉴赏法；
　　　　　　　c. 音乐家小史。

2. 技术方面——a. 读谱；
　　　　　　　b. 歌唱。

（四）课外设施

凡高级中学学生于音乐有兴趣，愿再求深造者，可加入课外组织之音乐研究会，及管弦队。外并时举行演奏会藉以普及音乐之知识。兹分述于左：

1. 音乐研究会——传习内容如左：

1. 理论方面：

a. 乐理；

b. 乐史；

c. 和声学；

d. 作曲法；

e. 欣赏法；

2. 技术方面：

（Voice Training）练声

a. 声乐　独唱（Solo）

合唱（Chorus）
二部合唱（Duet）
三部合唱（Trio）
四部合唱

b. 器乐

Violin ,Viola, Violin cello, Bas;Flute, Clarinet, Cornet, Trombone, Horn, Oboe, Bassoon, Drums, Organ, Piano, Harmonica.

2. 管弦队（Orchestra）——凡学生练习乐器较佳者，经教师之认可，可加入管弦队练习合奏，时间每周一小时。

3. 演奏会——每学期开音乐大会一次，小会四次，演讲会临时举行，不限次数。

右系各学科教学大纲，系根据现时实施情状编定。惟本校课程，时有变动；教材内容，亦有出入，摘要录此，藉供参考。至其他尚有选科数种不备载。

于此有数事足以附述者，即本校教学，时时求进，绝不敢侈然满足，而故步自封。为谋教材及教法改进起见，试行三种试验；即（1）研究员制（2）实验班及（3）能力分组。兹略述于左：

三种试验

1. 研究员制　国文、英文、算学三科设立教学研究会。凡担任同科之教员，均为该会会员，再由学校于该科教员中约聘智识经验较为丰富者一人为研究员，会同同科教员，筹划该学科教学方针，解决该学科之一切实际问题，如教材之选择，训练之要点，讲室之管理，教法之改善，成绩之稽查以及其他关于该学科应行兴革事宜。进行办法：

a. 阅览　凡关于该学科新出之书籍杂志，足供参考者，尽量介绍。开会时，会员如阅读有得，报告大会，藉知该学科最近之趋势；

b. 讨论　每月开会约二次。讲室进行之实际问题，每次开会时，由会员提出讨论，务求一适当之解决办法；

c. 参观　同科教员举行互相参观，藉知各组教学实况，以资观摩。

2. 实验班　国文、英文、算学三科，于每一年级中，指定一组或二组为实验班，作教学上之初步试验。其目的在求：

a. 最经济之方法，以增高教学之效率；

b. 最适宜之教材，以达到教学上之普通目的；

c. 确实之统计材料，供给研究该科教学之参考；

d. 切实之试验结果，作为改进该科教学之根据。

担任实验班之教师，于任课之初，将该科计划，各时期之实验目的详细拟定。并将实验进程及实施状况及结果，随时报告研究会。各种理论上与实际上之困难问题亦提出大会共同讨论。实验班上课时，任人参观，并欢迎同科教员之意见与批评。

3. 能力分组　现时学校多采行班级教授，强程度不齐资质各异之学生于一班，教学进行，困难殊多。本校因学生人数众多，同级组数每在八九组以上，稍事补救，事尚可行。因于初一、初二连续之学科如国文、英文、算学三科，采行能力分组制，办法如下：

a. 同年级同学科上课时间，排在同时，于开学之初举行分组测验一次，按学生程度之高下，编入相当之学组；

b. 分组后经过相当时期，如有程度差异者，又可为之重行编组；

c. 分组后，各组程度既殊，教材教法得酌量变通俾求适应；

d. 高一年级与低一年级之学科同时上课，如程度特佳或特劣之学生，得学习高年级或低年级之学科。

丁　选组与选科

本校现行高级课程，分为甲乙丙三组，每组学科分为必修与选修二种。兹将选组及选科办法，撮要录左：

一、选组

1. 初级学生修业期满，升入高级时，得随其性之所近于甲乙丙三组中任选一组——甲组为文科预备，乙组为理科预备，丙组为商科——学习之。

2. 选组之时，指导方法约分四项：

a. 择业讲演　由学校约请校外或校内之有职业经验者，作关于择业之讲演。

b. 分组讲演　解释每组学科之分配，将来之用途，及选习之资格，使学生得知各组之内容及旨趣。

c. 选组顾问　每班请顾问二人，学生有疑难时，得按其性情，志愿及学业成绩，与以切实之指导。

d. 择业自审表　选组前约一月，由教务课发给初三学生每人择业自审表一份，令学生对于自身的特殊性格与才能，有明确的了解。

e. 定组　择业自审表填就后，并决定选习何组时，学生即须将此表送交。指导员、审查指导员认为适宜，即签宇[字]于该表，再将该表送交教务课为最后之决定。

3. 每组选修不满二十人者不开班。

4. 选组于每学年暑假前行之。

5. 选组既定之后，无故不得更改。

二、选科

1. 高级各组除固定之学科外，酌设选修学科若干种。

2. 选修各学科之内容用途，及与他学科之关系，于选修之前，由学校约请讲员举行讲演会数次。

3. 学生成绩优美者得行多选——以六学点为限——且得选习高年级之学科。

4. 学生学力稍逊者，得少习一学科，但如欲在规定年限内毕业者，必须于下学年内设法补足。

5. 选修表填就后，交由教务课审查，如有认为不适者须行改选。

6. 选修学科不满二十人者不开班。

7. 选修学科不及格时得选他学科替代。

8. 选修学科每学年于暑假前选定。

三、改组及改科

1. 学生应入何组，既选定之后，不得任意更改。

2. 请求改组者（如由甲组改入乙组），在第一学年必须于开学后两星期内行之。自第二学年起，须于学年之终行之。

3. 改组后未习之必修学科，须行补习。

4. 应行补习学科得请求，特考特考①分数以八十分为及格。

5. 凡选修学科得互相替代。

6. 改组特考，在暑假开学前行之。

7. 选修学科欲改选者（如取消某学科改选他学科）须于开学后两星期内行之。

8. 改组或改科，须于更改后并未发生何种妨碍者为限。

戊　考试与学业成绩

考试之目的有三：即

1. 作测验教学效率之根据；

2. 督促学生作一系统之温习；

① 此句原文如此。

3. 为评定学生学业成绩之标准。

近教者学者对于考试问题，议论纷岐，争执甚多，实则此非考试制度问题，乃考试方法问题也。考试之应当存在，为理至显。但用不得当，弊即随之，此考试方法之尚有待于改良也。本校对于考试素所注重。稽查务勤，考核务严，订分务平，去其侥幸之心，激其勤学之志，虽不敢谓考试之流弊已去，考试之价值尽得，但总求无背于考试之目的也。

本校考试及审订学业成绩办法列左：

（一）每学期按规定时间举行正式考试三次，计平时考试二次，学期考试一次。至临时考试无定期，不预告。

（二）每学期之中，同年级之学科得举行会考一次或二次。会考成绩作为各该科全学期成绩之一部。

（三）考试成绩记分分（1）平日积分，（2）口试，（3）笔答，（4）报告四项。

（四）本校采用升科制，不及格学科，在规定之办法内得行重习。

（五）学生有请求习高学年课程，或免习某科者，得举行特别试验。特别试验以八十分为及格。

（六）评定成绩规则列左：

1. 学生有左列情形之一者退学：

高级及初级三年

a. 四门不及格者；

b. 不及格学点至五分之二者。

初级一年及二年

a. 国文、英文、算学三科，有两科不及格者，或不及格学点三分之一者；

b. 国文、英文、算学三科有一科不及格者补考，补考不及格者退学。

2. 不及格之学科，无论一学期或一学年，均予补考一次。届时不到，以不及格论。不及格者重习全年（初一初二国英算三科除外）。

3. 第一学期不及格之学科，如第二学期成绩特佳者，准免补考（第一学期得丁第二学期得丙者免，第一学期得戊，第二学期得乙者免）。

4. 凡有重习及补考之学科者，各学期不及格之学点，合并计算，不得至五分之二。

5. 平时试验成绩与学期试验成绩之平均，为各该科之学期总成绩。

6. 试验成绩分甲，乙，丙，丁，戊五等。九十分至百分为甲等，八十分至八十九分为乙等，六十分至七十九分为丙等，五十分至五十九分为丁等，五十分以下为戊等。丁等以下为为不及格。[①]

7. 各学科等第之分配以左列之比例为标准：

甲等（0—10%） 乙等（5—20%） 丙等（50—80%） 丁等（5—20%） 戊等（0—10%）

己 会考与比赛

本校学生众多，同一年级每分八九组，而教材与进度，均大致相同。本校为利用青年之竞争心，采用会考制，以期其努力向学。再优材之士各组皆有，志趣既殊，特长亦异，为鼓励天才，及增加学生生活与兴趣起见，又举行各种学艺比赛。兹分述于左：

甲 会考

1. 次数 每学期举行一次式二次；[②]

2. 学科 暂限于国文，英文，算学三科；

3. 年级 暂限于初中各年级及高级一年；

4. 试题 同年各组用同一试题，由专人负责拟定；

5. 阅卷 各组试卷由专人负责评阅，以期得划一之给分标准；

6. 成绩 分个人成绩及团体成绩两种，个人成绩作为学业成绩之一部，团体名次由学业成绩与努力成绩，二者合计而定。

7. 奖品 个人成绩及团体成绩最佳者，分别给奖。

8. 发奖 每学期之末，于全体集会时，举行发奖大会，各种奖品均于此时发给。

按照此办法，学生方面为个人之学业计，必须努力进修，为团体之名誉计，益当发奋用功，而通力合作之良风亦即无形养成。学校方面，由分组测验与学科会考，两次成绩之比较，亦可测得各组学生努力之程度，教者因是可以自审得失之所在而寻求更有效之教授方法，以期增高教学之效率，会考之制，利实大焉。

乙 比赛

1. 种类：

a. 高级论文比赛

b. 初级论文比赛

c. 各年级算学比赛

---

① 此句原文如此。

② 此句原文如此。

d. 初级国语演说比赛

e. 高级国语演说比赛

f. 初级英语背诵比赛

g. 高级英语演说比赛

h. 高级各年级英作文比赛

i. 高级读书比赛

j. 社会常识比赛

k. 时事测验

l. 图画比赛

2. 次数：每学期举行一次；

3. 报名：自由报名；

4. 试题：多系普遍性；

5. 奖品：前数名成绩佳美者给奖；

6. 发奖：每学期之末，于全体集会时，举行发奖大会，各种奖品均于此时发给。

学艺比赛之主旨，在提高学生研究学问之兴趣，与闲暇之利用。于学业之修养，亦有莫大之利益。惟会考为普遍的，比赛为少数的，会考为强迫的，比赛为自由的，二者之功用不同，性质亦异焉。

庚　各种研究会

本校对于学生课外作业，素所注重。各种研究会，或探讨学术，或研究问题，凡足以增加智识，多得经验，于学生解决实际问题有益者，无不极力提倡，藉补课内之不足。兹择录研究会数种于左，藉窥一班[斑]。

子　东北研究会

我东三省及热察绥各特别区，版图辽阔，蕴藏丰富，实为神州之宝库，而沿边万里，逼近邻疆，尤为华夏之屏藩，今者外力侵入，得寸进尺，几有反客为主之势，而国人蒙蒙对此殊少注意，良堪痛心。本校有鉴于此，因于民国十六年秋成立东北研究会，拟先从学术方面，用教育的方法，研究入手，然后渐及其他。该会之目的可分为二：

（甲）教育的　调查，讲演，报告日俄两国国情，及其在我东北各种经营状况。

（乙）学术的　搜集正确资料，分组分门，从事研究，期得彻底解决方法。

（一）组织　该会之组织，暂分两部：

（一）视察部　推行关于教育的诸般会务；

（二）研究部　推行关于学术的诸般会务。

（二）工作　该会之工作有三，大概如左：

（甲）校内工作　学习日俄语言文字，研究调查方法，听讲演，阅书报，注意以东北为中心之对内对外时事；

（乙）假期工作　先由本会拟定视察题目，择紧要者，分组实地调查，将其结果，详审报告，交由本会整理或印刷之；

（丙）临时工作　凡遇东北临时发生问题，及日俄国情有所变动时，随时布告或举行讲演，以资参考而促注意。

现在及最近将来之具体工作：

（一）我国东北铁道系统及海港之研究。

（二）东北移民之研究及其运动。

（三）金州境内我国人民之教育问题。

（四）研究资料有足为教材者，编入史地教本中，作为教材之一部分。

丑　天津研究会

民国十六年秋，本校鉴于天津社会可研究之材料滋多，而实地调查又为科学的学习方法，爰发起一“天津研究会”，拟利用天津作为活的教材。组织及工作列左：

（一）组织

（甲）委员三人，总理全会事务；

（乙）部长八人，分掌左列各部事务：

1. 历史　2. 政治　3. 交通　4. 教育　5. 工业　6. 商业　7. 市政　8. 社会事业

（二）工作　约分八项：

（甲）演讲　1. 天津各种问题　2. 调查方法及已往调查经验与成绩；

（乙）阅读　1. 报章杂志关于天津的记载　2. 前人调查天津的记录或报告　3. 调查方法的书籍　4. 统计学原理与实施；

（丙）记录　1. 最近发生之重大事实　2. 剪存报章杂志；

（丁）调查　1. 问题的分类　2. 制调查表　3. 实地调查　4. 利用假期作天津四郊的视察；

（戊）统计　1. 整理所得材料　2. 作比例，平均数，指数，互相规律　3. 制图表；

（己）测绘——分头测绘天津各种地图；

（庚）摄影——摄制天津各地方及各种风俗等写真；

（辛）出版——将调查所得之报告，新事实发现之记载，刊于本校双周或其他报章杂志。

寅 消费合作研究会

在现代经济社会之中，自生产以至消费，矛盾至多，为世人所周知，且亦群认有改革之必要；而消费合作运动，即为改造现代经济组织之一种主要方法。但合作之理想，由何产生，世界各国合作运动之情形若何，合作对于社会有何贡献，将来可以发达至若何程度，均有研究之必要。本校有鉴于此，提倡合作，一方为学理之输入，期人人对于合作理论，有明确之认识；一方注重实做，组织“南开消费合作社”使学理与事实得互相印证。成立以来已将二载，成效尚可观。兹将该社章程酌要录左：

1. 宗旨　谋全校师生利益，发展合作精神，并研究消费合作意义；

2. 物品　专售学校日用必须货物，于可能范围内，供给全校师生之需要：物品以国货为主；

3. 社员　以一千五百人为度，每人纳社费二元，凡南开师生均有入社资格；

4. 社员大会　分定期会及临时会两种，定期会每年举行两次；

5. 董事及监察人　董事九人监察三人，由社员大会投票选举之，凡社员均有被选为董事或监察人之资格；

6. 经理　经理一人，经营社务，由董事会聘请之。

7. 盈余支配

a. 公积金　百分之十五；

b. 社员利润　百分之六十，按购物多寡比例分配；

c. 酬金　百分之二十五为办事人员奖金。

戊[卯] 生物学会

生物学会为有志研究生物学术及实际工作之学生所组织，由担任生物学科之教员为导师，设委员三人，掌理文牍会计庶务等事。该会之主要工作计有三种，即：

1. 制图

2. 剥制

3. 采集动植物标本及切片

该会自成立以来，各会员及导师皆努力工作，标本图表，制成者甚多，佳者留存，备讲授时之用。

辰　日语研究会

本校以中日关系至为密切，且欲研究东北，日文书籍尤不能不读，因有日语研究会之组织。该会内部组织分教务，文书，庶务，会计四部，每部设部长一人，合组一委员会，负推行事务之责。会员每学期纳费三元，聘导师一人担任教科，由会与学校酌送车资。

日语课程分文法及读物两种，每周上课五小时，方法务求经济，期在两年之内，能读日文之普通书籍及杂志。学校为鼓励认真研究起见，高级学生到班甚勤，成绩优美，经学校考试及格者，得酌予学点。

其他关于学术研究之组织，尚有国文读书会，算学研究会，史地研究会，英语研究会等，或限于一级，或事属一组，为数至多。因性非普遍，不复赘述。

（《天津私立南开中学一览》，1929 年 10 月 17 日，第 38—174 页）

南开学校中学部教务管理规则[1]

（1929年10月17日）

一、训练

训练问题为学校中最重要最难解决之一问题，而以中学训练为尤甚。良以中学学生，正当青春时期，身心发育甚速，思想情感，均于此时发生剧烈变化。其需要良好之指导，及适宜之锻炼，甚为迫切。故从狭义言，中学训练问题为中等教育问题中一个问题，就广义言，则中学训练问题，无不与各中学教育问题相关。范围既广，收效匪易，而训练之目标，及所根据之原则，不可不详密规定，作为实施之指针。兹将本校训练概况，分目标，原则，工作计划，实施等项，略述于后。

甲　训练之目标

学校规定训练目标，必须合乎社会环境，及社会需要。吾人细察吾国现时情状，知中国所最感缺乏者，厥为有“现代能力”之青年。故训练之总目标，当为如何可以养成有“现代能力”之青年。所谓现代能力者，可以两点概括之：即科学知识，与民治精神是也。科学知识，多半由研究各学科及各个人生活习惯中求得之，此须从个别训练入手；其目的在充实个人之基本能力，启发其创新思想，发展其生产技能；期各人之所学者，与其日常生活，发生密切关系，务使其思想科学化，生活条理化，劳动化，而吾人之提倡科学精神，尤注重“亲身到过”“亲眼看过”“亲手做过”三点。至于民治精神，则必须学生努力参加社会活动。尤其是“开辟经验”的活动——于营团体生活之中养成之，是以团体训练尚焉。本校实施团体训练之目的有三：即（一）培养组织能力，（二）产生团体意见，（三）造成多数领袖，其详细实施办法，当于下文中缕述之；盖团体训练，实为本校训练事业之主要工作，吾人正拟竭全力以赴之焉。

乙　训练之原则

本校实施团体训练所根据之原则有三，兹列举于左：

---

① 该题目为编者拟定。

一、本校各种设施，应使之有教育的意义，皆当以之为教育学生之资料，并须许学生参加。

二、校内各种学生活动，应使之有教育的意义，皆当以之为学习之对象，并应受教职员指导。

三、学校各种活动，应使其教育效率增高，须使最多数学生参加，受训练。

本校近年来之训练工作，几完全根据上列之三原则推行；试验结果，虽无显著成效可言，差幸吾人运用根据此原则而产生之各种组织时，尚无窒碍之处，此后将循是而进，继续努力焉。

丙　训练之工作计画

本校训练之目标与原则，既如上述。其次则不可不确定训练工作计画。工作计画，所以实现理想，达到吾人所悬之目标，苟不确定，则吾人从事训练工作，将无所根据，势必茫无头绪，莫知所之。本校训练之工作，总言之，为提倡三种生活：即团体生活，野外生活与艺术生活。为便利明了起见，特将各种生活分理由，讨论，动作三层说明之。

（一）团体生活

理由：中国人在团体生活上最大之缺点有二：即（1）不善组织不能合作，（2）好弄个人手腕。本校提倡团体生活力谋补救此类缺点。

讨论：左列各问题皆有讨论之必要：

（1）现代组织沿革与最近趋势；

（2）讨论术；

（3）公意——所谓舆论——的分析；

（4）团体的精神；

（5）领导的技术；

（6）行为的标准。

动作：团体生活动作之原则，在使多数学生获得练习领导之机会。具体办法将于下文“训练之实施”中，详述之。

（二）野外生活

理由：野外生活，乃养成现代能力——科学知识，与民治精神——之活环境：野外生活，可以扩大吾人之胸襟，强健吾人之体魄，发扬吾人之高尚优美之情感。向来中国人之生活多在室内，今当以唤起青年“到室外去”为急务。

讨论：下列各题目，均可作讨论之资料：

（1）爱自然；

（2）“开辟的经验”；

（3）野外生活须知。

动作：为实行野外生活，可从事于下列之各种活动：

（1）童子军露营；

（2）各种长期的短期的旅行；

（3）春假暑假寒假期间，组织视查旅行团；

（4）远足会；

（5）郊餐会；

（6）野外散步。

（三）艺术生活

理由：艺术之原素有三：即（1）伟大的热情（2）精密的构造（3）静淡的律动，其与吾人生命之极深处——生命的核心——关系密切。凡伟大之人物，第一须有悲天悯人之热烈的真情，第二须有精细深微之思想力，第三须有冲淡旷远之胸襟。欲得此类美德，则不可不营艺术生活。

讨论：此处所须讨论之题目如下：

（1）欣赏；

（2）练习；

（3）创作。

动作：艺术生活中所应提倡之活动，有下列各种：

（1）“一人一艺”的运动，鼓励各人学习一种艺术，如文艺，绘画，音乐……等。

（2）排演戏剧；

（3）举行美术展览会；

（4）举行音乐演奏会。

丁　训练之实施

上文所述本校训练之目标，原则，与工作计划，多为理论的，及抽象的，未及于具体之事实。兹请进述本校训练实施之状况于下。本段分（一）训练之责任，（二）训练之方法，（三）团体，野外，艺术，生活之实况，三项说明之。

一、训练之责任

本校训练责任，由师生共同分担之：师长：负指导之责，学生负维持之责。所谓师长者，指学校全体教职员而言，绝非单指训练课诸职员焉。吾人既以学校之各种设施，均应有教育之意义，则在学校负推行各种事务责任之人，皆负有训练学生之责任。各科教员之在学校任教职，目的在教学生——活学生——而不在教死书；故教员之第一职务，乃为教“人”，而“人”乃一整个之有机体，各方面有平均发展之必要；是以“教”“训” 二事，未可须臾分离也。且训练学生，教员实较专任训练职务之人，易于为力；盖教员日有机会与学生接近，认识既深，情感自孚。学生与其自己所信仰崇拜之教员，朝夕亲炙，即无直接之训练指导，日久其思想行为，亦必为之潜移默化，于是所收间接训练之效果，必甚宏远。若夫训练课三四职员，每日晨光，泰半消灭于所谓“办公室”里，鲜有与多数学生见面之机会，即作长时间之谈话，事实上亦有所不能；如是而欲收人格感化之效难矣！是故训练课职员所能负之责，不过提倡有训练价值之各种活动，计划训练工作之内容，及其实施之步骤，督促其进行，及考核其成绩而已。实际之训练责任，当须多赖任课先生担负之。至学生对训练工作应负之维持责任，即训练指导机关如经提倡某种活动，学生即当在教职员指导之下，努力推行之；必如此，学生始可受实在之训练，得训练之真利益；否则，不失之于盲动，即难免有完全被动之弊，无训练价值之可言矣。

二、训练之方法

本校既主张学生应负训练工作之一部份责任，故吾人采取之训练方法，乃积极的，非消极的；辅导的，非干涉的。此方法非他，即鼓励学生多参加校内外各种有意义，有价值之团体活动，野外活动，艺术活动，是也。良以学生如有相当工作，则彼等之精力与时间，皆可用于有益之地，即无余暇余力，从事于无意识之举动也。是以在学校负指导责任之人，诚能为学生计划具体工作，从旁指导之，协助之，工作偶有成绩，自可增加学生对其作业之兴趣，而促其继续努力；将见其自重心与日俱增，终于不屑作无意识之举动；而指导者之警察巡捕式工作，得以减少，可多致力于积极辅导之真正训练工作矣。

再吾人平常所谓人格，莫非习惯之积体：习惯良好，即人格高尚，习惯恶劣，斯人格卑鄙；是以吾人于训练学生之时，宜少说空话，多做实事。常见一般人所发之言论，洵属光明正大，但知行不能合一，徒谙理论，未顾实际，终未能使理论成为习惯也。是故吾苟尚于平时指导学生，从事正当之活动，知行合一，以身作则，朝于斯，夕于斯，月复一月，年复一年，则彼等终必有养成良好习惯，健全人格之一日。果如是则将来之学生，岂止不会作不正当之事，抑必至憎恶不正当之行为，而乐于作积极有益之事。学生训练到如此地步，训练之功效，可谓臻极致矣。

三、训练之实况

I．团体生活之实况

本校学生团体生活之训练，从三种有组织之团体活动入手：即（一）各班学生之班会，（二）学校各种委员会，与（三）全体学生集会。兹分述于下：

A．班会

（甲）班会组织大纲

（一）目的　本校学生团体训练，以培养组织能力，产生团体意见，与造成多数领袖为目的。

（二）会员　本校学生团体训练，以班会为基本组织；各班学生，皆为各该班班会之会员。

（三）委员　各班会依据学生活动之兴趣与需要，由各该班学生公举委员八人（此为暂定额数，如有需要，得随时增加之），负推行各该班会各项事务之责。

（四）各项委员之职责

（1）学科——负提倡各种学术比赛，组织各种课外补习班，及领导同学讨论各项学科教材之难易深浅，和学习方法等问题之责任。

（2）训练——负注意班风，维持班上秩序，及领导或协助组织班上各种有益活动之责任。

（3）体育——负组织班上各种体育竞赛队，及领导各队练习和参加各种班际体育比赛之责任。

（4）青年运动——负办理关于参加社会运动，及学生运动之各种活动事宜之责任。

（5）出版——负投稿或编辑本校“双周”及向同学征稿之责任。

（6）平教——负为本校平民学校筹款，及领导或协助推行平校事务之责任。

（7）庶务——负注意班上卫生，与整洁情形，采购物品，司理普通账务，及保护公物之责任。

（8）游艺——负为本班开班会时约请同学表演各种游艺，及领导或协助组织全校游艺会之责任。

以上各项委员，如被本年级之同职委员推举为出席学校各该项委员会之年级代表时，须负推行各该委员会事务之责任。

（五）委员之任期与任职　各项委员任期，均以半年为限，连选者得连任，但不兼职。

（六）各班委员会之组织及其工作

（1）各班之学科，训练，体育，青年运动，出版，平教，庶务，游艺等委员，合组为各该班之委员会。

（2）本委员会设主席，书记各一人，由各项委员互选充当之。

（3）本委员会之工作，约分三种：

（a）办理本班公共事宜，及提倡各种有益（教育价值）之团体活动。

（b）与本校各课接洽事项，及向各课作积极之建议。

（c）协助推行本校各种委员会之事务。

（七）辅导员　各班班会设辅导员一人，由担任各该班功课之教员，或训练课职员充当之。

（乙）班会组织法的说明

（一）班会为学生团体训练的基本组织

一班学生之兴趣需要，大致相同；而一班之人数，为讨论问题，或兴办事体，既不过多，又不太少，颇称适合；是以以一班为单位之小团体组织，最便于达到团体训练之目标，——培养组织能力，产生团体意见，与造成多数领袖，——本校定班会为团体训练之基本组织工作，为团体训练事业中之主要活动，并非如普通所谓课外作业者可比；因此有全校各班必须设立班会之规定：各班学生皆为各该班班会之会员。惟因无适当之方法，以测验各班班会之成绩和给予学分之标准，学生中仍不少视班会为普通课外组织者，是以负训练指导责任者，迄今只能尽量地用鼓励之方法，使最多数学生参加班会之活动，尚不能绝对地规定各个学生必须积极地参加班会所举办之各种活动也。

（二）班会之委员制及委员不准兼职和任职以半年为限的规定

学科，训练，体育，青年运动，出版，平教，庶务，游艺等各项活动，一般学生对之，皆有相当之兴趣与需要；是故本校规定各班学生于每学期之中，须举委员，负组织此八种活动之责。“一人一职”，乃本校团体训练之组织原则，其目的在使凡有一技之长者，皆得为一小领袖，不让少数人占据一切之领袖地位，而使他人无练习办事和作领袖之机会与权利也。近年来，本校每学期学生常在四十班左右，如每班公举委员八人负班会小领袖之责任，则合而计之，全校同时有作领袖受积极训练之机会者，不下三百二十人，约占全数五分之一。学生在本校肄业自初一以至高三倘无间断者，则六年即十二个学期之中，至少可有一二次充当领袖，积极参加和领导团体活动之经验。各项委员任职均以半年为限，其目的即在使多数学生有受训练之机会也。

（三）班会各项委员皆得兼充委员会之主席与书记

各班各项委员，皆可兼充各该班委员会之主席与书记之用意，在使学生明了班会主席委员与书记之地位。盖各项委员皆为本班关于各该项活动对外之代表，书记仅负记录之责，主席仅负召集开班会及委员会会议之责任，并无代表本班之全权，其地位并不重要。如此则学生中有希冀取得全班惟一领袖资格之纠纷，可以免除；而争权轻事，徒骛虚声的弊病亦不至发生。否则，班会主席如有总揽班会事务之全权，则必有下刊四种不利的结果，即（一）主席之责任太重，致令其学业大受影响；（二）主席常干涉其他委员之工作，使他人作事感觉掣肘，终于不肯负责；（三）主席专擅过度，激起同学反感；（四）主席完全不能胜任，或溺职偾事。本校班会组织之规定主席不占重要地位，亦不负重大责任者，职是故焉。

（四）辅导员制度

本校既认班会组织为本校训练工作中之主要活动，则对是项组织之工作，不可无积极之指导。惟本校规模稍大，学生及教职员人数至多，欲使全体教职员认识所有学生，固属难能，要所有学生，认识全体教员，亦是非易。训练课之职员，因无从辅导全校各班班会，即各位教员，亦末由辅导任课各班之学生。则补救之道，惟有采取分工合作之组织方法，缩小师生间接触之范围，施行班会辅导员制度，务使每班学生皆有一个先生为之专任辅导；如此则学生有机会得与辅导员讨论各种切身之问题，而无所疑虑；而辅导员亦可藉此用全力于数十学生之身上，以期深切地认识彼等各人之个性，了解其志愿，因势引导，使其生活因受彼个人言行思想之熏陶，而有所进益。辅导员于认识班上各个学生之后，再行指导全班之团体生活，未有不胜任愉快者矣。

（1）辅导员会议

曩者本校施行辅导员制度，常沿用人各一班之办法，卒致每学期担任全校各班之辅导员人数，总在三十以上；因此辅导员会议每不易全体出席；致开会时待商之问题，不克充分讨论，是以每学期之辅导员会议，只能开一二次，开会时能仅彼此交换意见，鲜有重要决议。本校有鉴于此，复定辅导员以担任两班为原则，如是则人数较少，召集自易。辅导员会议至少可每月一次，以资筹议全校各班班会之工作计画，及讨论普通训练问题。平时训练课职员，与各辅导员接洽一切亦较易焉。

（2）辅导之实施

辅导员对其辅导班所负之具体责任，约有六端：

（一）指导学生组织班会，与各种团体活动，团体比赛，及办理选举事宜；

（二）鼓励学生多开班会（各种方式与内容的），以收公民训练之效；

（三）领导学生讨论问题，研究讨论术；

（四）使学生注意班风，及讲室秩序与卫生；

（五）设法奖励优材生，及劝导劣等生；

（六）与辅导班之委员及学生，作团体或个人的谈话。

右第三第六两项，另加说明于下：

（a）讨论术与问题讨论

关于领导学生讨论问题之方法，下列之六原则，堪资参考：

（一）鼓励所有到会之人，参加讨论，务使各抒所见，期于讨论交换意见之时，人人得言所欲言，而无所畏避。

（二）当讨论之际，遇有意见纷岐，争辩甚烈之时，宜延长讨论时间，或交付审查委员会，仔细斟酌研究，须避免急忙的表决。

（三）讨论或表决议案时，切戒以多数人压迫少数人之行为；务使少数持异议之人，有充分发意表见之机会，不许有侵犯他人发言权，及强制或胁从表决等举动。

（四）讨论终结，议案将付表决之时，主席须明确地归纳多数人之意见，而为团体之公共意见，须绝对地避免指出何者为某会员或某代表之意见。

（五）表决问题时，宜避免用举手表决，或取任何多数表决之形式，务使团体内之各份子，视团体之意见，为自己之意见。

（六）问题既经表决，则无论在何种情境之下，个人须服从团体之决议案，不得任意取独立行动。

（b）谈话要点

与学生谈话之时，应行注意之点有四，录左以供采择：

（一）与学生谈话之先，须明了其家庭状况，及了解其个人之志愿与兴趣。

（二）竭尽己之智能，以解答学生之问题，务使其心满意足。

（三）学生之欲望不能满足时，务使其明了社会环境；于目前状况之下，其欲望或无满足之可能性。

（四）与学生谈话时之言词和态度，均须能充分表现辅导者对于学生之恳挚的同情。

（丙）班会制度之成效

（一）班会各项事务，均有专人负责，不偏劳一二人，不致妨害学生之学业。

（二）每学期之中，本校学生至少有三百余人受领袖之训练，同时于各年级各班之中，常可发现并培养若干真有才干，肯负责任，具领袖资格之学生。

（三）在现行制度之下，为领袖者只觉工作繁杂，责任重大，并无特别权利可享：为团体领袖者，实系公仆，必须牺牲自己之时间与精力，而为大家服务，其所得之报酬，仅止增加个人办事能力而已。

（四）各班之班风与工作成绩，常可藉各种班际比赛与奖励方法以促进之。本校近年来尝有班会委员，领导同班学生，装璜[潢]讲室；利用自修钟点，讨论公共事项，举行讲演练习会，及学科研究会；其例不一而足。

（五）全校各班既有委员八人各负专责，则校中无论何时发生某种事件，立可召集各班某项委员开联席会议，协商解决之方法。

此种班会制度，试验成功与否，全视各班委员之办事能力与能否热心负责而定。如某班之委员有能力，又肯热心负责，则全班精神为之一振；否则，难免全班如散沙，行见一事不能进行也。但吾人之目的，既在造成多数领袖，则吾人对彼能力稍差，热心不足，及不肯负责之委员，正宜多加鼓励，与辅导；假以时日，将来成绩，必有可观。教育事业之不能求速效，尽人皆知；吾人之教学生，亦必循循善诱，相机利导也。

B．各种委员会

（甲）组织大纲

（一）目的　本校根据所订之训练原则，设立各种委员会——学科，训练，体育，青年运动，出版，平教，庶务，游艺——由师生合组而成，以期使学生明了学校各种工作进行之状况，并使之参加工作，同时受师长实地指导，以收实用教育之效。

（二）组织原则

（1）共同的原则

（a）师生合组。

（b）各委员会之师生人数，多寡不等，一视其工作之性质与需要而定。师长人数，约自三人至十二三人；学生人数，五人或十人。

（c）学生会员，由初二以上各年级之各项同职委员互选之代表一人或二人充当之；初一年级学生无代表。

（d）学生选举代表，以年级为单位，不以组数或人数为单位。

（e）各项委员之任期，均以半年为限。

（2）差异原则

（a）主席团制——青年运动，出版，平教等委员会，各分为数股或部办事；每股或部设股长或部长一人，由学生充当之，各委员会之全体股长或部长，合组为各该委员会之主席团。

（b）单纯主席制——学科，训练，体育，庶务，游艺等委员会之组织，采单纯主席制：前四委员会之主席，由学校各课主任充当之；游艺委员会之主席，则由学生充当之。

（3）各委员会之个别组织与工作

（a）学科——各班学科委员公举代表五人出席学科会议，学科会议之组织及职务见前“现行组织”内。

（b）训练——各班训练委员公举代表十人出席训练会议，训练会议之组织与工作见前“现行组织”内。

（c）体育——各班体育委员公举代表十人出席体育会议，体育会议之组织与工作见前“现行组织”内。

（d）青年运动——由师长三人至五人及学生十人组织之：师长会员，由训练课约请本校教职员担任之；学生会员之产生法同前。本委员会分秘书，宣传，调查，外交四股：每股设股长一人，由学生充当之；各股股长合组为本委员会之主席团，开会时轮流担任主席。本委员会开会无定期（每学期约在十次以上），讨论关于本校学生参加各种社会运动，学生运动，及办理各种纪念会等问题；议决事项，交由本委员会各股执行之。

（e）出版——〈由〉师长三人至五人及学生十人组织之：师长会员，由训练课会同教务课约请教职员充当之；学生会员之产生法同前。本委员会分编辑，征稿，经理三股：每股设股长一人，由学生充任之；各股股长合组为本委员会之主席团，开会时轮流担任主席。本委员会至多一月，至少二星期开会一次，讨论关于刊行本校“双周”之各种问题；议决事项，交本委员会各股执行之。

（f）平教——由师长三人至五人及学生十人组织之：师长会员，由训练课约请本校教职员担任之；学生会员之产生法同前。本委员会分教务，调查，筹款三部：每部设部长一人，由学生充任之；各部部长合组为本委员会之主席团，开会时轮流担任主席。本委员会约三星期开会一次，讨论关于本校平民学校之各种问题；议决事项，交本委员会各部执行之。

（g）庶务——各班庶务委员公举代表十人出席庶务会议，庶务会议之组织及工作见前“现行组织”内。

（h）游艺——由师长三人及学生十人组织之：师长会员，由训练课约请本校教职员担任之；学生会员之产生法同前。本委员会设主席一人，由学生充当之。开会时期不定；如须组织全校游艺会时，即由本委员会主席召集开会，讨论进行办法并负执行之责。

（乙）各种委员会组织法的说明

（一）师生合组的原则

本校各种委员会，均由师生合组而成。诚以在学校范围之内，任何工作之进行，均有赖师生之合作；而师生之共同议事，共同动作，共同生活，常使学生直接地间接地受师长之熏陶与指导训练，堪称最有价值之设计教育：如此则先生所任者系“育人”之责，固不仅“教书”而已焉。

（二）委员之人数与学生委员之年级代表制度

本校各委员会之人数，类皆在二十左右：盖必如是，对于各种问题，始可从容讨论，而团体意见亦易于产生。初一学生年纪较轻，知识经验较少，对于团体事务所感觉到之兴趣亦较淡薄，而关于学校之历史和现状所知又无几，是以无加入各种委员会之必要。各年级选举出席各委员会代表以年级为单位不以班数和人数为单位者，其用意在使高年级学生对于学校各种活动，有较大之发言权，及有较多之机会，受领导团体生活之训练。

（三）主席团制与单纯主席制之采用

各委员会之组织有采用主席团制与采用单纯主席制者，统系根据责任之轻重，工作之需要，和事实上之便利而定：例如学校为推行教学，训练，体育，庶务等事设有专课负责；而各课内部，复有极详细之分工合作组织；是故学科，训练，体育，庶务等委员会之组织，自应采单纯主席制；至游艺委员会之工作，多属临时性质，责任因之不重，是以无采用复杂组织之必要。其他如青年运动，出版，平教等委员会，皆有固定之工作，而且责任比较繁重，领导全责断不能加诸少数学生身上，妨害其学业。主席团制之采取，为训练学生，维持其学业计，要不失为良好之办法。

（四）委员之任期

各委员会委员之任期均以半年为限，其理至显：良以学校各班学生，每学期皆有相当之增减或更动；与其定任期为一年，如第二学期有必要时，再行改选一部份委员，则远不如每学期将全体委员一律改选为便利省事。矧各班会之委员，亦系每学期改选一次：其目的仍不外使多数人有受训练之机会。

（丙）委员会制度之成效

（一）实行“行以求知”“学以致用”的教育原则。

本校师生合组之各种委员会，常使师生并坐一席，从事讨论问题，研究解决问题之方法；则师生实地共同工作之机会至多，学生因此深切地感觉求学之兴趣，而自动地努力工作，求知与致用合一之原则得以实现。

（二）增加师生间接触的机会，庶彼此容易了解

学生于实地负责作事之时，即知“说话容易作事难”之理；共同工作，共同讨论，则各方困难之点易于了解，庶误会可除；为师者既不自恃其尊严，为学者亦无所用其畏怯，意尽言宜，隔阂自除。再学生入学为求增加能力，教职员用其知识经验，辅导学生长进，双方之职务既明，接触机会自应越多越好也。

（三）提高学生的自重心与自信力

开会时师生共同讨论问题，师生意见同样重视，则学生之自重心和自信力，因之提高。

（四）培养学生组织能力

各委员会之组织，皆有其特殊之点，而其原则在根据事实，适应需要，是科学的，非死板的。使有新事实发现，或新需要产生，各委员会之组织，可随时修改，绝无一成不变之虑。本校现行各种组织，完全取试验态度，断不视已有之组织为完善无疵。学生参加各委员会工作，因此可以培养其组织能力，增加其创新胆量，养成其科学精神。

（五）养成学生民主政治的习惯

各委员会开会之前，照例先征求议案；次编议事日程，分送各委员，作为开会时之准备；开议之时，首先报告上次会议之议决案及执行之结果；讨论议案时师生绝对公开地，坦白无私地，一律平等地，发表各人之意见，陈述各人之理由；细心讨论，达到相当时期，再综合种种意见拟订方案；总期所得之结论，足以代表团体之公意。除选举职员或代表外，甚少用举手或投票之方法表决事项。每次开会之后，必将所有重要议决案，宣布大众。如是则推行各事，手续齐备，条理井然，能给学生以最好之公民训练。

C．团体集会

（甲）目的　本校有鉴于中国人民缺少公共集会之训练，故于全体学生之集会训练特别注意，其目的在使学生于集会之时，安安静静地坐定，遵守会场秩序，练习长时间之注意，并了解集会时之共同目标，以求充实扩大团体之力量。

（乙）种类　本校集会分（一）纪念周（二）每星期集会（三）游艺会三种。

（丙）各种集会之实况

（一）纪念周 本校以人数太多，礼堂地位狭小，不能尽量容纳全体学生于一堂；是以每次纪念周，均由高级初级分别举行。在过去一年之中，为慎重党义宣传起见，于举行纪念周时，常请本市党务指导委员，或执行委员，作党务政治报告；所有学生必须参加，并特别注意其能养成并保持恭敬严肃之态度：行礼时，务使人人如仪；静默时，必须全场寂然无声。一方表示吾人对总理伟大人格，不朽事业之敬意，一方藉以收团结精神，集中注意之效。

（二）每星期集会 本校之举行每星期全体学生集会，由来已久。创设之始，学生人数不多，校务亦颇简单，故每逢星期三，由校长召集全校学生在礼堂集会，躬亲训话，所收效果甚大，颇有裨益于校风之养成，所谓“干”“奋斗”，与“求改进”之精神，谓为多半养成于集会之中，实不为过。近年来学生人数大增，礼堂座位不敷，因之不能聚全校学生于一堂，且学校扩充，校务繁重，校长亦鲜有暇时常为学生讲演，故现时集会高级初级分时举行，讲演性质亦稍有更改，略述于左：

（1）人格修养讲演 对于人格修养方面，本校期望学生养成不偏，不私，不假，事事为团体着想，肯为团体负责，努力，奋斗，甚至牺牲。此类讲演之内容，常根据下列诸原则：

（a）注意诱导精神，避免命令形式；

（b）侧重指导及预防，而轻惩罚；

（c）提倡积极活动，少事消极禁止；

（d）多拟具体易实行的计画，少谈抽象的理论；

（e）鼓励创新思想，戒作抄袭“文章”；

（f）演讲时词意宜求显豁而扼要；

（g）声音务要清晰而亲切；

（h）态度必须诚恳而坚决。

（2）学术讲演 学术讲演之目的，在普遍各种科学知识；意欲教学生用科学方法，分析事体，解决问题。演讲题目：关于教育的，政治的，经济的，外交的，社会的，艺术的，交通的，农业的，商业的，化学的，工业的，体育卫生的，皆有。每次讲演时，均由学校设法约请专门研究以上各种问题之人，作简明介绍，使学生对于此种种问题，皆有相当之常识和了解，并由此引起他们研究各种问题的兴趣与欲望。

（3）报告 本校有时于集会钟点，作种种事务报告：如关于校务状况，新工作计画，与新设施，及各种委员会工作等。此外凡有学校重要事项，已见公布者，亦于集会时报告之，藉促学生注意。

（三）游艺会　提倡艺术生活，本系吾校团体训练之主要职务，惟本校举行游艺会之用意，除提倡艺术生活，陶冶学生性情之外，更欲藉以达到普通团体集会之目的，即训练学生养成安静——维持公共秩序——之习惯。盖欣赏艺术，切戒浮嚣。苟秩序不佳，适足以养成学生浮燥[躁]之气，嚣张之风。是以学校举办游艺会时，对于维持秩序一点，不可以不慎也。

II．野外生活之实况

提倡野外生活之理由，本文中已述及。兹将本校野外活动实况，简述于下：

A．竟[童]子車[军]露营

本校规定童子军训练为初一初二年级学生必修课程，每周上课两小时。童子军课程，多半为室外活动，每学期规定至少须实行露营一次。此外有利用星期六或休假日自动组织露营队者，有于每年假期内，赴较远地方作长期之露营者，本校亦多予鼓励。童子军定期露营地点，多在本校大学部八里台，西沽，北洋大学附近，河北铁路外种植园等处；春假长期露营，曾至北平西山，清华园，及津东塘沽，大沽，等处。平时露营，每次约七八十人，分七八小队；每队十人左右，同居一帐棚内，日间除作种种童子军游戏及活动外，尚须自作炊事，洗濯衣物，入夜则共举营火，众人围坐其旁，谈述各种忠勇真诚之故事；入睡后，则分班值岗，看守营幕，至天明为止。

B. 军事野操

本校举办军事训练，甫及一载。当开办之始，为预备干部人材起见，仅挑选少数人施以军事训练，是以野外打靶，长途步行之经验，抵少数人能得之；自本学期始，本校高二三年级全体学生，须一律受军事训练，将来对于学校纪律，及学生健康上，必大有裨益也。

C. 长途旅行

本校新增学科中，有所谓“社会常识”与“社会视察”两科目：前者注意本市之地理形势，及其分区的物质的状况；后者则注重调查各种社会组织之内容，及其在社会中所占之地位，与对社会发生之影响。本校提倡学生长途旅行，实兼此二利而有之：盖学生于假期内旅行至较远地方，既可鉴赏风景，又可考察其地理形势，及调查其社会组织与状况。例如每年春假期内，本校必组织旅行团分赴北平市及其郊外各地，与津东各地如塘沽，大沽，唐山等处。到北平及其郊外地方，可参观各种文化机关，及历史古迹，到津东各地，则可参观各种工业组织，及矿厂等。如此学生既可强健身体，增长知识，又得练习团体生活，诚一举而数得也。

D. 远足会

当天气较寒之际，童子军露营，及长途旅行等动作，皆不易举办，爰有远足会之组织。本校向例于冬季期间，组织远足会，由教职员领导学生，徒步旅行至距津市约二三十里之村镇，如杨柳青，北仓，韩家墅等处，既可练习耐跋涉之劳，复可视察四乡之风土人情，是以远足会堪称有益身心之活动。

其他各种野外活动之详情，请参考本刊体育实施概况。

III. 艺术生活之实况

本校为提倡艺术生活，常请专家讲演中国画学源流，介绍并演奏中西著名音乐，及导演中外名剧。关于艺术之组织，当推（一）新剧团，（二）美术研究会，及（三）音乐研究会，三者为最主要。兹特将其组织历史与工作之成绩，分述于下：

A. 新剧团

南开之有新剧，始自前清宣统元年。时当本校第五周年，因举行纪念会，爰有“用非所学”之作。此后每值本校周年纪念日，即扮演新剧：如宣二之《箴膏起废》，宣三之《影》，民元之《华娥传》，民二之《新少年》，皆名为“新戏”，舍庆祝本校周年纪念而外，尚有所谓藉以练习演说改良社会之一说，初不注意于艺术，是可谓南开新剧之萌芽期。民三演《恩怨缘》，声誉雀[鹊]起，而师生合组之新剧团，亦正式成立，举时子周先生为团长，分编剧，演作，布景三部，努力进行。民四演《一圆钱》，大得社会人士之好评，一时南开新剧之名大噪。民五张仲述先生初次自美归国，加入新剧团，是年纪念日，演《一念差》及《醒》二剧。民六因水灾关系，仅排演一滑稽天然剧《天作之合》，于青年会礼堂。民七由张仲述先生主稿成《新村正》一剧，名播海内：是可谓南开新剧之进展期。民八以还，演员泰半星散，指导乏人，虽曾于民九演《理想的女子》，民十演《巡按》，民十四演《少奶奶的扇子》，但皆缺乏精采，旧日盛况，不可复见：是可谓南开新剧之停顿期。

迨十六年夏，爱好戏剧之师生增多，爰公请张仲述先生为指导，成立暑假新剧团；旋即召集人员，排演《压迫》《获虎之夜》，及《可怜的斐迦》等独幕剧，与易卜生著之《国民公敌》。前三剧即于该暑假期间作第一次表演，秋季开学后，作第二次表演；两次观众，均形拥挤，并表示非常满意。《国民公敌》一剧，原拟于本校廿三周年纪念时出台，乃因彼时津市军政当局，憎恶其名，疑该剧本含有政治宣传作用，竟于将行扮演之前夕，通函学校，不准公演；当时吾人处军阀淫威之下，未由申辩，只得忍气吞声，停止排演。翌年三月二十日，适值易卜生诞辰百年纪念，本校新剧团爰将《国民公敌》之剧名，改为《刚愎的医生》，于是日晚实行公演。同年十月十七日，欣逢吾校廿四周纪念日，该团复演易卜生之杰作 《傀垒[儡]家庭》（又名娜拉），以上二剧，均经在本校礼堂连演二天，每次皆系满座；实地排演时，会场秩序甚佳，演员表演至绝妙处，博得全场掌声不少。天津妇女协会，以《娜拉》一剧，对于提倡女权，颇为有功，特请本校新剧团员作第三次公演，藉为该会筹募经费焉。兹又届本校二十五周年纪念，该新剧团预定排演 Galsworthy 杰作之“Strife”《争强》一剧，以资庆祝，是可谓南开新剧之复兴期。

B．美术研究会

本校之美术研究会，胚胎于民国十一年春创立之图画促进会。该会原由三数爱好艺术之师生所组织，以研究国画，西画，促进美术为宗旨。同年秋该会扩充，改组为美术研究会；除原有国画，西画二组外，更添设雕刻组——石膏模形[型]与金石——及音乐组（暂限中乐）。十二年一月六日至九日开第一届展览会，计国画，洋画，雕刻三组，成绩共九十件，洋画出品较多。参观者四日约计五百余人。同年十一月十五日，为该会第一周年纪念，特于是月十七日（星期六）补行纪念会，并开第二届成绩展览会；洋画，国画，雕刻，共出品一百廿四件，洋画占全数四分之三；任人自由参观，一日内计参观者一千数百人。

十三年春，会员增至一百五十人，会务甚形发达，复增设摄影组，内有营业股，司理一切营业事宜，同学颇称便利。春假期内，洋画组会员赴郊外如大沽，西沽，八里台，旧俄界公园等处作写生画者凡五六次，成绩颇多。六月三，四，五日在本校举行本会第三届成绩展览会，洋画，国画，雕刻，摄影，共出品一百五十余件。任人自由入览，三日计参观者一千八百余人。十三年秋，又添西乐组：洋琴，繁华林[①]，满得林[②]，口琴，风琴等乐器，均在练习之列。本会并于本年十月十七日本校二十周年纪念会时，举行第四届展览会，图画，雕刻，摄影，出品共九十余件；同时西乐组之管弦队，口琴队，与唱歌队，及中乐组之丝弦队，皆曾参加周年纪念游艺会表演。

自十四年春至十六年夏之二年半间，为整顿内部起见，限制入会会员之资格，结果招收之会员，较前为少。摄影，西乐两组，相继脱离本会范围，另成独立组织：今日之南开摄影研究会，与南开音乐研究会，即该两组之化身也。

---

① “繁华林”为“violin”之音译，即小提琴。

② “满得林”为“mandolin”之音译，即大提琴。

际兹期间，本会各部工作，以中乐，篆刻二组为最佳。

本会各组导师，向由校外专家担任；自十六年起，改请本校教员孙刚朴，杨叙才，李捷克，王建龙先生等担任指导，各部工作，均见进步；又添设石膏雕像组。十七年（五月十三日）本校举行第一次美术展览会于本校礼堂，本会曾集导师与会员之作品于思敏室，加入陈列，此为本会第五届之展览。年来本会仍旧继续工作，无大更张之处，今春（十八年五月二十六、七〈日〉）吾校举行第二次美术展览会时，本会亦曾参加，是为第六届之展览。

C．音乐研究会

本会为美术研究会西乐组之化身，前已言之。先是十六年春本校同学十余人，有口琴会之设；同年秋口琴会之会员加多，遂扩充为西乐会，美术研究会西乐组之会员，即全体并入之。西乐会内部组织，分口琴，提琴，钢琴，三组。逾时一载，成绩颇有可观。十七年秋复改组如今名，内部组织与前略同，仅增加大提琴一组，聘请本校音乐教员金律声先生为正式导师。是年十二月本校张校长赴欧美各国考查教育，本会特开音乐会于思敏室，以资表示欢送之忱。十八年春本会连开二次演奏会：第一次假本校礼堂举行，系公开性质，不售票；第二次假本埠法租界维斯礼堂表演，略收票价。两次成绩，均尚可观。

二、体育（附童子军及军事训练）

本校鉴于我国国民精神之不振，体魄之不强，自成立以来，即以注重体育为国人倡，以故在华北，全国，及远东运动界中颇博得相当声誉。但学校体育最高之原则，不在少数选手之训练，乃在全体体育之普及；不在技术之专长，乃在德体之并进。二十五年来，惟日孜孜，以求实现此目的，卒以学生人数之众多，经济及设备之关系，推行稍嫌迟缓。各种设施，今犹在创造，试验及改进之中焉。

今先述本校体育设施之方针，其目凡五：

甲　增进全校学生之健康率；

乙　普及全校体育；

丙　鼓励运动上仁侠之精神；

丁　推广童子军训练；

戊　励行军事训练。

按照右列五条方针，逐渐推行下列各项：

甲　属于增进全校健康方面者

一、每学年检验全数学生之身体一次，注意善后治疗，并按照“健康进退计分法”，计算各个学生之健康分数，每学年报告一次，使之注意。有疾病者，通知其体育教员，训练课，及该生家长，使各方面一致注意。

二、会同训练庶务两课，每月举行卫生巡察一次，使教室，宿舍，食堂，厕所，浴室等处皆适于卫生（学校卫生巡察委员会以训练课课员一人，体育课课员一人，庶务课课员一人，校医一人，学生三人组织之）。

三、会同训练课，监察学生卫生生活习惯，制定学生卫生习惯自省表，认真推行，并规定稽核记分标准。

四、在每年三、六、九、十二各月测量学生正常体重四次，在各教室内列表宣布，并指导其营养及矫正方法。

乙　属于普及全校体育方面者

一、在各年级课程内，均设体育班每周二小时。其教材按照各季时期分授（a）走步（b）柔软体操（c）轻重器械体操及各种机巧运动（d ）健身舞蹈（e）各项球术及田径赛运动。

二、采用年龄、身高、体重分组法，分全数学生为甲乙丙三组，以为各项运动比赛分组之标准。凡体格分数在三百二十分以上者为甲组（旧称成人组）；在三百二十分至二百八十分之间者为乙组（旧称青年〈组〉）；在二百八十分以下为丙组（旧称童子组）。

附注：吾人身体发达的能力与年龄，身高，体重三项有直接的关系，本校即用统计学方法求得之公式（8×年龄+$\frac{1}{2}$×身高+2×体重=体格分数）计算各个学生之体格分数。例如某男生的年龄（定岁）为十五岁，身高为一百六十厘〈米〉，体重为四十五公斤，则其体格分数及列之组级计算如下：

年龄——　$8\times15=120$ 分

身高——$\frac{1}{2}\times160=80$ 分

体重——　$2\times45=90$ 分

体格分数=290

应列等级=乙组

男子过了十八岁以后，体格之发达较少，故满十八岁以上者，仍按十八岁计算（女子以满十七岁为最多），不再加年龄分数。

倘某生身体过胖，体重超过正常体重三分之一者（参看本校所列年龄身高体重胸围对照表），即不再加体重分数。

三、每学期在相当时间施行全校学生体力测验一次，藉知其体力合耐劳的程度，将每学期所得之分数记入体育成绩表内以便随时参考，比较激励其求进步之动机。体力测验项目及方法列后：

（a）引体向上　规则——杠子要够高，学生悬垂的时候，脚不能着地。跳上的时候，可以用人帮忙，或是站在板凳上。抓杠子须反握，手掌向后，在起头引体向上，双臂必须十分直。向上引体的时候，没有快慢的限制。每次引上去，下颏必须比杠高，每次落下，双肘必须直，不可落到稍屈的姿势，又引上去。这种试验腿合脚不可振动，或蹬出，或往前举，或用别的动作。全体必须往下垂直，不可用下肢或驱[躯]体的动作。若是下颏不达到杠子的高度，那一次就不算。如违以上的规则中之一，那一次就亦不算，引体的次数越多越好。这种运动，是试验臂屈肌，胸大肌，合背宽肌。

（b）双臂屈伸　规则——做这个运动，是从俯卧撑的姿势。起头是两脚并拢，脚尖着地。从脚跟到头部，全体要十分直。手亦按在地上，两臂伸直，两手的距离和肩一样宽。起头做的时候，两臂平行伸直，手指向前，然后双臂下屈，一直到胸膛着地在两手中间，（若胸着地时，头转向左或右亦可以），两手在肩以前，两肘在胁旁稍往后举。双臂再伸直还原。伸直的时候，身体千万不可往上弯。全体从头到脚，必须保存一直的姿势。此事最属重要，因为照规则做，一个学生，只能做十次。但他若在双臂伸直的时候，身体往后弯，可以加到十六次，或十八次。所以若是教员不严重取缔学生守规则，这种试验就容易做弊。做的时候若没有干净地方，恐怕把衣服弄龌龊。做这一项合下一项运动，可以使学生各拿一张报纸，铺在地上。做的时候，次数越多越好。这一项是试验臂伸肌，三角肌，前部三分之一，合锯大肌[①]；并且亦运动腹部肌，合腿的伸肌。

（c）仰卧起坐　规则——仰卧在地上，双手抱头，手指交接，使旁人按住两脚，或是把两脚放在重物下边。起坐的时候，肘臂都要往后张，切不可往前合，头部合躯干都挺直；千万不可往前缩，只可使股节往前弯。这个规则，也很要紧。因为若是身体往前缩，次数就可以加倍。起坐的时候，要坐到上体和地面成直角，再往后仰卧，只要手臂肘脊背着地次数越多越好。这一项是试验腹部肌肉，合大腿前举的肌肉。

---

① 原文如此。

（d）双膝全屈　规则——双脚平行，相离约十五个到二十个百分米突（六吋至八吋）。全体立直，双手放在臂都[①]后边，手掌向后，双手距离和两脚的距离一样。然后屈双膝完全蹲下，双手尖着两脚后跟，上体同时挺直，快慢没有限制，次数越多越好。这一项是试验下肢各肌肉，臀部合腰部的肌肉。

四、每学期在相当时间施行全校学生运动技术标准测验一次，藉知其跑，跳，掷各项基本运动技术的能力。将每学期所得之分数，记入各个学生之体育成绩表内（及格标准须对照各生年龄，身高，体重，所计之体格分数，各不相同），以便随时参考比较，激励其求进步之动机。

技术标准测验项目及方法列左：

（a）百米赛跑（丙组用五十米）

（b）急行跃高

（c）急行跃远

（d）掷十二磅铁球（丙组用八磅球）

对于测验上列各项运动，如赛跑，急行跃高，急行跃远，掷铁球等，均用远东运动会规则。但稍有变更处列后：

（a）赛跑　平常使各个学生跑短距离赛跑（若有两三个马表可以两三个人一齐跑），可以不必放枪。起跑只举旗，或用口令，或其他相当的方法。若用口令，就站在起跑地点的旁边。发令的时候，应当同时用手把旗（或他物），往下摔，通知记时员，开马表。

（b）急行跳高　若跳的不甚高，可以不必有沙坑。量高度的时候，必须从横竿上边最底的地方，量到地面，不可拿架上的尺寸作标准。

（c）急行跳远　也用远东运动会规则。但是在普通试验的时候，不必太严格的执行。起跳的条件，可以从脚尖跳起的地方，量到脚跟落地的地点为止。比如跳起的地方是在板子后一尺，就可从那个地点量起。若是起跳过了板子，不必取消，仍在跳起的地方量起。但是其他的规则，须严格执行。

（d）掷铁球　不必用挡脚板。

五、改良体育班点名册，施用科学的体育计分法（根据客观的标准），并制定学生每学期体育成绩报告单。

（a）学生体育成绩每学期报告一次，其格式表列后：

---

① 原文如此。

天津南开学校中学部

学生体育成绩报告单

注册号________________　　　　课程________________

姓名________________　　　　学级________________

纲目	年度与学期 成绩 分项	民国　　年　至民国　　年					
		上学期			下学期		
		实数	分数		实数	分数	
I 体格	1.年龄足岁						
	2.身高						
	3.体重						
	4.体格分数						
	5.肺量						
	6.姿势						
	成绩 测验	成绩	分数	及格分	成绩	分数	及格分
II 体力测验	1.引体向上						
	2.双臂屈伸						
	3.仰卧起坐						
	4.双膝全屈						
III 运动技术标准测验	1.						
	2.						
	3.						
	4.						
IV 体操	1.技术（试验）						
	2.常识（试验）						
	3.精神（平日）						
	4.努力（平日）						
总　　分							
V 卫生与疾病	1.习惯						
	2.疾病						
VI 附录	1.　身体有何缺欠？ 2.　会代表何队？ 3.　会得何奖？						

中华民国　　　年　　　月　　　日　　　体育课章

体育教员 ____________________ 签字

（b）根据中国人种体格之统计，规定各个学生之体育及格标准（本处因限于篇幅不能详述，阅者请参看麦克乐先生所著中国男女学生体育验测计分表，在本校体育课出售），并实行科学之体育计分法。其大要如左：

体力合耐劳测验	二十分
运动技术标准测验	二十分
体育常识（学期试验）	十五分
体育技能（学期试验）	十五分
精神与努力（平日记分）	三十分
	共计一百分

六、关于矫正姿势之设施：

（a）在大门过道内设大镜一面，镜额上书下列诸语：

面必净　发必理　衣必整　纽必结　头容正　肩容平　胸容宽　背容直　气象勿傲勿暴勿怠　颜色宜和宜静宜庄

（b）在校内各相宜地点，悬挂优美姿势图画，附带优美姿势英汉文歌词。

（c）每学期中在各体育班内施行矫正姿势测验一次，采用（Bancroft's Triple Test）班克乐弗氏测验法。

七、在本校体育课印列各种体育常识小书，廉价出售，以资宣传而利普及。

兹将现有之各种小书列后：

a．运动员须知

d[b]．体力测验/运动技术标准测验 计分表

c．中国 男子/女子 年龄身高体重胸围对照表

d．体育卫生标准

e．速球

f．足球

g．网球

h．排球

i．篮球

j．垒球

k．田径赛

八、校内之班际（按：初高中二级分班比赛）运动比赛，每年分期举行。由体育课特备团体及个人奖品（参看本校体育周年度）。

a．网球比赛　　　　　　九月底举行

b．体育表演（十项运动比赛）学校纪念日（十月十七日）举行

c．足球比赛　　　　　　十一月底举行

d．越野赛跑	十二月底举行
e．冰上曲棍球比赛	一月底举行
f．篮球比赛	三月中旬举行
g．春季田经[径]赛运动会	四月下旬举行
h．排球比赛	五月中旬举行
i．垒球比赛	六月中旬举行

此外在寒假期中，组织留校学生足球，篮球，越野跑，滑冰比赛会；在暑假期中，组织留校学生网球，排球，垒球，篮球，游泳，田径赛比赛会。

附述——本校之课外运动因限于设备（中学部有四百米运动场一，足球场三，篮球场十四，排球场四，网球场六）及学生人数之众多，势难施行强迫运动，故不得不听其自然选择。每日下班后，各运动场及球场，俱感人满之患。将来再求普及，每日非实行强迫运动不可，实行强迫运动又非扩充设备不可。

丙　属于鼓励运动上仁侠之精神者

本校提倡比赛运动的目的有四：

1．发达身体增进个人的康健，使之能达到最高的限度；

2．练习肌肉与神经系密切的合谐，养成敏捷适应环境的能力，与准确的动作合技能；

3．使学生实验社会上的伦理，练习与友伴的合作，及社会的联合，且满足游戏本能的需要；

4．锻练学生的品格，以养成其自守节制，合光明磊落的精神。

运动员在一切运动上应表现仁侠的精神（Sportsmanship），就是作一种运动，乃是为身体合心灵的娱[愉]快，并增进团体的利益，并无丝毫别的目的，存乎其间。仁侠运动员的精神，是包括一种高尚义侠的精神，诚实公平的态度，及有礼貌，有忍耐，有谦逊，有节制的生活。

仁侠运动员看他的品格，较比运动的胜利，更为要紧；正当的失败，比不正当的胜利，更有价值。

本校选手队的资格及组织法：

A．选手队之资格：

1．受校医之检验，对于做激烈运动无妨碍者；

2．对于上学期所习功课考试不及格学点不足三分之一者（留级学生，停止运动一学期）；

3．品行高尚，能恒心恪守指导员所规定之练习条例者。

B．选手队之组织：

1．每队设指导员（Coach）一人，由体育主任聘请之。其职务列下：

a．指导该队之运动；

b．指导该队队长及干事之任务；

c．与体育主任选定选手队员。

2．每队设队长一人，由队员中互选之。其任务列下：

a．队长负指导及管理本队队员之责；

b．商同指导员决定练习方法及对外比赛事项；

c．对外代表本队；

d．比赛时商同指导员，布置队员之位置。

3．每队设干事一人，由队长商同体育主任聘任之。其职务列下：

a．编制本队一年之预算提交体育课；

b．运动季终了时，对于体育课报告一年所用之帐目；

c．商同体育主任，及指导员，计划对外比赛事项；

d．管理本队之用具制服等，及负本队庶务之责；

e．招待来宾。

C．选手队之选拔法：

1．由各体育班教员及学生推荐，或自由报名，由指导员订期练习试验；

2．在练习试验期中，公举临时队长一人，辅佐指导员，认真练习；

3．经过定期练习之试验后，选手第一二队之分配，即由指导委员会规定之。

D．选手队之奖励法：

1．凡有下列资格之选手队员，在毕业时，得发给运动奖状，存为纪念：

a．田径赛选手在不同时间，对外比赛之运动会曾得奖品满三次者；

b．各种团体比赛之选手，如足球，篮球，棒球，排球，网球，等曾代表学校对外比赛满二年，或经正式比赛逾十次者；

2．代表本国赴国际运动会（如远东运动会），得奖者，由学校拍照放大像片二张，一存学校，一给得奖运动员；

3．在华北或全国运动会得奖者，由校奖给半价毛衣一件（已得过者即不再奖）；

4．凡能打破学校已往之运动成绩者，由校奖给纪念银杯一只。惟本人已得此奖者，即不再奖，只将最高成绩刻入学校运动成绩牌上；

5．凡代表学校对外比赛之得胜队，由学校奖给各队员之全体八寸像片一张；

6．凡代表运动得奖者，由校奖给荣誉校字一个，佩带胸前。

E．选手队之待遇法：

1．选手队队员得免习普通体育，或军事训练；

2．在练习或比赛日期，由校发给沐浴免费证；

3．遇对外比赛时，由校供给往返车费（一年内应用车费，由本队干事列入预算表内）；

4．遇对外比赛回校过开饭时间时，由校另备晚餐（每桌加菜二盘）；

5．选手队队员所用之制服，每年更换一次，照原价由校补助半价（所需用费，由本队干事列入预算表内）。

丁　属于推广童子军训练方面者

自民国十三年后，童子军训练即编入初中一年级课程内。民国十五年，因使童子军训练臻于完备起见，复延长一年。现在初中一二年级，皆习童子军训练，每周二小时，分室内室外教练两种，并于星期六日分组赴各处露营，或远足。

童子军现行组织及训练程序列后：

本校童子军现行组织系统

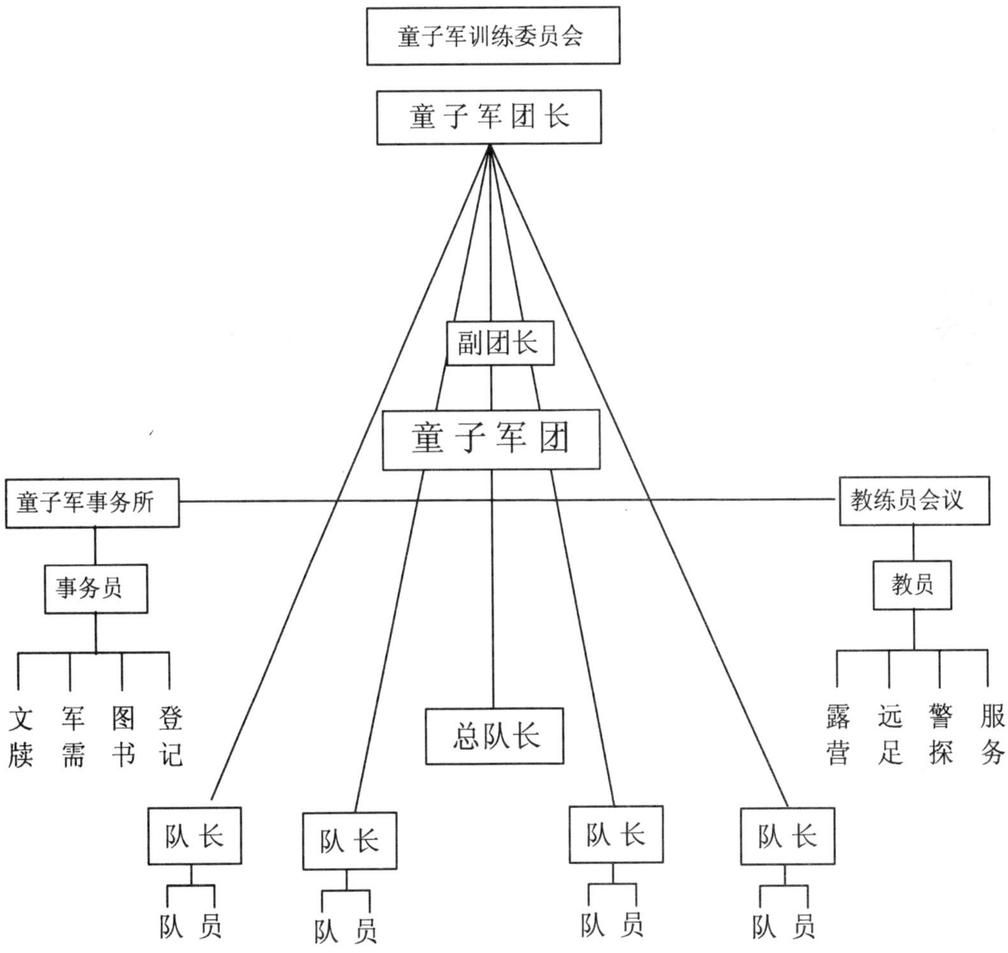

初中一二年级童子军训练进度表

	初一第一学期		初一第二学期	
	室内	室外	室内	室外
第一周	签上课证及报告	分队与组织	签上课证	分队与组织
第二周	卫生习惯指导	基本动作	服务概要	操法
第三周	童子军历史	徒手操法走步	旗语	旗语练习
第四周	国旗与党旗	操法升旗练习	旗语	旗语练习
第五周	誓词规律	操法，体节	方位	方位实习与游戏
第六周	结绳（上）	手号操　结绳实习（上）	侦察	侦察练习
第七周	结绳（下）	柔软操　结绳实习（下）	救护	救护实习
第八周	记号	变换队形记号实习	救护	救护实习
第九周	旅行概要	旅行与记号练习	生火与炊事	生火炊事实习
第十周	卫生要领	棍操游戏	营幕	营幕实习
第十一周	童子军徽章的意义	棍操卫生检查	军步	军步实习
第十二周	洗涤	棍操与军棍使用	缝纫	军步比准
第十三周	讯号	讯号实习与游戏	体仪	游泳
第十四周	储蓄习惯的重要	野战与游戏	军棍使用法	军棍使用
第十五周	常识测验	技术测验	常识测验	技术测验
第十六周	常识测验	技术测验	常识测验	技术测验
第十七周	初级毕业宣誓领发徽章		本级课程毕业领发徽章	

	初二第一学期		初二第二学期	
	室内	室外	室内	室外
第一周	签上课证报告	分队选队长	签上课证报告	分队与组织
第二周	野外生活常识	基本操法	测量大意	跑步改正操游戏
第三周	野外生活常识	步伐柔软操	测量	跑步改正操游戏
第四周	野外生活常识	步伐柔软操游戏	测量	测量实习
第五周	网球规则	步伐柔软操游戏	绘图	测量实习
第六周	中文旗语	步伐改正操游戏	绘图	测量与绘图实习
第七周	中文旗语	步伐改正操游戏	篮球规则	器械操球戏
第八周	网球练习	中旗练习及游戏	篮球练习法	器械操球戏
第九周	体力测验大意	通讯实习	田径赛规则与练习	分队田径练习
第十周	救护（上）	器械操及游戏	田径赛规则与练习	分队田径练习
第十一周	救护（中）	体力测验实习及球戏	辨物	实施技术测验
第十二周	救护（下）	实施体力测验及球戏	辨物	实施技术测验
第十三周	救护实习	体力测验球戏	排球规则	实施技术测验
第十四周	救护实习	体力测验球戏	游泳练习法	排球与垒球练习
第十五周	足球规则	跑步球戏	棒球规则	排球与垒球练习
第十六周	速球规则	跑步球戏	消防大意	排球与垒球练习
第十七周	常识测验	技术测验	常识测验	技术测验
第十八周	常识测验	技术测验	优级课程毕业颁发徽章	

童子军课外组织及活动

一、旗语队

二、军号队

三、国术队

四、自由车队

五、救护队

六、社会服务团

七、储蓄部

八、烹饪实习

九、军步比准

十、露营

十一、旅行（假期举行长途旅行）

十二、春秋季团体表演

十三、童子军纪念会表演

戊 属于励行军事训练方面者

本校于民国七年时，学生满千人，每周添设军事体操一次，分二营教练。嗣因限于教练人才，操场设备等，中途停顿。

民国十七年，北伐成功后，国民政府通令全国各高级中学以上学校，实施军事教育方案。本校爰于十八年春季开学，成立军事训练干部预备团，团员一百五十余人，延聘天津警备司令傅作义为军事训练顾问，国民革命军第三十六师第一百零六旅旅长陈长捷为名誉军事训练主任，该旅秦雪竹参谋为义务教官。每星期按学术两科，分两次上课，半年来颇著成效。本校乃自十八年秋季开学起，凡高中二三年级学生，均习军事训练二年，每周三小时，添置设备，并聘请董湘泉先生为本校专任军事训练教官。

一、组织法 本校就高中二三年级现有之人数，按照陆军四连制编制之，定名为天津南开中学军事训练团。团本部设团长一人，由本校中学部主任兼任，团附一人，由体育主任兼任，营长兼总教练官由军事教官充任。营本部设军医，军械，书记三处，由校医及事务员兼充。

其连排长及班长等，则由军事训练干部预备团中选派之。兹将编制表列后：

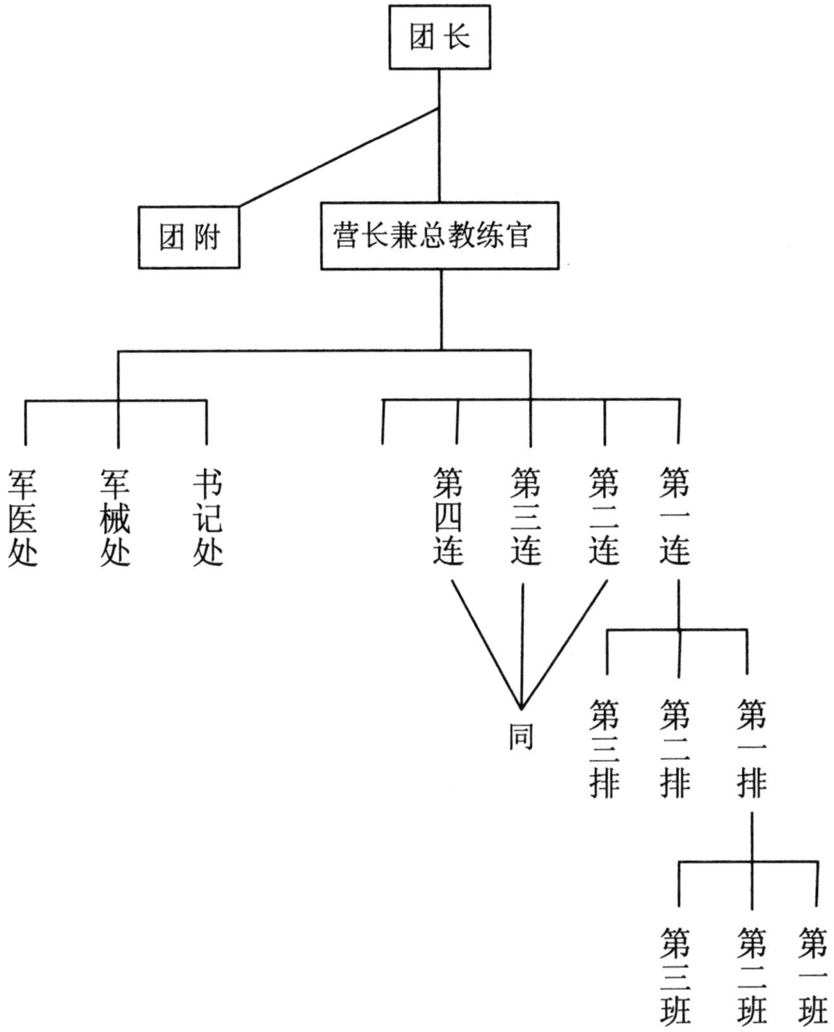

二、训练之要旨　军事训练之主旨，在乎军纪严肃，团结巩固之精神，及各种武技之精练。故教育时基于此旨，除学术两科严格训练外，尤重在养成良好之军纪风纪，及以服从为天职之特性。

三、训练计画　本团训练计画，完全遵照训练总监部所定之教育计画表，切实奉行，教育期定为二年，每周三小时。学科采用最新典范令，及初级四大教程；术科则由徒手单人教练至营教练，并有实弹射击，测量距离，绘图，及旗信号等演习。

四、评定成绩法　本团为考核学生成绩起见，在每学期之末，施行校阅一次，试验学术两科之优劣。平时训练，参照陆军惩罚令改订。赏罚条例如左:

1．赏　分记功，记大功，奖给名誉奖章。

每学期如未缺席一次，学术科成绩优良者，则记大功一次；如只未缺席者，则记功一次。每次记功，均酌给奖品。如学术品行平均分数均在八十分以上，并未缺席者，除记大功外，并奖给名誉奖章。

2．罚　分扣分，训戒警告受罚，记过，记大过，除名。

无论操场讲堂，应严守军纪风纪，及一切规则。如有故犯者，初次训戒，二次警告，三次受罚（立正五分或十分）。倘二次仍不改者，则记过或记大过。记过一次扣十分，记大过一次扣二十分，如记三次大过则除名。

附：全学年体育程序表

第一学期				
八月下旬				入学考试 新生检验身体
九月上旬	分组报告 签上课证			开学报到 旧生检验身体
九月中旬	矫正姿势测验		选拔并组织 选手队	新生卫生习惯 指导
九月下旬	准备表演教材	初高中班际 网球比赛		补验身体
十月上旬			华北公开 网球比赛	新生种痘
十月中旬		周年纪念 体育表演	天津国际 公开运动会	检验身体 善后治疗
十月下旬	准备体力测验		天津秋季运动会	防疫运动
十一月上旬		初高中班际 足球比赛	天津国际 公开足球比赛	抵抗伤寒注射
十一月中旬	施行体力测验		天津中华 公开足球比赛	
十一月下旬		高中越野赛跑	华北国际 公开篮球比赛	
十二月上旬	正常体重测量		天津中华 公开越野赛	
十二月中旬		初中童子军 军步赛准		

续表

第　一　学　期				
十二月下旬				
一月上旬	学期体育试验		与清华燕京比赛足球篮球	
一月中旬	学期体育成绩报告			
寒假		假期留校学生足球篮球比赛		
第　二　学　期				
二月中旬	分组报告签上课证			入学考试新生检验身体
二月下旬	矫正姿势测验		选拔并组织选手队	新生种痘　新生卫生习惯指导
三月上旬	正常体重测量		天津学校联合篮球比赛	补验身体
三月中旬		初高中班际足球比赛		施种牛痘
三月下旬	准备运动技术标准测验	各年级小运动会		检验身体善后
四月中旬		本校春季运动会	华北女子排球比赛	
四月下旬	准备表演教材			驱蝇运动
五月上旬		春节游艺会	天津公开联合运动会	
五月中旬			华北联合运动会	防疫运动
五月下旬		班际垒球比赛	华北女子网球垒球比赛	
六月上旬	正常体重测量			
六月中旬	学期体育试验			
六月下旬	学期体育成绩报告			

三、入学须知

甲　报考

1. 程度　凡新制高等小学六年毕业者，得投考初中一年级，其余各年级如有相当转学证书由本校认可者，得各按程度报名应考。

2. 注册　报名时须携带本人所得之文凭或证书来校，填写报名书并交注册费二元并四寸最近半身像片（不得加以修染）二张。注册费及像片无论录取与否，均不退还。报名手续完备者，给予考证一纸，以便凭证与试，手续不备者无效。

3. 考期　每年秋季开学前招考新生一次，春季开学前招考插班生一次，考试细则见每届招考简章。

4. 检验身体　投考新生须受身体检验，不及格者不录。

乙　入学

1. 领保证书　录取新生报到前，须至训练课领取保证书，自贴印花四分，觅请在津有职业者为保证人，照式填写盖章。

2. 交费　报到之日，新生须先至训练课呈缴保证书，再至报到处领取交费条，照规定之数目至交费处纳费换取收据。

3. 每学期应缴各费列左：

学费——三十元

预偿费——两元

印刷费——半元

宿费——十五元

试验费——化学二元；物理一元；生物一元

手工费——一元（上列各项未习免）

膳费　本校食堂有三，膳费分甲、乙两等，按月一缴，价目约六元余。

丙　上课

各费交齐后，即持交费收据至教务课领取上课证，无证者不得上班。

（《天津私立南开中学一览》，1929年10月17日，正文第174—233页，附录第30—32页）

南开学校中学部校务管理规则①

（1929 年 10 月 17 日）

一、庶务与会计

甲　庶务

本校行事，素重效率。庶务与学校财政，相关至多，效率尤不可不讲。所谓效率者，即款不虚用，用必得当，每一银币之支出，务求得最高报偿之谓也。庶务课办事之宗旨，即在“求节用，求实效”，以期一切用款效率之增高。

庶务课事务颇形繁多，有固定职务，有临时事件。条分缕举，颇形词费。兹简分校舍，校具，校役，杂务四项，略述于左：

一、关于校舍者

1．校舍院落之扫除与稽查

院落扫除由打杂校役管理，每日清晨全校院落扫除一次。室内工作如打扫，擦洗等由该管校役按照本课编印之《每日清洁报告单》所列事项分日工作。工作完毕，即将该单填交庶务课。再由专司此事之职员前往稽查，按工作之成绩好坏，登入《校役每日清洁工作报告及考查登记册》内，以凭考查。此种办法不但使工作者不能偷懒，且可使工作有一定程序，于稽查方面甚为便利也。

2．校舍用途之支配

校舍用途由庶务课支配，有与他课有关者则会同他课办理。

3．校舍之修理

校舍每年酌量修缮，工程较大者在暑假内办理，小修则随时为之。

二、关于校具者

1．校具之整理与稽查

全校家具每学期调查一次，编制《家具表》，分发各该管校役保存，并留存根于庶务课，以资对照。

2．校具用途之支配

全校校具由庶务课添置及支配。

① 该题目为编者拟定。

3．校具之修理

校具损坏时，由庶务课饬匠修理。如校具为学生无故损坏者，由该管校役持“赔偿条”请该生填写签字。庶务课课员标明修理应用之工料价目，再转交会计课在该生预赏[偿]费内扣除。如损坏之物其修理费超过预偿费以上者，即令该生即时交付。

4．校具一览表之编制

随历年校具之增加或损坏编制一览表。

三、关于校役者

1．校役住室之支配与清洁考查

校役住室由庶务课支配，其住室清洁，被褥干净者，由学校赏给奖牌或物品，以资鼓励。

2．校役工资之增加

校役工资约自四元至九元，供给膳宿。工资增加与否，视服务之年限，工作之勤惰，责任之大小而定。

3．校役赏金之支配

每学期住宿学生每人纳洋八角，通学生每人纳洋四角，均于学期末由预偿费内扣除，每学期校长纳洋二元，教职员各纳洋一元，均于学期末由薪金内扣除。每学期共得洋约一千三四百元，此款即作赏金，均于学期末放假前分发。分配多寡视到校年限及工作勤惰而定。大抵满三年以上者可得赏金自十余元至三十余元。

4．校役之恤金

除工资赏金外，尚有校役恤金一项。此项恤金，以校内房租及零星进款为基金。凡服务满三年以上者因病或因老解职时，均酌量给予恤金。至因公或因病死亡时，除给恤金外，并给三个月工资。

5．校役身体之清洁与疾病考查

校役初到校时，须由校医检查身体，以后每学期举行检验一次。如查有患花柳等症者，立予革除。平时校役患病者，由庶务课开条请校医诊治，药品由校医室发给。如患传染性者，当令其移出校外，或送医院医治。校役每星期至少须洗澡一次。

6．校役工作之支配

视各校役性情，体力，智力之所宜甄别支配之。

7．校役补习班之组织

校役补习班，从前由庶务课组织。在晚间无事之时，由该课职员担任讲授。科目分为国文，珠算，笔算，英文等科。后由本校青年会组织。自民国十八年春，青年运动委员会成立，该会对于平民教育，提倡甚力，遂又将校役补习班移由该会办理。

8．校役之进退

校役有犯大过，或工作懒惰屡戒不改者，即行革退。犯小过者警告或记过。犯小过三次者开除。庶务课为调查校役平日工作勤惰起见，于每学期末，分送《校役调查表》与各教职员，请其将各该处校役平日工作勤惰，填于表内，以凭核办。

9．校役之训练

两星期或三星期招集校役训话一次，依各校役之强点弱点，鼓励或者警诫。之外并为讲各种工作方法，及校役服务规则。

10．校役之测验

每学期举行校役测验一次。测验表内容，分体格检验，智力测验，训练补习四项。[①]

11．校役之请假

校役无论因事或因病请假，均须到庶务课写“请假条”，经课员许可签字后，方可离差。校役请假每月至多不得过四十八小时，婚丧假及病假另计。如遇假期，外县校役有欲归家者，由该课规定日数，分班请假；假满无故延期返校者罚。

12．校役之工[功]过

校役有左列各条之一者，记功一次，并贴布告于号房，以资鼓励。

a．拾洋一元以上送来庶务课招领者；

b．拾贵重物品送来庶务课招领者；

c．工作勤劳者；

d．工作有特长者。

拾财物价值在五元以上者，另给奖章。凡工作勤劳及有特长者，多给节赏。

校役犯左列各条之一者，记过一次，并贴布告于号房，以示惩罚。

a．不守校规者；

b．不告假外出者；

c．息灯后私自燃烛者；

d．工作懒惰者。

---

① 原文仅列三项而称“四项”。

记过三次开革。

四、关于杂务者

1．花木管理

由庶务课会同花木委员管理。

2．邮件收发

挂号信及快信由庶务课委派可靠校役负责管理。当邮局送来上项信件时，须即登簿并立即通知收信之人，不得迟延。其平信由号房送交各处校役收下转交。无法投递函件，即由庶务课公布招领。

3．电影事项

为本校师生娱乐起见，约每两星期演照电影一次，时间为星期六晚。选片，售票，演照等事均由庶务课办理。

4．缮写并印刷讲义

缮写讲义由庶务课事务员办理，每日每人缮写若干，均登记于《缮写登记簿》内。印刷由印刷室校役办理，每日用纸若干，必须登帐，并须报告，以凭稽查。

5．购物

购买物品照例必先向各商店打听价目，何处最贱，即买何处之物。购物时，向商店索要收条，编号登入《付款签字簿》内。在十元以下者，在收条上盖经手人图章，并在《付款签字薄》及收条上加盖齐缝戳记；在十元以上者，再经该课主任盖章；在五十元以上者，须有校长或主任签字，然后将此条交该商店收款人，或购物校役向会计课取款。会计课再按物品分类登帐。

6．领物

各办公室，各斋，各楼，均各发给《领用物品簿》一本，无论取用何种物品，均先登记此簿，领用人并须在簿上盖章。

7．招领物

失物送交务[庶]务课招领时，即编号登入《失物招领簿》内。失主认领时，须先说明物形，失迷地点，失迷日期。如原物相符，即由失主在此簿上签字领回。遇有贵重物品须于校内觅保，无保者不付，如过三个月不领者，即行拍卖，售款捐入本校平民小学。

8．启事注册

学生张贴启事或广告，须到庶务课注册。经该课加章，并注明粘贴期限后方可张贴。

9．集会注册

学生借地开会，须预先到庶务课注册，会的名称，开会日期，及开会时间，均应一一注明，经该课认可后，发给执照一纸，该管校役凭以开门。

10．消防

庶务课为预防火灾起见，分配校役组织消防队，平时对于救火用具，报警办法，及各人职务均有预备，以防万一。

11．招待

凡学校来宾或校友来校住宿，一切招待事宜，由庶务课任之。

12．防蝇

蝇之为害，人人尽知，防御灭除之法，最为重要；学校为公共生活机关，尤应特别注意。兹将庶务课对于防蝇之设备，及灭除之方法，略述于左：

A．防蝇之设备：

a．各室窗户不准有缝，通气处均隔以铁纱。厨房饭厅等处纱窗均钉死，不致启而忘关。

b．各饭厅各厨房及各食品铺之门，均系双层，由第一层门至第二层门约距离两丈，两层门之中间为甬道，倘蝇由第一层门飞入，不致即直入室内。

c．各门上均不安铁纱，恐室内之食品气味，或其他气味由纱透出，蝇必逐味而来，不得入时，即伏于纱上。人若由该门出入时，蝇即乘机而入，故各门上均不安铁纱而安玻璃，门上即无苍蝇伏藏也。

d．垃圾桶均以带盖桶为之，既无隙缝，又可阻止臭味外溢而引苍蝇。

e．粪坑后之板挡须严，阻止苍蝇攒入。

B．灭除之方法：

a．蝇拍　各室均置有蝇拍，随时捕击苍蝇。

b．蝇纸　置于厕所及院内多蝇之处。

c．青酸加里（Kalium Cyanatum）　民国十一年江苏昆虫局发起驱除蚊蝇运动，首行于南京，苏沪继之，成绩卓著，均认“青酸加里”为灭蝇蛆第一毒品，庶务课照此试办，亦得良好结果。用法以此药一分化水百分，每日用洋铁桶将此药与水调好，以笤帚蘸洒之。

d．厕所清洁　每日有专人扫除，便毕垫灰。

e．除粪　每日清晨清除一次。

g[f]．垃圾　禁止门外积存垃圾，每日倾倒两次。

i[g]．惩罚　各厨房及各食品铺，每日由庶务课职员轮流巡查，倘同时室内发见苍蝇十个，即罚洋贰角。

乙　会计

本校会计，特设专课，课设主任，独立负责。会计之主要职务，在经理款项，造具表册。而事关收支，记载务求准确，手续不容紊乱；信任务专，稽核务严，是以本校习惯，日必结账，月有报告，由专人负责审核。各项账簿，各项单据，均善为保存；各项统计，自开办以来，均完全无缺，经济公开，随时均可调阅也。

兹将本校会计课簿记组织列表于左：

南开学校中学部会计课簿记组织表

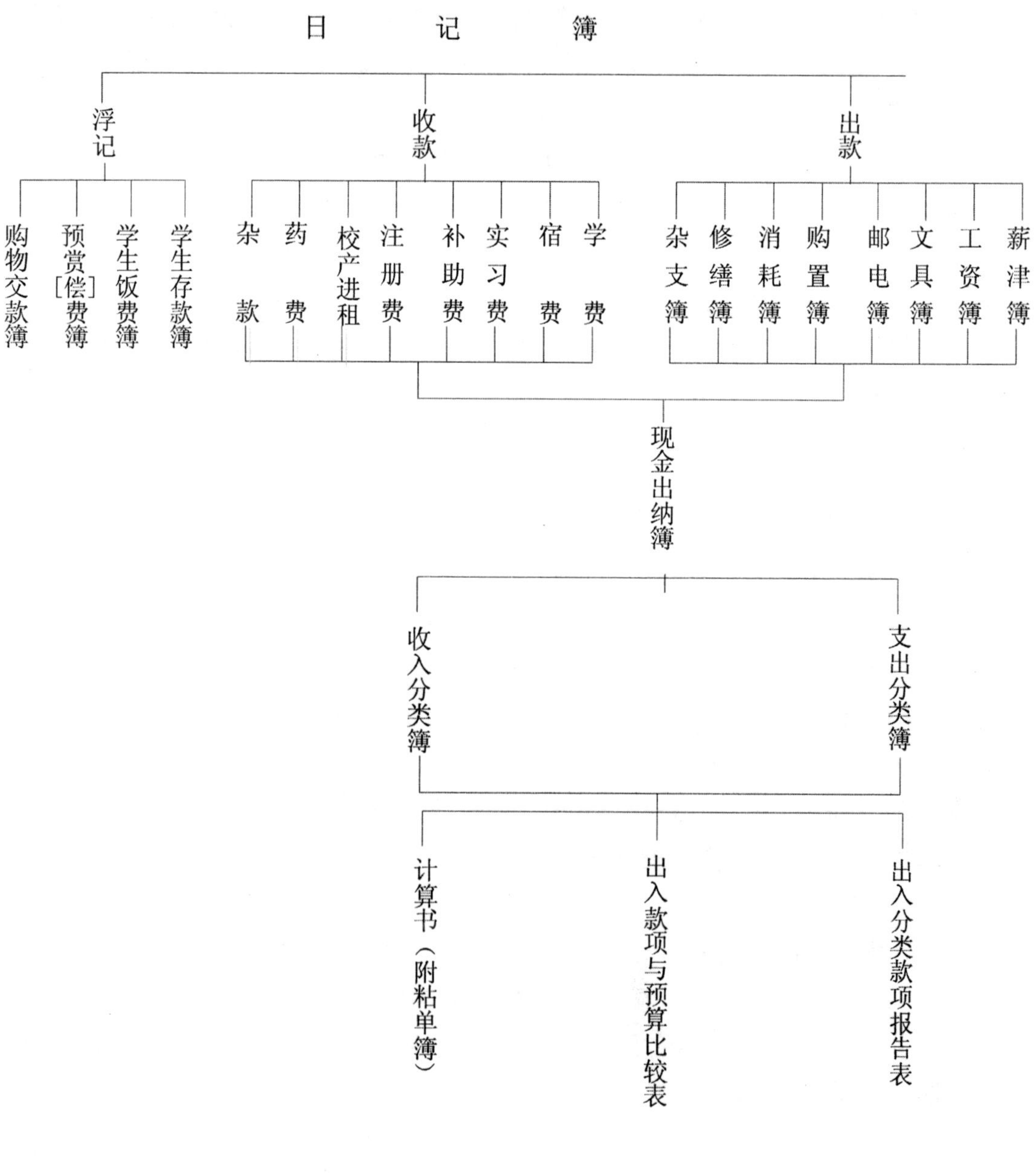

说明：

1. 日记簿：此为唯一之原始簿，每日出入款项，皆先登此簿。

2. 现金出纳簿：各项入款，由日记簿转入。

3. 八类详数底簿：分薪津，工资，文具，邮电，购置，消耗，修缮，杂支八种。各项出款，由现金出纳簿分类转入。

4. 收入分类簿：由现金出纳簿转入，每月月终将各项分类总数结出，以备造报。

5. 支出分类簿：由八类转入，每月月终将支出总数结出，以备造报。

6. 浮记簿：凡代收代付各款，均由日记簿转入，暂行浮记。

付款手续：

1. 凡单据须经庶务课签字，方能付款。

2. 十元以下者庶务课课员签字，十元以上至五十元者庶务主任签字，五十元以上者校长签字。

二、校友

南开原本私塾，师生间同学间之情谊，素极笃厚，因有家庭学校之称。后虽扩大，而融泄之气未尝或失。廿五年来出校师生服务各界者，不下数千人；升学及留学者，又遍海内外各地，但无论私人或团体，其爱护母校，依恋母校之心，因离校之久远而弥笃。每逢学校周年纪念，则各地之贺文寿笺，络绎不绝。张校长及在校师生旅行各地时，皆蒙出校师生之热诚招待。民国十七年秋，各地出校师生为谋爱护母校，联络感情，砥砺学行起见，先后在各地成立校友分会，并于天津设校友总会筹备处；又以中学有须建筑科学馆之必要，乃拟捐建楼房一所，一方作为中学科学教室，一方为校友总会会所，并以纪念南开之创办人严范孙先生。半年来经各地校友之努力，成绩颇不恶。预订于本年十月十七日学校廿五周年纪念会时，由各地分会代表正式组织校友总会，并行该楼之奠礼。

兹将已成立之各处校友分会处列举如左：

一、天津分会　二、南京分会　三、上海分会——附｛南洋大学支会　复旦大学支会　暨南大学支会｝

四、北平分会——附｛燕京大学分会　清华大学分会｝　五、唐山分会　六、北票分会

七、辽宁分会	八、吉林分会	九、黑龙江分会	十、大连分会
十一、锦州分会	十二、洮南分会	十三、哈尔滨分会	十四、青岛分会
十五、济南分会	十六、山西分会	十七、彰德分会	十八、开封分会
十九、浙江分会	二〇、福建分会	二一、安徽分会	二二、江西分会
二三、武汉分会	二四、成都分会	二五、留美分会	二六、留英分会
二七、留法分会	二八、留比分会	二九、留德分会	卅、留日同学会

至其他各地，或因调查未周，或因人数过少，尚未成立分会，但精神方面无不联络一致也。

三、各项规则

1. 总则

一、凡在校诸生皆须敦崇品行、砥砺学业，以期养成完材。

二、冶游及赌博之事为本校所严禁，犯者即令退学。

三、吸烟饮酒有害于卫生，无论何种烟酒均不易用，违者记过。

四、阅看不正当书籍及谈淫亵等语者，轻则记过，重则退学。

五、学生入校后年不满二十一者不得完婚，违者查出即令退学。

六、校内公物均须爱惜，不得毁坏。

2. 告假及退学规则

一、因病或事不能上课时须到训练课请假，否则以旷课论。

二、每学期每门学科旷课三小时者，成绩降一级；旷六小时者，降二级。余类推。

三、每学期内旷课逾廿小时者退学。

四、每日旷课学生由训练课于翌日将其姓名公布，如有错误准于三日内声明改正，过期请求者无效。

五、学生请假须有家长或保证人证明信。

六、每学期内缺席钟点（告假旷课皆为缺席）逾每学期上课时间三分之一者，不得与学期考试。

七、考试舞弊本校悬为严禁，违者轻则记大过扣除学分，重则退学。

八、开学后逾一星期不到校又未据家长来函声明告假者，本校即认为退学。

九、开学后逾上课时间三分之一者，虽经请假亦不准入校。

十、学生退学须经家长亲来，或具切实函件声明缘由。

3. 讲室规则

一、每点钟上班时铃声一起即须速到教室，不得迟延，迟到逾十分钟即不许入教室，以旷课一小时论。

二、讲室等处均宜保持秩序与整洁，切戒喧嚣及击动桌椅等行为，并不得用粉笔向黑板及墙壁随意写画。

三、勿吐痰勿弃纸地上。

四、上课时不准借用钟点，开会如有事报告须以五分钟为限。

五、上课时不得阅本科以外之书籍，尤不许窃看小说，并不得私自谈话及嬉笑。

六、上课时不准吃零食。

七、上课时不得随意藉词走出讲室。

八、初级各班当自修钟点，或教师告假时须在讲室安静自修，不得早出。

九、上课时学生有经许可早出讲室者，不得在讲室附近散步或高声谈笑，并不得在院中作各种游戏。

4. 宿舍规则

一、每早六点半闻铃声须速即起床，不得迟延。

二、盥漱等事应在规定地点为之。

三、每日早八点前慎勿作乐，以免搅扰他人用功。

四、每日上班前必须将室内收拾齐整。

五、上课时间各室一律锁门，应用书籍什物须预先取出，如遇有特别事故须回宿舍者，可到训练课声明理由，经允许后始得凭照入室。

六、每晚十点至十点一刻为点名时间，一闻铃声即应急速归室，在此时间内应停止作乐及一切出声扰人等事。

七、每晚十点一刻熄灯即应就寝，不得迟卧及彼此谈笑扰人睡眠。晨兴前行动亦须安静，不应有作声惊人等事。

八、熄灯后及晨兴前私点洋烛者，记大过。

九、每星期六晚间归家者，须由家长预先来函声明，函内须盖名号图章以昭信实，又星期日返校时，务在自修班以前。

十、住校生不得留通学生及亲友在斋舍寄宿。

十一、如有不请假外出而至晚不归校住宿者，轻者议罚，重则革除。

十二、寝室门户宜特别留意。日间无人时，其最后出室者即令校役锁门，非本室学生不得入内；夜间就寝时，须将门上插销插好。

十三、斋舍校役为数无多，除每日为各室预备茶水及扫除外不应任意差遣。

十四、寝室内不应大声呼唤校役，如校役有不尽职处可到训练课报告。

十五、斋舍内不准穿木拖鞋。

十六、寝室号数床位既经编定不应自行迁换。

十七、寝室内不准接待亲友。

十八、寝室内不准自作食品，并不准存放锅炉等炊具。

十九、宿舍内电灯盏数及光度大小均系规定，不得私行添装及换用多光电泡，违者除将物品没收外，予记大过一次。

二十、所带箱篮等物，均须以榻下能容为度。

二十一、天气无论热至何度不应袒裼。

二十二、所带银钱须悉数储存校内兴业银行，随时凭折支取，其他贵重物品亦不应漫意散放室内，以防遗失。

二十三、勿吐痰勿弃纸地上。

二十四、虽在夜深亦不准在院内各处随意便溺，违者记大过。

二十五、校中若遇有传染病及失盗等事，得施行临时检查。

二十六、如有患传染病者，应入疗养院或医院诊治。

二十七、初一二年级客籍住校学生，每两星期至少须发家信一封，外面注明某斋某号某人家信字样，投置就近信箱内，以便训练课登簿付邮。

二十八、每人须置白被单两个，以备更替覆盖床面之用，被褥一律平铺。

二十九、被褥每星期至少须晒晾一次。

三十、如用蚊帐，白天须一律揭收。

三十一、床铺有特别整洁者，由训练课随时查验，加以奖励。

三十二、住宿生持物出门时，须先到训练课领取携物出门凭证。

三十三、初级一年级客籍住校生，每人须备总账及流水账各一本，每日须将日用出入款项记清，由训练课逐日抽查。

三十四、远道学生在本校附近租住公寓者，须有家长承认函件致训练课存查，否则查出后即令退学。

附：讲室考美规则

一、秩序——无论上班下班时间，均须肃静无哗、安心用功，不得有打闹玩球及击动桌椅等事。

二、整洁——无论上班下班时间，室内桌椅等物须排列齐整，地上不可有痰唾、果壳、纸屑等物片。

三、奖励——本课随时考查。以两星期作一小结算，认为合格者奖给鲜花陈列讲室；以四星期作一大结算，于各年级中择最优之一班给与奖牌，悬挂讲室。

斋舍考美规则

一、考美标准

1．凡架板、窗台、桌面、抽屉、床下等处，所放置物件均应有序。

2．地板、桌椅均应随时保持清洁。

3．被褥务须一律平铺。

4．床单须用白色者，并应按时换洗。

5．室内空气要使之流通新鲜。

6．所用床帐，白昼须一律揭起。

二、考美方法——斋舍考美，每学期共公布八次。平时，每日由各斋指导员巡视各该斋舍一周。每于公布之前，由本课斋舍股全体职员或与学校其他职员详查各寝室一次，以资参考。

三、奖励规程——得美足八次者，给以奖品；不足八次者，下学期继续有效，其有每学年得美足十六次者，给以特制奖品。

四、惩戒办法——如有宿舍秩序凌乱者，即在考美册上记一劣字，其有得劣字二次者，即不准住宿。

5．晚间自修规则

一、自修时不准迟到。如遇有迟到时，必须于进校门时填写迟到簿，然后到各斋办公分室声明缘由。

二、自修时不准擅自离室。

三、自修时不准吃零食。

四、自修第一时不准诵读出声。第二时可诵读，但声音亦不得过高，免扰他人用功。

五、自修时不准理发及作盥洗等事。

六、如有因病不能自修者，须到就近办公分室请假。

七、自修时，须端坐不可躺卧。

八、年幼学生如有按规定时间而觉睡眠不足者，可到训练课声明，得就原定自修时间略为酌减。

6．图书馆规则

一、阅览时间

1．星期一至星期五，每日上午八时至十二时；下午一时至六时。

2．星期六上午八时至十二时。

3．星期日下午一时至六时。

4．寻常假日及特别假日临时宣布。

二、借还书籍时间

在阅览时间内，除五时半至六时外，均可借书。

三、借书限制

1．学生每人限定借书二本，教职员借书五本，如为讲室参考欲多借者，预先向教务主任接洽。

2．未装订之杂志及报章（见第四条）、百科全书、教员指定书、参考书（见第四条）及零细小册概不外借。

四、下午借指定参考书及前期杂志办法

教员指定参考书及前期杂志，于每晚闭馆前十分时均可向出纳处借出，但须于次早八点十分钟前交还，每人以一本为限。倘逾时不还，第一小时内（凡逾五分以上即作一小时计算）罚大洋五分，其次罚大洋一角。倘受罚至三次者，得于本学期内停止其借阅教员指定参考书及前期杂志之权利。

五、借书手续

无论借阅何书，必须经出纳处登录后方可携出馆外，如未经正式手续而擅自携书出馆者，一经查出，当由学校除名。

六、借书期限

1．凡借出之书限十四天（星期日及假日在内）归还，如他人不待用，亦可续借十四天。但逾期不还，头三天每日每本罚大洋二分，后此每日每本罚大洋五分。

2．教职员所借出之书，限二十天归还，如他人不待用亦可续借。

3．凡借出之书遇有学校各部急欲参考者，虽未满期，亦可由图书馆通知归还。

4．教职员所借之书，满二星期后如遇阅者急欲参考时，可由图书馆通知归还，但若声明续借此书，亦可于相当时间内送还原借人。

七、损失赔偿

图书馆之书籍如有污毁遗失等情，须照原价二倍赔偿，但遗失某整套书之一册时，须照该整套书籍原价赔偿。

八、架上取书。凡在架上取阅之书籍，阅览后请仍放置原处。

九、禁止。图书馆内禁止交谈、喧笑、高声朗诵、吃烟、吐痰及食物等事，以防妨碍他人之阅书。

十、建议。正当的建议及批评，请投入建议箱内，无任欢迎。

7. 课外组织规则

一、校内各种课外组织，须在训练课注册并填写课外组织调查表及会员姓名一览表。

二、各组织须备用并保存会议记录簿及出入用账簿。

三、各组织须按月作事务报告及收支账目报告。

四、各组织之各种临时收支账目（如举办游艺会筹款运动等），须于事后一星期内结算公布。

五、各组织之平时出入用帐，须于每学期之末作一总结算，由本团体公举二人查账后公布之，并需将所有账簿及存款物品点交训练课，转存会计课及庶务课。

六、各种课外组织未得学校允许，不准以学校团体名义对外活动。

七、各种占用会所以一学期为限。

八、各会所须于每晚自修时前一律锁闭。

九、各会职员须负各该会所用物之保管责任，并须于学期末点数交于庶务课查收，如有损失照价赔偿。

十、各会所锁门之钥匙，须缴存庶务课一把。

体育规则

甲　上班

一、上体育班时，学生闻铃即须齐集操场，不得先后参差。

二、学生有迟到者，即以旷课论，与他科同。

三、下班时，必须整队听号令方准散队。

四、学生在操场均须静听号令，不准互相谈笑并不得藉故违背。

五、如遇风雨不能上班时，学生须在讲室内听讲体育常识及各项运动规则。

六、学生上班时须着制定操衣，三次不着操衣者作旷课一小时论。

七、体育用具不得随意戏弄抛置，用毕并须仍置原处。

八、体育课程预有规定，学生不得任意要求另作他项游戏。

九、体育教员如因故不到时，该班体育干事代为点名，点名后回班自修，不得随意解散。

乙　不及格办法

一、一学年内，体育成绩平均不及格在丁等者，准予补考体育技术及常识。

二、一学年内，体育成绩平均不及格在戊等者，须于课外时间补习体育二小时满一学期。成绩在乙等[①]者，得免补习，否则补习一学年。

丙 特许规则

一、凡本校学生因身体之缺欠，经校医证明，由体育课允许者，得免受体力测验或运动技术标准测验之一项或数项，其成绩以及格论。

二、凡本校学生因身体之残疾或他病，经校医证明，由体育课允许者，斟酌情形得免习体育，至痊愈时为止。

三、凡本校学生因身体过胖逾正常体重三分之一者，经体育课之许可，斟酌情形得免受体力测验或运动技术标准测验之一项或数项，其成绩以及格论。

9．网球场规则

一、学生占场打球，每一小时纳费铜元廿枚。

二、穿高硬底鞋者不准登场。

三、学生打球须预在体育课购券方可登场，如临时签名打球者，须加倍纳费。

四、除星期及放假日外，每日上午八时至十二时之间，不准学生登场。

五、如遇风雨不能打球时，已购券者可于次日到体育课声明退费。

10．实验室规则

一、学生除规定时间实习外，不得随时在本室任意试验。

二、损坏物件，须自行声明按价赔偿。

三、试验所用各种药品，如任意消耗亦须赔偿。

四、物理化生物学试验领出仪器时，须验明是否完好，如有损缺须当时声明。交还时，所领仪器须整治干净，如有损坏即由该生照价赔偿。

五、试验室内不得喧哗，如有问题可向教员直接发问。

六、试验毕，如有余暇，可在试验室内缮写报告，不得遽离本室。

11．金木工教室规则

一、学生闻铃须即入讲室，不得耽延，如有迟到者，以旷课论。

二、学生齐集后须端立于讲桌前，静候点名。

三、在教室内彼此不得谈笑并不得随便出入。

四、当工作时，须各在指定之位次，不得随便更换。

---

① 原文如此，疑为“丙等”之误。

五、工作时所用器具由匠人预先安好位置，学生不得无故移动，用毕仍置于原位。

六、学生遇有用特别器具时，得教员之允许后，可向匠人索取，用毕仍交还匠人。

七、下堂时，学生须一律退出教室，以免器具紊乱。

八、学生如有损坏器具及材料者，须按价赔偿。

九、本室器具概不外借，亦不得随意舞弄。

十、本室工作材料不得携出室外。

12．打字室规则

一、学生除规定时间练习外，不得随时入室任意练习。

二、在练习打字时，不得任意喧哗。

三、如打字机有某机关不灵或损坏时，可告明教员令人修理，幸勿自己擅动。

四、各机如有损坏，各组共负责任。

五、废纸须置于字篓内，不得任意抛弃地上。

六、每日进室务先签名，然后起始练习。

13．食堂规则

一、每日午餐、晚餐闻铃须即一律按名牌入座，迟久不到者不候。

二、学生不得另饬厨役添做菜品。

三、一切食物均由职员随时检查，如厨役预备不周，学生须通知职员办理，不得自行交涉。

四、食时不准喧笑并不准大声呼唤厨役及击动碗碟等事。

五、每日八钟前由厨役、校役预备晨餐，学生可以现钱购买，不准赊欠。

六、食堂分三处，饭菜分甲、乙、丙等，学生每月可以选择交费。

七、每桌中间特设公箸，专用以取菜，不得随意入口，以重卫生。

14．沐浴室规则

一、学生就浴须向会计室购取浴券，无券者不得入浴。

二、就浴时间。星期一至星期五，每日中午十二钟至下午六钟；星期六，下午一钟至九钟；星期日，上午九钟至十二钟，下午一钟至六钟。

三、入浴时请勿携带贵重物品。

四、不准在浴室内洗涤衣物，以免侵占他人沐浴时间。

五、沐浴毕须将所用衣袜等件携回，不得在室内存放。

六、有患疥疮及他项皮肤病者，均不准入室沐浴。

15. 通学生储物处规则

一、本室之设专为通学生寄存体操日带来之操衣，冬日所服之大氅，及天暖时所减脱之衣服等件，至平日往来所用之脚踏车，亦可暂代存储。

二、室内存物须于当日取出，若因故未得取出者，至学期放假时必须取清，否则下学期开学后变卖，得价捐助本校平民学校。

三、凡存物均有竹牌为质，取物时即凭竹牌，无牌不付。

四、凡大件物品、贵重物品、精细物品，概不存放。

16. 假期存物规则

一、每至暑假、寒假可将大件行李存放校内，惟空房不多，所存行李只限箱子、网篮、铺盖三项。

二、存物须遵照本校规定时间内行之。

三、凡有寄存物件者，必在下学期开学后方准照领，假期内不得任便索取。

四、存物均有收条，取时即凭条交付。

五、存物时必须自缀布条书清，以免混淆。

六、银钱、贵重物品，不代存放。

七、开学后必须将存物取出，如存物人开学时不来延至一年不取者，即由校将物变卖，得价捐助本校平民学校。

17. 招领失物规则

一、凡有拣拾他人遗物者，均须送交庶务课。

二、庶务课收到后，即登招领簿，并悬示招领。

三、失物者来庶务课认领遗物，经庶务课查询无误，方准领去。但领去时必须在招领簿书清姓名，以备存查，遇有重要物品须于校内觅保，无保者不付。

四、凡有招领物件以一月为限，再过一月无人领取，即由学校将该物变卖，得价捐入平民学校。

18. 医药规则

一、本校不收医药费。

二、聘请校医二人，于每日下午十二时半至一时半，晚六时半至七时半，来校诊病。并于每日上午九点一刻至十点一刻，来校办理检验身体善后治疗事。

三、在学校规定时间外，学生有请医诊病者，须自纳诊费。

四、本校聘请看护员一人，全时在校，准备救急事项。

五、学生如患重大病症者，训练课应即送其回家或送往医院调养，本校不负治疗之责。

六、如遇紧急病症，训练课得尽力辅助延医诊治，并通知其家长或保证人，但择选医生之责仍由病人或其家长、保证人担负。

七、本校选择清洁幽静之所设立调养所一处，以备病人临时隔绝之用，但其出入均经校医许可。

八、由本校接洽本埠中西名医及医院，对于本校学生治病者，减价收费并将价目列表通告全校。

九、在校医室治病者，内科用药照服用日之多少按一角、二角、三角收费，外科用药概不取值。

十、本校职员及校役诊病时间与学生同，但不收药费。

十一、在规定之校医来校时间外，有自请校医来校诊病者，无论师生，每次均纳诊费二元，有赴校医寓所就诊者，每次纳门诊费五角。

附：调养所规则

一、本校校医，除星期日外于每日来调养所一次，诊察病症。

二、凡寄宿生如有疾病非一二日可愈者，或由医院归后尚未复原者，经校医允许后可移住此所内调养，一俟病愈能上课时即需搬回原宿舍内寄宿，不得推迟。

三、病情较重者，经校医验明后，须自行回家调治或径往医院就诊，本校不能负责。

四、学生如患肺病或其他危险传染病，经校医验明后须离校者，不得留住此所。

五、本校请定看护员一人，任校□室助手，并调养所看护事宜。

六、病人如自请中医诊治者，煎药等事得命校役办理，所需医药费及木炭器具等，均须自给。

七、患病之学生向不在本校厨房用膳者，其食品应备价购买。其在本校用一餐者，每日准令厨房预备稀粥或面汤一次；用两餐者，照前预备两次，均不必另行交费。惟欲用他种食品者，须另外给价。

八、调养所内除煎中药外，不得燃用各种燃料如煮饭烹菜等。

九、为维持病人之安宁起见，调养所内非亲故不准探望，聚谈时间至多不得过十五分钟。

19．其他规则

一、学生来校肄业，须于每年秋季始业时，填写保证书一次。

二、学生报到时，学宿等费务须交清。

三、校门外卖贩零食及果品等物者颇多，无论何时学生不得购食，违者记大过，连犯三次者革除。

四、在校外小馆吃饭或买物件，均须以现钱购买，不得赊欠。

五、切戒随地吐痰及抛弃物屑，以重卫生。

六、院内各处不得抛踢棒球、足球，以防伤人，兼防损坏器物。

七、在校内如拾得财物，须交由庶务课招领，干没者查出重罚。

八、贵重物品及大宗银钱不可携带来校，尤不可存放讲室内，以防遗失。

九、校内各处电灯及玻璃门窗等物最易损坏，均须格外注意爱护，损坏者照价赔偿。

（《天津私立南开中学一览》，1929 年 10 月 17 日，正文第 233—245 页，附录第 13—30 页）

天津南开学校校友会总会简章

（1929年10月17日）

一、定名　本会定名为天津南开学校校友会。各地设分会，总会由各分会合组之。

二、宗旨　本会以联络感情，砥砺学行，爱护母校为宗旨。

三、会员　凡曾在南开学校各部肄业、毕业之学生，退职或现任之董事及教职员，均得为本会会员。

凡热心赞助本会者，得被选为本会名誉会员。各分会之会员及名誉会员，即为总会之会员及名誉会员。

四、组织　本会组织系统如左：

（一）分会　凡有会员五人以上之地，皆可成立分会。分会章程由各地分会另订之。

（二）总会

1. 分会代表大会由各分会代表组织之，五人之分会举代表一人。以次每增十人递加代表一人。但每一分会之代表最多不得逾十人。

2. 总会执行委员十五人，候补委员五人，由分会代表大会选出之。执行委员任期三年，每年改选三分之一。候补委员任期一年，遇执行委员因故不能执行职务时依次补充之。

3. 总会执委会常务委员五人，由总会执委会选出之，任期一年，再举得连任。

一、总会会务　本会会务暂定如左：

（一）调查各地校友状况及与各地分会联络。

（二）补助母校进展。

（三）编辑校友录及总会会务报告。

（四）职业介绍。

二、总会经费　遇必要时得向各分会募集之。

三、总会会期　分为代表会[①]，每年于母校周年纪念时在母校举行之。

---

① 原文如此。

四、附则　本章有不适宜处，得由分会代表大会修正之。

（《南开学校二十五周年纪念庆祝纪实》，1929 年 10 月 17 日）

南开中学校天津市免费学额章程

（1934 年春）

一、本校为天津市立各小学毕业生成绩优良而家境贫寒无力升学者设免费学额，每年六名。

二、该项学生先由教育局在市立各小学毕业生中遴选若干名，保送本校参加入学考试，其成绩较优之学生六名得补免费学额。

三、取录免费学生入校时，得免交学费，每年计洋六十元，其余均须照章缴纳。

四、免费学生如入学后有不及格学科或行为不检时，得停止免费。

（《南开高中学生》第 3 期，1934 年春，第 100 页）

南开学校中学部考试新则

（1934年11月23日）

1. 凡连续学科第一学期不及格者，得与第二学期成绩平均。平均及格，第一学期得免补考。如第一学期及格，第二学期不及格者，则认为全年不及格，仍须补考。

2. 第二学期考试，以全学年为考试范围。

3. 高三及初三第二学期之末，举行毕业考试，第二学期各学科成绩得按平时成绩计算。

4. 高三及初三于第一学期之末，由各年级任课教员组织成绩审查会，决定升降标准。

5. 第二学期开学后两星期内，举行补考，凡第一学期之末有不及格学科，照章得补考者，均准予补考一次。

6. 凡有下列各项情形之一者，不得升级：

a. 高中部：1. 三门不及格者；2. 五分之二学点不及格者（全年或第二学期）；3. 补考后有两门得戊者。

b. 初中部：1. 三门不及格者；2. 三分之一学点不及格者（全年或第二学期）；3. 补考后国文、英文、算学三门有一门得戊者。

（《南开高中学生》第2期，1934年11月23日）

南开学校学生社会视察工作总纲

（1935年3月）

第一节　目标的拟定

一、从社会的观点言：

（一）使学生了解新颖而且实际的社会现象，进而谋学校生活与社会生活的联络——社会是一关系复杂、时有变迁的人类团体，我们身居其中每不易彻底了解它，学校里教本所记载的常常是经过著者整理的旧材料，所以假使愿意学生准备作社会中的个人，莫妙于使学生实地观察。

（二）将视察的结果报告社会，供将来解决问题的参考——学生的常识经验虽然较少，然而他所写的报告完全立在旁观者的地位，下笔毫无隐讳，真事实自然不难从中找出，足可以作解决社会问题的借镜。

二、从教育的观点言：

（一）培养学生的现代能力——我国是一文化落后的国家，打算奋起直追与列强相抗颉，非使青年吸取西洋最近三百年来文化结晶的精神——开辟经验，参酌本国情形，另开出一条新的途径不可。“社会视察”专供给学生以种种新颖而且庞杂的事实与问题，着力于学生的实际观察力，开辟精神自易发扬，现代能力于是乎养成。

（二）造成学生的社会意识——我国人大多数都是对于家庭的观念强，可是对于社会国家的观念弱，近几十年来的军阀内战，政治窳败，和各种社会罪恶，差不多全是家族自私的恶心理，在那里作祟。查“社会”两字过于抽象，极难使青年明了，“社会视察”非特可以使学校生活与社会生活相联络，而且当学生亲眼观察具体的社会各方面时，自然容易养成一种社会意识（Social Consciousness），彻底了解他个人是社会中的一份子。

（三）引起学生兴趣，并作择业的准备——教育就是生活，兴趣是生活之母，所以学校应时时顾到学生的兴趣。“社会视察”一科抛开死板的书本，视察活的事实，兴趣自是非常的浓厚。何况视察时可以了解社会各方面，回校后按社会需要努力研究，对于择业作一番切实预备功夫，“出路荒”的苦闷便不难打破。

（四）注重客观事实，帮助学术研究与课程改造——现在学生课本多半是著者主观事实的描写，课程全是各教育专家主观规定的，它是否合于学生的需要，与能否引起学生的兴趣，到现在还正在试验中。“社会视察”使学生目睹客观事实，既可帮助现在各学科的科学研究，又可乘机认明何者是极需要的课程，何者是次需要的课程，何者是不需要的课程，然后按学生的需要作为将来重新厘订课程的标准。

第二节 材料的选择

一、原则

本年既嫌以往各年视察机关缺乏整个的系统，所以定出几条原则，作为选定教材的准备。

（一）要与人生有密切关系者，如：从衣、食、住、行看起，再旁及其他。本学年所选定各单元可以说是以“社会人生”为中心，推广而成的一个大单元。

（二）各单元中所选的机关以在天津市和天津附近所有者为限，例如：文化传播一项，商务印书馆虽然在天津有分馆，但印刷厂不在天津就不列入。

（三）各种机关中以能引起学生兴趣者为上选，所谓“引起兴趣”就是各机关里面有动作或设备，足能启发学生的好奇心或求知欲。

（四）各单元内所选定的机关，总以规模大者较为合宜。因为本校各组人数，平均都在三十人以上，规模太小的机关，我们视察班师生简直无地立足。况且同种机关如视察过规模较大的机关，其余的虽然不去看，亦可以“举一反三”。

二、大纲——本年所选定的单元略如左：

1．饮食供给，2．住行设备，3．衣料纺织，4．纠纷解决，5．罪恶惩罚，6．用品制造，7．文化传播，8．社会统治，9．痛苦救济，10．货物交易。

第三节 工作的程序

一、时间分配——全学年分五单元，各占三星期，上学期起始，加一预备单元，占时二星期；下学期末尾加一结束单元，占时二星期。各学期各占时十七周。

二、工作分配——除预备单元是介绍本学科内容，结束单元是讨论收束全年工作外，其余各单元工作之分配略如左：

（一）预备——教师与学生在班上讨论预定读物中的要点，并共同拟出视察时应用的问题。遇有专门名词和疑难处由教师负责解释。

（二）出发——学生各人自拟较详细的调查表，到目的地时分组询问视察。

（三）结束——在班上研究视察时不明了处，并讨论触类旁通的学理和事实问题。

第四节　视察的方法

（一）出发前——应根据每单元末明的问题，和前人所写该机关的报告，由学生自编成调查表，抄在袖珍笔记本上。这种调查表的编辑有两个重要的诀窍：第一要"详细"，每个学生各就思想所及，以"工作指导"中的问题为纲领编出细目来。不过不要太琐碎，因为我们视察的时间有限，不能不择比较要紧的点来访问或观察。第二要用"提示式"，因为我们视察的时候得立刻得到结果，不能用精详调查表格交与视察机关，等人家填好寄回。一切问题大概都用口去问，所以没有用文字将整个问题写出来的必要，所以"提示式"的调查表就够了。可是亦不能太潦草，敷衍塞责。

（二）出发时——应注意以下七点：

1. 利用招待人的荣誉心——视察时能得一热心招待人，所得材料必多；人没有不喜欢人赞誉的，为取得招待人欢喜计，不妨找该机关的优点称颂他（反面说就是不可当面批评他的短处），但亦不可赞誉太过而至于谄谀。

2. 发问时先问"历史"与"组织"二点——这两点不是目力所能为力的，并且各机关对于这一点全不隐讳，径问无妨。

3. 发问时言语应和蔼，态度应谦逊——视察是求人帮忙，自应虚心下气，不可骄横。

4. 说话以用白话及土语为上，万不可用文言和典故——视察时所见人物，不见得教育程度极高，如说话使招待人不明白，收效自然等于零。

5. 应注意各机关经济情形，但不应直言发问——一个机关的成绩好坏，与他能否善用金钱很有关系，但经济情形常不是个中人愿意说的，最好从他方面来印证。

6. 视察时应细心注意各要点——万不可走马观花。

7. 抵目的地后首先说明来意，作别时应殷殷致谢——为免除误会计，自应先说明参观宗旨，别时道谢是给后来者留余地。

（三）出发后——应设法将视察时所笔记的材料加以整理，酌合当时头脑中所得的印象，编成报告。这种报告里面所包括的（无论描写那种机关）有五种必不可少的东西：（一）沿革，（二）组织，（三）设备，（四）工作或活动，（五）批评。所以写报告的人一定得会“状人”“状物”和“状事”，至于“状”的技巧，这是国文班工作范围，这里不便多赘了。不过写这种报告，应注意以下两点：

1. 数目字的准确——中国人的数目观念弱，这是一种通病，如说：“差不多”“还不够”“约若干余”等。社会视察班虽然只是一种教育的训练，谈不到科学研究，但“数目准确”亦是一种科学的训练，我们不能不注意。

2. 闲话的删削——社会视察报告是报告所视察的社会事实，那些被视为无关视察机关本体的闲话，如“出发之日天气清和，尘土不兴……”一类滥调文字，应该严加取缔。

（《社会视察工作指导》，1935 年 3 月，第 1—8 页）

天津南开学校校友会简章

（1935年12月9日修正通过）

第一条　定名　本会定名为天津南开学校校友会。总会设于天津南开学校校友楼，各地设分会。

第二条　宗旨　本会以联络感情，砥砺学行，爱护南开学校为宗旨。

第三条　会员　凡曾在南开大学、男中、女中、小学各部毕业或肄业之学生，现任及退职董事及教职员均得为本会会员。

凡热心赞助本会者，得被选为名誉会员。凡各分会之会员或名誉会员，即为总会之会员或名誉会员。

第四条　组织　本会之组织系统如左：

一、分会　凡有会员五人以上之地带，皆得成立分会。其人数不足五人者设通信处。各分会冠以所在地名，称天津南开学校校友会某地分会，各通信处称天津南开学校校友会某地通信处。

各分会设执行委员三人至二十一人，由分会会员大会选举之，就中互选常务委员三人至七人，并由常务委员中互选主席、书记、会计兼庶务各一人。

各通信处设通信员一人，由各该地校友推举之。

二、总会　总会设执行委员十五人，候补执行委员五人，由各地分会代表大会选举之。

执行委员任期三年，每年改选三分之一，候补执行委员任期一年，遇执行委员因故不能执行职务时，依次补充之，各地分会代表有选举权，所有会员均有被选举权。五人之分会举代表一人，每增十人递加代表一人，但每一分会之代表最多不得逾十人。

总会执行委员会互选常务委员五人，就中互选主席、书记、会计各一人。

经各地分会代表大会，总会执行委员会或各地分会会员大会，分会执行委员会之决议，得各设立各项委员会处理各项会务。各项委员会委员，由总会或分会分别推聘之。

第五条　会务　本会会务暂订如左：

一、调查校友状况及与各地校友联络。

二、辅助南开学校发展。

三、编辑校友刊物及会务报告。

四、职业介绍。

五、其他经各地分会代表大会、总会执行委员会、各地分会大会及各地分会执行委员会决议应办之事项。

第六条　经费　本会经费暂订左列二项：

一、总会经费向各分会募集之。

二、分会经费由各分会向会员募集之。

第七条　会期　本会总会及各地分会会期规定如左：

一、分会代表大会每年于南开学校周年纪念时举行之。

二、总会执行委员会，每月开会一次，以过半数出席为法定人数，如执行委员到会者不足法定人数时，得由列席候补委员补充之。

三、总会常务委员会，每二周开会一次。

四、各地分会会期由各该分会自订之。

第八条　细则　总会、各地分会及各项委员会之办事细则另订之。

第九条　总会会所　设于天津南开南华路。

第十条　附则　本简章如有未尽事宜，得由各地分会代表大会修正之。

（中华民国十八年十月十九日校友总会成立大会时，第一次各地分会代表大会通过。十九年十月十九日校友总会会所落成时，第二次各地分会代表大会修正。二十一年十月十六日第四次各地分会代表重修正。二十三年十月十四日第六次各地分会代表大会通过，此次修正原则，十二月九日总会执行委员会通过修正条文。）

（《南开校友》第1卷第3期，1935年12月15日）

私立南开中学董事会章程

（1949年2月）

第一条　本会遵照私立中等学校规程组织之。

第二条　本会定名为天津市私立南开中学董事会。

第三条　本会以发展中等教育为国育才为宗旨。

第四条　本会会址设于本市第一区甘肃路南开女子中学内。

第五条　本会设董事九人至十五人，互选董事长一人。

第六条　本会之职权如下：

一、聘任校长；

二、审核学校经费预算及决算书；

三、筹划学校经费之补助；

四、决定学校扩充计划；

五、本章程未尽事宜依照私立学校董事会规定补充之；

六、本章程经董事会通过呈请天津市教育局核准备案实行之。

（《天津南开中学志》，第62—63页）

私立南开中学董事会修订章程

（1949年12月9日）

第一条 本会遵照天津市人民政府教育局颁布私立中小学校董事会暂行组织纲要组织之。

第二条 本会定名为天津市私立南开中学、南开女子中学董事会。

第三条 本会遵照人民政府的教育方针与教育法令为办学之宗旨。

第四条 本会会址设于本市第一区甘肃路南开女子中学内。

第五条 本会设董事二十五人，任期三年，每年改选三分之一，连选得连任。

第六条 本会设董事长一人，主持会务，常务董事二人，襄助董事长办理一切会务，由全体董事推之，任期一年，连选得连任。

第七条 本会职权如下：

1. 制定校务方针。
2. 选聘与解聘校长。
3. 筹划经费、保管校产及基金与审核预决算。

第八条 本会于学期终了一个月内召开全体会议，检讨上学期工作，确定下学期计划，并将主要事项向教育局作报告。

第九条 开会时以全体董事过半数出席为法定人数。

第十条 一切会议案均须经出席董事过半数之表决方为有效，如可否相同取决于主席。

第十一条 本会董事如缺席会议时，得正式书面委托其他董事代表出席，但每人只得代表缺席一人。

第十二条 本会董事如因故离职时得由董事会补聘之。

第十三条 本章程经董事会通过呈请天津市人民政府教育局核准备案后实行之，修正亦同。

（《天津南开中学志》，第63页）

重庆南开中学规章制度

重庆市私立南渝中学现行学则

（1936年[1]）

第一章 总则

第一条 本校定名为重庆市私立南渝中学。

第二条 本校遵照中华民国教育宗旨及其实施方针，继续小学之基础训练，以发展青年身心，培养健全国民，并为研究高深学术及从事各种职业之预备。

第三条 本校分男女两部，每部分设高中部及初中部，修业年限各为三年。

第二章 设科及学额

第四条 本校高中部暂设普通科。

第五条 学额 男生部，初中暂定为450名，高中暂定为450名；女生部，初中暂定为150名，高中暂定为300名。

第三章 组织

第六条 本校设校长一人，总理全校一切事宜。主任一人，校长不在校时代行校长职务。

第七条 本校设教导及事务二处，协助校长及主任分理一切校务。

第八条 教导处设主任一人，干事三人及事务员若干人，掌理计划及推行关于一切教训事宜。

第九条 事务处设主任一人，干事二人及事务员若干人，办理财务会计及其他一切杂务。

第十条 本校实行军事管理，高中部采行青年训练团编制，初中部采行童子军组织，除军事教官及童子军教练外各级设级任一人，各组设导师二人，分理各该级训育事宜。

第十一条 本校为谋校务进行之便利设下列会议：

---

① 此处年份为编者根据学校定名和成立时间推测而来。

1. 校务会议　由校长、主任及全体教职员组织之，校长为主席，讨论全校兴革事项，每学期开会一次。

2. 教导会议　由校长、主任及全体教员组织之，校长或主任为主席，讨论全校教训方针及实施办法。每月开会一次。

3. 事务会议　由校长、各主任及全体职员组织之，校长或主任为主席，讨论关于一切事务进行事项，每周开会一次。

4. 学科会议　每学科设学科会议，由主任、教导主任及同科任课教员组织之，讨论关于该学科教学进行及改进事项，每月开会一次。各学科会议主席由同科教员推选之。

5. 级任会议　由主任、教导主任及各级级任组织之，讨论关于各年级训育推行事项，每两周开会一次。

第十二条　本校为增加行政效率及使全校教职员共同负责起见，设下列各种委员会：

1. 预算编制委员会　由校长、主任及各部负责人组织之，审查学校经济状况，编制全年出入预算，每学期开会二次。

2. 经费稽核委员会　由专任教员公推三人组织之，负审核收支账目及单据之责，每月开会一次。

3. 训育指导委员会　由主任、教导主任、各级级任、各组导师、体育教员、军事教官、校医及童子军团长等组织之。教导主任为主席，负指导学生生活及扶助课外活动之责，每月开会一次。

4. 图书委员会　由教导主任及各学科主席及图书馆馆员等组织之，以教导主任为主席，负审查及购置图书之责。每学期开会二次。

5. 健康教育委员会　由校长、主任、教导主任、事务主任、体育主任、干事、体育教员、校医、护士等组织之，以校长或主任为主席，负责计划并推行关于全校卫生检查及疾病预防等事项，每两周开会一次。

6. 招生委员会　由主任、教导主任、各学科主席等组织之，以主任为主席，负责关于办理招收新生事宜，每学期开会一次。

第四章　课程

第十三条　本校初中部之教学科目为：公民、体育、童子军、卫生、国文、英语、算学、历史、地理、物理、化学、动植物、劳作、图画及音乐。

第十四条　本校高级中学之教学科目为：公民、体育、卫生、军事训练、国文、英语、算学、生物学、化学、物理、中外历史、中外地理、伦理、图画及音乐。

第十五条　本校课程及每周各学科教学时数依据教育部25年2月颁布中学课程标准办理。

第十六条　本校女生部为适宜女子特殊需要酌授军事看护、家事及有关于女子实用之智识技能等学科。

第五章　教训要旨

第十七条　本校遵照中华民国教育宗旨及其实施方针施行下列各项训练：

1．锻炼强健体格；

2．陶融公民道德；

3．培育民族文化；

4．充实生活智能；

5．培植科学基础；

6．养成劳动习惯；

7．启发艺术兴趣。

第十八条　为求实现上列各项目标，本校对于教训实施原则如下：

1．教训合一，全体教员共负教学与训导之责。

2．师生共同生活，实行以身作则。

3．注重师生合作，藉以增厚教员与学者间之感情。

4．注重个别教导，学业与行为因资质与气禀之差异施以不同之训练。

5．以整个学生为教训对象，使身心各方均得平均发展。

6．提倡团体活动，注意公共生活，使学生均能服从纪律，遵守秩序及爱护团体。

7．提倡自由活动，鼓励开辟经验，藉以养成独立负责，奋发有为之精神。

8．学生各种学习及各种行动务使得到良好之习惯，并使之明了各种习惯之价值。

9．各科教学力求认真，使学生努力学业，毕业后均有升学及就业之能力。

10．各科教师互相联络，在可能范围内，共负各科教学责任。

11．采取自动教学法训练及辅导学生自修，使学生得到学习方法，藉以培养自力求学之能力。

12．注重个人进步，成绩审查以个人进步为标准，各种教材务求彻底了解，充分娴熟，以确实得到学习为原则。

第六章　成绩考查

第十九条　本校学生成绩分学业、操行、体育三项。

第二十条　学业成绩考查分下列五种：

1．日常考查　由教员于平日授课时按照各学科性质、工作种类随时考查，次数无规定。

2．临时考试　由教导处规定日期与时间，每学期举行两次。

3．学期考试　在第一学期之末举行学期考试，以全学期所习为考试范围。

4．学年考试　在学年之末举行考试，以全年所习为考试范围。

5．毕业考试　毕业考试于三学年修满后，就所习全部课程考试之，参加会考学生免除毕业考试。

第二十一条　各学科考查方式，依各科性质由同科教员共同商定之，注重实习与纯熟。

第二十二条　本校操行考查分个人及团体两方面。团体方面注重“公”的训练，养成为国牺牲精神；个人方面注重能的训练，培养为国服务的能力。

第二十三条　本校操行考查，在个人注重学生平日生活、思想、行动、习惯等各方面；在团体注重公共生活、团体活动及课外组织等各方面。

第二十四条　本校操行考查由教导主任、各级级任、各组导师及其他教职员与学生有接触者，按照规定德目，共同负责评判决定等第。

第二十五条　本校体育成绩考查分：

1．平日考查；

2．学期试验；

3．体格检查；

4．标准测验。

第二十六条　本校体育考查就学生之体格、体力、知识、技能、精神、努力程度及卫生习惯等各项，由体育教员评定之。

第二十七条　本校学生学业、操行、体育成绩特佳者得予以下列之奖励：

1．奖状；

2．奖品；

3．记功；

4．免收学费。

第二十八条　本校学生违背校规，不服指导，或于团体纪律有妨碍时得酌予下列之惩罚：

1．劝诫；

2．警告；

3．记过；

4．通知家长；

5．暂时停学；

6．退学。

第七章　学年、学期及休假日

第二十九条　本校每年 8 月 1 日为学年度之始，次年 7 月 31 日为学年度之终。学年分两学期，自 8 月 1 日至次年 1 月 31 日为第一学期，自 2 月 1 日至 7 月 31 日为第二学期。

第三十条　本校休假日期除学校纪念日外悉照部颁中学历规定实施。

第八章　入学及退学

第三十一条　本校于第一学期之始招收高一及初一新生，各年级除毕业班外得招收编级学生若干名。

第三十二条　本校于第二学期之始不添设新班，各年级如有空额得酌收转学学生若干名。

第三十三条　凡小学及初中毕业学生经过入学试验及格得入校为本校学生。

第三十四条　每学年在第一学期之始，高一及初一招考时得酌收同等学力学生，但名额不得超过教部规定之比例。

第三十五条　凡转学学生请求入本校者亦须经过入学手续。

第三十六条　凡学生因特别事故，得由家长或保人来函证明申请休学一学期或一学年。逾期不返，取消学籍。

第三十七条　凡学生有下列情形之一者退学：

1．体育不及格者；

2．操行得丁等者；

3．学期旷课逾 20 小时者；

4．一学期缺席逾授课时间三分之一者；

5．开学后三日内不到校亦不请假者；

6．学业成绩过劣者；

7．继续留级逾二次者。

第九章　费用及奖学金额

第三十八条　本校学生每学期应纳费用：

1．学费 22 元

2．宿费 5 元

3．制服费 10 元（旧生酌减）

4．体育及卫生费 1 元

5．膳费约 28 元（学期终了时不足补缴，有余发还）

6．理科实验费 1 元

第三十九条　本校设免费学额若干名，凡学生学业、操行、体育三项成绩均佳，家境贫寒，无力供给者，经审查属实，得免交学宿费。

（重庆南开中学校友会编：《张伯苓、喻传鉴教育思想文选》，1996 年，第 140—146 页）

重庆市私立南渝中学现行规则

（1936年[1]）

第一章　总则

1. 凡在校诸生皆须敦崇品行，砥砺学业，以期造成国家有用之材。

2. 学生对于学校须绝对爱护，对于师长须服从指导。

3. 凡有关团体训练及公共生活之一切规则皆应遵守。

4. 冶游、赌博、妄取他人财物及吸烟、饮酒等事为本校所严禁。犯者轻则记过，重则退学。

5. 阅看不正当书籍及谈淫亵等语，轻者记过，重则退学。

6. 体态松懈，言语粗鲁，举止轻浮，及一切有背团体纪律之行为皆行禁绝。

7. 与本校教职员遇须致敬礼，与同学相处均应和睦。

8. 学生入校后年不满21岁者不得完婚，违者查出即令退学。

第二章　学生告假及退学规则

1. 学生因病或因事不能上课时，须预先到教导处请假，否则以旷课论。

2. 每学期每门学科旷课3小时者成绩降一级，旷课6小时者降二级，余类推。

3. 每学期内旷课逾20小时者退学。

4. 旷课学生教导处得随时加以训练。

5. 学生因事请假须呈交家长或保证人盖章证明信件。

6. 每学期内凡因事缺席2星期，或因病缺席6星期，及缺席总数（事假与病假总数）逾6星期者即须退学。

7. 考试舞弊本校悬为厉禁，违者轻则记大过扣除学分，重则退学。

8. 开学后逾期3日不到校，又未据家长来函声明告假者即认为退学。

9. 开学后尚未到校学生，虽经请假，但事假逾2星期或病假逾6星期者即

---

① 此处年份为编者根据学校成立和开学时间推测而来。

不准入校。

10. 学生退学须经该生家长或保证人亲身来校声明，或具切实函件证明方准退学。

第三章　教室规则

1. 教室秩序无论在上课或自修时全班学生均须负责共同维持。

2. 每次上课预备铃振后即须齐集教室，不得迟延，上课后迟到逾 5 分钟即不许入教室，以旷课一小时论，又迟到（在 5 分钟限度以内）3 次者亦以旷课一小时论，迟到 6 次者以旷课二小时论。余类推。

3. 先生上下课时须一律起立致敬。

4. 下课时不得大声谈笑，击动桌椅，及用粉笔向黑板或墙壁随意写画。

5. 教室清洁学生须共同负责，地上不准吐痰及抛弃纸屑。

6. 上课时不得阅本科以外之书籍。

7. 上课时不得随意藉词走出教室。

8. 当自修钟点或教师告假时，须在教室安静自修，不得早退。

第四章　学生宿舍规则

1. 每晨须按规定时间起床，不得迟延，起床后即须将内务按照规定形式整理完善。

2. 盥漱等事应在规定地点为之。

3. 在上课时间宿舍各门一律上锁，应用书籍什物须预先取出，如遇有特别事故须回宿舍者，可到教导处声明理由，经允许后始得凭证入室。

4. 高、初中学生睡眠时间不同。在睡前一刻钟为点名时间，诸生闻点名铃声即应急速归室，在此时间内应停止作乐及一切出声扰乱秩序等事。

5. 每晚十点一刻熄灯后不得彼此谈笑，扰人睡眠，晨兴前行动亦须安静，不应有作声惊人等事。

6. 熄灯后及晨兴前私点洋烛者记大过。

7. 学生床位经编定后不得私自调换。

8. 学生不得留亲友在宿舍寄宿。

9. 学生午睡起床后及晚间自修前应将床被收拾整齐。

10. 如有不请假外出而至晚不归校住宿者，轻则议罚，重则革除。

11. 宿舍校工为数不多，除每日为学生预备开水并做扫除工作外，学生不得任意差遣。

12. 宿舍内不应大声呼唤校工，如校工有不尽职处，可向值日先生或事务处报告。

13. 宿舍内不准穿木屐。

14. 宿舍内不准随意吐痰及抛掷零星物品，尤不得任意污损墙壁，敲钉挂物或在窗台上晒衣物等。

15. 宿舍内不准接待亲友。

16. 宿舍内不准自作食品并不准存放锅灶等炊具。

17. 学生所带箱篮等物品均以榻下能容为度，本市学生务须少带物件来校。

18. 天气无论热至何度，不得赤背赤足在宿舍外行走。

19. 所带银钱须悉数储存校内银行，需用时凭折支取，以防遗失。

20. 不准在宿舍内外随意便溺，违者记大过。

21. 校内若遇传染病及失盗等事，得施行临时检查。

22. 如有患传染病者应入校医院诊治。

23. 学生由宿舍携物出校门时须先到教导处领取携物出门证。

24. 初中学生每人须备零用账一本，将日用出入款项记清，由教导处随时抽查。

25. 宿舍内若发现有干例禁之刊物或书籍时，先生得随时施行检查。

26. 凡违背公布之宿舍“整洁检查标准”者，初予以警告，屡犯而不知悔改者，得随时令其退学。

第五章　自修规则

1. 学生自修均在教室，自修时不准迟到。

2. 自修时不准擅自离室。

3. 晚间自修第一时不准诵读出声，第二时可诵读，但声音亦不得过高，免扰他人用功。

4. 自修时不准理发及作盥洗等事。

5. 如有因病不能自修者，可向值日先生或教导处请假，领取准入宿舍证。

6. 自修时须端坐，不得躺卧。

第六章　礼堂规则

1. 入礼堂参加集会服装务须整齐。

2. 参加礼堂集会须按规定时间，不得迟到或早退。

3. 入礼堂参加集会务须端坐，不得斜倚或俯仰。

4. 礼堂集会须安静听讲，不得谈话及阅览书报等事。

5. 入礼堂须注意清洁，不得任意吐痰。

6. 闭会时须起立致敬，鱼贯而出，不可争先拥挤致乱秩序。

第七章　图书馆规则

1. 本馆阅览时间每日自下午一时起至五时半止，星期六晚自六时半起至八时半止，星期日自下午一时半起至五时半止，放假日停止阅览。

2. 阅览图书时不得朗诵、交谈、争辩，以免妨碍他人阅览。

3. 取阅图书时须先检查图书目录，将室内阅书证填写清楚，交由馆员检付。

4. 图书阅毕交由馆员在阅书证上注销，不得辗转借阅。

5. 欲将图书携出室外者，须持学校发出之借书证向馆员办理借书手续。

6. 借书证须慎重保存，切勿污损或转借他人，如有遗失即须到馆报失，并交纳罚金五角，补领新证。

7. 借书证报失以前，如有图书系用该证借出者，仍由原领证人负责。

8. 对所借图书须加意保护，如有损坏遗失，须照价赔偿。

9. 参考书及珍贵图书须于室内阅览，恕不外借。

10. 借出之图书如本馆有特别需要时得随时收回。

11. 每次借书以一册为限，有效期间为一星期，该书期满后如无他人借阅，得续借一次，但续借时须先将书送出纳处变动登记。

12. 借书逾期经本馆通知后，尚迟延不还者，即由教导处酌量处罚。

13. 教员指定参考书只能在馆内阅览，但得于午后停止阅览前借出，第二日开馆后十分钟内交还，逾时者停止其借阅指定参考书之权。

14. 凡入馆阅览者切勿将私人图书携入，以免混杂误会。

15. 学期终了前一周内，须将所借图书如数归还。

第八章　游艺室规则

1. 入室游艺须依照规定时间。

2. 室内游艺用具及桌椅各有定所，不得任意移动。

3. 借用棋类须向值日干事领取并须登录借物簿。

4. 借用游艺用具以一小时为限，如有必要时得申请续借。

5. 游艺用具务须加以爱护，如有损坏遗失等情，借用人应照价赔偿。

6. 值日游艺干事负维持室内秩序，整理游艺用具，注意室内清洁及启闭室门之责。

7. 入室游艺教员如有违背本室规则之处，须接受值日游艺干事之劝告。

第九章　食堂规则

1. 学生一闻开饭号音即应速到指定地点集合，由值日生检查人数后按顺序进入食堂，不得争先及喧扰。

2. 学生入食堂后，可自行取饭回原位置静坐，由值日生发立正口令，全体起立再坐下，闻开动之口令时方准就食。

3. 进食堂后按各人规定位置就坐，不得紊乱秩序。

4. 用膳时须肃静，不得谈话或敲击桌碗。

5. 饭菜如有不卫生或厨工有预备不周之处，应报告值日先生处理之，不可自行干涉。

6. 食堂内一切用具须加意保护，如有损还[坏]须照价赔偿。

7. 学生非有职务不得擅入厨房，以免妨碍厨役工作。

8. 遇有疾病，非教导处签字许可，概不准向宿舍内送菜饭。

第十章　盥洗室规则

1. 学生盥洗须在室内规定位置，不得在任何他处，以维秩序。

2. 盥洗时开放水管取水后，应即随手将水管关闭。

3. 盥洗毕应将洗脸水倾于槽内，使之顺管流出，不得用力过猛以致污水四溅。

4. 盥洗时不得喧闹及有妨害他人之一切行动。

5. 盥洗时须注意室内卫生，不准随地倾泼〈洗〉脸水或随地吐痰。

第十一章　其他规则

1. 学生来校肄业须于每年秋季始业时填写保证书一次。

2. 学生报到时学宿等费务须交清。

3. 每日上课时除体育班外不得作其他运动（如球类游戏等），以重学业。

4. 不得在校门外购买零食及果品等，违者记过，屡犯者退学。

5. 在校内不得作类似赌博游戏，藉杜流弊。

6. 非体育场所不得练习棒球、足球及篮球，以防伤人兼防损坏器物。

7. 在校内如拾得财物，须交由事务处招领，潜没者查出重罚。

8. 贵重物品及大宗银钱不可携带来校，以防遗失。

9. 本校学生均须在校内住宿，每隔四星期准在星期日进城一次，但在当日下午六时以前必须返回。

（《张伯苓、喻传鉴教育思想文选》，第 147—153 页）

私立重庆南开中学新教员备览

（1944年）

本校规模稍大，新来同事，对于学校各方情形，或有未悉，而初次任职者，关于教训实际问题，或亦多愿有所参考，因特编制本编，将本校简史、现行组织、教训要旨等，简要叙述，藉供阅览。

一　简史

本校成立于民国二十五年九月，初名南渝中学，为天津南开教育事业之推广。“七七”变作，平津沦陷，南开首遭敌机炸毁。为继续天津南开生命，乃将南渝更名南开，故重庆南开中学，以渝校历史论，仅满八年，以整个南开生命论，则已满四十周年。天津南开学校，成立于甲午战败之后，设校主旨，乃在教育救国，重庆南开学校，继兴于全面抗战之际，施教方针，自以有益抗建为归。故津校之物质虽毁，南开之精神仍在。抱既定之宗旨，本一贯之精神，四十年来，努力奋斗，始终不懈，对于教育不敢自诩成功，对于国家深望有所贡献。

二　现行组织

本校现行组织如下表

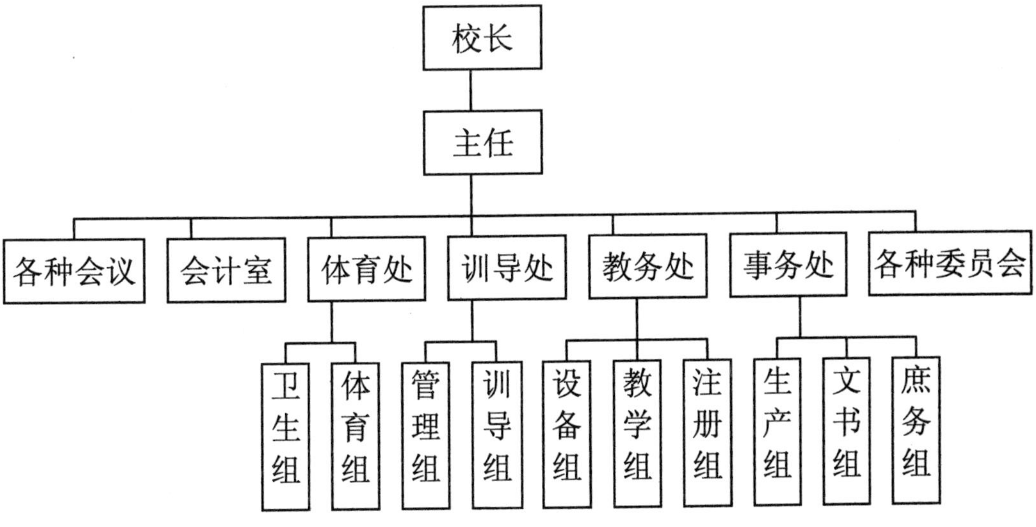

三　本校之特点

本校系全国性之私立学校，在战时后方，设备比较完善，举其特点有四：

1. 环境优美，适于修养。
2. 学生优秀，便于施教。
3. 工作努力，易见成效。
4. 人事简单，生活安定。

四　同人共同之信守

本校同事百余人，服务年限，多则二十余年，少则一二年，均能精诚团结，力求实现本校所负之使命。至同人共同之信守，则有下列三点：

1. 共同之目标——教育救国，造就新人才，建设新中国。
2. 共同之精神——埋头苦干，热心负责。
3. 共同之信心——抗战必胜，建国必成。

五　关于教学事项

甲、第一次上课手续

1. 开学第一日，即请按照教务处送至之课程表、时间表，及课室表，正式上课。

2. 每时上课前十分钟，请即到教员预备室休息。上课铃振后，请即到班上课。

3. 每学期第一次上课手续如下：

A. 验上课证——学生无上课证者，系未交费，不得上课。

B. 排座位——患近视或重听者，及身体矮小者坐前，余者后。

C. 签上课证——在所任学科之旁，书上课月日，并由任课教员签名，证明学生到班日期。

D. 书点名簿与记分册。

（1）每学科预备点名簿与记分册各一份。点名簿存教员预备室，记分册由教者自行收用。

（2）学生姓名可令学生按照排定座位，挨次传写。

（3）无上课证者不得列入。

E. 其他上列四项办完后，所余时间，可询问学生过去学习情形，或提示本期工作内容，请勿提早退班，藉免影响他班秩序。

乙、教室技术

1．第一次上课时，教员之学识、技术、态度、精神，须与学生以良好之印象。

2．第一次上课前，对于教材组织、教学课程及应用教具等，均须有充分准备。

3．每次工作开始前，须注意学生心理准备及工作环境。倘有不适，宜即予以纠正。

4．教者向全班学生发言，须顾到是否个个注意，句句听到。

5．讲室工作，或讲演，或问答，或练习，须视教材性质及工作过程，时时予以变换，藉以维持学生兴趣。

6．不专用演讲式教学法。如用演讲时，请多注意要点，令学生听后能得到总括的及深刻的印象。

7．讲演时须面对全班学生，不可面〈对〉书本，或黑板。

8．学生发问或答问时，须令高声发言，使全班学生都能听到，教者不必予以重述。

9．学生有问题时，可令其他学生试答。

10．教者发问时，应先发问，后呼名。

11．发问题须普遍，必要时令少数人作答。

12．不令学生围绕讲桌发问。

13．教者不走近学生座位答问。

14．收发练习簿、作文本、及分发讲议[义]等，须用最经济之方法，藉免耗费时间。

15．五十分钟时间，如何分配利用，应有计划。

16．设法认识学生工作习惯，努力精神，及学业进退状况。

17．养成学生良好工作习惯，如按规定时间与地点学习，按规定日期交作业或报告等。

18．下班不要晚，免影响他班工作。

丙、教室管理

1．造成良好的学习环境。

A. 教室空气、光线及温度等须适当；

B. 教室桌椅、黑板及地板等须整齐清洁；

C. 桌上置物，须以学习必需之用具为限。

2．每时上课，务须点名。如座位固定，可以将缺席者姓名在簿上记下，藉省时间。

3．上课后五分钟，不准学生再入教室。

4．教室内学生通病，如说话、离座位、掷物、传球、看小说、阅报、不用心听讲、借故出教室等，须随时严予纠正。

5．多予学生工作，使之忙，使之动，则秩序自佳。

6．教室内如发生训育问题，由教者自行负责处理为原则。

7．勿威吓，勿讥笑，勿失望。

8．罚站、罚旷课、罚多做工作，非必要时，请勿多用。

9．教者态度须公平，热诚。严不失之于苛，宽勿失之于放。

10．教室内，初次发现学生有不规则行动时，须立即设法加以制止。

11．考试室，绝对不准舞弊。如调座、交谈、看书等，须立即严厉禁止。

12．鼓励学生自治，教室秩序应令学生自己负责。

13．学校公物，宜令学生加意爱护。

14．认识个个学生个性、思想、学业、生活，及家庭环境等。

丁、教学进行

1．教学原则：

A. 多与学生活动机会。用鼓励、刺激、指导、扶助等方法，使学生多思考，能自动。

B. 注重启发。用问答、质疑、讨论等方法，使学生多有发表之机会。

C. 多练习、温习、考查，俾求纯熟。

D. 鼓励个人进步。注意学生个别能力，分别施以适当之指导。

E. “注意”“兴趣”“努力”，为学生学习成功要件，尤须时加留意。

2．目标：各学科目标，部颁课程标准，均有规定，可供参考。

3．教学计划：每学期，每一周，或每一小时上作进行，及每一章，每一节，或每一单元之教材组织，均应拟定计划，作为施教根据。

A．教材：各科教本之教材，何者可予采用，何者应加补充以及补充之性质、份量等，均应详细规定。

B．教法：教法无一定方式，视材料之性质而定，但需时有变换，藉以引起学生之注意与兴趣。

C．教具：各科应用教具，事前宜有准备。如有不敷，宜早为设法。

D．进度：各科进度，宜按照商定预算进行，同年级他组进行情形，须时时顾到。

E. 效果：各科教材有总目标，有分目标，每告一段落，应有考查，视所期望之效果，有无达到。

4. 进行步骤：各科性质不同，进行步骤，容或有异，下列数点，可供一般参考。

第一步：留课指导在新课开始之前，应费五分钟，或十分钟，作留课指导，与学生以预习之便利。

第二步：内容了解：

A. 问难——新课有疑难处，在进行之前，应与学生以发问之机会。

B. 讲解——学生发问，可先令其他学生作答，必要时再由教者为详细之讲解。

C. 讨论——内容了解后，再提出重要问题，令全班学生再求进一步之探讨。

第三步：练习及习作上项各步完成后，视各课性质，规定各种作业，令学生练习及习作。

第四步：考查进行新课之前，对旧课应施以考核。如成绩满意，可进行新教材，否则，须定补救办法。

5. 教学研究：

A. 学科会议：为讨论、研究及实施一学科教学工作，由各学科同科教员分别组织之，计有国文会议、英语会议、算学会议、自然会议、社会会议、体育会议，及艺术会议等，每月开会一次。

B. 学科主席会议：为谋各学科之联络，并策全校教学工作之改进，由各学科会议主席组织之，每学期开会三次。

C. 年级学科会议：由同年级同学科任课先生组织之，讨论及计划关于一年级教材，及教法问题，每学期开会三次。

D. 参观：组织参观团，参观他校教学，或预先与教务处接洽，参观校内各班，藉以观摩。

E. 进修：暑假官厅或各大学组织之暑期讲习会，同人有愿参加者，本校当予以种种便利。

6. 成绩考查：

A. 次数——临时考试，可由教者于平日授课时，按照各学科性质，工作种类，随时规定。正式考试，分平日考试与学期考试两种，每学期共三次。

B. 试题——平日考试与学期考试，每年级每学科用同一试题，在同一时间与地点举行之。

C．试卷——为求准确与公平，各学科试卷以采取会阅为原则，每卷由任教同人，各按分定之试题评阅。

D．等第——学科等第分配比例，以级不以组为单位，倘及格标准有变通时，由同科任教先生会商定之。各学科成绩等第比例如下表：

90—100 分为甲等，约占全组百分之 0—10。

80—89 分为乙等，约占全组百分之 5—20。

60—79 分为丙等，约占全组百分之 50—40。

50—59 分为丁等，约占全组百分之 5—20。

0—49 分为戊等，约占全组百分之 0—10。

E. 成绩簿——学期结束后，请将每个学生一学期所得平日成绩及期考成绩，合并计算，并为评定等第，连同试卷，一并送交教务处，俾便保存。

7．作业：

A．各学科为使学生多得练习，应规定作业，俾资纯熟，或在课内，或在课外，视作业之性质而定。

B．国文及英语之作文造句练习，请按学校规定次数，令学生习作。

C．算学须留习题，学生必须全交。教者或全阅或抽阅，可视习题性质而定。

D．理化、生物等实验次数，由自然学科会议决定实行。理化等算题，亦须令学生交阅。

E．历史、地理等作业，如笔记、绘图、报告等，可由教者酌为规定。

F．注意学生作业之真实性，严禁抄袭。

G．各项作业。学生须按规定呈交，教者亦按规定时间阅毕发还，藉以养成学生良好之工作习惯。

8．其他：

A．告假——如因特别事故必须告假者，务请通知教导处，俾得于事先告知学生自修，所缺功课，并请订时补授，藉重学业。

B．讲义——如有补充教材，或自编讲义，必须油印者，请于三日前送交教务处，俾免贻误。

C．教具及参考书——各科教具及参考书须添置者，学校当尽力设法购买。

D．学艺比赛——为使优秀学生得有表现机会起见，特于课外举行各项学艺比赛，藉资鼓励。对于该项设施，务请教者多予以赞助。

E．成绩展览会——为鼓励全校学生，每学期得有良好成绩，特于每学期之末，举行全校各科成绩展览会，藉资观摩。学生平日作业，务请多予注意。

F．补习班——为使程度特逊学生，得有补救机会起见，特于课外，增设各种补习班，对于该项设施，亦请教者多予赞助。

六　关于训导事项

甲、目标：本校特殊训导目标，为“公”与“能”。

“公”，注重课外组织，团体生活，大众利益及公共道德，藉以养成学生有为公牺牲之精神。

“能”，注重个性扩展，全面教育，创造经验，及自治训练，藉以养成学生有为公服务之能力。

乙、训导机构：

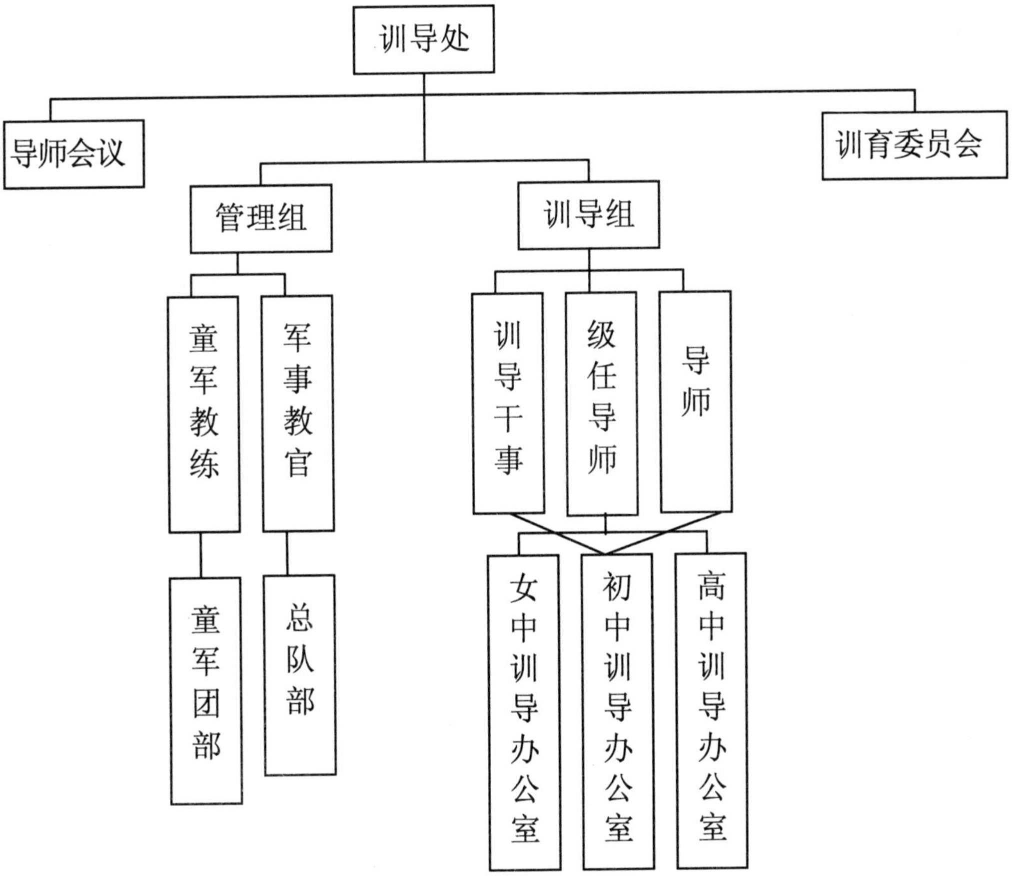

丙、实施训导原则：

1．教训合一　以整个学生为施教对象，知识行为不容分裂，凡负教学之责者，必须同负训导工作。

2．力量集中　以同一目标为努力方向。凡本校推动训导之各种力量，必须相互配合、密切合作。

3．积极领导　依照本校训导之方针，作各种积极之指导，俾在各项有益活动中，求得学生个别之发展。

4．严格训练　根据本校训练之方案，作彻底认真之推动，俾在严格生活中，养成学生良好之习惯。

5．人格感化　潜移默化，为实施训育最高之原则，师生之间，宜多保持接触之机会，俾便以深厚之同情，实施个别之指导。

丁、导师制之实施：

1．本校采行导师制，各组设组导师一人，各级设级导师一人。

2．导师之工作为：

A．个别指导，按学生之个性，视其优点与缺欠，施以适当之指导。

B．团队训练，以组为训练单位。提倡扶助各种团体活动，籍以培养学生组织能力。

C．学术研究，先在导师所在任学科以内，组织研究会，再推广及他，藉以引起学生对于学术研究之兴趣。

D．每组每周举行周会一次，或由导师作团体训话，或由学生轮流作报告、演讲、讨论等练习。

戊、操行审查：

1．标准：

A．操行等第分甲、乙、丙、丁四等，甲等为最优，丁等为不及格。

B．凡品学俱优，并能热心为团体服务者，列入甲等，得按照学生家庭经济状态，予以名誉上或物质上之奖励。

C．凡品学俱劣而行动并与团体利益有害者，列入丁等，须退学。

2．评定方法

A．学生操行成绩，以下列各项报告及记载为评定根据：

（1）各任课先生于每学期之末所填之学生操行成绩报告。

（2）级任导师及组导师于每学期之末所填之学生操行成绩报告。

（3）各种有关学生操行之记载，如缺席登记簿，宿舍整洁检查表，操行奖惩记录簿等。

B．训练办公室集各方报告，求得每个学生操行平均成绩，再参照平日操行记载，酌为加分或扣分，求得实得成绩。

C．学生之操行成绩，最后由训导办公室提交训育指导委员会，详加审查决定等第。

己、精神训练：

下列各种集会，有关全校精神训练，学生均须到齐，希望同人亦能出席参加。

1．纪念周及月会；

2．集会——各部学生集会，每周一次；

3．升降旗；

4．国庆纪念；

5．校庆纪念；

6．各种纪念会。

附录：教员奖助金

本校设有奖助金，凡在职专任教员，在校服务一年以上，著有成绩，且合于下列各项规定之全部或大部者，得给予奖助金。

（一）勤于职守

1．在上课期间，未曾请假者——如因不得已事故请假所缺功课能设法补授者，如请假在一星期以上，并能自觅妥人暂代者；

2．上课不迟到早退者；

3．关于学生勤惰考查，如缺席点名，工作稽查，均能认真执行者；

4．关于新生考试，平日考试，以及各项学艺比赛之命题、阅卷、监考等工作均能负责，协同办理者；

5．关于应行出席之教训会议，从不缺席者；

6．献身教育，富有专业精神者。

（二）教学认真

1．每月教材实际进度，能与预算进度符合者；

2．每课之教材、教法，均有充分准备，且能按照预定计划，及步骤，切实执行者；

3．关于习作、练习、报告、笔记等，能依照学校之规定，按时收发，并详为批阅者；

4．关于特优或特劣之学生，能分别予以适宜之指导者；

5．平日督促甚严，考查认真，学生学业有显著之进步；

6．评定考试成绩，能参照学校规定之百分比，认真执行者。

（三）训导有方

1．实施人格感化，仪态言行足为学生表率者；

2．对于学生生活思想，操行学业，能按其个性，随时予以鼓励或纠正者；

3．对于学生课外组织，及团体活动，能按本校“公能”校训积极予以领导者；

4．对于导师制规定之各种职务，能切实奉行，显著劳绩者；

5．关于学校精神训练，如纪念周，及各种纪念会，均能出席参加者。

（四）努力进修

1．对于所担任之学科，能继续研究，时求进益者；

2．对于当前各种训教问题，能考阅各种教育书报，随时予以密切之注意者；

3．对于政府举办之各种讲习会，或训练班能自愿参加，并能贯彻始终者；

4．关于教材、教法以及训导之实施，能根据研究之心得，随时加以改进者；

5．研究有得，并有著述发表者。

（五）热心公务

1．对于全校兴革事宜，能有建设性之建议者；

2．爱护学校，对于团体精神有良好影响者；

3．关于全体应行负责工作，或学校临时委办之事件，能积极参加，竭诚相助者；

4．能与各方合作，使学校工作能顺利推行者；

5．关于社会公共事业，能热心参加者。

（《张伯苓、喻传鉴教育思想文选》，第 154—165 页）

重庆南开中学教务处注册组工作大纲

（一）审核证件（报名时）

（二）学生分组

（三）编填注册学号

（四）证件管理

（1）验收（开学报到时）

（2）整理分类

（3）登记

（4）保管

（5）呈报

（6）发还

（五）呈报学籍

（1）造表

（a）新生表

（b）插班生表

（c）同等学力生入学试验成绩表

（d）各级学生表

（e）休学生表

（f）退学生表

（g）复学生表

（h）借读生表

（2）呈文

（a）拟稿

（b）核签

（c）誊清

（d）盖印

（e）封发

（f）登记发文簿

（g）底稿归档

（六）收文管理

（1）公文或公函（有关学籍者）

（a）登录收文簿

（b）处理呈复

（c）归档（登记核准原令于表册及总成绩簿）

（2）普通信件（有关学籍者）

（a）登记信件簿

（b）处理答复

（c）贴簿备查

（七）填发证件

（1）学籍证明书（学籍未经核准者不发）

（2）转学证书（两科不及格者不发）

（3）毕业证明书（成绩单）

（4）修业期满证明书（无成绩及格字样者）

（5）休学许可书

（6）清寒证明书

（7）身份证明书

（8）缓役证明书

（八）办理退学手续

（1）退学

（a）验存学生家长及保证人信件

（b）通知各办公室

（c）将姓名划掉并注明退学年月日及退学原因

（2）休学

（a）验存学生家长及保证人信件

（b）查阅学籍已否核准，学籍未核准者不能休学，离校即以退学论

（c）填发休学许可书

（d）将名册划掉并注明休学年月日

（九）参加会考事项

（1）催缴应届毕业生像片

（2）清查应届毕业生入学资格，核准学籍令文号数及文到年月

（3）缮造表册

（a）参加会考学生名册

（b）参加会考学生补试科目成绩表

（c）参加会考领员表

（d）参加会考学生会考科目，在校成绩表

（4）印制入场证

（十）填盖毕业证书

（1）依据毕业生名册缮写存根

（2）校对无误后再填中联

（3）加盖校钤长戳及校长图章

（4）贴印花并加盖印花章

（5）贴像片

（6）编存根号

（7）呈局验印

（8）颁发

（十一）办理留级手续

（1）登记

（2）查阅操行成绩（操行劣者不准留级）

（3）编组

（十二）复学

（1）登记

（2）收验休学许可证

（3）查阅学籍已否核准

（4）编组

（十三）登记学生姓名录

（甲）新生

填写级组、姓名、注册号及入学年度（备考栏内分别填写新生、旁听生等字样）

（乙）旧生

在备考栏内分别填注毕业、休学、退学、斥退、死亡等离校原因

（《张伯苓、喻传鉴教育思想文选》，第 166—169 页）

重庆南开中学教务处教务组工作大纲

一、会议

1. 种类
（1）教务会议
（2）学科会议（计分国、英、算、自然、社会艺术等）
（3）学科主席会议
（4）学期成绩审查会议（附荣誉生、优才生审查会）
（5）初、高三毕业成绩审查会议
（6）留级、复学生审查会议
（7）免费生成绩审查会议
2. 召集：由本处用书面通知时间地点
3. 记录：由本处专人誊清保管

二、教学

1. 教员延聘解约及新旧接替由本处商承主任办公室办理
2. 教员告假及补课
逐日登记，通知学生，通知各办公室，月终统计一次
告假逾两周者通知该员自觅庖代人
3. 学科预算进度
由各科首次会议拟定
由各学科主席负责拟定
由教导处抄送同学科教员每人一份
本处应留一全份备查
4. 讲室工作周志
每星期一交由各班中队长负责填写
星期六交还本处查阅

5. 点名册记分册（点名册为每日上课时考勤之用，记分册为每日授课时记分之用）每学期开始时由本处填送任课先生

点名册计填：讲室号数，班次，学科，任课先生，任课时间

记分册计填：学科，班次，任课先生

6. 学科成绩簿：分甲、乙两种

甲种：普通各学科（除国文外）均用此册，在学期开始学生名单印出后交往任课先生，学期末收回以凭抄过总册

乙种：专为国文学科记分之用，在学期开始学生名单印出后送交国文任课先生，学期末收回以凭抄过总册

7. 学科成绩总簿

（1）种类：高中，初中

（2）整理办法：

a. 填写姓名，籍贯，年龄，入学资格（按学生名单次序排列）

b. 编存根号

c. 填写年度及所在年级

d. 备考填注新生、留级生、复学生、免费生、荣誉生及旧欠学科等项

e. 每学期开学后整理一次，退学者撤出，另订退学生成绩册，毕业者另订毕业生成绩簿

（3）填写事项：

a. 平日成绩（两次）

b. 平日平均、期考、总平均、等第、旷课、降等、操行、体育、缺课时数等项

8. 教科用书

（1）选订：各科会议时决定

（2）订购：教科书表拟好后或直接致函书局订购，或由消费合作社代为洽购

（3）分送教员教科用书：由本处分送，旧有者不再送，送后登记教员用书登记簿备查

（4）本处存书：各科用书本处存留一全份备查

（5）自印教科书

收发：均须登记自印教科书帐，存书分别装入书箱

定价：斟酌成本酌定

（6）参考书：由教员介绍后，通知事务处购买交图书馆，借与任课先生参阅
9. 讲义
（1）各科补充教材：由教员编著讲义或介绍用书后，由本处分别订购或缮写
（2）各科作业大纲：由教员编定后由本处缮写
（3）实验报告：由教员编定后由本处缮写
（4）音乐歌谱：由教员选定后由本处代为洽印

三、课程

1. 厘定各年级教学科目、授课时数表，参照部颁者酌定
2. 拟定教员任课学科、班次及时数表，注意是否与聘书所列钟点相符
3. 预备高二、三学生选科分组名单，作为高二、三文理组排课根据
4. 编排全校课程总表
（1）预备事项：各色牌子、镊子、白粉、墨笔等
（2）编排事项：
国、英、算、理、化等科最好排在上午
高、初中集会钟点须先排上
注意理科教室及实验室须分配妥当，以防仪器标本之不够用
注意体育钟点及操场分配
注意教员每日任课钟点多寡分配
注意兼任教员任课钟点条件
注意男女中任课先生钟点不连排
注意各班教室及选科教室
5. 写各年级讲室课程表
（1）抄写表底：
注意每年级授课总时数
注意每学科每周授课时数
注意各学科任课教员注字（讲室表不注）
（2）打印课表：按课表底稿打印填写讲室号数后悬挂
6. 写特别教室课程表
（1）理科教室表（物理、化学、生物）
（2）理科实验室表（物理、化学、生物）
（3）选科教室表（国选、英选、簿记）

（4）劳作教室
（5）图画教室
（6）音乐教室
7. 写教员任课表：须写两份，一份送教员，一份留存本处备查
（1）注意时间有无冲突
（2）注意每日授课钟点是否均衡，是否集中
（3）注意是否与聘书所列钟点相符
8. 订讲室号数表
（1）普通教室分配
（2）特别教室分配
9. 订每日作息时间表：参照季候随时酌定
10. 上课证
（1）印制：底稿备妥交事务处洽印
（2）填写：年级、组别、姓名、注册号（高二、三年级须注意填入选科）
（3）分发：学期开始时凭交费执据发给

四、考试

1. 新生考试
（1）招生简章（附考试日程）
（2）新生报名：预备报名书考证
（3）约拟试题
（4）考题收发
（5）考题缮写
（6）考题校阅
（7）考题印刷及保管
（8）考场布置（商同事务处合作）
（9）考场规则
（10）约监考人　附告监考应行注意事项
（11）检查身体（预备健康检查表）
（12）阅卷
（13）抄过成绩
（14）审查定榜

（15）揭晓

写新生榜

入学须知（附保证书）

录取及未录取分别通知

（16）考题保管汇订成册

（17）考卷保管存库备查

（18）新生榜留存一份备查

2. 平日考试每学期举行两次，日期办法由学科主席会议决定

（1）编排考试日程，考前一周公布（附考场规则）

（2）约拟考题

（3）考题收发 .

（4）考题缮写

（5）考题校阅

（6）考题印刷及保管

（7）考场布置

（8）约监考人（附学生缺席单）

（9）阅卷：以会阅为原则

（10）催交成绩报告单

（11）抄过成绩

（12）发成绩通知：成绩劣者分别予以警告或严重警告并报告家长

（13）考题留存

（14）考卷存库查

3．学期考试或学年考试

（1）编排考试日程：考期前一周公布（附考场规则）

（2）预备学生竹牌

（3）通知教员关于考试事项

（4）约拟试题：须两份，一份大考一份补考用

（5）考题收发

（6）考题缮写

（7）考题校阅

（8）考题印刷及保管

（9）考场布置（商同事务处合作）

（10）约请监考人（附监考注意事项）
（11）阅卷：以会阅为原则
（12）催交考卷及学科成绩簿
（13）抄过成绩总簿
（14）抄写成绩通知书
（15）学期成绩审查会
（16）发成绩通知书
a．通知家长各项启事
b．下学期开学日期
c．下学期用费表
d．学业，操行，体育成绩表
e．成绩审查标榷
f．保证书（第二学期用）
（17）考题保管
（18）考卷保管
（19）成绩通知书底簿保管
4. 补考
（1）编制补考学生名单
（2）预备补考学生竹牌
（3）统计补考人数及学科
（4）公布旧欠学科补考办法
（5）催交或约拟补考题（按：补考题系与大考同时拟定，此时只催交或约拟）
（6）编排补考日程（附考场规则）
（7）考题收发
（8）考题缮写
（9）考题校阅
（10）考题印刷及保管
（11）考场布置（商同事务处合作）
（12）约请监考人
（13）阅卷：分送原任课先生或按科会阅
（14）抄过成绩
（15）成绩审查

（16）公布结果（布告或发成绩通知）
（17）考题保管
（18）考卷保管
（19）补考名单保管
5. 毕业考试 .
（1）考试日程（附考场规则）
（2）约拟考题两份，一份大考，一份补考用
（3）考试学科内容
上列三项由高、初三年级会议通过
（4）预备学生竹牌
（5）考题收发
（6）考题缮写
（7）考题校阅
（8）考题印刷及保管
（9）考场布置
（10）约请监考人　附监考应行注意事项
（11）阅卷
（12）催交学科成绩簿及试卷
（13）抄过成绩
（14）成绩审查
（15）公布结果
a．毕业成绩最优者予以奖状
b．布告不及格应行补考学生名单
c．不毕业学生予以书面通知
d．初中成绩最优者免考升入高中
（16）考题保管
（17）考卷保管
（18）毕业生名单保管
（19）补考生名单保管
6. 毕业补考
（1）公布不及格应行补考学生名单
（2）补考日程

（3）补考生竹牌
（4）催交补考题
（5）考题收发
（6）考题缮写
（7）考题校阅
（8）考题印刷及保管
（9）考场布置
（10）约请监考人
（11）阅卷：少则分送，多则会阅
（12）抄过成绩
（13）补考成绩审查会
（14）公布结果
毕业者公布姓名
不毕业者用书面通知
（15）考题保管
（16）考卷保管
（17）补考生名单成绩保管
7. 会考
（1）呈报应届毕业生历期成绩表
（2）公布考试日程，考试地点，考场规则

五、成绩

1. 平日考试成绩
（1）登记：根据教员平日考试成绩报告单过入学科成绩总簿
（2）审查：有二科以上不及格学生分别予以警告或严重警告，必要时得通知学生家长
（3）通知：发成绩报告单通知学生
（4）保管：教员交来之成绩报告单装订成册，保管备查
2. 学期考试或学年考试成绩
（1）登记：根据教员交来之甲、乙种学科成绩簿抄过成绩总簿，抄写分数，计分平日平均、学期考、总平均、等第四栏
（2）审查：有二科以上不及格学生分别予以警告或严重警告或应留级

（3）通知：根据学科成绩簿抄写学业成绩通知书通知家长

（4）保管：教员交来之甲、乙种学科成绩簿或成绩单按班捆好，存留备查

3. 补考成绩

（1）登记：根据补考试卷抄过补考学生名单，经审查后再过入学科成绩总簿

（2）审查：根据补考成绩审查标准予以审查

（3）通知：发补考成绩单通知及格、不及格，升级或降级，必要时得通知家长

（4）保管：补考生补考成绩名单装订成册，保留备查

4. 毕业考试成绩

（1）根据教员交来之甲、乙种学科成绩簿或成绩报告单抄过学科成绩总簿

（2）审查：由高、初三年级毕业成绩审查会审查毕业或不毕业，品学俱优学生高中予以奖状，初中免考升入本校高一

（3）通知：已毕业者通知本人或家长，未毕业者书面通知

（4）保管：学科成绩簿或成绩报告单须加意保管

5. 毕业补考成绩

（1）登记：根据补考试卷抄过补考学生名册，经审查后再抄过总册

（2）审查：由高、初三年级毕业成绩审查会审查毕业或不毕业

（3）通知：公布姓名或书面通知

（4）保管：补考学生名单抄过成绩后加意保管

6. 会考

（1）通知：由教育主管机关发表随即通知学生

（2）保管：须装订成册，加意保管

六、教具

种类：

1. 史地图书
2. 史地挂图
3. 史地模型（地势模型、地球仪）
4. 理化仪器药品
5. 生物标本、仪器、显微镜

（《张伯苓、喻传鉴教育思想文选》，第 170—179 页）

重庆南开中学管理规定①

训导纲要

一、训导目标

甲、关于团体者——以“公”为训练总纲：注重课外组织，团体生活，大众利益及公共道德，藉以养成学生有为公牺牲之精神。

乙、关于个人者——以“能”为训练总纲：注意个性发展，全面发育，创造经验及自治训练，藉以培养学生有为公服务之能力。

二、训导原则

（1）应是积极的和建设的，而不是消极的和限制的。

（2）注重师生合作，藉以增厚师生间之感情。

（3）对学生力求亲切，惟须保持师道之尊严。

（4）深加体察学生之个性，予以适当之指导。

（5）多用间接的，少用直接的。

三、训导办法

（1）观察学生一切日常行动，作为训导之初步。

（2）团体训话，由级任导师领导之。

a. 根据训导纲要、训育指导委员会议决训练之中心问题，对各级学生作有系统之训话。

b. 提出偶发事项，指导该级学生应行改正之途径。

c. 预定有关抗战、民族、国家、社会、学校及身心修养的问题，定时开谈话会（开会时，学生轮流作主席，该级导师均出席指导。由学生自由发表意见或事前指定数人发表意见，作一结论，最后由导师作一总结述评）。

d. 开会时，导师可临时提出有关于修养的问题，为学生解答。

（3）个别谈话，由各级导师随时举行之。

a. 由导师支配时间，约各类学生轮流谈话。凡学生之家庭及自身一切生活状况，宜详加调查，各按其所需分别予以指导或予以帮助。

b. 鼓励学生随时找导师谈话。

c. 如遇学生发生特殊问题，导师可随时与之恳谈，以致劝善规过之效。

---

① 此处题目为编者所拟。

d．如有机会，随时与学生作恳切之闲谈，藉以明了学生真实情形。

（4）家庭访问，由教师酌量进行之。

a．如访问许可，请多作家庭访问，与学生家长作恳切之谈话，俾免除家庭与学校之隔膜，并可以对学生个性及其在家庭之言行，有进一步之了解。

b．倘学生家庭离校过远，可用通信方法代替家庭访问。

c．倘学生家长愿来校谈话，可与学生约定时间，由该生转告其家长。

四、填写报告

（1）导师报告表每生每学期一张，开学后由教导处分送各组导师。

（2）填写时，以平日“体察”所得为主，谈话为副。

（3）表内所列各项，一有所得，即请随时填入，以备教育厅抽阅，并望学期之中，送交教导处一次，仅供参考。

（4）表内特别记载，评语及操行成绩等项，可于学期之末填写。

（5）操行成绩标准另完[定]之。

（6）各组导师报告表，请于学期之末、大考前，汇送教导处。

慎　始

第一周同人共同注意事项

一、一切事均于事前准备妥当，开始就要学生做好。

二、第一次上课，先生应有充足的精神、和善的态度，处处予学生良好的印象。

三、督促学生及早备妥应用之书籍文具等。

四、开始即注意学生坐立的姿式是否端正；服装是否整齐；注意是否集中。

五、学校所定的规则开始就要认真执行，不要放松，第一次上课时特别注意以下几点：

1．先生入教室学生应全体起立，敬礼须整齐，先生答礼后始准一齐就坐。各班由中队长喊口令，中队长不在校者，由指定的小队长负责，不得乱喊。

2．先生点名，学生应起立应“到”。

3．学生发问或先生有问时，学生须立正发言，先生命坐始坐。

4．下课时学生敬礼也应注意整齐。

5．先生退出教室学生再走。

六、第一次上课设法唤起学生对于本科之兴趣，引起其好学之心，指定本日具体工作，督促其自习。

七、第一次上课签上课证时，可令学生坐定不动，每行从最后一排起，将上课证向前传递至前排第一人，送交教师签字，签毕再由前排第一人向后传，发还各人，一行签完再签一行，如此可免教室秩序发生紊乱。

第一周学生共同注意事项

一、慎始是成功的要素，一切事都要从开始做好。Good beginning is half done.

二、应用的东西书籍文具等要及早准备，最好第一天就备齐。

三、上课从第〈一〉时起就要注意由先生所讲授的，第一天就开始预备功课，做好先生所指定的工作。

四、从入校起就要注意遵守学校中一切规则，服装要整齐，对先生、同学要有礼貌，举止要端正大方，行动要敏捷守秩序。

五、“一年之计在于春”，从开学第一天起，要立志做好学生，不要做以后懊悔的事，存心要正，说话文雅，行动不粗暴，虚心领受先生的教导。

关于敏捷与镇静学生应注意事项

一、养成严守时刻的习惯。

二、养成严守纪律的习惯。

三、养成自动维持风纪的习惯。

四、要努力革除轻浮、懒惰、散漫、狂妄等恶习。

五、每作一件事，事前须有准备，作的时候要快，而无错误。

六、升降旗及集会时，集合要迅速，制服要穿着整齐。

七、出课室或宿舍集合时，要轻步快走，切不可撞倒他人。

八、同学遇到危险，须立刻营救，如自己能力不够，须立刻报告先生。

九、遇重大事件发生，须沉着应变，到紧急时察而后动，不慌张。

十、紧急集合时，要严守秩序，不大声说话，注意命令。

十一、遇警报时，须迅速到指定地点躲避，不可惊惶失措。

十二、自习要迅速开始。

十三、功课要按时预习，今日之事今日做毕，不可等待明日。

十四、团体行动要肃静，不作无谓的响声。

关于青年精神训练要目

甲、立志

1．立志是立定人生的目标，不立志的人如没有指南针的船，是很危险的。

2．立志要高尚，学生要立志做大事，不可立志做大官。

3．有志者事竟成。

4．学生是民族的中坚份子，要自尊自重，不可自暴自弃。

5．“舜何人也，予何人也，有为者亦若是”。“人皆可以为尧舜”。

乙、服务

1．“人生以服务为目的”。

2．“助人为快乐之本”。

3．“己欲立而立人，己欲〈达〉而达人”。

4．为公众服务要不居功，不炫能，任劳任怨。

5．为公众服务是为人的义务。

丙、做人

1．学生第一要学做人的道理然后再学做事。

2．日常生活要整齐、清洁、简单、朴素，合乎礼义廉耻。

3．居心要坦白，态度要正大光明。

4．作事要大公无私。

5．作事要脚踏实地，实事求是不可敷衍自欺。

6．大量容人小心处世，远处着眼近处下手。

7．“躬自厚而薄责于人”。“行有不得反求诸己”。“不怨天，不尤人”。

8．敬人者人恒敬之，爱人者人恒爱之。

9．“天助自助者”，自己肯努力别人才愿帮助。

10．要有革命的精神，时时要求进步。

丁、精神改造要须

1．醉生梦死之生活必须改正。

2．奋发蓬勃之朝气必须养成。

3．苟且偷生之习性必须除。

4．自私自利之企图必须打破。

5．分歧错杂之思想必须纠正。

（宋璞主编：《喻传鉴在重庆》，重庆出版社2008年版，第139—145页）

自贡蜀光中学规章制度

自贡市私立蜀光中学操行成绩考查标准

（1938年秋[①]）

一、关于团体者——注重“公”的训练，藉以增进团体丰富。

1．遵守团体规则；

2．维护公共秩序；

3．服从公益；

4．热心服务；

5．维护公共利益；

6．勇于负责；

7．作事公正；

8．主持正义；

9．爱惜公物；

10．注重公共卫生；

11．确守时间；

12．遵守信约；

13．有合作精神；

14．度量宽大，能容忍。

二、“能”[②]

1． 努力进修；

2． 有自动研究之习惯；

3． 思想健全，能判断是非；

4． 意志坚定，不为物诱；

5． 能节制，有自治能力；

6． 有独立进取精神；

7． 生活有规律；

① 原文未标注日期，此日期为编者据文头“自贡市私立蜀光中学于廿七年秋迁入新校址”字样推定。

② 本文为手抄稿，可能抄写者在抄写时文字上有所省略。

8. 有良好卫生习惯；
9. 能刻苦，服用俭朴；
10. 有组织能力；
11. 能应付及改善环境；
12. 对人有礼貌；
13. 能审慎择友；
14. 能利用闲暇时间。

（蜀光中学档案）

自贡市私立蜀光中学操行成绩审查规则

（1939年2月）

一、训练目标与考查项目

（一）关于团体者——以“公”为训练总纲，注重课外组织，团体生活，大众利益及公共道德，藉以养成学生有为公牺牲之精神。考查要项如下：

1．遵守公共秩序否？

2．爱团体否？

3．喜参加团体活动否？

4．有组织能力否？

5．有领袖才能否？

6．能服从公意否？

7．有合作精神否？

8．热心公共利益否？

9．作事负责否？

10．作事有条理否？

11．能为公牺牲否？

12．能主持正义否？

13．爱惜公物否？

14．注重公共卫生否？

15．确守时间否？

16．其他。

（二）关于个人者——以“能”为训练总纲，注重个性扩展，全面发育、创造经验及自治训练，藉以培养学生有为公共服务之能力。考查要项如下：

1．努力学业否？

2．志趣高尚否？

3．思想健全否？

4．意志坚定否？

5．性情和平否？

6. 有进取精神否？
7. 有创造力否？
8. 举止端方否？
9. 态度活泼否？
10. 语言适当否？
11. 对人重信义否？
12. 生活有规律否？
13. 俭朴、勤苦、耐劳否？
14. 爱整洁否？
15. 言行合一否？
16. 其他。

二、操行等第

操行等第分甲、乙、丙、丁四等，甲等最优，丁等不及格。不及格者须退学。评定标准如下：

（一）甲等。操行成绩满 90 分以上者，须具关于团体德目十二项以上及关于个人德目十五项以上者。

（二）乙等。操行成绩满 80 分以上者，须具关于团体德目十一项以上及关于个人德目十五项以上者。

（三）丙等。操行成绩满 60 分以上者，须具关于团体德目八项以上及关于个人德目十二项以上者。

（四）丁等。操行成绩不及格 60 分者，关于团体德目不足八项，关于个人德目亦不足十二项者。

三、操行评定办法

（一）普通学生之操行成绩：

1. 以各先生之操行成绩报告及组导师与级任导师之考查记录，为评定之根据。

2. 再参照请假、旷课统计，宿舍整洁检查，操行奖惩记录，由教导处酌[定]等第。

（二）特殊学生之操行成绩：

1. 先依上法评定其操行等第。

2. 再经教导会议详核后，酌予升降；或更予以适当奖惩，以资鼓励或警戒。

附：奖惩实施办法

一、奖惩原则

1．实施奖惩在使得奖或受惩学生，得以自慰或自警。

2．实施奖惩在使一般学生有所景仰与戒惧。

3．实施奖惩宜首重精神上之影响，形式次之。

4．实施奖惩宜注重积极方面之效果。

5．实施奖惩宜宽严繁简合度。

二、奖励

（一）种类——1. 口头奖励，2. 公布记功，3. 给予奖状或奖品，4. 酌免费用一部。

（二）标准——1. 具备德目较多者，2. 某种德目特著者，3. 忠于团体有成绩者，4. 操行成绩特优者。

三、惩罚

（一）种类——1. 劝诫，2. 警告，3. 记过，4. 通知家长，5. 暂时停学，6. 退学。

（二）标准——1. 犯轻过者，2. 戒而不改者，3. 犯重要校规者，4. 不听教诲者，5. 屡戒不改者，6. 不堪造就者。

四、执行。实施奖惩由级任导师及教导处分别执行。

（蜀光中学档案）

蜀光中学成绩审查及补考规则

（1939年2月）

（一）学期终了时，学生有左列情形之一者，即令留级或退学。

（1）学业成绩有三科不及格，或无学期成绩者；

（2）高中学生有国文、英语、算学、物理、化学五科中之二科不及格，或无学期成绩者；

（3）初中学生有国文、英语、算学、劳作四科中之二科不及格，或无学期成绩者；

（4）操行成绩列入丁等者；

（5）体育成绩列入丁等者。

（二）学期终了时，学生有左列情形之一者，准予补考。

（1）有一科不及格或无学期成绩者；

（2）有二科（但非第（一）条第（2）、（3）两项所列之科目）不及格或无学期成绩者。

（三）凡未经正式准假擅自缺考者，即以无成绩论，此项缺考科目，不得补考。

（四）补考以二次为限，日期如左：

（1）第一次：寒假后在开学后第三星期。暑假后在开学前约一星期。

（2）第二次：在公布第一次补考结果时通告。

（五）凡照章得补考者，均须按照补考日期、时间到校应试，补考不到，即以补考不及格论。

（六）所有应行补考学生，次学期均暂准仍随原班附读，俟补考及格后，始准正式进级。如仍有不及格科目，应于次学年留级肄业。

（蜀光中学档案）

自贡市私立蜀光中学现行学则

（1939年7月修订）

第一章　总则

第一条　本校定名为私立蜀光中学。

第二条　本校遵照中华民国教育宗旨及其实施方针，继续小学之基础训练，以发展青年身心，培养健全国民，并为研究高深学术及从事各种职业之预备。

第三条　本校分男、女两部，各部分设高中部及初中部，修业年限各为三年。

第二章　设科及学额

第四条　本校高中部暂设普通科。

第五条　学额　男生部，初中暂定为三百名，高中暂定为三百名；女生部，初中暂定为三百名，高中暂定为一百五十名。

第三章　组织

第六条　本校设校长一人，综理全校一切事宜。

第七条　本校设教导及事务二处，协助校长分理一切校务。

第八条　教导处设主任一人，教务组组长一人，训导组组长一人，教导干事二人，及书记若干人，掌理、计划及推行关于一切教训事宜。

第九条　事务处设主任一人，会计员一人，及事务员若干人，办理会计、庶务及其他一切杂务。

第十条　本校遵照部颁《特种教育纲要》，采行青年训练团编制。高中部设军训分团，实行军事管理；初中部设童子军分团，实行童子军管理。除军事教官及童子军教练外，各级设级任导师一人，各组设导师一人，分理各该级训导事宜。

第十一条　本校为谋校务进行之便利，设左列各项会议：

1．校务会议　由校长及全体教职员组织之，校长为主席，讨论全校兴革事项，每学期开会一次。

2. 教导会议　由校长及全体教员组织之，校长为主席，讨论全校教训方针及实施办法，每月开会一次。

3. 事务会议　由校长、各主任，及全体职员组织之，校长为主席，讨论关于一切事务进行事项，每周开会一次。

4. 学科会议　每学科设学科会议，由教导主任及同科任课教员组织之，讨论关于该学科教学进行及改进事项，每学期开会一次。各学科会议主席由同科教员推选之。

5. 级任导师会议　由教导主任及各级级任导师组织之，讨论关于各年级训育进行事项，每月开会一次。

第十二条　本校为增加行政效率及使全校教职员共同负责起见，设左列各种委员会：

1. 预算编制委员会　由校长及各部负责人组织之，审查学校经济状况，编制全年出入预算，每学期开会一次。

2. 经费稽核委员会　由专任教员公推三人组织之，负审核收支账目及单据之责，每月开会一次。

3. 训育指导委员会　由校长、教导主任、各级级任导师、各组导师、体育教员、军事教官、校医，及童子军教练员等组织之，教导主任为主席，负指导学生生活及扶助课外活动之责，每周开会一次。

4. 图书委员会　由教导主任、各学科主席及图书馆馆员等组织之，以教导主任为主席，负审查及购置图书之责，每学期开会一二次。

5. 健康教育委员会　由校长、教导主任、事务主任、各级级任导师、体育教员、校医、护士等组织之，以校长为主席，负责计划并推行关于全校卫生、身体检查及疾病预防等事项，每两周开会一次。

6. 招生委员会　由教导主任、各学科主席等组织之，以教导主任为主席，负责办理招考新生事宜，每学期开会一次。

第四章　课程

第十三条　本校初中部之教学科目为公民、体育及童子军、国文、英语、算学、生理卫生、植物、动物、化学、物理、历史、地理、劳作、图画及音乐。

第十四条　本校高级中学之教学科目为公民、体育、军事训练、国文、伦理、英语、算学、生物学、化学、物理、中外历史、中外地理、图画及音乐。

第十五条 本校课程及每周各学科教学时数遵照教育部二十五年二月颁布之《中学课程标准》办理。

第十六条 本校女生部为适应女子特殊需要，酌授军事看护、家事及有关于女子实用之智识技能等学科。

第五章 教训要旨

第十七条 本校遵照中华民国教育宗旨及其实施方针，施行左列各项训练：

1. 锻炼强健体格；
2. 陶融公民道德；
3. 培育民族文化；
4. 充实生活知能；
5. 培植科学基础；
6. 养成劳动习惯；
7. 发起艺术兴趣。

第十八条 为求实现上列各项目标，本校对于教训实施原则如左：

1. 教训合一，全体教员共负教学与训导之责。
2. 师生共同生活，实行以身作则。
3. 注重师生合作，藉以增厚教者与学者间之感情。
4. 注重个别教导，学业与行为因资质与气禀之差异施以不同之训练。
5. 以整个学生为教训对象，使身心各方均得平均发展。
6. 提倡团体活动，注意公共生活，使学生均能服从纪律，遵守秩序及爱护团体。
7. 提倡自动活动，鼓励开辟经验，藉以养成独立负责、奋发有为之精神。
8. 学生各种学习及各种行动务使得到良好之习惯，并使之明了各种习惯之价值。
9. 各科教学力求认真，使学生努力学业，毕业后均有升学及就业之能力。
10. 各科教师互相联络，在可能范围内共负各科教学责任。
11. 采取自动教学法，训练及指导学生自修，使学生得到学习方法，藉以培养自力求学之能力。
12. 注重个人进步，成绩审查以个人进步为标准，各种教材务求彻底了解，充分娴熟，以达到自由运用为原则。

第六章　成绩考查

第十九条　本校学生成绩分学业、操行、体育三项。

第二十条　学业成绩考查分左列五种：

1. 日常考查　由教员于平日授课时按照各学科性质、工作种类随时考查，次数无规定。

2. 临时试验　每学期至少举行两次。

3. 学期考试　在第一学期之末举行学期考试，以全学期所习为考试范围。

4. 学年考试　在学年之末举行学年考试，以全年所习为考试范围。

5. 毕业考试　毕业考试于三学年修满后就所习全部课程考试之。参加会考学生免除毕业考试。

第廿一条　各学科考查方式依各科性质由同科教员共同商定之，注重实习与纯熟。

第廿二条　本校训练学生时，除遵照中华民国教育宗旨及其实施方针外，对下列二事特别注意：

1. 团体方面注重公的训练，养成为国牺牲之精神。

2. 个人方面注重能的训练，培养为国服务的能力。

故考查操行时，在团体注重公共道德、团体生活及课外组织等各方面；在个人注重学生平日生活、思想、行动、习惯等各方面。

第廿三条　本校操行考查由教导主任、各级级任、各组导师及其他教职员按照规定德目共同负责评判，决定等第。

第廿四条　本校体育成绩考查分左列四种：

1. 平日考查；

2. 学期试验；

3. 体格检查；

4. 标准测验。

第廿五条　本校体育考查，就学生之体格、体力、知识、技能、精神、努力程度及卫生习惯等各项，由体育教员评定之。

第廿六条　本校学生学业、操行、体育成绩特佳者，得予以左列之奖励：

1. 奖状，2. 奖品，3. 记功，4. 免收学费。

第廿七条　本校学生违背校规，不服指导，或于团体纪律秩序有妨碍时，得酌予左列之惩罚：

1．劝诫，2．警告，3．记过，4．通知家长，5．暂时停学，6．退学。

第七章　学年、学期及休假日

第廿八条　本校每年八月一日为学年度之始，次年七月卅一日为学年度之终。一学年分两学期，自八月一日至次年一月卅一日为第一学期，自二月一日至七月卅一日为第二学期。

第廿九条　本校休假日期除学校纪念日外，悉照部颁规程施行。

第八章　入学及退学

第三十条　本校于第一学期之始招收高一及初一新生，除毕业班外，各年级得招收编级生若干名。

第卅一条　本校于第二学期之始，不添设新班，但各年级如有空额，得酌收编级生若干名。

第卅二条　凡小学及初中毕业学生经过入学试验及格，得入校为本校学生。

第卅三条　每学年在第一学期之始，高一及初一招考时，得酌收同等学力学生，但以教部规定之比额为限。

第卅四条　凡转学学生请求入本校者，亦须经过入学手续。

第卅五条　凡学生因特别事故须退学或休学者，得由家长或保证人来函声请（此项函件须签字盖章），以凭核办。休学并以两次为限。

第卅六条　休学学生复学时，亦须先由家长或保证人用签字盖章函件向学校申请，经核准后始得入校。

第卅七条　一学期内因事缺席两星期，因病缺席六星期，或缺席总数满六星期者，即不得参与学期或学年考试。

第卅八条　凡学生有左列情形之一者，退学。

1．体育不及格者；

2．操行列入丁等者；

3．一学期旷课逾二十小时者；

4．开学后三日内不到校，亦不请假者；

5．学业成绩过劣者；

6．继续留级逾二次者。

第九章　费用及奖学金额

第卅九条　本校学生每学期应纳费用。

高中部		初中部	
一、学费	十二元	一、学费	六元
二、宿费	三元（通学生免收）	二、宿费	三元（通学生免收）
三、住宿生膳费	约三十元	三、住宿生膳费	约三十元
通学生膳费	约十五元	通学生膳费	约十五元
四、体育及卫生费	一元	四、体育及卫生费	一元
五、理科实验费	一元或二元	五、理科实验费	五角
六、图书费	一元	六、图书费	五角
七、预偿费	二元	七、劳作材料费	五角
		八、预偿费	二元

初、高中学生缴纳之预偿费，如未损坏公物，期末照数退还；膳费期末结算，多退少补；军训及童子军制服自备，免缴制服费。

第四十条　本校遵照部令设公费及免费学额若干名，凡学生学业、操行、体育三项成绩均佳，而家境贫寒、无力供给者，经审查属实，可给予公费或免费待遇。

（蜀光中学档案）

自贡市私立蜀光中学校规辑要

（1939年秋）

（一）总则

1．凡在校诸生，皆须敦崇品行，砥砺学业，以期造成国家有用之才。

2．学生对于学校，须绝对爱护；对于师长，须服从指导。

3．凡有关团体训练及公共生活之一切规则，皆须遵守。

4．冶游赌博，妄取他人财物，及吸烟饮酒等事，为本校所严禁，犯者，轻则记过，重则斥退。

5．考试舞弊，本校悬为厉禁，违者，轻则记过扣除学分，重则斥退。

6．阅看不正当书籍及谈淫亵等语者，轻则记过，重则斥退。

7．体态松懈，言语粗鲁，举止轻浮，及一切有背团体纪律之行为，皆行禁绝。

8．无论在校内校外，与本校教职员相遇，须致敬为礼；与同学相处，均应和睦。

9．学生无论在校内校外，均须穿着学校规定之制服，并须保持清洁整齐。

10．学生入校后，年不满二十一岁者不得完婚，违者，查出即令退学。

（二）学生请假、休学、复学、转学及退学规则

1．学生因病或因事不能上课时，须预先到训导处请假，并须呈交家长或保证人盖章证明函件，否则以旷课论。

2．每学期每门学科，旷课三小时者，该科成绩降一级，旷六小时者降两级，余类推。

3．一学期内，旷课逾二十小时者，斥退。

4．旷课学生，训导处得随时加以训诫。

5．一学期内，凡因事缺席二星期及因病缺席六星期者，即须退学。

6．一学期内，学生缺席总数不得逾六星期，否则，即须退学。

7．开学后，不按时到校，又未接家长来函声明告假者，即认为退学。

8．开学后，未到校学生虽经请假，但事假逾二星期或病假逾六星期者，即不准入校。

9．假满回校时，须到训导处销假。

10．学生因故自请退学者，须经该生家长或保证人来函切实证明，经核准后始得退学。

11．学生请求休学、复学及转学时，须经该生家长或保证人亲身来校声明或具切实函件证明，经核准后，始得休学、复学或转学。详细办法悉照教育厅规定办理之。

（三）教室规则

1．教室秩序，无论上课或自修时，全班学生均须负责，共同维持。

2．每次上课，预备铃振后，即须齐集教室，不得迟延。上课后，迟到逾五分钟者，即不准入教室，以旷课一小时论。又迟到（五分钟限度内）三次者，亦以旷课一小时论；迟到六次者，以旷课二小时论。余类推。

3．先生上下课时，须一律起立致敬，由中队长呼“起立”“敬礼”“礼毕”“坐下”口号。

4．上课时，不得阅本科以外之书籍，或做其他工作。

5．上课时，不得藉词走出教室。

6．下课时，不得大声谈笑，击动桌椅，及用粉笔向黑板或墙壁随意写画。

7．座位经编定后，不得私自变更。

8．教室清洁，学生须共同负责，地上不准吐痰及抛弃纸屑。

9．当自修钟点，或教师告假时，须在教室安静自修，不得早退。

（四）学生宿舍规则

1．每晨按规定时间起床，不得迟延。起床后，即须将内务按规定形式整理完善。

2．盥漱等事，应在规定地点为之。

3．在上课时间，宿舍各门一律上锁，应用书籍什物，须预先取出。如遇特别事故，须回宿舍者，可和训导处声明理由，经允许后，始得凭照入室。

4．每晚就寝时间，高、初中均有规定，诸生一闻就寝铃声，即应急速归室，静候点名。在此时间内，应停止作乐，及一切出声扰乱秩序等事。

5．熄灯后，不得彼此谈笑，扰人睡眠。晨兴前行动，亦须安静，不应有作声惊人。

6．熄灯后及晨兴前，私点灯烛者，记过；屡犯者，即令退学。

7．学生床位经编定后，不得私自调换。

8．学生不得留亲友在宿舍寄宿。

9．学生不得在宿舍内接待亲友。

10．学生午睡起床后，及晚间自修前，应将床被收拾整齐。

11．如有不请假外出，而至晚不归校住宿者，轻则议罚，重则斥退。

12．宿舍校工，为数无多，除每日为学生预备开水，并作扫除工作外，学生不得任意差遣。

13．宿舍内，不应大声呼唤校工。如校工有不尽职处，可向事务处报告，不得任意打骂。违者，轻则议罚，重则斥退。

14．宿舍内，不准穿木屐。

15．宿舍内，不得随意吐痰及抛弃纸屑、零星物品，尤不得任意污损墙壁，敲钉挂物或在窗台上晒衣物等。

16．宿舍内，不准自做食品，并不准存放锅、炉等炊具。

17．学生所带箱篮等物，均以榻下能容为度。住宿学生务须少带物件来校。

18．天气无论热至何度，不得袒裸，尤不得赤背跣足，在宿舍外行走。

19．所带银钱，务须妥为存放，以防遗失。

20．不得在宿舍内外随意便溺，违者记过。

21．校内如遇有传染病，及失盗等事，得施行临时检查。

22．如有染患病症者，应入医院或回家诊治。

23．学生由宿舍携物出校门时，须先到训导处领取携物出门证。

24．宿舍内，若发现有干禁例之刊物或书籍时，得随时施行检查。

25．凡本市有家学生，欲于每星期六晚或放假日之前一晚回家住宿者，须具家长盖章来函请假，否则以不请假不归宿论。

26．凡违背公布之宿舍整洁检查标准者，初犯予以警告，屡犯而不知悔改者，得随时令其退学。

（五）自修规则

1．学生自修，均须在指定教室。

2．自修时，不准迟到，亦不得擅自离室。

3．晚间自习第一时，不准出声诵读；第二时可诵读，但声音亦不得过高，免扰他人用功。

4．如有因病不能自修者，可向值日先生或训导处请假。

5．自修时，无故缺席者，初犯予以警告，再犯记过。

6．自修时须端坐，不得斜倚躺卧。

（六）其他规则

1．学生来校肄业，须于每年秋季始业时，填写保证书一次。

2．学生报到时，学宿等费务须交清。

3．每日上课时，除体育班外，不得作其他运动（如球类、游戏等），以重学业。

4．不得在校门外购买零食及果品等，违者记过，屡犯退学。

5．在校内不得作类似赌博之游戏，藉杜流弊。

6．非体育场所，不得练习运动及球类游戏，以防伤人，兼防损坏器物。

7．学生对学校各种器物，务加意爱护，如有损坏，须照价赔偿。

8．在校内如拾得财物，须交由事务处招领，干没者，查出重罚。

9．贵重物品及大宗银钱，不准携带来校，以防遗失。

10．学生集会及揭贴故事，须经训导处核准方可举办，如系集会，更须请导师出席指导。

11．校内各处工友，如有不尽职责处，可到事务处报告，以凭办理。学生不得任意打骂。违者轻则议罚，重则斥退。

12．关于礼堂、食堂、图书馆、实验室及其他各处规则，均在各该处悬挂，望各注意。

（蜀光中学档案）

蜀光中学教职员服务通则

（1942年9月）

1．本校实行教训合一，各科教员均负教训之责。

2．本校教职员应出席国父纪念周、升旗礼及其他学校通知之公共集会，以表现全校师生一致之精神。

3．本校教职员应参加与其职责有关之各种会议，决议案并应切实执行。会内有讨论，会外无批评。

4．本校职员应依规定时间办公，教员应按照规定时间上课或下课，每次上课必须按照名册点名。

5．本校教员对于学生平时考试成绩及学期考试成绩，均应于考试完毕后三日内核算清楚，送交教务处，以便登记。

6．本校教员应督促学生切实做各该科作业或练习，按时缴交或完成。教员亦应按期批改后发还之。

7．国文及英语之作文、造句练习，请照学校规定次数，令学生习作。

8．本校教职员有襄助各种考试、监考及评阅试卷之义务。

9．本校每年级设级任导师一人，由校长聘请专任教员充任之，各科专任教员皆有充任级任导师之义务。

10．各年级级任导师之任务依照部颁《中等学校导师制纲要》及四川省《中等学校导师制施行细则》另定之。

11．本校教职员均有指导学生课外活动及研究之责。

12．本校各处职员兼任功课，每周以十小时为限。

13．本校各处职员请假，由主管人核准；其请假时间较长者，须得校长之同意。

14．本校教员因事或因病缺席，须先通知教务处，所缺功课，应设法补授，以重课业。如假期在一星期以上者，务须觅代<理>人代理。

15．教职员请假期内所有代理人之酬金由请假人薪津扣送，其数目以薪津及日数比例计算。

16．教职员因特殊原因请假，其代理人之酬金，校长可斟酌情形，由学校致送一部或全部。

17. 本校专任教员不得兼任其他有给职务。

18. 本校教职员应领津贴每月中旬发给一半，其他借支，一概停止。但经校长特许者，不在此例。

19. 本校教职员如未经学校同意，不得中途离职。

20. 本校教职员年功加俸及优待办法另订之。

自贡市私立蜀光中学订

（蜀光中学档案）

私立蜀光中学教职员年功加俸及优待办法

（1943年6月）

第一条　本校为奖励教职员长久任职起见，特订定本办法。

第二条　本校新聘专任教员薪金数额规定如左：

一、初中教员薪金按照其教学经验自一百三十元起至一百五十元止。

二、高中教员薪金按照其教学经验自一百八十元起至二百元止。

第三条　本校干事以下各职员薪金，初到职者按照其资历及能力规定其数额，自二十五元起至六十元止。

第四条　本校教员及干事以下各职员各种津贴均按照校董会之规定，每月发给之。

第五条　本校教员年功加俸标准按照其来校服务年限规定如左：

一、满二年者增加薪金三十元。

二、满三年者增加薪金四十元。

三、满四年者增加薪金五十元。

四、满五年者增加薪金六十元。

余此类推，但薪金最高数额以增至五百元为限。

第六条　本校干事以下各职员年功加俸标准，亦按照其在校服务年限规定如左：

一、满二年者增加薪金十元。

二、满三年者增加薪金二十元。

三、满四年者增加薪金三十元。

四、满五年者增加薪金四十元。

余此类推，但薪金最高数额以增至二百元为限。

第七条　本校教员连续服务满五年者，除年功加俸外，每年并多发给一个月薪津作为奖励金。

第八条　本校干事以下各职员连续服务满三年者，除年功加俸外，每年并多发给半个月薪津作为奖励金。

第九条　教员及干事以下各职员奖励金于每年一月底或七月底发薪时一

并发给之。

第十条　教员不履行聘约者及职员不努力工作者，得停发其奖励金。

第十一条　本校教员连续服务满九年者，得休假半年从事研究、考察，仍照支原俸，但以不兼任任何有给职务者为限。

第十二条　本校教员连续服务满十八年者，得休假一年，其薪俸支付办法与满九年者同。

第十三条　本校教员服务满九年或十八年，不愿休假而仍留校任职者，除照奖励办法每年多发给一个月薪津外，并发给全年薪俸四分之一或二分之一以示优待。

第十四条　本校教员连续在校服务十五年以上，年逾六十岁自请退职或学校请其退职者，得由校董会参照部定办法，酌量一次发给养老金若干，以维持其生活。

（蜀光中学档案）

蜀光中学设置清寒学生免费、公费及特种奖学金学额办法

（1943年6月）

（一）宗旨　本校为扶植清寒学生使得继续学业起见，遵照部颁规程，设置免费、公费及特种奖学金三种学额。

（二）请求学生须具备之条件：

甲、家境清寒；

乙、成绩优良；

丙、品行端正；

丁、体格健全；

戊、生活俭朴。

（三）请求手续：

甲、呈缴地方教育行政机关《家境清寒证明书》。

乙、填交本校所制《家境调查表》。

丙、填交本校所制《证明书》（此项证明书须由各请求人请在自流井有职业之亲友填写）。

（四）期限：

甲、在校学生　应于本年七月十五日以前照前订请求手续办理（已获得公费、免费或特种奖学金待遇者，亦须重办手续，惟清寒证明书可免缴）。

乙、投考新生　应于录取后一星期内办理请求手续。

上项请求手续限每年夏季办理一次，寒假时不得讲求给予或变更待遇。

（五）审查　本校对请求学生所缴证件及其应备条件，当组织审查委员会详为考查，以定去取与给予之类别。

（六）免费范围　免收学费、设备费、教师生活补助费、阅书费、体育费、卫生费、理科实验费、劳作实习费、杂费、学米。

（七）公费待遇　除免收前条所列各费外，初中学生每名每学期另给津贴国币三千元，高中学生四千元。

（八）特种奖学金　高、初中学生每学期应缴各费除预偿费外，全由学校供给，欲通学者，只供给通学费。

（九）休学或退学

甲、公费生中途休学或退学者，其应退各费，如超过自行担负数目，超过之数，不得领去。

乙、得特种奖学金学生中途休学或退学者，膳费余额不得领去。

丙、公、免费及特种奖学金学生如遭斥退，其免缴各费及所领津贴，须由保证人员负责追回或赔偿。

（十）撤消或变更待遇

上项免费、公费及给予特种奖学金生，于第一学期之末，均重新审查一次，如发现某生条件不合时，视其情节轻重，第二学期即取消或变更其原有待遇。

（十一）限制　高、初中投考新生，不得享受特种奖学金之待遇，在校学生修业满一年者，始有请求资格。

（十二）附则　其余未经本《办法》载明事项，统遵照部颁规程办理。

（蜀光中学档案）

自贡市私立蜀光中学现行学则

（1945 年 10 月修订）

第一章　总则

第一条　本校定名为私立蜀光中学。

第二条　本校遵照中华民国教育宗旨及其实施方针，继续小学之基础训练，以发展青年身心，培养健全国民，并为研究高深学术及从事各种职业之预备。

第三条　本校分男、女两部，每部分设高中部及初中部，修业年限各为三年。

第四条　本校初中部每学期招收新生一次，高中部每学期招收新生一次。

第二章　设科及学额

第五条　本校高中部暂设普通科。

第六条　学额　男生部，初中暂定为六百名，高中暂定为三百名；女生部，初中暂定为三百名，高中暂定为一百五十名。

第三章　组织

第七条　本校设校长一人，综理全校一切事宜。

第八条　本校设教务、训导、事务、体育四处，协助校长分理一切校务。

第九条　各处设主任一人，组长若干人，干事及书记若干人，掌理、计划及推行关于一切教务、训导、事务、体育事宜。

第十条　本校遵照部颁《特种教育纲要》，采取青年训练团编制，高中部设军训分团，实行军事管理；初中部设童子军分团，实行童子军管理。除军事教官及童子军教练外，各组设导师一人，分理有关训育事宜。

第十一条　本校为谋校务进行之便利，设左列各项会议：

1. 行政会议　由校长、各主任、各组长组织之，校长为主席，讨论有关全校行政事项，每学期开会二次或三次。

2. 校务会议　由校长、各主任及全体教员组织之，校长为主席，讨论全校教学、训导方针及实施办法，每学期开会一次。

3．训导会议　由校长、各主任、多名导师、军训教官、童军教练及训导处干事以上职员组织之，校长为主席，讨论关于一切有关训导事项，每月开会一次。

4．学科会议　每学科设学科会议，由教务主任、教学组长及同科任课教员组织之，讨论关于该学科教学进行及改进事项，每学期开会一次。各学科会议主席由同科教员推选之。

5．处务会议　由各处职员组织之，讨论有关各处之例行事项，每月开会一次。

第十二条　本校为增加行政效率及使全校教职员共同负责起见，设左列各种委员会：

1．预算编制委员会　由校长及各部负责人组织之，审查学校经济状况，编制全年出入预算，每学期开会一次。

2．经费稽核委员会　由专任教员公推三人组织之，负审核收支账目及单据之责，每月开会一次。

3．教学研究委员会　由教务主任、教学组长及各学科会议主席组织之。教务主任为主席，负各科教学改进研究之责，每月开会二次。

4．训育指导委员会　由校长、训导主任、各主任导师、体育教员、军事教官、校医，及童子军教练员等组织之，训导主任为主席，负指导学生生活及扶助课外活动之责，每周开会一次。

5．图书委员会　由教务主任、各学科主席及图书馆馆员组织之，以教务主任为主席，负审查及购置图书之责，每学期开会二次。

6．教职员福利委员会　由校长、事务主任及由全体教职员公推五人组织之，以校长为主席，负责计划并推行关于全校教职员福利事项，每月开会一次。

7．教职员康乐委员会　由全体教职员公推七人组织之，负责计划并推动有关同仁健康、娱乐事项，每〈学〉期开会二三次。

8．招生委员会　由教务主任、教学组长、注册组长及其他各处主任组织之，以教务主任为主席，负责办理招考新生事宜，每学期开会一次。

第四章　课程

第十三条　本校初中部之教学科目为公民、体育及童子军、国文、英语、数学、生理卫生、博物、化学、物理、历史、地理、劳作、图画及音乐。

第十四条　本校高中部之教学科目为公民、体育、军事训练、国文理论、外国语、数学、生物、化学、物理、矿物、中外历史、中外地理、图画及音乐。

第十五条　本校课程及每周各学科教学时数悉遵照教育部三十年颁行之《修正中学课程标准》办理。

第十六条　本校女生部为适应女子特殊需要，酌授军事看护、家事及有关于女子实用之智识技能等学科。

第五章　教训要旨

第十七条　本校遵照中华民国教育宗旨及其实施方针，施行左列各项训练：

1. 锻炼强健体格；
2. 陶融公民道德；
3. 培育民族文化；
4. 充实生活知能；
5. 培植科学基础；
6. 养成劳动习惯；
7. 发起艺术兴趣。

第十八条　为求实现上列各项目标，本校对于教训实施原则如左：

1. 教训合一，全体教员共负教学与〈训〉导之责。
2. 师生共同生活，实行以身作则。
3. 注重师生合作，藉以增厚教者与学者间之感情。
4. 注重个别教导，学业与行为因资质与气禀之差异施以不同之训练。
5. 以整个学生为教训对象，使身心各方均得平均发展。
6. 提倡团体活动，注意公共生活，使学生均能服从纪律，遵守秩序及爱护团体。
7. 提倡自动活动，鼓励开辟经验，藉以养成独立负责、奋发有为之精神。
8. 学生各种学习及各种行动务使得到良好之习惯，并使之明了各种习惯之价值。
9. 各科教学力求认真，使学生努力学业，毕业后均有升学及就业之能力。
10. 各科教师互相联络，在可能范围内共负各科教学责任。
11. 采取自动教学法，训练及指导学生自修，使学生得到学习方法，藉以培养自力求学之能力。
12. 注重个人进步，成绩审查以个人进步为标准，各种教材务求彻底了解，充分娴熟，以达到自由运用为原则。

第六章　成绩考查

第十九条　本校学生成绩分学业、操行、体育三项。

第二十条　学业成绩考查分左列五种[①]：

1. 日常考查　由教员于平日授课时按照各学科性质、工作种类随时考查，次数无规定。

2. 平日试验　每学期至少举行两次。

3. 学期考试　在每学期之末举行学期考试，以全学期所习为考试范围。

4. 毕业考试　毕业考试于三学年修满后就所习全部课程考试之，参加会考学生免除毕业考试，但仍举行本期期终考试。

第廿一条　各学科考查方式依各科性质由同科教员共同商定之，注重实习与纯熟。

第廿二条　本校训练学生时，除遵照中华民国教育宗旨及其实施方针外，对下列二事特别注意：

1. 团体方面注重“公”的训练，培养为国牺牲之精神。

2. 个人方面注重“能”的训练，培养为国服务的能力。

故考查操行，特在团体注重公共道德、团体生活及课外组织等各方面；在个人注重学生平日生活、思想、行动、习惯等各方面。

第廿三条　本校操行考查由训导主任、各组导师、军训教官、童军教练及其他教职员按照规定德目共同负责评判，决定等第。

第廿四条　本校体育考查分左列四种：

1. 平日考查；

2. 学期试验；

3. 体格检查；

4. 标准测验。

第廿五条　本校体育考查，就学生之体格、体力、知识、技能、精神、努力程度及卫生习惯等各项，由体育教员评定。

第廿六条　本校学生学业、操行、体育成绩特佳者得予以左列之奖励：

1．奖状，2．奖品，3．记功，4．免收学费。

---

① 原文称“五种”而实仅列四种。

第廿七条 本校学生违背校规，不服指导或于团体纪律秩序有妨碍时，得酌予左列之惩罚：

1．劝诫，2．警告，3．记过，4．通知家长，5．暂时停学，6．退学。

第七章 学年、学期及休假日

第廿八条 本校每年八月一日为学年度之始，次年七月卅一日为学年度之终。一学年分两学期，自八月一日至次年一月卅一日为第一学期，自二月一日至七月卅一日为第二学期。

第廿九条 本校休假日期除学校纪念日外，悉照部颁规程施行。

第八章 入学及退学

第三十条 本校于第一学期之始招收高一及初一新生，除毕业班外，各年级得招收编级生若干名。

第卅一条 本校于第二学期之始，仅招收初一新生，各年级如有空额，得酌收编级生若干名。

第卅二条 凡小学及初中毕业学生经过入学试验及格，得入校为本校学生。

第卅三条 凡招考高一及初一新生时，得酌收同等学力学生，但以教部规定之比额为限。

第卅四条 凡转学生请求入本校者，亦须经过入学手续。

第卅五条 凡学生因特别事故须退学或休学者，得由家长或保证人来函声请（此项函件须签字盖章），以凭核办。休学并以两次为限，并不得超过一年。

第卅六条 休学学生复学时，亦须先由家长或保证人用签字盖章函件向学校申请，经核准后始得入校。

第卅七条 一学期内因事缺席一星期，因病缺席六星期，或缺席总数满六星期者，即不得参与学期考试。

第卅八条 凡学生有左列情形之一者，退学。

1．体育不及格者；

2．操行列入丁等者；

3．一学期旷课逾廿小时者；

4．开学后三日内不到校，亦未请假者；

5．学业成绩过劣者；

6．继续留级逾二次者。

第九章　费用及奖学金额

第卅九条　本校学生每学期应纳费用由本市市政府召集本市各私立中学校董会代表、校长开会决定之。

第四十条　本校遵照部令设公费、免费，及特种奖学金学额若干名，凡学生学业、操行、体育三项成绩均佳，而家境贫寒、无力供给者，经审查属实，可给予公费、免费或特种奖学金待遇。

（蜀光中学档案）

私立蜀光中学导师制施行细则

（1946年8月）

一、本《细则》系遵照部颁《中等学校导师制纲要》，及四川省《中等学校导师制施行细则》，并参酌本校实际需要订定之。

二、本校每组设导师一人，每级设级任导师一人，每级级任导师并兼任本级一组之导师。

三、导师及级任导师，由校长商同训导主任聘请现任教员充任之。

四、全校设主任导师一人，由训导主任兼任之，负训导学生总责，协助校长监督并□□训导之实施。

五、每学期之始，由训导处拟定训导计划，并将学生过去学行成绩，分送各导师，以作实施训导之参考。

六、导师负责实施一组之训导工作，其项目如左：

甲、个别指导

（1）认识全组学生。就课内课外设法多与学生接触，参阅学生之像片及调查表，于短期内设法认识全组学生。

（2）举行个别考察。常与学生个别谈话，就学生日常生活中之各种表现，如性行、思想、学业、身体状况等，撮要记载于导师记录表内，作为训导之依据。

（3）调阅学生周记。学生每周周记，导师应按时调阅，如发现学生有不正确之观念，即随时予以指导。

（4）注意学生健康。对学生之精神、运动、疾病，以及卫生习惯等，随时予以指导。

（5）解决学生困难。学生有特殊问题者，如失常、悲观等，或向导师自述困难问题者，应随时予以指导，以期求得适当之解决。

（6）鼓励学生进步。学生如有优点，按其性质分别或当众予以鼓励，其有特殊优点者，应设法予以奖掖。

（7）注意学生思想。凡学生思想浅薄或谬误者，导师应随时启发或指正之。

（8）纠正学生错误。学生言行失检或违犯校规者，导师应随时劝戒或纠正之。

（9）联络学生家长。遇有特殊情形之学生，应与其家长取得密切之联络，以收双方督促之效。

乙、团体训练

（1）辅导成立班会。于开学之初，辅导本组学生成立班会，并指导其拟定计划，切实推行。

（2）指导学生开会。每周利用集会时间开会一次，令学生按正式会议方式举行，事前推定主席、记录，并预定每次讨论之中心问题。

（3）督促学生报告。每次班会举行完毕，由学生按照开会实际情形，填写班会报告表，经导师审阅、批判并签字后，即送交训导处存查。

（4）领导团体活动。领导学生参加校内校外各项团体活动，如劳动服务及社会服务等。

（5）鼓励学生爱国。有关爱国之工作，鼓励学生努力参加，领导学生举行升降旗礼，参加纪念周，并协助军训教官及童子军教练员检查学生人数。

（6）举行团体谈话。常对全班学生谈话，就其共同缺失，予以切实之指导，俾能养成良好班风。

（7）注意全班精神。对全班学生之秩序及其他表现，予以督促或指导。

丙、学术研究

（1）先就导师所任学科范围内，组织研究会，再组织其他学科研究会。

（2）指导本组学生阅读课外书报。

（3）扶助学生编制壁报。

（4）利用班会或其他时间领导学生举行座谈会、讲演会，或令学生作专题报告。

（5）指导学生组织时事研究会，及成立班图书室。

七、级任导师之工作，除兼任一组导师外，并与组导师取得密切联络，负责推动全年级之训导事宜。

八、级任导师须出席办公室办公，担任一部分训育行政工作，其项目如左：

（1）负责本年级学生之请假事宜，并考察其勤惰。

（2）担任轮值时之自修点名，及其他训导工作。

（3）每日早操或课间操负责点名，并维持升降旗全年级学生之秩序。

（4）举行纪念周与集会时，协助军训教官及童子军教练员整队，并照料本年级学生之纪律与精神。

（5）协助全校之清洁检查及秩序检查等事项。

九、本校公民教员、军训教官、童子军教练员及其他不任导师之专任教员，应利用教学及其他机会协助导师及级任导师推行训导工作。

十、导师须出席导师会议，级任导师须出席训导会议，其他有关训育之各种会议，如经邀请，亦应出席参加。

十一、导师会议每月开会一次，训导会议每三星期开会一次，商讨左列事项：

（1）训导工作之实施。

（2）训导效果之检讨。

（3）训导困难问题之研究。

（4）训导方法之改进。

（5）各组训导工作之联络。

（6）其他有关训导事项之推行。

十二、导师于学期之末，应将每个学生之操行，根据规定标准，会同级任导师评定其等第，报告训导处。

十三、导师于学期之末，应将记载学生性行、思想、学业及身体状况之《导师记录表》送交训导处，俾资保存，并备教育厅随时调阅。

十四、导师训导成绩特别优异者，由校长详叙事实，报请四川省教育厅核予奖励。

（蜀光中学档案）

南开大学规章制度

南开学校董事会章程

（1920年6月30日由董事会修订）

一、南开学校董事会以董事九人组织之。

二、南开学校现分大学、中学二部，统由董事会董理。

三、董事资格以学望素著、能辅助校务之进行者为标准，由董事会协议推举之。但第一次董事由创办人推定。

四、董事之任期定为三年，于每年三月改选，每年改推三分之一，第一次推定各董事应以抽签分定任期，即于次年三月常会改推，但得推举连任。

五、南开学校校长一人，由董事会聘任；大学部主任及中学部主任各一人，由校长推荐，经董事会通过。

六、学校经常费及临时费之支出由校长于每年夏季编造预算书，交董事会议决；每年秋季造具决算书，交董事会审查。

七、学校章程之制定及变更，应由董事会通过。

八、凡学校兴革事宜，校长得出意见，经董事会议决；其由董事会提议者，得先交校长审核。

九、董事会常会于每年三、六、九、十二等月第二星期日行之，遇有特别事项，得开临时会。

十、本《章程》自议决之日实行，遇必要时得修改之。

（《天津南开学校大学部一览》，中华民国十年春季，第2—3页）

南开大学教务管理规则[①]

（1921年春）

一、分科

<table>
<tr><td rowspan="5">文理科</td><td>言语学门</td><td>国文学部
德文学部
英文学部
法文学部</td></tr>
<tr><td>算学门</td><td></td></tr>
<tr><td>天然科学门</td><td>生物学部
化学部
物理学部
地质学部</td></tr>
<tr><td>社会科学门</td><td>历史学部
经济学部
社会学部
政治学部</td></tr>
<tr><td>哲学与
教育学门</td><td>哲学部
心理学部
伦理学部
教育学部</td></tr>
<tr><td>商学专科</td><td></td><td></td></tr>
<tr><td>矿学专科</td><td></td><td></td></tr>
</table>

① 本文标题为编者所拟。

二、入学考试

（一）资格

甲、凡本校中学毕业生，其国文、英文成绩各在七十分以上，其他各科亦均及格者，复免入学考试。成绩稍欠者，须经入学考试。

乙、他中学毕业生或与中学毕业程度相当者，得与入学考试。

（二）试验科目

甲、各科应试科目。

1．国文，2．英文，3．初等代数，4．平面几何，5．中国历史，6．中国地理。

乙、文科加试科目。

1．世界历史，2．世界地理，3．政治，4．经济。

丙、理科加试科目。

1．物理，2．化学，3．立体几何，4．三角。

丁、商科加试科目与文科同。

戊、矿科加试科目与理科同。

（三）投考手续

甲、投考时须填写报名书及呈验证书。

乙、投考时须交四寸半身相片一张，注册费国币一元，勿论录取与否，概不缴还。

丙、投考新生须经检验身体，体弱者不录。

三、学生之类别

（一）正科生。

凡已合本校正科入学程度，入学后选习所规定之正科课程者，为正科生。

（二）未分班生。

甲、凡在他大学正科或专门学校肄业一年或一年以上者，得转入本校肄业，免其入学考试。惟此等转学生在第一年内作为未分班生。

乙、凡欲由他校转入本校者，须由该校校长或教务长将其所习各学科成绩送交本校方得报名，其报名手续与投考同。

丙、未分班生满一年后考试及格，得改为正科生，其应入之年级由教员会视其在本校及他校所得之成绩酌定之。

丁、转学学生若系由他校革除者，一经查出，即令退学。

（三）旁听生。

甲、凡程度相当而不能习所规定正科课程者，经教务课许可，得入本校为旁听生。

乙、旁听生有欲升入正科者，须补足其入学考试各科目。

丙、旁听生可入本校图书室阅览书籍，但无借出书籍之权利。

丁、旁听生不能寄宿，但可照章纳费，在本校用膳。

戊、凡属南开学校职教员，有欲在本校作旁听生者，得免交学费，而其他各费仍应照章交纳。

四、费用

（一）学费。

正科生及未分班生全年三十六元，分两期交纳，秋、春两季开学前各交十八元。旁听生每习一绩点纳费两元。

（二）寄宿费。

全年二十四元，分两期交纳，秋、春两季开学前各交十二元。

（三）试验费。

化学、物理、生物试验费按科规定，一律于开学前交纳。此外尚须各交预偿费三元，如学期内未曾损坏试验用品，原数退还。

（四）印刷费。

每学期五角。

（五）膳费。

每月约五元。

（六）书籍等费。

均由学生自备。

五、学生入学时须知事项

（一）报到。

甲、本校于每年秋、春两季开学前五日为报到期，学生于此期内皆须亲至校中交费报到及取□收据。

乙、学生逾期报到，在开学后第一周内者，纳迟到费一元，在第二周至第四周内者，纳迟到费五元。若迟至四周后仍不报到者，即认为退学。

（二）受课券。

学生交费后至教务课领取空白课程表，将所选课程填写完毕，送交主任处签字，再持此表向教务课换取各科受课券。

（三）上课。

学生在第一次上班时，须将受课券呈交各科教授后，始得随班听讲。

（四）课程之改易及增减。

学生在开学后六星期内如欲改易或增减课程者，须得主任之认可。过六星期对于所选课程无论如何不得改易或增减。

（五）改易专修科。

学生欲改易专修科者，须经前后两专修科主任之认可，而对于其新专修科之必修学科，均应补习。

六、修业年限及课程之分配

（一）年限。

大学学生习毕一百四十绩点并考试及格始能毕业。

（二）绩点。

各科每星期授课一小时、自习二小时满一学期者为一绩点，试验、实习每三小时或二小时为一绩点。学生每学期所习功课除经特许外，至多不得过十八绩点，至少不得在十五绩点以下。

（三）课程之分配。

学生功课有必修、专修及选修之别，其分配之大略如下：

（甲）文理科。

1．必修。国文十二绩点，英文十二绩点，外国文（德、法、日）十二绩点。

2．专修。学生须依个性之趋向与将来之职业，在文、理二科内任选一门为专修科，其在专修科内所选功课至少须满五十绩点。

3．选修。除必修、专修课程外，每生可于各专修科或商、矿二科内任选若干绩点为选修科。选修课程至多不得在二十五绩点以上。

（乙）商矿二专科（课程另定）。

凡正科学生如于所选十八绩点之课程外欲旁听其他课程者，须得该门主任之特许。

七、考试

（一）凡正科生、未分班生皆须应学期、学年考试。

（二）凡学生有学科成绩在D等者，或临时因故不能应考者，均须补考。补考费每学科两元。如因亲丧大故请求补考者，得由教务课斟酌情形，免其补考费。

（三）凡得及格分数而欲重考以增加分数者，概不允许。

八、学科成绩评定法

（一）一学年分为二学期，每学期之末考试一次，其学业成绩分为 A、B、C、D、E 五等。九十分至百分为 A，八十分至八十九分为 B，六十分至七十九分为 C，五十分至五十九分为 D，五十分以下为 E。各科成绩以 C 等为及格，E 等为不及格。凡成绩在 D 等者，须补考一次，补考若仍不及格者，其学科若为必修科须重学；若为选修科，可重学，亦可改选他学科，以补足其绩点。

（二）凡学生于每学期内其所学之功课将及三分之二及格者，下学期仍准留校，不及三分之二者，即令其退学。

九、各门课程之简单说明

每门应授之课程，种类繁多，惟本校当此创立之始，各科教员多未到齐，故不能将全四年所应授之课程一一列举，兹将拟定所授之学科列后。

学科名目俱冠以数目字，其奇数者为上学期所授之学科；偶数者为下学期所授之学科；奇偶数并列者，为全学年所授之学科。

（一）文理科

甲、言语学门（Languages）

1．国文学部

一，二，一年生国文，上、下学期每星期三小时，全年六绩点。

三，四，二年生国文，上、下学期每星期三小时，全年六绩点。

五，六，中国文学，上、下学期每星期三小时，全年六绩点。

2．英文学部

一，二，一年生英文（Freshman English）

作短篇论文，并选读近代英国文学之浅易者，以资作文模范。除上课外，每学生可常与教员有单独谈话（Individual Conferences），以讨论其已经教员修改之论文。此为一年生必修科，上、下学期每星期三小时，全年六绩点。

三，四，二年生英文（Sophomore English）

大旨与前科相同，惟较高深。此为二年生必修科，上、下学期每星期三小时，全年六绩点。

五，六，高等英文（Advanced English）

三、四年级学生中作文成绩优特，更欲增进其作文能力，或预备将来以英文著述者，得入此科。文之类别由各学生就其性之所近随意择定。上、下学期每星期三小时，全年六绩点。

七，八，英美文学

上、下学期每星期三小时，全年六绩点。

3．德文学部

一，二，德文初步（Elementary German）

德文文法初步及浅近读本。上、下学期每星期三小时，全年六绩点。

三，四，德文论说及德语（Intermediate German）

上、下学期每星期三小时，全年六绩点。

五，六，德文文学（German Literature）

上、下学期每星期三小时，全年六绩点。

4．法文学部

一，二，法文初步（Elementary French）

法文文法初步及浅近法文课本。上、下学期每星期三小时，全年六绩点。

三，四，法文论说及法语（Intermediate French）

上、下学期每星期三小时，全年六绩点。

五，六，法文文学（French Literature）

高深法文文法及法文课本，作短篇法文论说及练习法语。

上、下学期每星期三小时，全年六绩点。

乙、算学门（Mathematics）

一，二，代数学、代形数及微积初步（Algebra, Analytic Geometry, Introduction to Calculus）

高等代数学、初等代形学（通作解析几何学）及微分积分学最浅部分参错全讲，下接中学算学，上启本门各科，以函数观念为主体，以图解方法为运用。先立平形之位标，追求二元方程之轨迹，论定单变函数之界说，及就曲线之斜度与线下之面积发明微分积分立术之大意，虽于直线、圆线、抛物线、双曲线论之特详，其他常用之平曲线亦以此类举。最后并拟兼及双变函数与空间形学，略示旁推上达之门径。理科学生第一、二年必修，他科学生选修。上、下学期每星期三小时，全年六绩点。

三，四，商用代数学（Mathematical Theory of Investment）

本学科专为商科学生而设，先论利息、折扣、年金、债票等之算法，继之以推分学之梗概，与人寿保险学上之用途。说理务极简明，演题取近实用。上、下学期每星期二小时，全年四绩点。

五，六，微分积分学（Differential and Integral Calculus）

本学科衔接算学一，二，推证单变函数微分、积分之法式，多变函数偏累积之程序与连级省敛法、马氏戴氏定理、最大最小问题等，而辅之以形学、力学、物理学上实用微积之要例。在本门为探讨较深学理之根基，在一切纯粹科学为驾驭繁剧杂题之利器。

此科凡程度合格之学生俱可选习，而专攻算学、物理学或化学者，在第二、三年为必修科。上、下学期每星期三小时，全年六绩点。

入班资格：已习算学一，二，或有同等知识者。

七，图形学初步（Introduction to Descriptive Geometry）

本学科之所讲习在图状空间之形体于平面之上所用之法，如垂直投影法、视点投影法等理皆浅易，大学初年生便能领略。然投影、截影目接心喻，因以养成真切清明之空间观念，实于研究一般学术技艺大有裨补，初学者不可忽也。

上学期每星期三小时，三绩点。

八，投影学初步（Introduction to Projective Geometry）

初等形学专重数量，所谓平面、立体几何学也。图形学取立体之形，图之于平面之上，亦以不失远近、大小数量关系为□。至投形学始舍数量而论方位。本学科为投形学入门初步，仅就最简之形网辨其相投之方位、次第，构成二割二接之平曲线等，治其投、截不变之性质，而结之以对极对应诸变化，论理但取会通，不务分析。因交比之说创位标之制，以为分析研究之预备焉。

下学期每星期三小时，三绩点。

丙、天然科学门（Natural Sciences）

1．化学部

一，二，无机化学（Inorganic Chemistry）

此科为本门各科之门径，讨论无机化学之全部，研究各原质、各化合物之性质及变化，尤注意重要公例与原理，间及化学与人生并工业之关系。

讲演、讨论每星期三小时，试验每星期一次（每次二小时），全年八绩点。

入班资格：凡习过中学化学一年者。

三，四，辨性分析（Qualitative Analysis）

此科注意实验，测定各物之成分，辅以讲演、研究、分析之原理，如浓量公例、沉淀公例、溶度公例等。

讲演、讨论每星期二小时，试验每星期二次（每次三小时），全年八绩点。

入班资格：凡习过本门一，二科者。

五，六，辨量分析（Quantitative Analysis）

此科贵精密之实验，测定各物成分之几何，按计重与计积二法，分二学期习之。

试验、讨论每星期一小时，试验每星期二次（每次三小时），全年六绩点。

入班资格：凡习过本门三，四科者。

七，八，有机化学（Organic Chemistry）

此科讨论有机化学之全部，研究各根质之特性，各同类化合物之通性及其重要变化，专注意分子构造之方法。

讲演、讨论每星期三小时，试验每星期一次（每次三小时），全年八绩点。

九，十，高等无机化学（Advanced Inorganic Chemistry）

此科为无机化学详细之研究，补前此所未备，并及稀有原质与其化合物。

上、下学期每星期二小时，全年四绩点。

入班资格：凡习过本门五，六科者。

十一，高等无机化学实验（Experimentation of Advanced Inorganic Chemistry）

此科专实验各无机化合物之制法。

试验每星期二次（每次三小时），一学期二绩点。

入班资格：与九，十同，最好与九同习。

十二，高等辨性分析（Advanced Qualitative Analysis）

此科为分析详细之研究，并及于稀有原质。

试验每星期二次（每次三小时），间有讲演，即于试验室行之。

入班资格：与九，十同，最好与十同习。一学期二绩点。

十三，十四，高等有机化学（Advanced Organic Chemistry）

此科为有机化学之详细研究，讨论各变化之通例，染料之原理、分子构造与光学之关系，并含淡质之有机化合物，如普洛丁、吗啡、尼哥丁之类，及其构造式之测定。

上、下学期每星期三小时，全年六绩点。

入班资格：凡习本门七，八科者。

十五，十六，有机化学分析（Organic Analysis）

此科为有机化学之辨性、辨量分析之实习。

试验每星期二次（每次三小时），全年四绩点。

入班资格：与十三，十四同。

十七，十八，物理的化学（Physical Chemistry）

此科专论化学上各公例之根源，分物性总论、力学的化学、热学的化学、电学的化学、光学的化学各别类，以分子永动说及热动学二公例贯彻全部，使学者知化学之统系及高深研究之趋向。

上、下学期每星期三小时，全年六绩点。

入班资格：凡习过本门五，六，七，八科或物理学门三，四科，或算学门三，四科者。

十九，二十，物理的化学实验（Practical Physical Chemistry）

此科为本门十七，十八科之实习，如测定分子重量、化学作用之速率等，并热化学、电化学之各实验。

试验每星期二次（每次三小时），全年四绩点。

入班资格：与本门十七，十八同。惟习是科者，须同习十七，十八，若仅习十七，十八，而不习是科者听。

二十一，二十二，应用化学（Applied Chemistry）

此科讨论应用化学之大意，及其经济上之关系，并择要实习，以资类推。

讲演每星期二小时，试验每星期二次（每次三小时），全年八绩点。

入班资格：凡习过本门五，六，七，八科及物理学门三，四科者。

2．物理学部

一，二，物理学（General Physics）

此科合下三，四科为习本门者所必修，是科先论力学物性论及热学。

讲演、讨论每星期三小时，试验每星期一次（每次二小时），全年八绩点。

入班资格：凡习过中学物理学一年者。

三，四，物理学

此科继续前科，合为物理学之全部，讨论磁电学、声学及光学。

讲演、讨论每星期三小时，试验每星期一次（每次二小时），全年八绩点。

入班资格：凡习过本门一，二科者。

3．生物学部

一，无脊椎动物学（Invertebrate Zoology）

本学科讨论动物学原理与动物应用，于无脊椎动物中每类选标准动物数种，以养成学生精密观察与比较能力，及了解动物与人生之关系。

每星期讲演、讨论二小时，实验四小时，一学期四绩点。

二，脊椎动物比较解剖学（Comparative Anatomy of Vertebrates）

本学科讨论脊椎动物比较解剖学与无脊椎动物学（生物学一），合为完全大学动物学初步。

每星期讲演、讨论一小时，实验六小时，一学期三绩点。

三，四，植物学初步

本学科讨论植物学原理与植物对于人生之关系。

每星期讲演、讨论二小时，实验四小时，全年八绩点。

五，进化论与遗传学（Heredity and Evolution）

本学科讨论进化论与遗传学最近之进步及生物学与人种改良之关系。

每星期讲演、讨论三小时，一学期三绩点。

4．地质学部

一，二，地质学

每学期授课三小时，全年六绩点。课堂之外有地质旅行，使学生得实地练习，为日后查勘矿地之先导。

丁、社会科学门（Social Sciences）

1．历史学部

一，西洋中古史（European History: Medieval Period）

此科研究欧美各国历史，自罗马帝政末期至法兰西革命时期。

此科为第一、二年级学生选修科，上学期每星期授课三小时，三绩点。

二，西洋近世史（European History: Modern Period）

自维也纳会议至今日，为此科所研究之时期。

此科为第一、二年级学生选修科，下学期每星期授课三小时，三绩点。

三，高等西洋近世史（Europe since 1815）

上学期每星期授课三小时，三绩点。

四，美国历史

三小时，三绩点。[①]

五，六，中国历史

上、下学期每星期授课三小时，全年六绩点。

2．政治学部

一，二，欧美各国政治（European and American Governments）

① 原文如此。

此科注重点在民主政体诸种问题，第三年学生选修科。

上、下学期每星期授课三小时，全年六绩点。

三，政治学大纲（Principle of Political Science）

此科研究欧美各国政治学之原理，已习政治学一，二者得习此科。

上学期每星期授课三小时，三绩点。

四，城市政治学（Municipal Government）

此科于地方自治各国，如立法、卫生、教育等事特为注意。此科为第三年级学生选修科。

下学期每星期授课三小时，三绩点。

五，政党学（Political Parties）

此科讨论欧美各国之政党原理、构成、组织、选举等项为注重。

此科为第三年级学生选修科。

上学期每星期授课三小时，三绩点。

六，宪法（Constitutional Law）

此科研究欧美著名各国之宪法及其比较。

此科为第四年级学生选修科，已习政治学一，二，三，四者得习此科。

下学期每星期授课三小时，三绩点。

七，八，国际公法（International Law）

此科为研究平时、战时国际公法，凡关于国家主权、领土利权、地方法权、战时交战国中立国之权利及责任等问题。

此科为第四年级学生选修科，若他级学生欲习此科，须先得教员之许可。

上、下学期每星期授课三小时，全年六绩点。

3．社会学部

一，二，社会学初步（Outlines of Sociology）

上、下学期每星期三小时，全年六绩点。

三，社会来源及组织学（Social Origin and Institutions）

上学期每星期三小时，三绩点。

四，社会心理（同心理学类）（Social Psychology）

下学期每星期三小时，三绩点。

4．经济学部

一，二，经济学入门（Elements of Economics）（商科1－2）

此科专论经济学之大概。先论工业社会之变迁，次论用财、生财、易财、分财之原理，后论现时经济社会之弱点，反其补救之道，如均产主义、社会主义、工党主义等等是也。

此科主旨除授学生经济学识外，务使各生发达其思想之能力。此科为商科学生必修之科，亦为文科学生当选习之科也。

上、下学期每星期三小时，全年八绩点。

三，四，国家理财学（Public Finance）

理财学之历史、理财学之意义、理财学之范围、国家支出、国家收入、国家债务、理财之立法与行政。

此科注意征税之原理及其方法，学生欲习此科，须已读经济学入门方可。

上、下学期每星期三小时，全年六绩点。

戊、哲学与教育学门（Philosophy and Education）

一，二，哲学入门（Introduction to Philosophy）

每星期授课六小时，全年六绩点。

三，四，中国哲学

每星期授课二小时，全年六绩点。

五，六，心理学大纲（General Psychology）

心理学之类别甚多，此科之目的在使学者对于各种心理学（如普通心理学、社会心理学、变态心理学）之大纲略知一二，对于实验的心理学则特别注意焉。第二年级学生始可选此科。

每星期三小时，全年六绩点。

七，八，教育学（Education）

每星期三小时，全年六绩点。

九，伦理学

每星期授课三小时，三绩点。

十，社会心理学

每星期授课三小时，三绩点。

十一，十二，逻辑初步（Elementary Logic）

本学科为哲学门内之初步功课，其目的在使学者得谙悉逻辑之根本原理及科学方法上之原则，凡第一、二年级学生俱可选修此科。

上、下学期每星期授课三小时，六绩点。

（二）商学专科

商学专科学科目

	第一年	绩点	第二年	绩点	第三年	绩点	第四年	绩点
必修学科	英文一 国文一 外国文一 经济学 商业史 商业地理	6 6 6 6 3 3	英文二 国文二 外国文二 会计学 商业体制 货币及银行	6 6 6 6 3 6	商法 商业管理 公司理财 外国贸易 统计学 运输学 保险学	6 3 6 6 3 3 3	商业道德及商策 广告 商品出市 总务部管理 信用及征收 工商状况循环论 国家与商业	3 3 3 6 3 3 3
选修学科	政治学	6	社会学 心理学 置业算法	3 3 4	高等银行 国家理财	4 6	银行运用 外国汇兑 水路运输 铁路运输	4 4 3 3

（三）矿学专科

第一学年课程简单说明：

国文，每星期授课二小时，全年六绩点，于普通文法外，特别注重叙述文，务使学生长于叙事、记物，为日后提倡科学，发达矿业之基础。

英文，每星期授课三小时，全年六绩点，作文与会话并重。

德、法文二者之中任学生选习其一，每星期授课三小时，全年六绩点，目的在使学生能阅关于矿科之德文或法文参考书。

算学，每星期授课三小时，全年六绩点，上学期授经纬、几何，下学期授弧、三角。

化学，上学期授高等化学，每星期五小时，计演讲二小时，试验三小时，下学期授定性分析，每星期七小时，计演讲一小时，试验六小时，全年六绩点。

机械画，每星期授课六小时，全年四绩点。

地质学，每星期授课三小时，全年六绩点，课堂之外有地质旅行，使学生得实地练习，为日后查勘矿地之先导。

（《天津南开学校大学部一览》，中华民国十年春季，第3—29页）

南开大学校务管理规则[①]

（1921 年春）

一、总规则

（一）凡在校学生，以敦崇品行为要，不得有冶游及赌博等事，违者斥革。

（二）吸烟、饮酒有害卫生，无论何种烟酒，学生均不宜用。

（三）学生凡有毁坏校中物件者，须自向执事人声明，照价赔偿。

二、寝室规则

（一）每早六时二刻一律晨兴。

（二）寝室号数既经派定，学生须按号居住，如欲迁换，须经斋务课主任认可始得迁移。

（三）不得在寝室内自做食品。

（四）每晚按定时一律熄灯就寝。

（五）熄灯后及晨兴前不得私点蜡烛。

（六）凡寄宿生如有欲于每星期六晚间归家者，于开学时须向斋务主任声明。

（七）学生如有银钱等项，须交会计处代存。

（八）寝室校役为数无多，除每日饬令预备茶水、扫除外，学生不得任意差遣。

三、食堂规则

（一）一切食物有不合处或厨役预备不周，学生须通知庶务课办理，不得自行交涉。

（二）食时不得喧笑，不得大声呼唤厨役及击动碗碟等事。

（三）学生不得另饬厨役添做菜品。

---

① 本文题目为编者所拟。

四、图书馆规则

（一）阅书

1．馆内各种书籍杂志，如未经出纳员盖章登记，幸勿信手携出馆外。

2．由架上取下之书籍等类，阅毕后请置于室隅小桌上。

3．图书馆之书为本校公共所有物，宜共同爱惜，不得污损，亦不得加以圈点批注。

4．阅览室为公共阅书之所，宜共保安静，不得交谈喧笑，以免妨碍他人。

5．阅览室桌上勿得涂写字句。

6．碎纸废物勿信手弃掷。

7．室内不得食物。

（二）借书

1．本馆所备各书，凡本校教职员、学生均有借阅之权。

2．欲借何书，可向馆员访问，或径向架上觅取，交出纳员登记盖章，始得携出馆外。归还时仍交出纳处收入。

3．平常书籍可由图书馆借出，以五日为限，但得续借一次。逾期不还，逐日罚洋一角，受罚过五日而仍不缴还者，由馆员停止其在图书馆应享之权利若干日。

4．每次借书以二册为限，未还之前不得再借。

5．借阅之书如经损坏失落，须按原价之二倍赔偿；如遇特别贵重之书，临时议罚。

6．借阅书报须于本馆办公之时间行之。

7．新到之书及各种杂志，在两星期内暂不出借。

8．已经装订之杂志、报纸、大部之书籍，如字典、百科全书等概不外借。

9．本馆清理书籍及编目之时，借出之书得以随时索回。

（《天津南开学校大学部一览》，中华民国十年春季，第29—32页）

天津南开大学暑期学校简章

（1922年3月[①]）

一、宗旨。利用暑假时间传播学术，促进教育。

二、学员。学员分四组，甲组，小学职教员及地方办学人员；乙组，中学职教员及高等专门学校肄业生；丙组，中学毕业生及预备投考大学及专门者；丁组，高小毕业生及中学一、二年级生预备投考中学者（丁组学程及章程另订）。上四组除丁组外，男女学员兼收。

三、修业期。七月八日开学，十日起上课，至八月五日止。

四、学程。

甲组：国文教授法，国语文学小史，国语文法概论，公民教育，教育心理，心理测验，儿童心理学，卫生学，医药常识，教育统计，教授法原则，体育教授法，童子军教练法，国际政治。

乙组：国文教授法，国语文学小史，国语文法概论，教授法原则，教育社会学，社会学，宪法纲要，国际公法大意，化学之疆域及其方法，地质学学说之变迁及其应用，解析几何，美国文学，英文演说法，高等英文作文法。

丙组：英文作文法，三角，大代数，化学，物理，西洋近世史，簿记，卫生学，救急法。右两科[②]专为女生而设。

五、绩点。每科受课满二十小时为一绩点。

六、选课。

（一）每学员选课至多不得过四绩点。

（二）各组课程可互选，如在甲组者可选乙组之课程，但与时间表不能冲突。

（三）每科选修不满二十名者不开班，已报名者许改他学程或取还学费。

七、费用。

杂费，一元。

学费，每绩点三元。

---

① 该《简章》未标明拟定的具体时间，本日期为编者根据文中报名日期“四月一日起”的规定，推定本《简章》最晚拟定的日期。

② 指“卫生学”与“救急法”两科。

试验费，选习化学者，每门另缴试验费三元，预偿费五元，未损坏仪器者退还。

膳费，七月六日起至八月五日止，每日两餐者，五元五角，午餐者，二元八角。

宿费，二元。女生另备宿舍，宿费同。外来女生如不住校，其住所须经学校认可。

杂费、学费、宿费皆于报名时缴纳。选习化学同学须缴试验费及预偿费，膳费报到时缴纳。已缴各费除预偿费外，概不退还。

八、证书。修业期满举行考试，考试及格之学程给与该学程及格证书。不愿考者听。

九、报名。四月一日起，六月二十日止，报名者可向本校暑期学校办公处填写报名单及选课表，并缴纳各项费用。

外埠通信报名须挂号。

本校暑期学校章程，报名单及选课表函索即寄。

（《天津南开大学暑期学校一览》，民国十一年）

附 1：天津南开大学暑期学校总规则

一、上课时必须携带上课证。

二、讲室、寝室内皆不得吸烟。

三、学校大门晚十钟锁闭，锁闭后不得出入。

四、寝室内不得作食品。

五、熄灯后不得燃烛，以防火险。

六、熄灯后一律就寝，不得谈笑致扰人眠睡。

七、银钱及贵重物品须特别谨慎，以防遗失。

八、校役无多，除每日饬令预备茶水及扫除外，均不可任意差遣。

附 2：天津南开大学暑期学校丁组简章

一、 宗旨。扶助青年学生利用暑假补习各科，以备投考中学。

二、 入学资格。中学一、二年级生，高等小学毕业生，及有同等程度者。

三、 班次。英文三组、算学四组，每组报名不满二十人者不开班，已报名者，许改习他科或取还学费。

四、 修业期。七月十日起至八月十九日止。

五、 课程及钟点。

英文一：English learned by Use, First Lessons in Speaking.

Language Lessons.

每周十小时。

英文二：English learned by Use, Addition at Lessons in Speaking.

Language Lessons, Fifty Famous Stories Retold.

每周十小时。

英文三：Thirty More Famous Stories Retold.

Mother Tongue.

每周十小时。

算学一：算术教本，比例 II。

每周十小时。

算学二：算术教本，完。

每周十小时。

算学三：代数，Hawks Luby-Towton: Complete School Algebra.

每周五小时。

算学四：几何，Betz & Webb: Plane Geometry.

每周五小时。

六、费用。杂费一元，学费每组三元，宿费三元，膳费每日两餐者约八元，午餐者约四元。

杂费、学费、宿费于报名时缴纳，膳费报到时缴纳。膳费、宿费不食宿者免，已缴各费概不退还。

七、报名。阳历六月一日起，七月五日止，报名者可向本校暑期学校办公处填写报名单，并缴纳各项用费。外埠通信报名须挂号。

（《南开周刊》第 34 期，1922 年 4 月 19 日）

南开大学暂定简章

（1922年4月）

董事会章程[①]

（一） 南开学校董事会以董事九人组织之。

（二） 南开学校现分大学、中学二部，统由董事会董理。

（三） 董事资格以学望素著，能辅助校务之进行者为标准，由董事会协议推举之，但第一次董事由创办人推定。

（四） 董事之任期定为三年，于每年三月改选，每年改推三分之一。第一次推定各董事应以抽签分定任期，即于次年三月常会改推，但得推举连任。

（五） 南开学校校长一人，由董事会聘任，大学部主任及中学部主任各一人，由校长推荐，经董事会通过。

（六） 学校经常费及临时费之支出由校长于每年春季编造预算书交董事会议决，每年秋季造具决算书，交董事会审查。

（七） 学校章程之制定及变更应由董事会通过。

（八） 凡学校兴革事宜，校长得出意见，经董事会议决；其由董事会提议者，得先交校长审核。

（九）董事会常会于每年三、六、九、十二等月第二星期日行之，遇有特别事项，得开临时会。

（十）本章程自议决之日实行，遇必要时得修改之。

分科

本校现分文、理、商、矿四科。

入学资格

（一）中学毕业生或与中学毕业程度相等，与本校入学试验而及格者。

（二）本校中学部毕业生成绩优美者。

（三）由本校所承认之大学转学者。

① 民国十一年三月十二日董事会议决修正。

凡男女学生具以上三项资格之一者，均行收录。

入学手续

（一）考试

（甲）投考手续

（1）报名时须向本校索取报名书，照式填写，并须交最近四寸半身像片一张，注册费国币一元，无论录取与否概不缴还。

（2）投考时须呈验证书。

（3）投考新生须经检验身体，检验不合格者不录。

（乙）考试科目。除国文、中史、中地外，均用英文考试。

（1）各科应试科目：

国文、英文、初等代数、平面几何、中国历史、中国地理。

（2）文科、商科加试科目：

世界历史、世界地理、政治概要、经济概要。

（3）理科、矿科加试科目：

中等物理、中等化学、立体几何、平面三角。

（丙）考试日期。第一次八月七、八、九三日，第二次九月七、八、九三日。

（丁）考试地点。第一次考试在天津本校及上海青年会，第二次考试在天津本校，惟报名处均在天津本校，上海不另设报名处。

（戊）报名截止。在本校考试者，考期前三日报名截止，在上海考试者，考期前十日报名截止。

（二）升学

凡由本校中学部毕业升学者，须将所习各学程成绩呈验方得报名，其报名手续与投考同。

（三）转学

（甲）凡本校所承认之大学正科或专门学校肄业一年或一年以上者，得转入本校肄业，免其入学考试。

（乙）凡欲由他校转入本校者，须由该校校长或教务长将其所学各学程成绩送交本校方得报名。其报名手续与投考同。

（丙）转学学生若系由他校革除者，一经查出，即令退学。

学生之类别

（一）正科生

凡已合本校正科入学程度，入学后选习所规定之正科学程者为正科生。

（二）未分班生

（甲）凡转学生，在第一年内作为未分班生。

（乙）未分班生肄业满一年后考试及格者，得改为正科生，至于入何年级，须由教员会审查本校成绩及他校所得之成绩酌定之。

（三）试读生

凡已经入学考试，有一、二门次要科目不及格者，得为试读生，但其不及格者之科目须至本校中学部补习。

（四）旁听生

（甲）凡英文程度能直接听讲者，经本校许可后得认为旁听生。

（乙）旁听生有欲升入正科者，须于本校入学考试时补足其入学考试各科目。

（丙）旁听生之学宿费及试验费须照正科生加倍交纳。

（丁）旁听生若能在一学期内按时到班听讲者，准其与学期考试，考试及格者亦予以绩点。

（戊）凡本校之职教员有欲作旁听生者，得免交学费，但试验费应照正科生交纳。

费用

（一）学费

正科生、未分班生及试读生全年五十元，分两期交纳，每学期开学前各交二十五元（十一年秋季前入校者仍照旧章交纳），旁听生加倍。

（二）寄宿费

全年三十元，分两期交纳，每学期开学前各交十五元（新旧学生一律照此数缴纳），旁听生加倍。

（三）试验费及预偿费

各科试验费及预偿费均按学程规定，一律于开学前交纳。如本学期内未曾损坏试验用品，预偿费原数退还。旁听生试验费加倍。

（四）印刷费。每学期五角。

（五）体育费。每学期五角。

（六）膳费。每月约五元。

（七）书籍等费。均由学生自备。

学生入学时须知事项

（一）报到

（甲）本校于每学期开学前五日为报到期，于此期内须亲至校中交费报到及取报到据。

（乙）学生逾期报到在开学后第一周内者，纳迟到费一元，在第二周至第四周内者，纳迟到费五元，若迟至四周后仍不报到者，即认为退学。

（二）受课单

学生交费后，随即领取受课单，将所选课程填写完毕，送交各科主任处签字，再持此单向教务课换取各学程上课证。

（三）上课证

学生在第一次上班时须将上课证呈交各学程教授，始得随班听讲。

（四）学程之改易及增减

（甲）学生在开学后四星期内如欲改易或增减学程者，到教务课填写请愿书，并须得教员及主任之认可，方为有效。若逾四星期后，对于所选课程只准减少，不得改易或增加。

（乙）开学四星期后减少学程者，每学程须纳费二元。

（五）改易专修科

学生欲改易专修科者，须经前后两专修科主任之认可，而对于其新专修科入学考试之加试科目均应补考，其新专修科之必修学程均应补习。

修业年限及课程之分配（矿科另订）

（一）毕业

凡至少习毕一百五十绩点，并考试及格者，始能毕业。惟在民国十四年或十四年以前毕业者，仍以习毕一百四十四绩点为合格。

（二）学位

凡在本校毕业者，本校给予学士学位。

（三）绩点

各学程每星期授课一小时，自习二小时，满一学期者为一绩点，试验实习每三小时或二小时为一绩点。学生每学期所习功课除经特许外，至多不得过二十一绩点，至少亦不得在十五绩点以下。

（四）课程之分配（各科课程表附后）

商科课程表

学年	学　程	上学期绩点	下学期绩点
第一学年	国文一，二	三	三
	英文一，二	三	三
	生理卫生一，二	二	二
	商学一，二（经济学）	三	三
	商学七（商地）	三	
	商学四（会议学）		三
	政治学一，二	三	三
	柔软体操	一	一
	合计	一八	一八
第二学年	国文三，四	三	三
	英文三，四	三	三
	商学五，六（货币及银行）	三	三
	商学二十九，三十（高等会计学）	三	三
	商学三十一（商业英文）	三	
	商学三十二（商店管理）		三
	算学三（商算）	三	
	心理学二（普通心理学）		三
	柔软体操	一	一
	合计	一九	一九
第三学年	英文五，六	三	三
	商学九（高等银行）	三	
	商学二十四（商史）		三
	商学十一，十二（国家理财）	三	三
	商学十三（运输学）	三	
	商学二十（统计学）		三
	商学十七，十八（公司理财）	三	三
	文理学程	三	三
	合计	一八	一八

续表

学年	学　程	上学期绩点	下学期绩点
第四学年	商学十五	三	
	商学十六（外国汇兑）		三
	商学二十一，二十二（商法）	三	三
	商学二十七（高等经济学）	三	
	商学二十八（银行运用）		三
	商学三十三（广告学）	三	
	商学三十四（保险学）		三
	商学三十五（商品出市）	三	
	商学三十六（交易所）		三
	商学三十七（银行实习）	二	
	商学三十八（银行特别研究）		二
	文理学程	三	三
	合计	二十	二十

文科课程表

学年	学　程	上学期绩点	下学期绩点
第一学年	国文一，二	三	三
	英文一，二	三	三
	生理卫生一，二	二	二
	理科学程	四	四
	德文一，二或法文一，二；政治学一，二（欧美政体之比较）；历史一，二，任选二门	六	六
	柔软体操	一	一
	合计	一九	一九
第二学年	国文三，四	三	三
	英文三，四	三	三
	理科学程	四	四
	哲学一（逻辑）	三	
	心理学二（普通心理学）		三
	商学一，二（经济学）	三	三
	德文三，四或法文三，四；政治学三，四；历史三，四；理科学程，任选一门	三	三
	柔软体操	一	一
	合计	二十	二十

续表

学年	学　程	上学期绩点	下学期绩点
第三学年	英文五，六	三	三
	社会学一，二	三	三
	商学五，六（货币及银行）；哲学三，四（西洋哲学史）任选一门	三	三
	商学十一，十二（国家理财）；教育学一，二（教育原理及制度之比较）任选一门	三	三
	政治学五，六；历史五，六任选一门	三	三
	历史七，八（人类学），教育学三，四（教育史）任选一门	三	三
	合计	一八	一八
第四学年	英文七，八	三	三
	政治学七，八（国际公法）；教育学五，六（教育心理）任选一门	三	三
	政治学九，十；心理三，四（儿童心理学）任选一门	三	三
	历史九，十；社会学三，四（社会问题）任选一门	三	三
	商学七（商地）及商学二十（统计学）；教育七，八（教育行政及统计）任选一门	三	三
	商理学程	三	三
	合计	一八	一八

附注：

1. 右文、商两科课程之分配由十一年秋季第一年级新生实行。
2. 现时文、商各年级之临时课程于秋季开学前宣布之。
3. 右文、商两科课程系暂时拟定，将来如有更改，再行宣布。

理科课程表

学年	学 程	每学期绩点	全年绩点
第一学年	国文一，二	三	六
	英文一，二	三	六
	德文一，二或法文一，二	三	六
	算学一，二（解析形学）	三	六
	物理一，二或化学一，二（无机化学）	四	八
	生理卫生一，二	二	四
	柔软操	一	二
	合计	一九	三八
第二学年	国文三，四	三	六
	英文三，四	三	六
	德文三，四或法文三，四	三	六
	算学五，六（初等微积）	三	六
	物理一，二或三，四	四	八
	化学一，二或三，四（定性分析）	四	八
	柔软操	一	二
	合计	二一	四二
第三学年	英文五，六	三	六
	主系必修学程	六	十二
	副系必修学程	三	六
	文、商科必修学程	三	六
	理科选修学程	三	六
	合计	一八	三六
第四学年	主系必修学程	六或九	十二或十八
	副系必修学程	六或三	十二或六
	文、商科必修学程	三	六
	理科选修学程	三	六
	合计	十八	三六

理科师范班课程表

学年	学　程	每学期绩点	全年绩点
第一学年	国文一，二	三	六
	英文一，二	三	六
	政治一，二	三	六
	算学一，二（解析形学）	三	六
	化学一，二（无机化学）	四	八
	生理卫生一，二	二	四
	柔软操	一	二
	合计	一九	三八
第二学年	国文三，四	三	六
	英文三，四	三	六
	历史一，二（世界史）	三	六
	哲学一（逻辑）—上学期 心理学二（普通心理学）—下学期	三	六
	算学五，六（初等微积）	三	六
	化学三，四（定性分析）	四	八
	柔软操	一	二
	合计	二十	四十
第三学年	英文五，六	三	六
	教育一，二	三	六
	算学九，十（投形学初步，代数方程浅解）	三	六
	物理一，二	四	八
	生物一，二	四	八
	理科选修学程	三	六
	合计	二十	四十
第四学年	物理三，四	四	八
	生物三，四	四	八
	教育五，六（教育心理学）	三	六
	教授实习	二	四
	理科选修学程	四	八
	合计	十七	三四

附注：

1. 分系。理科暂分为六系：（一）算学系，（二）物理学系，（三）化学系，（四）生物学系，（五）天文学系，（六）地质学系。

2. 主系。凡理科学生在第三学年开学以前，务须于算学、物理学、化学三系之中认定一系为主系，正式通告该系主任，以后不得更易。

3. 副系。凡理科学生认定主系以后，须另选一系为副系，惟所选之副系应得主系主任之认可。

4. 师范班。凡理科学生预备将来充任中等学校教职者，可入师范班。

5. 课程。其第三、第四学年必修、选修之学程，表中未经详列细目者，须于开学时向该科主任或该系主任商定之。

矿科修业年限及课程之分配

矿科课程不论绩点，凡习毕以下所规定之四年学程，并考试及格者，准予毕业文凭，并授以矿科学士学位。

矿科课程表

学年	学　程	每星期钟点	
		上学期	下学期
第一学年	国文	三	三
	英文	六	六
	算学（解析几何）	三	
	算学（弧、三角、微积分）		三
	无机化学	三	三
	无机化学实验	三	三
	物理	三	三
	物理实验	三	三
	地质学	三	三
	机械画	六	六
	平面测量		二
	平面测量实习		注一
	柔软操		注二
	总计	三三	三五

续表

学年	学　程	每星期钟点	
		上学期	下学期
第二学年	国文	三	三
	算学（微积分）	三	三
	定性分析	二	一
	定性分析实验	六	九
	物理	三	三
	物理实验	三	三
	结晶学与吹管分析	一	
	结晶学与吹管分析实验	六	
	矿物学		一
	矿物学实验		六
	机械画及制图	四	四
	矿山测量	二	二
	矿山测量实习		注三
	柔软操		注二
	总计	三三	三五
第三学年	应用力学	五	五
	图法力学		二
	建筑材料学试验		三
	定量分析	一	一
	定量分析试验	六	六
	热机学	三	
	岩石学	一	
	岩石学实验	六	
	地质史学		二
	地质史鉴定法		三
	采矿工程	三	三
	普通冶金学	三	
	冶铁炼钢学		三
	电机学大意	二	二
	电机试验		三
	金木工厂实习	二	
	合计	三二	三三

续表

学年	学　程	每星期钟点	
		上学期	下学期
第四学年	采矿工程	三	三
	矿床学	三	三
	矿山机械学	三	
	矿厂计划		七
	矿律	三	
	汽力学试验	三	
	试金术	二	
	试金实习	九	
	非钢铁冶金学	三	
	水力学		二
	水力学实验		三
	选矿学		三
	选矿实习		三
	矿山管理与簿记		二
	工业经济学		三
	特别研究	三	三
	总计	三二	三二

注一：平面测量实习于暑假期内至著名矿山附近举行，共六星期。

注二：柔软操每学期每天十分钟。

注三：矿山测量实习于暑期内至著名矿山举行，共四星期。

考试

（一）凡正科生、未分班生、试读生皆须应学期、学年考试。

（二）凡学生有学程成绩在 D 等者，或在临时因故不能应考者，均得补考，补考费每学程两元。如因亲丧大故请求补考者，得由教务课斟酌情形，免其补考费。

（三）凡得及格分数而欲重考以增加分数者，概不允许。

学程成绩评定法

（一）一学年分为二学期，每学期之末考试一次，其学业成绩分为 A、B、

C、D、E 五等，九十分至百分为 A，八十分至八十九分为 B，六十分至七十九分为 C，五十分至五十九分为 D，五十分以下为 E。各科成绩以 C 等为及格，E 等为不及格。凡成绩在 D 等者，须补考一次，补考若仍不及格者，其学科若为必修科，须重学；若为选修科，可重学，亦可改选他学科以补足其绩点。

（二）凡学生于每学期内所学之功课至少必须有十二绩点及格，否则令其退学。

（《南开大学暂定简章》，民国十一年四月）

南开大学现行组织章程

（1923年6月）

（甲）董事会

一、董事会以董事九人组织之。

二、本校大学、中学两部统由董事会董理。

三、本校校长由董事会聘任，大学部及中学部主任各一人，由校长推荐，经董事会通过。

四、董事会担任筹募经费、议决预算、审查决算。

五、学校章程之制定及变更应由董事会通过。

六、发给学生毕业证书并授予学位。

（乙）校长

校长总理全校一切事务。

（丙）大学主任

一、襄助校长办理全校一切事务。

二、校长出外时代理校长职务。

三、商同校长延聘教员。

四、商同各科主任分配教授科目。

五、商同各科主任购置书籍仪器。

六、处理入学、毕业、奖励、惩戒各事宜。

七、考察教员授课情形。

（丁）各科主任、各系主任

一、本校现分文、理、商、矿四科，每科设主任一人，其所掌职务列左：

1. 计划及研究该科学程之进行。

2. 规划该科预算。

3．推荐该科教员。

4．筹划该科教科上之设备。

二、每科分若干系，每系设主任一人，商同该科主任办理以下事项。

1．计划及研究该系学程之进行。

2．规划该系预算。

3．推荐该系教员。

4．筹划该系教科上之设备。

（戊）校长办公室秘书

校长办公室设秘书若干人，办理一切文件及校长随时委任事宜。

（己）各课主任

A．注册课

一、注册课设主任一人，课员若干人，办理该课一切事项。

二、主任参预教务会议。

三、注册课所掌职务列左：

1．执行教务会议议决关于该课事项。

2．商同大学主任规定授课时间表。

3．办理试验并宣布、核算试验成绩。

4．掌管关于注册事务之各项表簿文件。

5．掌理学生告假事项。

6．保管学生各项证书。

B．斋务课

一、本课设主任一人，课员若干人，办理该课一切事宜。

二、斋务课所掌职务列左：

1．执行本校规则关于斋务事项。

2．支配宿舍。

3．稽查寄宿生校外之行为。

4．慰问患病之学生。

C．庶务课

一、庶务课设主任一人，综理全课事务；课员若干人，分任会计、庶务，办理该课一切事宜；事务员若干人，缮写讲义、文件，及办理该课及他课临时委办事件。

二、庶务课所掌职务列左：

1．添购保管一切物件。

2．经收学生学宿膳费、零星存款及他种各款。

3．计划、管理建筑及修理校舍。

4．报告每年决算，并保管已往一切帐簿。

5．保存学校贵重物品。

6．分别勤惰，进退夫役。

7．稽查厨房饭厅。

D．体育课

一、体育课设主任一人，综理全课事宜；课员若干人，办理该课一切事宜。

二、主任参预教务会议。

三、体育课所掌职务列左：

1．执行教务会议议决关于体育事项。

2．检验全数学生身体。

3．联络他校组织各种运动比赛事项。

4．选拔并组织与他校比赛各门运动之队员。

5．组织校内各级体育竞艺事宜。

6．掌理体育上一切设备事宜。

（庚）图书馆

一、图书馆设主任一人，综理该馆一切事宜；馆员与事务员若干人，其职务由主任分配之。

二、主任参预教务会议，并执行教务会议所议决关于该馆之一切事件。

三、关于购置图书杂志等事件，教员及图书委员会得建议于该馆主任，由该馆主任酌量办理。

四、图书馆所掌职务列左：

1．图书之购置及保管。

2．编辑目录、装订书报。

3．图书之出纳。

4．阅览人及阅览图书之统计。

（《天津南开大学一览》，民国十二年六月，第5—11页）

南开大学教务管理规则[①]

（1923 年 6 月）

一、分科概略

一、文科	文学系
	历史学系
	经济学系
	政治学系
	教育学系
	哲学系
	心理学系
	人类学系
二、理科	算学系
	化学系
	物理学系
	地质学系
	生物学系
	天文学系
三、商科	普通商学系
	银行学系
	会计学系
四、矿科	

① 本文标题为编者所拟。

二、入学资格

（一）三三学制高级中学毕业生或大学预科毕业生，应本校入学试验而及格者。

（二）本校高级中学毕业生成绩优美者。

（三）由本校所承认之大学正科转学者。

凡男女学生具以上三项资格之一者，均行收录。

三、入学手续

一、考试

（甲）投考手续

1. 报名时须向本校索取报名书，照式填写，并须交最近四寸半身像片一张，注册费国币二元，无论录取与否，概不缴还。

2. 投考时须呈缴高级中学毕业证书或大学预科毕业证书，考试完毕，凭收据领回。

3. 投考新生须经本校校医或本校临时聘定之医士检验身体，检验不合格者不录。

（乙）考试科目（除国文、中史、中地外，均用英文考试）

1. 各科应试科目

国文、英文、中国历史、中国地理。

2. 文科加试科目

世界历史、世界地理、政治、经济、逻辑或心理学、物理或化学或生物学。

3. 商科加试科目

世界历史、世界地理、政治、经济、会计学、物理或化学或生物学。

4. 理科、矿科加试科目

高等物理、高等化学、解析几何与微积分初步、三角、大代数。

（丙）考期与考试地点

详招考简章。

二、升学

（甲）本校预科毕业生得升入正科第一年级。

（乙）本校高级中学毕业生得升入正科第一年级，惟须将所习各学程成绩呈验方得报名，其报名手续与投考同（报名在第二次入学考试前截止）。

三、转学

（甲）凡本校所承认之大学正科修业一年以上者，得转入本校肄业，免其入学考试。

（乙）凡欲由他校转入本校者，须由该校校长或教务长将其所习各学程成绩送交本校方得报名，其报名手续与投考同。

（丙）转学学生若系由他校革除者，一经查出，即令退学。

四、保证书

学生入学前须约请在津有职业者为保证人，照式填写保证书，并署名盖章，交本校存查。

四、学生之类别

一、正科生

凡经入学考试取录，或由本校预科与高级中学毕业升学之学生，入学后能选习所规定之正科学程者，为正科生。

二、未分班生

（甲）凡转学生在第一年内作为未分班生。

（乙）未分班生肄业满一年后考试及格者，得改为正科生。至于入何年级，须由入学委员会审察本校及他校所得之成绩酌定之。

三、试读生

凡已经入学考试有一、二门次要科目不及格者，得为试读生，但其不及格之科目须至本校预科补习。

四、旁听生

（甲）凡各大学预科毕业生，或三三学制高级中学毕业生，英文程度能直接听讲者，经本校许可后，得认为旁听生。

（乙）旁听生有欲升入正科者，须于本校入学考试时补足其入学考试各科目。

（丙）旁听生之学宿费及试验费须照正科生加倍交纳，试验预偿费、预偿费、印刷费、体育费均与正科同。

（丁）旁听生若能在一学期内按时到班听讲者，准其与学期考试，考试及格者亦予以绩点。

（戊）凡本校之职教员有欲作旁听生者，得免交学费，但试验费应照正科生交纳。

五、特别旁听生

（甲）凡英文能直接听讲者，经本校许可后，得认为特别旁听生。

（乙）特别旁听生不能升入正科。

（丙）特别旁听生学费每学期一百元，宿费每学期六十元，试验费每学期每学程二十元，试验预偿费、预偿费、印刷费及体育费均与正科同。

（丁）特别旁听生不得与学期考试。

五、费用

一、学费

正科生、未分班生及试读生全年五十元，分两期交纳，每学期开学前各交二十五元（十一年秋季前入校者仍照旧章交纳），旁听生另有规定。

二、寄宿费

全年三十元，分两期交纳，每学期开学前各交十五元，旁听生另有规定。

三、试验费及预偿费

各科试验费及试验预偿费均按学程规定，一律于开学前交纳。如一学期内未曾损坏试验用品，试验预偿费原数退还。旁听生试验费另有规定。

四、印刷费。每学期一元。

五、体育费。每学期一元。

六、预偿费。每学期五元，一学期内如未损坏本校物件，原数退还。

七、膳费。每月约五元。

八、书籍等费。均由学生自备。

六、入学时须知事项

一、报到

（甲）本校于每学期开学前三日为报到期，于此期内须亲至校中交费报到及取报到据。

（乙）学生逾期报到，在开学后第一周内者，纳迟到费一元；在第二周内者，纳迟到费五元。若迟至二周后仍不报到者，即认为退学。

二、受课单

学生交费后随即领取受课单，将所选学程填写完毕，送交各科主任处签字，再持此单向注册课换取各学程上课证。

三、上课证

学生在第一次上班时，须将上课证呈交各学程教授后始得随班听讲。

四、学程之改易及增减

（甲）学生在开学后二星期内如欲改易或增减学程者，到注册课填写请愿书，并须得教员及主任之认可方为有效。若逾二星期后，对于所选学程只准减少，不得改易或增加。

（乙）开学二星期后减少学程者，每学程须纳费二元，若不纳费者，该学程成绩即予以E等。

五、改易专修科

学生欲改易专修科者，须在第二学期散学前，经前后两专修科主任之认可，而对于其新专修科入学考试之加试科目，均应随同新生考试，其新专修科之规定学程均应补习。

七、修业年限及课程之分配

一、毕业

凡正科生习毕一百五十绩点，并考试及格者，始能毕业。惟在民国十四年或十四年以前毕业者，仍以习毕一百四十四绩点为合格。

二、学位

凡在本校正科毕业者，本校给予学士学位。

三、绩点

各学程每星期授课一小时、自习二小时满一学期者为一绩点，试验、实习每三小时或二小时为一绩点。学生每学期所习功课，除经特许外，不得过十八绩点，亦不得少于十二绩点。

四、课程之分配（各科课程表附后）

文科学程表

外国语言							
学程	号数	名称	教授年限	每周授课时数	每周实验时数	绩点	预修之学程
英文	A．B．	预科英文作文	一	五			
英文	一．二．	大学一年英文作文	一	三		六	
英文	三．四．	大学二年英文作文	一	三		六	英文一．二．

续表

外国语言							
学程	号数	名称	教授年限	每周授课时数	每周实验时数	绩点	预修之学程
英文	五．六．	高等英文作文	一	三		六	英文三．四．
英文	七．八．	英文文学	一	三		六	英文五．六．
英文	九．十．	英文《圣经》文学	一	三		六	
法文	一．二．	大学一年法文	一	三		六	
法文	三．四．	大学二年法文	一	三		六	法文一．二．
法文	五．六．	大学三年法文	一	三		六	法文三．四．
法文	七．八．	法文文学	一	三		六	法文五．六．
德文	一．二．	大学一年德文	一	三		六	
德文	三．四．	大学二年德文	一	三		六	德文一．二．
德文	五．六．	大学三年德文	一	三		六	德文三．四．
德文	七．八．	德文文学	一	三		六	德文五．六．
历史学							
历史	A．B．	西洋通史	一	三			
历史	三．四．	一百五十年来之欧洲	一	三		六	历史 A. B.
历史	五．六．	英吉利通史	一	三		六	历史 A. B.
历史	七．八．	美利坚合众国通史	一	三		六	历史 A. B.
历史	九．十．	近世欧洲经济史	一	三		六	历史一．二．或三．四．或商学 A．B．
历史	十一．十二．	欧洲列强扩充他洲史	一	三		六	已习历史二年
历史	十三．十四．	欧洲文艺复兴及宗教改革史	一	三		六	已习历史二年

续表

政治学							
学程	号数	名称	教授年限	每周授课时数	每周实验时数	绩点	预修之学程
政治	A. B.	政治学原理	一	三			
政治	一.	欧洲政体	半	三		三	政治A. B.
政治	二.	美洲政体	半	三		三	政治A. B.
政治	七. 八.	国际公法	一	三		六	政治一. 二.
政治	九.	欧洲外交史	半	三		三	
政治	十.	中国外交史	半	三		三	
政治	十一.	政治思想	半	三		三	政治一. 二.
政治	十四.	市政	半	三		三	政治一. 二.
政治	十五.	国际事件	半	三		三	政治七. 八.
政治	十八.	法理学	半	三		三	
教育学							
教育	一	教育学原理	半	三		三	
教育	二	教育制度之比较	半	三		三	
教育	三. 四.	教育史	一	三		六	
教育	五. 六.	教育心理学	一	三		六	
教育	七. 八.	中学课程改造问题	一	一		二	
教育	九. 十.	中学训育问题	一	一		二	
教育	十一. 十二.	教育哲学	一	三		六	
教育	十三. 十四.	教育行政	一	三		六	
教育	十五.	现世文化里的教育问题	半	三		三	
教育	十八.	西洋文化的新基础	半	三		三	

续表

哲学							
学程	号数	名称	教授年限	每周授课时数	每周实验时数	绩点	预修之学程
哲学	A.	逻辑	半	三		三	
哲学	二.	逻辑之理论	半	三		三	哲学 A.
哲学	三.	上古中世哲学史	半	三		三	
哲学	四.	近代哲学史	半	三		三	
哲学	七.	方法论	半	三		三	哲学 A.
哲学	十.	美学	半	三		三	心理 B.
哲学	十一.	伦理学	半	三		三	
哲学	十三.	形而上学	半	三		三	
哲学	十五.	认识论	半	三		三	
心理学							
心理	B.	普通心理学	半	三		三	
心理	一. 二.	实验心理学	一	三		六	
心理	四.	社会心理学	半	三		三	
心理	五. 六.	教育心理学	一	三		六	
心理	八.	比较心理学	半	三		三	
心理	九.	儿童心理学	半	三		三	
心理	十.	青年心理学	半	三		三	
心理	十一.	变态心理学	半	三		三	
心理	十三.	智力测量	半	三		三	
人类学							
人类学	一. 二.	人类学	一	三		六	
人类学	三. 四.	进化史	一	三		六	
社会学							
社会学	一. 二.	社会学原理	一	三		六	
社会学	四.	社会心理学	半	三		三	

理科学程表

学程	号数	名称	教授年限	每周授课时数	每周实验时数	绩点	预修之学程
算学							
算学	A．B.	分析算学初步	一	五			
算学	一．二.	解析形学	一	三		六	算学A．B.
算学	五．六.	初等微积	一	三		六	算学一．二.
算学	七．八.	高等微积	一	三		六	算学五．六.
算学	十一．十二.	近世形学	一	三		六	算学一．二.
算学	十四.	定向分析学	半	三		三	算学五．六．并物理一．二．三.
化学							
化学	A．B.	无机化学	一	三			
化学	三.	定性分析	半	一	六	三	化学A．B.
化学	四.	定性分析	半	一	九	四	化学A．B.
化学	五．六.	高等无机化学	一	二	三	六	化学A．B.
化学	七．八.	定量分析	一	一	六	六	化学三．四.
化学	九．十.	有机化学	一	三	六	十	化学三．四.
化学	十一．十二.	高等有机化学	一	三		六	化学九．十.
化学	二十一．二十二.	理论化学	一	三	三	八	化学三．四.
化学	二十三．二十四.	理论化学	一	三	三	八	化学二十一．二十二.
化学	三十一．三十二.	工业化学	一	三		六	化学A．B.

续表

物理学							
学程	号数	名称	教授年限	每周授课时数	每周实验时数	绩点	预修之学程
物理	A．B.	普通物理学	一	二	三		
物理	一.	力学及分子物理学	半	三	三	四	物理 A．B.
物理	二.	热学　电学	半	三	三	四	物理 A．B.
物理	三.	声学　光学	半	三	三	四	物理 A．B.
物理	四.	近世物理学之进步	半	三		四	物理一．二．三．并算学五．六.
物理	五．六.	理论力学	一	三		六	物理一．二．并算学五．六.
生物学							
生物	A．B.	生理卫生	一	二		四	
生物	一．二.	普通植物学	一	二	三	六	
生物	三．四.	无脊椎动物学	一	二	三	六	
生物	五．六.	脊椎动物学	一	二	三	六	生物三．四.
生物	九．十.	普通生物学	一	二		四	
生物	十一．十四.	动物组织学　动物胚胎学	一	一	六	六	生物五．六.
生物	十五．十八.	植物生理学　植物组织学	一	一	六	六	生物一．二.
生物	十九.	遗传学与哲嗣学	半	三		三	生物九．十.
生物	二十一．二十二.	植物分类学	一	二	三	六	生物一．二.
地质学							
地质	一．二.	地质学	一	三		六	
地质	三.	结晶学与吹管分析	半	二	六	四	化学 A．B.
地质	四.	矿物学	半	二	六	四	地质三.
地质	五.	岩石学	半	二	三	三	地质四.
地质	六.	地质史学	半	二	三	三	地质一．二.
地质	七．八.	矿床学	一	三		六	地质六.

商科学程表

学程	号数	名称	教授年限	每周授课时数	每周实验时数	绩点	预修之学程
商学	A. B.	经济学原理	一	三			
商学	C. D.	会计学初步	一	三			
商学	三. 四.	会计学	一	三		六	商学C. D.
商学	五. 六.	货币及银行	一	三		六	商学A. B.
商学	七. 八.	商业地理	一	三		六	
商学	十一. 十二.	财政学	一	三		六	商学A. B.
商学	十三.	铁路运输学	半	三		三	
商学	十五.	国际贸易	半	三		三	商学A. B.
商学	十六.	国外汇兑	半	三		三	商学五. 六.
商学	十七. 十八.	公司理财	一	三		六	商学二十三.
商学	十九. 二十.	统计学	一	三		六	商学A. B.
商学	二十一. 二十二.	商法	一	三		六	
商学	二十三.	商业组织及管理	半	三		三	
商学	二十四.	商业历史	半	三		三	
商学	二十六.	交易所	半	三		三	
商学	二十九.	托拉斯（Trust）问题	半	三		三	商学二十三.
商学	三十.	劳工问题	半	三		三	商学A. B.
商学	三十一.	商业英文	半	三		三	
商学	三十三.	保险学原则	半	三		三	
商学	三十四.	海洋运输保险	半	三		三	商学五十七.
商学	三十六.	商品出市	半	三		三	商学A. B.
商学	三十八.	商港学	半	三		三	商学五十七.
商学	三十九. 四十.	公司会计	一	三		六	商学三. 四.
商学	四十二.	银行运用	半	三		三	商学五. 六.
商学	四十四.	金融机关	半	三		三	商学五. 六.

续表

学程	号数	名称	教授年限	每周授课时数	每周实验时数	绩点	预修之学程
商学	四十五.	中央银行制	半	三		三	商学五．六.
商学	四十六.	投资银行制	半	三		三	商学五．六.
商学	五十一. 五十二.	经济思想史	一	三		三	商学 A．B.
商学	五十四.	广告学原则	半	三		三	商学 A．B.
商学	五十七.	水路运输学	半	三		三	
商学	六十二.	投资学	半	三		三	商学十七．十八.

矿科修业年限及课程

矿科课程不论绩点，凡习毕以下所规定之四年学程并考试及格者，始能毕业。

矿科课程表
第一学年

学程	每周时数	
	上学期	下学期
英文	三	三
算学（微积分）	三	三
算学（弧三角）	二	
物理	四	四
物理试验	三	三
定性分析	一	一
定性分析实验	六	六
地质学	三	三
机械画	六	六
平面测量		二
平面测量实习		注一
柔软操		注二
总计	三一	三一

注一：平面测量实习于暑假期内至著名矿山附近举行，共六星期。

注二：柔软操每学期每天十分钟。

第二学年

学程	每周时数	
	上学期	下学期
应用力学	四	四
定量分析	一	一
定量分析实验	六	六
机械计划及制图	四	四
热机学	三	
热力学		二
建筑材料学试验		三
采矿学	三	三
结晶学与吹管分析	二	
结晶学与吹管分析实验	六	
矿物学		二
矿物学实验		六
矿山测量	二	二
矿山测量实习		注一
柔软操		注二
总计	三一	三三

注一：矿山测量实习于暑假期内至著名矿山举行，共四星期。

注二：柔软操每学期每天十分钟。

第三学年

学程	每周时数	
	上学期	下学期
采矿学	三	三
矿山机械学	二	二
电机学大意	三	三
直流电机实验		三
金木工厂实习与汽力学试验	三	六
试金术	二	

续表

学程	每周时数	
	上学期	下学期
试金实习	三	
图解力学	四	
岩石学	二	
岩石学实验	三	
地质史学		二
地质史鉴定法		三
普通冶金学	三	
冶金炼钢学		三
矿律		二
总计	二八	二七

第四学年

学程	每周时数	
	上学期	下学期
矿厂计划	四	七
矿床学	三	三
非钢铁冶金学	三	三
选矿学	二	二
选矿实习		三
交流电机学	二	
交流电机试验	三	
水力学	二	
水力学实验	三	
矿山管理与簿记		三
工业经济学		三
特别研究	三	三
总计	二五	二七

预科课程

预科课程不论绩点，以习毕下表所规定之学程并考试及格者，始能毕业。

预科甲组课程表

学程	每周时数	
	上学期	下学期
国文　A　B	二	二
英文　A　B	五	五
历史　A　B	三	三
政治　A　B	三	三
商学　A　B	三	三
生物学　A　B	二	二
商学　C　D（商）	三	三
哲学　A　（文）	三	
心理　B　（文）		三

预科乙组课程表

学程	每周时数	
	上学期	下学期
国文　A　B	二	二
英文　A　B	五	五
算学　A　B	五	五
化学　A　B	三	三
化学　A　B　实验	三	三
物理　A　B	二	二
物理　A　B　实验	三	三
生物学　A　B	二	二

八、考试

一、凡正科生、未分班生、试读生皆须应学期、学年考试。

二、凡学生有学程成绩在 D 等者，或临时因故不能应考者，均得补考，考费每学程两元。如因亲丧或疾病请求补考者，得由注册课斟酌情形，免其补考费。

三、凡得及格分数而欲重考以增加分数者，概不允许。

九、学程成绩评定法

一、一学年分为二学期，每学期之末考试一次，其学业成绩分为 A、B、C、D、E 五等，九十分至百分为 A，八十分至八十九分为 B，六十分至七十九分为

C，五十分至五十九分为D，五十分以下为E。各科成绩以C等为及格，E等为不及格。凡成绩在D等者，须补考一次，补考若仍不及格者，其学程若为必修科，须重学；若为选修科，可重学，亦可改选他学程，以补足其绩点。

二、凡学生于每学年内所学之功课至少必须有二十四绩点及格，否则令其退学。

三、凡学生于每学期内所学之功课至少必须有九绩点及格，否则令其退学。

十、预科

分科。预科分甲乙两组，毕业期各为一年，在甲组毕业者，得升入文科或商科；在乙组毕业者，得升入理科或矿科。

入学资格。中等学校男女毕业生应本校入学考试及格者，得入本校预科。

投考手续。与正科同。

考试科目。一、国文，二、英文，三、代数，四、几何，五、三角，六、中国历史，七、中国地理，八、世界历史，九、世界地理，十、物理，十一、化学。

考期与考试地点。与正科同。

保证书。学生录取后须约请在津有职业者为保证人，照式填写保证书，并署名盖章，交本校存查。

费用。各项费用均与正科同。

报到。与正科同。

（《天津南开大学一览》，民国十二年六月，第12—22页）

南开大学评议会章程

（1924 年 3 月 15 日）

一、 本会定名为南开大学评议会。

二、 本会以校长、大学主任、各科主任及教授会议公举教授一人，校长于教职员中指派二人组成之。

三、 本会之职权如下：

甲、 评议本校大政方针；

乙、 规划本校内之组织；

丙、 根据本校进款及各科、各系、各课之预算支配用途；

丁、 承受及评议一切建议案；

戊、 评议本校其他重要事件。

四、 本会职员：校长为当然会长，并设书记一人，由会员互选，任期一年，得连举连任。

五、 除校长及大学主任、各科主任为当然会员外，其他会员任期一年，得连举连任。

六、 本会每两月开常会一次。特别会由会员三人或三人以上之提议，由会长召集，或会长自行召集。

七、 本章程由教授及主要职员总数五分之一之提议，及其过半数之通过，得修改之。

（《南开周刊》第 86 期，1924 年 3 月 15 日）

南开大学章程

（1926年6月）

第一章　组织

第一节　董事会

第一条　董事会以董事九人组成之。

第二条　董事会董事每年由董事会更选三分之一，但得连任。

第三条　董事会具有左列之职权：

一、聘任校长。

二、第六条之同意权。

三、筹募本校经费。

四、议决预算及审查决算。

五、对于本校章程之制定、变更或撤废予以同意。

六、发给毕业证书，并授予学位。

第二节　校长

第四条　校长总理全校一切事务。

第五条　校长办公室设秘书若干人，办理一切文件及校长随时委任事件。

第三节　大学主任

第六条　大学主任由校长聘任之，但须经董事会之同意。

第七条　大学主任襄助校长办理全校一切事务。

第八条　校长出外或因其他原由不能行使其职务时，大学主任代理执行之。

第四节　评议会

第九条　评议会以左列各员组成之：

一、校长。

二、大学主任。

三、各科主任。

四、教务会议选举教授一人。

五、校长于职教员中指派二人。

前项第四款及第五款会员之任期均为一年，但得连任。

第十条 校长为评议会常任会长。

第十一条 评议会设书记一人，由会员互选之，其任期为一年，但得连任。

第十二条 评议会具有左列之职权：

一、评议本校校政、设施、方针。

二、规划本校内部之组织。

三、根据本校岁入款项及各科、各系、各课之预算支配用途。

四、承受及评议一切建议案。

五、评议本校其他重要事件。

第五节 教务会议

第十三条 教务会议以左列各员组成之：

一、校长。

二、大学主任。

三、教授。

四、注册课主任。

五、体育课主任。

第十四条 教务会议议决关于各科共同之教务事项。

第十五条 教务会议以校长或大学主任为主席。

第六节 各科各系

第十六条 文、理、商、矿四科各设主任一人。

第十七条 文、理二科主任由各该科教授互选之，商、矿二科主任由校长于各该科教授中聘任之。

各科主任任期均为一年，但得连任。

第十八条 各科分设之系各设主任一人，由校长聘任之。

第十九条 各科教授会议以各该科教授组成之。

第二十条 各科教授会议具有左列之职权：

一、编定本科课程。

二、规划本科预算。

三、议决其他专属本科事件。

校长或大学主任得出席前项会议，发表其意见。

第二十一条 各系教授会议以各该系教授组成之。

第二十二条 各系教授会议具有左列之职权：

一、编定本系课程。

二、规画本系预算。

三、议决其他专属本系事件。

第二十三条　各科各系之教授、教员及助教由校长商同大学主任延聘之，但须经各该科系主任之介绍或同意。

第七节　注册课

第二十四条　注册课设主任一人，课员若干人。

第二十五条　注册课具有左列之职务：

一、公布并执行教务会议议决事项，但有特别规定者不在此限。

二、规定授课时间表。

三、办理学期考试并核算及宣布考试成绩。

四、掌理学生告假事项。

五、襄助入学委员会办理入学考试。

六、保管关于注册事务之各项表册、证书及其他文件。

第八节　体育课

第二十六条　体育课设主任一人，课员若干人。

第二十七条　体育课具有左列之职务：

一、公布并执行教务会议关于体育之议决事项。

二、检验学生身体。

三、联络他校组织各种运动竞赛事项。

四、组织校内体育竞赛事项。

五、保管一切体育用品。

六、掌理其他关于体育事件。

第九节　图书馆

第二十八条　图书馆设主任一人，馆员及事务员若干人。

第二十九条　关于图书馆重要计画及购置普通图书杂志等事项由图书〈馆〉委员会议定之。前项图书〈馆〉委员会由教务会议指派之。

第三十条　图书馆主任具有左列之职务：

一、执行前条图书馆委员会议决事项。

二、图书之定购。

三、编辑目录及装订书报。

四、图书之出纳。

五、阅览人及阅览图书之统计。

第十节　会计课

第三十一条　会计课设主任一人，课员若干人。

第三十二条　会计课具有左列之职务：

一、编造每年决算。

二、经理银钱之出纳。

三、保管一切帐簿。

第十一节　庶务课

第三十三条　庶务<课>设主任、副主任各一人，课员及事务员各若干人。

第三十四条　庶务课具有下列之职务：

一、物件之添置及保管。

二、校舍之保管与修缮。

三、学校卫生之监督。

四、讲义及文件之缮写。

五、校役勤惰之考核。

第十二节　斋务员

第三十五条　学生宿舍设斋务员一人。

第三十六条　斋务员维持学生在宿舍内之公共秩序及卫生。

第十三节　事务会议

第三十七条　事务会议以左列各员组成之：

一、大学主任。

二、各课主任。

三、图书馆主任。

四、斋务员。

第三十八条　事务会议议决关于各课、图书馆及宿舍之重要事项，但有特别规定者不在此限。

第三十九条　事务会议议决事件依照其性质由各事务机关分别执行之。

第四十条　事务会议以大学主任为主席。

第十四节　入学委员会

第四十一条　入学委员会以大学主任与各科主任组成之，大学主任为入学委员会之委员长。

第四十二条　入学委员会具有左列之职务：

一、执行教务会议关于入学考试之议决事项。
二、办理入学考试。
三、审查请求转学事件。

第二章　分科

第一节　本科

第四十三条　本校本科现分文、理、商、矿四科。
第四十四条　文科分左列五系：
一、哲学社会学系。
二、教育心理学系。
三、历史学系。
四、政治学系。
五、经济学系。
第四十五条　理科分下列四系：
一、算学系。
二、化学系。
三、物理学系。
四、生物学系。
第四十六条　商科分下列三系：
一、普通商学系。
二、银行学系。
三、会计学系。
第四十七条　矿科学程均系固定，不另分系。
第四十八条　本科修业期限为四年，但照第五十四条规定入学者不在此限。

第二节　预科

第四十九条　预科分甲、乙二组，甲组毕业者得升入文科或商科，乙组毕业者得升入理科或矿科。

第五十条　预科修业期限为二年。

第三章　入学

第一节　入学资格

第五十一条　男女学生具有左列资格之一者，得入本校本科肄业。

一、大学预科或高级中学毕业，或有同等程度应本校本科入学考试及格者。

二、本校预科生修业期满，各学程考试均及格者。

三、本校高级中学毕业生，对于大学本科入学考试各学程在中学所得成绩均在七十分以上者。

四、前款以外之本校高级中学毕业生因特别情形经中学主任之提议，及大学入学委员会之审查，准免本科入学考试者。

五、国内外大学转学学生依照第五十四条及第五十九条规定，应本校入学考试及格者。

第五十二条　男女学生具有左列资格之一，应本校预科入学考试及格者，得入预科肄业。

一、旧制中学毕业生。

二、曾在高级中学肄业一年以上者。

三、具有前二款同等程度者。

第五十三条　入学考试章程另订之。

第二节　转学

第五十四条　曾在国内外各大学本科修业一年以上之学生，应本校本科入学考试及格者，得转入本校本科肄业。

第五十五条　由他校革除之学生不得转学，其已入学者，一经查出，即令退学。

第五十六条　转学学生至少须在本校肄业二年始能毕业。

第三节　入学手续

第五十七条　依照第五十一条第一款及第五十二条规定，应入学考试者，须于应考前交验毕业证书或证明书。

第五十八条　依照五十一条第三款规定，请求入学者，须将其所习各学程之成绩送验后始得报名。

前项报名手续与应入学考试者同。

第五十九条　依照第五十四条规定，应本校入学考试者，须于报名应考前由该校校长或教务主任将其所习各学程成绩直接送交本校审查。

第六十条　学生依照第五十一条及第五十二条各款规定，已取得入学资格者，须于入学前经本校〈校〉医检验身体，检验不合格者不得入学。

第六十一条　学生入学前须约请在天津有职业之成年者为保证人，照式填写保证书，并署名盖章，交本校存查。

第六十二条　每学期开学前二日为报到期，学生于此期内须亲自来校报到。

前项报到手续临时公布之。

第六十三条　学生逾期报到，在开学后第一星期内者，交迟到费一圆；第二星期内者，交迟到费五圆；第三星期内者，交迟到费十五圆。若迟至三星期后仍不报到者，即认为退学。

第六十四条　前四条规定于旧生在开学时报到者适用之。

第四章 学生之类别

第一节　正科生

第六十五条　依照第五十一条规定入学者为本科正科生。

第六十六条　依照第五十二条规定入学者为预科正科生。

第二节　未分班生

第六十七条　依照第五十四条规定入学者为未分班生。

第六十八条　未分班生肄业满一年后考试及格者得改为本科正科生。

未分班生改为本科正科生时，其在他校所得绩点经大学主任与该本科主任审查后得予以相当之承认。

第三节　试读生

第六十九条　有左列情形之一者得为本科试读生。

一、已经本科入学考试，但有一、二门次要学程不及格者。

二、预科学生在预科肄业期内不及格之半年学程在四门以下，并其不及格之学程以绩点方法计算未逾全数百分之三十五者。

第七十条　试读生不及格之学程须在预科补习。

第四节　旁听生

第七十一条　男女学生曾在大学预科或高级中学毕业，或具有同等学力，其国文、英文程度经本校考验认为合格者，得为本科旁听生。

第七十二条　男女学生曾在旧制中学毕业，或高级中学肄业一年以上，或具有同等学力，其国文、英文程度经本校考验认为合格者，得为预科旁听生。

第七十三条　本科旁听生非经补应本科入学考试及格，不得为正科生。

第七十四条　预科旁听生非经补应预科入学考试及格，不得为正科生。

第五节　特别旁听生

第七十五条　国文、英文有相当程度者，经本校许可后，得认为特别旁听生。

第七十六条　特别旁听生不得与学期考试。

第七十七条　特别旁听生不得为正科生。

第五章 修业规则

第一节　本科之改修

第七十八条　本科学生须选定本科之一为专修科。

第七十九条　学生欲中途改修他科者，须经该科主任之许可。

第八十条　学生改修他科者，须于第一学期开学前行之。

第八十一条　学生改修他科者，该科入学考试之特试科目须在预科补习。

第八十二条　学生改修他科者，其改修前所得绩点经该科主任审查后，得予以相当之承认。

第二节　学程之改选及增减

第八十三条　学生在开学后三星期内，如欲改选或增减学程者，须到注册课填写改课单，并须得其本科主任及有关系教授之认可。

第八十四条　学生在开学三星期后，不得改选或增加学程，但得于开学后六星期前减少已选之学程。

第八十五条　学生依照前条规定减少学程者，须于前条期限内报告注册课。违反前项规定者，其减去之学程成绩认为戊等。

第八十六条　学生于开学六星期后减少学程者，其减去之学程成绩认为戊等。

第八十七条　本节规定于矿科及预科学生不适用之。

第三节　考试及绩点

第八十八条　正科生、未分班生及试读生概须应学期考试。

旁听生欲得绩点者亦须与前项考试。

第八十九条　学生在一学期内于某学程之缺席时间超过第九十九条及第一百条之限制者，不得与该学程之学期考试。

第九十条　每学期每学程之成绩分为左列五等：

一、 甲等，九十分以上。

二、 乙等，八十分至八十九分。

三、 丙等，六十分至七十九分。

四、 丁等，五十分至五十九分。

五、 戊等，五十分以下。

第九十一条　学程成绩在丙等以上者为及格，并取得该学程之绩点。

学程成绩在丁等者，为不及格，但得补考一次，补考成绩在丙等以上者认为及格，并取得该学程之绩点。

学程成绩在戊等者为不及格。

第九十二条　旁听生学程成绩在丁等者不得补考。

第九十三条　学程绩点之计算方法，除临时有特别规定外，以该学程在一学期内每星期授课一小时、自习二小时为一绩点。

试验或实习每星期三小时者，亦为一绩点。

第九十四条　每学程之名誉绩点依照下列方法计算：

一、考试成绩在甲等者，每一绩点得三名誉绩点。

二、考试成绩在乙等者，每一绩点得二名誉绩点。

三、考试成绩在丙等者，每一绩点得一名誉绩点。

四、考试成绩在丁等者，无名誉绩点，虽经补考及格亦同。

五、考试成绩在戊等者，每一绩点扣除二名誉绩点。

第九十五条　本科一、二年级学生每学期所习学程至多不得过十八绩点，三、四年级学生不得过十五绩点，但经特别许可者不在此限。

前项规定于矿科学生不适用之。

第九十六条　关于绩点及名誉绩点之规定于预科学生不适用之。

关于名誉绩点之规定于矿科学生不适用之。

第四节　学业之奖励

第九十七条　文、理、商、矿各科学生于一学年内其学业成绩在各该科中最优者免除其下学年之学费。

第九十八条　学生一学年内所得名誉绩点之总数以绩点总数除之，其商数最高者认为成绩最优之学生。

第五节　旷课及告假

第九十九条　学生于一学期内，每学程之旷课时间不得超过三星期。

旷课时间不论中断或继续者，一并计算。

第一百条　学生如遇疾病或亲丧者，前条期限得延长至四星期。

前项规定于第六十三条情形不适用之。

第一百零一条　学生如遇疾病或亲丧而旷课者，须到注册课告假。

因疾病告假者，须交验校医证书。

第一百零二条　学生告假经注册课允许后，发给准假单。

前项准假单告假者得持往各教授处查验，但仍须交还注册课。

第一百零三条 学生未经准假而旷课者，虽未超过第九十九条及第一百条之期限，其学程成绩亦得由各教授酌量扣减。

第六节 退学及休学

第一百零四条 本科学生于一学期内所得各学程之成绩，总计不及九绩点者，令其退学。

学生遇前项情形时，若其成绩已取得六绩点以上，并有一、二学程在丁等者，该项丁等之学程得补考一次，补考后仍不及九绩点者，令其退学。

第一百零五条 本科学生于一学年内所得各学程之成绩总计不及廿四绩点者，令其退学。

遇前项情形时，前条第二项之规定不适用之。

第一百零六条 预科学生不及格之半年学程在四门以上，并其不及格之学程以绩点方法计算已超过全数百分之三十五者，令其退学。

第一百零七条 学生有品行不良者，令其退学。

第一百零八条 学生因疾病或其他事故，得声明理由，请求休学。

休学期限自一学期至二学年，逾二学年不回校者，认为退学。

第一百零九条 学生退学或休学，其已缴各费概不发还，但预偿费不在此限。

第六章 各科学程之分配

第一节 文科

第一百一十条 文科学程分必修、主系、附系、自选四种。

第一百十一条 必修学程须得四十八绩点，分配如左：

一、	国文一，二，三，四	十二绩点
二、	英文一，二，三，四	十二绩点
三、	第二外国语（法文、德文或日本文） 一，二，三，四	十二绩点
四、	实验科学	
	生物	六绩点
	物理或化学	六绩点

第一百十二条 主系学程须得三十六绩点，分配如左：

一、	受课	二十四绩点
二、	博览书籍	六绩点
三、	论文	六绩点

第一百十三条 附系学程须得二十四绩点，由各主系教授指定之。

第一百十四条 自选学程须得二十四绩点。

第一百十五条 本节规定于民国十七年及十八年毕业之学生适用之。

第一百十六条 文科专修细则由文科教授会议另订之。

第二节 理科

第一百十七条 理科学程分必修、主系、附系、自选四种。

第一百十八条 必修学程须得四十八绩点，分配如左：

一、	国文一，二，三，四	十二绩点
二、	英文一，二，三，四	十二绩点
三、	第二外国语（法文、德文）	十二绩点
四、	文科学程	十二绩点

第一百十九条 主系学程至少须得三十六绩点。

第一百二十条 附系学程须依照左列各款修习。

一、	算学主系之附系学程	
	物理一，二，五，六	十六绩点
二、	物理主系之附系学程	
	算学五，六，七，八，九，十	十八绩点
	化学三，四	六绩点

三、 化学主系之附系学程

算学五，六，七，八，十 十五绩点

物理一，二 十绩点

四、 生物主系之附系学程

物理一，二 十绩点

化学九，十 六绩点

其他化学学程 十绩点

第一百二十一条 自选学程由学生自行选习，但须经理科主任之许可。

第一百二十二条 本节规定于民国十七年及十八年毕业之学生适用之。

第一百二十三条 理科专修细则由理科教授会议另订之。

第三节 商科

第一百二十四条 商科学程分必修、自选二种。

第一百二十五条 必修学程须得六十三绩点，分配如左：

一、 国文一，二，三，四 十二绩点

二、 英文一，二，三，四 十二绩点

三、 第二外国语（法文、德文或日本文）一，二，三，四 十二绩点

四、 商学三，四，五，六，十九，二十，廿一，廿二，七十五 廿七绩点

第一百二十六条 自选学程由学生自行选习，但须经商科主任之许可。

第一百二十七条 商科学生得撰述论文，其经商科教授会议认为合格者，取得三绩点。

第一百二十八条　商科学生于毕业前须熟练下列二种技术。

一、打字，每分钟能打二十字以上。

二、珠算，熟习加减乘除。

第一百二十九条　本节规定于民国十七年及十八年毕业之学生适用之。

第一百三十条　商科专修细则由商科教授会议另订之。

第四节　矿科

第一百三十一条 矿科专修学程列表另订之。

第一百三十二条 矿科学生实习分为二期，第一期在第二年级暑假举行，第二期在第三年级暑假举行。

每期实习完毕，由各矿厂总工程司发给证书为凭。

第七章　毕业通则

第一百三十三条 文、理、商三科学生具有左列条件者，准予毕业。

一、习毕各科规定之学程，并满足该科规定之条件者。

二、得足一百三十二绩点者。

三、得足一百三十二名誉绩点者。

四、习毕三年规定体育课程者。

第一百三十四条 矿科学生具有左列条件者，准予毕业。

一、习毕四年规定学程者。

二、曾在本校指定之矿厂实习，满足规定之时间者。

三、习毕三年规定体育课程者。

第一百三十五条 在本校文科毕业者，按照大学令，由董事会给予文学士学位；理科毕业者，给予理学士学位；商科毕业者，给予商学士学位；矿科毕业者，给予矿学士学位。

第八章　费用

第一百三十六条 本、预科正科生、未分班生及试读生，每学年应缴纳下列各费：

一、学费，　六十圆。

二、寄宿费，三十圆。

三、体育费，二圆。

四、印刷费，二圆。

五、普通预偿费，十圆。

六、膳费，每月自五圆至八圆。

前项各费分两期交付，每学期开学前各交半数，但膳费按月交付。

第一百三十七条 学生不寄宿者免缴寄宿费，不用本校膳食者，免缴膳费。

第一百三十八条 学生如有毁灭或损坏本校财产者，其损失应由普通预偿费内赔偿，如有不足，仍应由该生垫补。

无前项情形者，普通预偿费于学期终了时原数退还，如经赔偿损失尚有剩余时，退还其剩余之部分。

第一百三十九条 学生所习学程有试验者，应于开学前缴纳试验费及试验预偿费。

试验费及试验预偿费之金额临时公布之。

前条规定于试验预偿费准用之。

第一百四十条 旁听生每学年应缴纳学费一百二十圆，寄宿费六十圆，其试验费照正科生加倍缴纳。

旁听生其余各费与正科生同。

第一百四十一条 特别旁听生每学年应缴纳学费二百四十圆，寄宿费一百二十圆，其试验费照旁听生加倍缴纳。

特别旁听生其余各费与正科生同。

第一百四十二条 第一百三十六条第二项及第一百三十七条至第一百三十九条之规定于旁听生及特别旁听生均适用之。

（《天津南开大学一览》，中华民国十五年六月，第15—44页）

南开大学发展方案

（1928年）

（一）发展方针之由来　南开之演化，实吾国革新运动历史之缩影。南开发展之程序，在均反映吾国革新运动之变迁，兹简略述之，以释南开发展之背景。

南开之创办与中国之革新，同以甲午之败为动机。甲午以后，旧日吾人所鄙视之倭寇，一跃而为吾人革新之模范。东渡留学，遂成一时之潮流。本校创办同人每有日本之游，严范老与张校长自东归后，南开之学制即参有日本风味。此南开演化之第一阶程，亦中国革新史之第一章也。

日本之方法来自西洋。仿效日本不若直师西洋。本此觉悟，国人渐有弃日本而取西洋为革新模范之趋势。南开当局，受时潮之激动，亦有欧美之游，于是南开学制，又加欧美色彩矣。此南开演化之第二阶程，亦中国革新之第二章也。

但中国自有其天然特别环境，与夫传统特别文明，适于彼者，未见适于此。外人之法制能资吾人之借镜，不能当吾人之模范。革新运动必须“土货”化，而后能有充分之贡献。此中国革新运动应有之新精神，亦南开大学发展之根本方针也。

（二）何为土货的南开　已往大学之教育，半“洋货”也。学制来自西洋，教授多数系西洋留学生；教科书非洋文原本即英文译本，最优者亦不过参合数洋文书而编辑之土造洋货。大学学术，恒以西洋历史和西洋社会为背景。全校精神，几以解决西洋问题为目标。就社会科学论之，此种弊端，可不言而知。社会科学，根本必以某具体社会为背景，无所谓古今中外通用之原则。倘以纯粹洋货的社会科学为中国大学之教材，无心求学者，徒奉行故事，凑积学分，图毕业而已；有心求学者，则往往为抽象的定义或原则所迷，而置中国之历史与社会于不顾。自然科学稍异，然亦不能谓洋货均能适用，更不宜谓中国应永久仰给于洋货。地理、地质、气候、生物诸学无不对环境而立。中国人欲利用中国之天然环境，非有土产的科学不为功。此就科学之实用而言。但实用科学，倘无锐进的理论科学为后盾，其结果不异堵源而求流；且今日国人思想之急需，莫过于科学精神与方法，故吾人可断定，中国大学教育，目前之要务即“土货化”。吾人更可断定，土货化必须从学术之独立入手。

是故“土货化”者，非所谓东方精神文化，乃关于中国问题之科学知识，乃至中国问题之科学人才。吾人为新南开所抱之志愿，不外“知中国”“服务中国”二话。吾人所谓土货的南开，即以中国历史、中国社会为学术背景，以解决中国问题为教育目标的大学。

（三）新方针实行之方案　中国学术所以不能独立者，非中国无可研究之问题或材料。论书籍，则吾国几千年来学者之著作及政府之编辑，不谓不多。论社会状况，则吾国乡村之自治，城市之同行公会，新工业之影响，人口问题，殖边问题，家庭问题等等，均有其特色，足供学者之研究。论自然界，吾国地藏地产之利用，河流之开导，气候之测量诸问题，均待科学家之考察。故中国学术之不能独立，不在材料之缺乏，而根本由于教育机关经费之短绌。

南开大学近数年来，在可能之范围内，已竭力提倡研究。教授有减少授课钟点，以便研究者，学生有以研究代听讲者。以南开之经济，此种努力不异杯水车薪，然南开犹决心于发展者，诚以中国大学若不努力于研究事业，则中国学术永无土货化之时期，正如商界欲以国货代洋货，则不能不提倡制造也。兹后惟有一面力图研究效率之增进，而一面恳求校友及爱国志士之协助。

南开研究之范围，即社会科学与自然科学。此范围犹嫌太泛，故定三项标准以求实效：（一）各种研究，必以一具体的问题为主；（二）此问题必须为现实社会所急待解决者；（三）此问题必须适宜于南开之地位。

南开大学将来之发展，即不外上文所定之方针与范围。举凡教材、设备、学制，皆以此为指归，经费充足，则循此以为尽量之发展；即经费拮据，亦当努力以“认识中国”“服务中国”为鹄的也。

{《南开大学募款委员会计划书》（节选），1928 年}

南开大学章程

（1929年2月）

第一章 组织

第一节 董事会

第一条 董事会以董事九人组成之。

第二条 董事会董事每年由董事会更选三分之一，但得连任。

第三条 董事会具有左列之职权：

一、聘任校长。

二、第六条之同意权。

三、筹募本校经费。

四、议决预算及审查决算。

五、对于本校章程之制定、变更或撤废予以同意。

六、发给毕业证书并授予学位。

第二节 校长

第四条 校长总理全校一切事务。

第五条 校长办公室设秘书若干人，办理一切文件及校长随时委任事件。

第三节 大学主任

第六条 大学主任由校长聘任之，但须经董事会之同意。

第七条 大学主任襄助校长办理全校一切事务。

第八条 校长出外或因其他原由不能行使其职务时，大学主任代理执行之。

第四节 评议会

第九条 评议会以左列各员组成之：

一、校长。

二、大学主任。

三、各科主任。

四、教务会议选举教授二人。

五、校长于职教员中指派二人。

前项第四款及第五款会员之任期均为一年，但得连任。

第十条　校长为评议会常任会长。

第十一条　评议会设书记一人，由会员互选之，其任期为一年，但得连任。

第十二条　评议会具有左列之职权：

一、评议本校校政设计方针。

二、规划本校内部之组织。

三、根据本校岁入款项及各科、各系、各课之预算支配用途。

四、承受及评议一切建议案。

五、评议本校其他重要事件。

第五节　教务会议

第十三条　教务会议以左列各员组成之：

一、校长。

二、大学主任。

三、专任教授。

四、注册课主任。

五、体育课主任。

第十四条　教务会议议决关于各科共同之教务事项。

第十五条　教务会议以校长或大学主任为主席。

第六节　各科各系

第十六条　文、理、商三科各设主任一人。

第十七条　文、理科主任由该科教授互选之，商科由校长于该科教授中聘任之。

各科主任任期均为一年，但得连任。

第十八条　各科分设之系各设主任一人，由校长聘任之。

第十九条　各科教授会议以各该科专任教授组成之，但得聘会外人为临时或永久会员。

第二十条　各科教授会议具有左列之职权：

一、编订本科课程。

二、规划本科预算。

三、议决其他专属本科事件。

校长或大学主任得出席前项会议发表其意见。

第二十一条　各系教授会议以各该系教授组成之。

第二十二条　各系教授会议具有左列职权：

一、编订本系课程。

二、规划本系预算。

三、决议其他专属本系事件。

第二十三条　各系、各科之教授、教员及助教由校长商同大学主任延聘之，但须经各该科系主任之介绍或同意。

第七节　注册课

第二十四条　注册课设主任一人，课员若干人。

第二十五条　注册课具有左列之职务：

一、公布并执行教务会议议决事项，但有特别规定者不在此限。

二、规定授课时间表。

三、办理学期考试，并核算及宣布考试成绩。

四、掌理学生告假事项。

五、襄助入学委员会办理入学考试。

六、保管关于注册事务之各种表册、证书及其他文件。

第八节　体育课

第二十六条　体育课设主任一人，课员若干人。

第二十七条　体育课具有左列之职务：

一、公布并执行教务会议关于体育之议决事项。

二、检验学生身体。

三、联络他校组织各种运动竞赛事项。

四、组织校内体育竞赛事项。

五、保管一切体育用品。

六、掌理其他关于体育事件。

第九节　图书馆

第二十八条　图书馆设主任一人，馆员及事务员各若干人。

第二十九条　图书馆主任具有左列之职务：

一、执行图书馆委员会议决事项。

二、图书之订购。

三、编辑目录及装订书报。

四、图书之出纳与保管。

五、阅览人及阅览图书之统计。

第十节　会计课

第三十条　会计课设主任一人，课员若干人。

第三十一条　会计课具有左列之职务：

一、编造每年决算。

二、经理银钱之出纳。

三、保管一切账簿。

第十一节　庶务课

第三十二条　庶务课设主任、副主任各一人，课员及事务员各若干人。

第三十三条　庶务课具有左列之职务：

一、物件之添置及保管。

二、校舍之保管与修缮。

三、学校卫生之监督。

四、讲义及文件之缮写。

五、校役勤惰之考核。

第十二节　斋务指导员

第三十四条　男女学生宿舍各设斋务指导员一人。

第三十五条　斋务指导员维持学生在宿舍内之公共秩序及卫生。

第三十六条　男女宿舍各设一指导委员会，襄助斋务指导员处理宿舍一切事务；会员若干人，由校长指派之。

第十三节　事务会议

第三十七条　事务会议以左列各员组成之：

一、大学主任。

二、各课主任。

三、图书馆主任。

四、斋务指导员。

第三十八条　事务会议议决关于各课、图书馆及宿舍之重要事项，但有特别规定者不在此限。

第三十九条　事务会议议决事项，依照其性质由各事务机关分别执行之。

第四十条　事务会议以大学主任为主席。

第十四节　入学委员会

第四十一条　入学委员会以大学主任与各科主任组成之，大学主任为入学委员会之委员长。

第四十二条　入学委员会具有左列之职务：

一、执行教务会议关于入学考试之决议事项。

二、办理入学考试。

三、审查请求转学事件。

第十五节　图书馆委员会

第四十三条　图书馆委员会以左列各员组成之：

一、评议会选举一人。

二、各科教授会议各选举一人。

三、图书馆主任。

前项第一款及第二款会员之任期均为一年，但得连任。

第四十四条　评议会选举之代表为图书馆委员会主席。

第四十五条　图书馆主任为图书〈馆〉委员会书记。

第四十六条　图书馆委员会具有左列之职权：

一、议定图书馆之政策及规章。

二、监督图书馆执行本委员会议决事项。

三、订购普通图书。

第二章　分科

第一节　本科

第四十七条　本校本科现分文、理、商三科。

第四十八条　文科分左列五系：

一、历史学系。

二、政治学系。

三、经济学系。

四、哲学社会学系。

五、教育心理学系。

第四十九条　理科分下列四系：

一、算学系。

二、物理学系。

三、化学系。

四、生物学系。

第五十条　商科分下列四系：

一、普通商业系。

二、银行学系。

三、会计学系。

四、统计学系。

第五十一条　本科修业期限为四年，但照第五十七条规定入学者不在此限。

第二节　预科

第五十二条　预科分甲、乙二组。甲组毕业者得升入文科或商科，乙组毕业者得升入理科。

第五十三条　预科修业期为两年。

第三章　入学

第一节　入学资格

第五十四条　男女学生具有左列资格之一者，得入本校本科一年级肄业：

一、大学预科或高级中学毕业，应本校本科入学考试及格者。

二、本校预科生修业期满考试及格者。

三、本校高级中学毕业生。

四、国内外大学转学生，依照第五十七条及六十二条规定，应本校入学考试及格者。

第五十五条　男女学生具有左列资格之一，应本校预科入学考试及格者，得入预科一年级肄业。

一、旧制中学毕业生。

二、曾在高级中学肄业一年以上者。

三、具有前二款同等资格者。

第五十六条　入学考试章程另订之。

第二节　转学

第五十七条　曾在国内外各大学本科修业一年以上之学生，应本校本科入学考试及格者得转入本校本科肄业。

第五十八条　由他校革除之学生不得转学，其已入学者，一经查出即令退学。

第五十九条　转学学生至少须在本校肄业二年始能毕业。

第三节　入学手续

第六十条　依照第五十四条第一款及第五十五条规定，应入学考试者须于应考前交验毕业证书或证明书。

第六十一条　依照第五十四条第三款规定请求入学者，须将其所习各学程之成绩送验后始得报名，前项报名手续与应入学考试者同。

第六十二条　依照第五十七条规定，应本校入学考试者，须于报名应考前由该校校长或教务主任将其所习各学程成绩直接送交本校审查。

第六十三条　学生依照第五十四条及第五十五条各款规定，已取得入学资格者，须于入学前经本校校医检验身体，检验不合格者不得入学。

第六十四条　学生入学前须约请在天津之有职业之成年为保证人，照式填写保证书并署名盖章，交本校存查。

第六十五条　每学期开学前二日为报到期，学生于此期内须亲自来校报到。前项报到手续临时公布之。

第六十六条　学生逾期报到，在开学后第一星期内者，交迟到费一元；第二星期内者，交迟到费五元；第三星期内者，交迟到费十五元。若迟至三星期后仍不报到即认为退学。

第六十七条　前四条规定于旧生在开学时报到者适用之。

第四章　学生之类别

第一节　正科生

第六十八条　依照第五十四条规定入学者为本科正科生。

第六十九条　依照第五十五条规定入学者为预科正科生。

第二节　未分班生

第七十条　依照第五十七条规定入学者为未分班生。

第七十一条　未分班生肄业满一年后考试及格者得改为本科正科生。

未分班生改为本科正科生时，其在他校所得成绩经大学主任与该本科主任审查后得予以相当之承认。

第三节　试读生

第七十二条　有左列情形之一者得为本科试读生：

一、已经本科入学考试，但有一门次要学程不及格者。

二、预科学生在预科肄业期内全年学程有一门不及格者。

第七十三条　试读生不及格之学程须在预科补习。

第四节　旁听生

第七十四条　男女学生曾在大学预科或者高级中学毕业，其国文、英文程度经本校考验认为合格者，得为本科旁听生。

第七十五条　男女学生曾在旧制中学毕业或高级中学肄业一年以上，其国文、英文程度经本校考验认为合格者，得为预科旁听生。

第七十六条　本科旁听生非经补应本科入学考试及格不得为正科生。

第七十七条　预科旁听生非经补应预科入学考试及格不得为正科生。

第五章　修业规则

第一节　本科之改修

第七十八条　本科学生须选定本科之一为专修科。

第七十九条　学生欲中途改修他科者，须经该科主任之许可。

第八十条 学生改修他科者，须于第一学期开学前行之。

第八十一条　学生改修他科者，该科入学考试之特试科目须在预科补习。

第八十二条　学生改修他科者，其改修前所得成绩经该科主任审查后得予以相当之承认。

第二节　学程之改选及增减

第八十三条　学生在开学后三星期内如欲改选或增减学程者，须到注册课填写改课单，并须得其本科主任及有关系教授之许可。

第八十四条　学生于开学三星期后不得改选或增加学程，但得于开学后六星期前减少已选之学程。

第八十五条　学生依照前条规定减少学程者，须于前条期限内报告注册课。

第八十六条　学生于开学六星期后减少学程者，其减去之学程成绩认为戊等。

第三节　考试成绩评定法

第八十七条　正科生、未分班生、试读生及旁听生概须应学期学年考试。

第八十八条　学生在一学期内于某学程之缺席时间超过第九十八条及第九十九条之限制者，不得与该学程之学期考试。

第八十九条　每学期每学程之成绩分为左列五等：

一、甲等，九十分以上。

二、乙等，八十分至八十九分。

三、丙等，六十分至七十九分。

四、丁等，四十分至五十九分。

五、戊等，四十分以下。

第九十条　学程成绩在丙等以上者为及格，学程成绩在丁等者为不及格，但得于学年考试该学程时补考一次，补考成绩在丙等以上者认为及格。学程成绩在戊等者为不及格，全年学程第一学期得戊者，第二学期即不能继续学习。

第九十一条　旁听生学程成绩在丁等者不得补考。

第九十二条　全年学程在第二学期考试时考试全年功课。

第九十三条　全年学程第一学期得丁等，第二学期得丙或丙等以上者，第一学期之丁等即作为及格，勿庸补考。

第九十四条　全年学程第一学期得丙等或丙等以上，第二学期得丁等或戊等者，该全年学程须全部补考或重习。

第九十五条　每学程成绩之优劣另以名誉学点表明之，其计算方法如下：

一、考试成绩在甲等者，每半年学程得三名誉绩点。

二、考试成绩在乙等者，每半年学程得二名誉绩点。

三、考试成绩在丙等者，每半年学程得一名誉绩点。

四、考试成绩在丁等者，无名誉绩点，虽经补考及格亦同。

五、考试成绩在戊等者，每半年学程扣除一名誉绩点。

第九十六条　本科各年级学生每学期所习学程至多不得过五门，但经特别许可者不在此限。

第四节　学业之奖励

第九十七条　文、理、商各科学生于一学年内其学业成绩在各该科中最优者免除其下学年之学宿费。

第五节　旷课及告假

第九十八条　学生于一学期内每学程之旷课时间不得超过三星期，旷课时间不论中断或继续者，一并计算。

第九十九条　学生如遇疾病或亲丧者，前条期限得延长至四星期。

前项规定于第六十六条情形不适用之。

第一百条　学生如遇疾病或亲丧而旷课者，须到注册课告假。

因疾病告假须交验校医证书。

第一百零一条　学生告假经注册课允许后发给准假单。

前项准假单告假者，得持往各教授处查验，但仍须交还注册课。

第一百零二条　学生未经准假而旷课者，虽未超过第九十八条及第九十九条之期限，其学程成绩亦得由各教授酌量扣减。

第六节 退学及休学

第一百零三条 本、预科学生于每学期内应习五学程，其第一学期之成绩有二门得戊者令其退学。

第一百零四条 本、预科学生于一学年内全年学程之成绩有二门得戊等或三门不及格者，令其退学。

第一百零五条 本、预科学生第一学年之成绩有一学程得戊等，而第二学年又有一学程得戊等者，令其退学。

第一百零六条 学生有品行不良者令其退学。

第一百零七条 学生因疾病或其他事故，得声明理由请求休学。

休学期限自一学期至二学年，逾二学年不回校者，认为退学。

第一百零八条 学生退学或休学，其已缴各学费概不发还，但预偿费不在此限。

第六章 毕业通则

第一百零九条 文、理、商三科学生具有左列条件者准予毕业。

一、习毕各科规定之学程，并满足该科规定之条件者。

二、习毕全年学程二十门者。

三、得足四十名誉学点者。

四、国文甄别考试及格者。

五、习毕三年规定体育课程者。

前项第四款“国文甄别考试”于每年学年考试时举行一次，一年级新生必须与试，不及格者仍须于下学年复试，直至及格为止。

第一百一十条 在本校文科毕业者，按照大学令由董事会给予文学士学位，理科毕业者给予理学士学位，商科毕业者给予商学士学位。

第七章 费用

第一百十一条 本、预科正科生、未分班生及试读生每学年应缴纳下列各费：

一、学费，六十圆。

二、寄宿费，三十圆。

三、普通预偿费，十圆。

四、体育费，二圆。

五、印刷费，二圆。

六、膳费，每月约八圆。

前项各费分两期交付，每学期开学前各交半数，但膳费按月交付。

第一百十二条　学生不寄宿者免缴寄宿费，不用本校膳食者免缴膳费。

第一百十三条　学生如有毁灭或损坏本校财产者，其损失应由普通预偿费内扣偿，如有不足，仍应由该生垫补。

无前项情形者，普通预偿费于学期终了时原数退还，如经赔偿损失尚有剩余时，退还其剩余之部分。

第一百十四条　学生所习学程有试验者，应于开学前缴纳试验费及试验预偿费。试验费及试验预偿费之金额临时公布之，前条规定于试验预偿费准用之。

第一百十五条　旁听生每学年应缴纳学费一百二十圆，寄宿费六十圆，其试验费照正科生加倍缴纳。

旁听生其余各费与正科生同。

第一百十六条　第一百十一条第二项及第一百十二条至第一百十四条之规定于旁听生均适用之。

（《天津南开大学一览》，民国十八年二月，第 13—37 页）

南开大学特种奖学金章程

（1931 年 7 月①）

第一节　总则

第一条　南开大学为培植寒士起见，特募集特种奖学金，定名为南开大学特种奖学金。

第二条　本奖学金以资助家境清寒、天资优秀、有志深造之学生，经本校特种入学考试及格者为限。

第二节　组织

第三条　本奖学金由本校聘请热心人士若干人组织特种奖学金委员会，负责募集捐款，并计划本奖学金之进行。其章程另定之。

第四条　凡捐助本奖学金学额一名及一名以上者，皆为本奖学金之赞成人。赞成人对于本奖学金之意见得提出奖学金委员会讨论之。

第五条 凡捐助本奖学金至十额以上者，本校得按教育部章，向国府请奖，以资表彰。

第六条　奖学金委员会附设检选委员会，根据章程执行招考、选拔、授予及停止等事。检选委员会之章程及办事细则另定之。

第三节　名额及金额

第七条　本奖学金以每年三百五十元，继续四年为一额。

第八条　本奖学金第一次募集二十名额，以后陆续增募，使每届一年级得有二十名之奖金额数。

第四节　捐款

第九条　凡个人捐助本奖学金者，每额国币一千四百元，于开学之前一次

① 本《章程》最早刊于 1931 年 7 月的南开大学校刊。下《南开大学特种奖学金委员会章程》《南开大学检选特种奖学金受奖人委员会章程及办事细则》《南开大学特种奖学金支付细则》的时间也据此确定。

交付。其托信托机关负责代付者，得按机关捐款办法分期交付。

第十条　凡机关捐助本奖金者，每额一千四百元，可分四期交付，于每学年开学之前交三百五十元。

第十一条　受奖者如有中途停学或失去其受奖者资格时，未交之款可中途停止，已交之款可发还原捐款人。但原捐款人愿与奖学金委员会另商办法者，得移奖他人。

第十二条　捐款者应照拟定之捐款书签章，存校为凭。

第五节　领受奖金者

第十三条　愿领受本奖学金者须备具左列之条件：

（甲）家境清寒，天资敏秀，品行端正，身体康健，学业优良之高中三年毕业生而未进大学本科，经原校校长之证明者。

（乙）右项学生连同证明书在本校规定之地点、日期内报名，应普通入学考试及特种试验者。

（丙）考试及试验及格者。

（丁）及格后经检选委员会之审查认为合格者。

第十四条　如有下开条件之一者，不得应考：

（甲）有入大学之财力者。

（乙）已入大学者。

检选委员会查明如有上项条件之一学生，勿论其证明书如何，在未入学前或已入学后，均得随时停止其奖学金。

第十五条　凡领受本奖学金者，对于其捐款者须执弟子之礼，由本校于入学之始将姓名通知双方，引导谒见，以示崇敬。捐款者如为机关，则对于其机关主要负责人执弟子之礼。

第十六条　捐款人得随时到校考察受奖者之成绩，并得招往谈话，以觇进益。

第十七条　领受奖学金者对于捐款者除第十五、第十六两条之规定外，别无其他义务。捐款者对于领受奖金者亦不负本章程以外之责任。

第十八条　检选委员会按章执行，考试之结果得视其成绩保留缺额。

第十九条　凡已得本奖学金而其成绩或品行不佳，检选委员会得于学年之终停止其下年之奖学金。

第二十条　凡已得本奖学金者，不得在本校肄业期间领受他种奖学金，且不得于功课之外有受酬报之工作。其家中亦不得另寄学费。

第二十一条　凡领受本奖学金者，须遵守本校校章，与其他学生无异。

第二十二条　本章程得由特种奖学金委员会修改之。

（《天津南开大学一览》，中华民国二十一年）

南开大学特种奖学金委员会章程

（1931 年 7 月）

第一条　本会定名为南开大学特种奖学金委员会。

第二条　委员名额三十人，除本校校长为当然委员外，其余委员，第一任由本校聘请，继任委员由委员会自行聘选。

第三条　委员任期三年，第一任委员三分之一任期一年，三分之一任期二年，余任期三年，抽签定之。以后每年改选委员三分之一，皆得连选连任。

第四条　本委员会之职权如左：

（甲）拟定本奖学金之计划及各种章程。

（乙）募集奖学金并稽核本奖学金之帐目。

（丙）监督检选委员会执行事务。

第五条　本委员会设主席及秘书各一人，由委员互选，任期一年，但得连任。

第六条　本委员会每年开例会一次，由主席招集之。

第七条　本奖学金之招考、选拔、授予、停止等事由本委员会委托检选委员会执行之。

第八条　本章程得由本委员会二人以上之提议，多数之通过修改之。

（《天津南开大学一览》，中华民国二十一年）

南开大学检选特种奖学金受奖人委员会章程及办事细则

（1931 年 7 月）

第一条　本会定名为南开大学检选特种奖学金受奖人委员会，简称检选委员会。

第二条　本会附设于特种奖学金委员会，受该会之委托，有左列各职权：

（甲）负责举行受奖学金者之特种入学试验及审查在校试验成绩。

（乙）审查请求奖学金者之资格。

（丙）决定奖学金之授予与停止。

第三条　本会委员七人，本校校长及教务长为当然委员，余五人由校长于本校教授中指定之。

第四条　本委员会设主席及书记各一人执行会务，本校校长为当然主席，教务长为当然书记。

第五条　本委员会每年至少开例会二次，由主席召集之。

第六条　本委员会审查成绩之标准如下：

（甲）凡欲得本奖学金者，如投考理学院，则其国文、算学、英文三科均须在八十分以上或均在全体（入学考试）最高百分之五以内，而其他科目之成绩亦须在全体最高百分之二十以内方为及格。但投考先期医科及生物学系者，得以生物学替代算学。如投考文、商及经济等学院则其国文、英文、历史三科均须在八十分以上，或均在全体（入学考试）最高百分之五以内，而其他科目之成绩亦须在全体最高百分之二十以内方为及格。

（乙）凡在学校各学年之试验每门功课均以七十分为及格。

第七条　本委员会须校阅特种试验之试题及覆阅其试卷。

第八条　各学院领受奖学金之人数约以该学院各年度之人数为比例。

第九条　凡已得本奖学金者，除其他规定外，有下列情形之一者，本委员会得停止其奖学金。

（甲）过去一年之成绩以学分除名誉学分（均按本校章程计算）商数在二以

下者。

（乙）触犯校规，曾由学校记大过一次者。

（丙）中途辍学及转学者。

（丁）奢侈浪费者。

（戊）委员会认为不值奖励者。

第十条 本章程得由本委员会之提议，特种奖学金委员会之通过更改之。

（《天津南开大学一览》，中华民国二十一年）

南开大学特种奖学金支付细则

（1931 年 7 月）

第一条　凡领受本奖学金者之学宿费，以及其应交学校之费用，由捐款人交来总款中直接拨交本校会计课，由会计课发双联收据，以正收据交捐款人，以资查核，以副收据交受奖学生，以便报到入学。

第二条　本奖学金每名每年三百五十元之金额，除学宿等费之支付按上项之规定外，其余之款由会计课分期交付受奖者，计每学期开学时各付十分之三，每学期之中各付十分之二，由受奖者出双联收据，一交会计课，一交捐款人。

第三条　本校会计课每于预算年度终结时，得将本奖学金全年收支情形报告特种奖学金委员会及捐款人。

（《天津南开大学一览》，中华民国二十一年）

南开大学章程

（1932 年）

第一章　总纲

第一条　本大学定名为天津私立南开大学。

第二条　本大学遵照中华民国教育宗旨，以阐扬文化、研究学术、造成建设国家之中坚人才为目的。

第二章　行政组织

第一节　校董会

第三条　校董会以校董九人组成之。

第四条　校董会校董每年由校董会更选三分之一，但得连任。

第五条　校董会具有左列之职权。

（一）聘任校长。

（二）筹募本校经费。

（三）议决预算及审查决算。

（四）对于本校章程之制定、变更或撤废予以同意。

第二节　校长

第六条　校长总理全校一切校务。

第七条　校长办公室得设秘书若干人，襄助校长办理校务。

第三节　评议会

第八条　评议会以左列各员组成之。

（一）校长。

（二）教务长。

（三）秘书长。

（四）各院院长。

（五）教务会议选举教授二人。

（六）校长于教职员中指派二人。

前项第五款及第六款会员之任期均为一年，但得连任。

第九条　校长为评议会常任会长。

第十条　评议会设书记一人，由会员互选之。其任期为一年，但得连任。

第十一条　评议会具有左列之职权。

（一）评议本校校政设计方针。

（二）规划本校内部之组织。

（三）根据本校岁入款项及各院、各系、各课之预算支配用途。

（四）制定、变更或撤废本校章程，但须得校董会之同意。

（五）承受及评议一切建议案。

（六）评议本校其他重要事件。

第四节　教务处

第十二条　本大学设教务处，由校长聘任教务长一人，处理本大学教务方面之事宜。

第十三条　校长不在校时，由教务长代行职权。

第十四条　教务处设注册课、图书馆、体育课，分掌该处各项事务。

第五节　注册课

第十五条　注册课设主任一人，课员若干人。

第十六条　注册课具有左列之职务。

（一）公布并执行教务会议议决事项，但有特别规定者不在此限。

（二）规定授课时间表。

（三）办理学期考试，并核算及宣布考试成绩。

（四）掌理学生告假事宜。

（五）襄助入学委员会办理入学考试。

（六）保管关于注册事务之各种表册、证书及文件等。

（七）编制关于教员及学生之各种统计图表等。

第六节　图书馆

第十七条　图书馆设主任一人，馆员及事务员若干人。

第十八条　图书馆主任具有左列之职务。

（一）执行图书馆委员会议决事项。

（二）图书杂志之定购。

（三）编辑目录及装订书报。

（四）图书杂志之出纳与保管。

（五）阅览人及阅览图书杂志之统计。

第七节 体育课

第十九条 体育课设主任一人，课员若干人。

第二十条 体育课具有左列之职务。

（一）公布并执行教务会议关于体育之议决事项。

（二）检验学生身体。

（三）联络他校组织各种运动竞赛事项。

（四）组织校内体育竞赛事项。

（五）保管一切体育用品。

（六）掌理其他关于体育事件。

第八节 教务会议

第二十一条 教务会议以左列各员组成之。

（一）校长。

（二）教务长。

（三）专任教授。

（四）注册课主任。

（五）图书馆主任。

（六）体育课主任。

第二十二条 教务会议之职权如左：

（一）决议学生入学之资格。

（二）决议全校学生之修业通则。

（三）决议全校学生之毕业通则。

（四）审定各学院优等生奖学金之受奖人。

（五）审定学生毕业之资格及等第。

（六）审定各学院共同之课程。

（七）议决关于各学院共同之教务事项。

（八）委托图书馆委员会议定图书馆之政策、规章，并督促图书馆事务之进行。

（九）委托入学委员会办理学生入学事宜。

（十）委托各检选委员会办理各项奖学金受奖人之检选事宜。

第二十三条 教务会议以校长或教务长为主席，并负责召集之。

第九节 图书馆委员会

第二十四条 图书馆委员会以左列各员组成之。

（一）教务长。

（二）各院教授会议各选举一人。

第二十五条　教务长为当然主席，负责召集会议。

第二十六条　图书馆委员会开会时图书馆主任得列席以备咨询。

第二十七条　图书馆委员会具有左列之职权。

（一）议定图书馆之政策及规章。

（二）督促图书馆事务之进行。

第十节　入学委员会

第二十八条　入学委员会以左列各员组成之。

（一）教务长。

（二）各院院长。

（三）注册课主任。

第二十九条　入学委员会受教务会议之委托，具有左列之职权。

（一）执行教务会议关于入学考试之议决事项。

（二）办理入学考试。

第三十条　入学委员会以教务长为主席，负责召集之。

第十一节　各种奖学金委员会

第三十一条　各种奖学金委员会以左列各员组成之。

（一）校长。

（二）教务长。

（三）本校教授由校长指定者。

第三十二条　各奖学金委员会受教务会议之委托，具有左列之职权。

（一）负责举行受奖学金者之特种入学试验及审查在校试验成绩。

（二）审查请求奖学金者之资格。

（三）决定奖学金之授予与停止。

第三十三条　各奖学金委员会以校长为当然主席，负责召集之。

第三十四条　各奖学金委员会之详章另定之。

第十二节　秘书处

第三十五条　本大学设秘书处，由校长聘任秘书长一人，秉承校长处理本大学事务方面之事宜。

第三十六条　秘书处设秘书若干人，分担校长临时分派之事务，及专任之常务事宜。

第三十七条　秘书处设文牍课、会计课、庶务课、建筑课、学生指导委员会，分掌该处各项事务。

第十三节　文牍课

第三十八条　文牍课设主任一人，课员及事务员若干人。

第三十九条　文牍课具有左列之职务。

（一）关于拟撰文件及布告事项。

（二）关于编纂《学校一览》及其他出版事项。

（三）关于收发及保管文件事项。

（四）关于学生贷金、津贴、免费等文稿及其他证明文件事项。

（五）关于编制各项事务报告及登记事项。

第十四节　会计课

第四十条　会计课设主任一人，课员若干人。

第四十一条　会计课具有左列之职务。

（一）编造每年决算。

（二）经理银钱之出纳。

（三）保管一切帐簿及财务合同等。

第十五节　庶务课

第四十二条　庶务课设主任、副主任各一人，课员及事务员各若干人。

第四十三条　庶务课具有左列之职务。

（一）物件之添置及保管。

（二）校舍之保管与修缮。

（三）学校卫生之监督。

（四）讲义及文件之缮写。

（五）校工勤惰之考核。

第十六节　建筑课

第四十四条　建筑课设主任一人，课员及事务员若干人。

第四十五条　建筑课具有左列之职务。

（一）计划各项校舍之添盖及改修事宜。

（二）布置校园校景事宜。

第十七节　学生指导委员会

第四十六条　学生指导委员会以左列各员组成之。

（一）教务长。

（二）秘书长。

（三）斋务指导员。

（四）校长由本校教授中指定三人。

第四十七条　学生指导委员会具有左列之职务。

（一）辅助学生养成优美之品格。

（二）辅助学生造成良好之校风。

（三）辅助学生发展组织之能力。

第四十八条　学生指导委员会由校长指定委员之一为委员长，负召集该委员会之责任。

第四十九条　学生指导委员会得设男女斋务指导员各一人，维持学生宿舍内之公共秩序及卫生。

第十八节　事务会议

第五十条　事务会议以左列各员组成之。

（一）秘书长。

（二）各课主任。

（三）图书馆主任。

（四）斋务指导员。

第五十一条　事务会议议决关于校内各处事务方面之一切事项。

第五十二条　事务会议议决事项依照其性质由各事务机关分别执行之。

第五十三条　事务会议以秘书长为当然主席，并负召集之责。

第三章　学制组织

第十九节　院系制

第五十四条　本大学现设文学院、理学院、商学院、经济学院，每学院各设院长一人。

第五十五条　文、理两学院院长由各该学院教授互选之，商学院及经济学院之院长由校长于各该学院教授中聘任之。各学院院长任期均为一年，但得连任。

第五十六条　各学院院长具有左列之职权。

（一）会同教务长及各系主任编定及支配各该学院之课程。

（二）商承校长，会同教务长及各学系主任聘请各该学院之教授、教员及助教等。

（三）会同系主任指导各该学院学生选课事宜。

（四）审定各该学院拟购之图书及其他设备，并监督各该学院经济之支配。

（五）编造各该学院之预算。

第五十七条 各学院分设之学系各设系主任一人，由校长聘任之。

第五十八条 各学院教授会议以各该学院专任教授组成之，议决关于各该学院之事项。校长或教务长得出席此项会议发表意见。

第五十九条 各学系教授会议以各该学系之教授组成之，议决关于各该学系之事项。各该学系所属之学院院长得出席此项会议发表意见。

第二十节 文学院

第六十条 文学院现设各学系如左：

（一）英文学系。

（二）政治学系。

（三）哲学教育学系。

第二十一节 理学院

第六十一条 理学院现设各学系如左：

（一）算学系。

（二）物理学系。

（三）化学系。

（四）生物学系。

（五）先期医学系。

（六）电机工程系。

（七）化学工程系。

第二十二节 商学院

第六十二条 商学院现设各学系如左：

（一）会计学系。

（二）银行学系。

（三）普通商业系。

第二十三节 经济学院

第六十三条 经济学院现设各学系如左：

（一）农业经济系。

（二）工业管理系。

（三）运输学系

（四）经济史学系。

（五）统计学系。

第四章　学则

第二十四节　入学资格

第六十四条　男女学生具有左列资格之一者，得入本校各学院一年级肄业。

（一）公立或已立案之私立高级中学毕业生，应本校入学考试及格者。

（二）本校高级中学毕业生合于免试条件者。

（三）国内外公立或已立案之私立大学学生，依照第六十八条及第七十五条之规定，应本校入学考试及格者。

第六十五条　入学考试章程另订之。

第二十五节　入学手续

第六十六条　依照第六十四条第一款之规定，应入学考试者，须于应考前交验毕业证书或毕业证明书。

第六十七条　依照第六十四条第二款之规定，请求入学者得免去入学考试，惟须事先报名，其报名之手续与应入学考试者同。

第六十八条　依照第六十四条第二款之规定，请求入学者须将其所习各学程之成绩送验后始得报名。

第六十九条　依照第七十五条规定，应本校入学考试者，须于报名应考前由该校校长或教务长将其所习各学程成绩直接送交本校审查。

第七十条　学生依照第六十四条各款之规定，已取得入学资格者，须于入学前经本校校医检验身体，检验不合格者不得入学。

第七十一条　学生入学前须得在天津之有职业之成年为保证人，照式填写保证书，并署名、盖章交本校存查。

第七十二条　每学期开学前一日为报到期，学生于此期内须亲自来校报到，报到手续临时公布之。

第七十三条　学生逾期报到，在开学后第一星期内者，交迟到费壹元；第二星期内者，交迟到费伍元；第三星期内者，交迟到费拾伍元。若迟至三星期后仍不报到，即认为退学。

第七十四条　自第七十条至第七十三条之规定，于旧生在开学时报到者适用之。

第二十六节　转学规则

第七十五条　曾在国内外公立或已立案之私立各大学各学院修业一年以上之学生，应本校入学考试及格者，得转入本校肄业。

第七十六条　由他校革除之学生不得转学，其已入学者，一经查出，即令退学。

第七十七条　转学学生至少须在本校肄业二年始能毕业。

第二十七节　修业通则

第七十八条　院系之改修，应照左列之规定。

（一）学生就其所入学院各学系中选定一系为专修学系。

（二）学生欲中途改入他学院者，须经该学院院长之许可。

（三）学生中途改入他学院者，须于每年之第一学期开学前行之。

（四）学生甫入学校即改入他学院者，该学院入学考试之特试科目须行补习。

（五）学生中途改入他学院者，该学院之必修学程须行补习。

（六）学生中途改入他学院者，其改修前所得成绩经该学院院长审查后，得予以相当之承认。

（七）学生中途改入同一学院之其他学系者，须得该学系主任之许可，并须补习该学系之必修学程。

第七十九条　学程之改选及增减应照左列之规定。

（一）各年级学生每学期所习学程至多不得超过二十学分。

（二）学生在开学后三星期内如欲改选或增减学程者，须至注册课填写改课单，并须得其本学院院长及有关系教授之许可。

（三）学生于开学三星期后不得改选或增加学程，但得于开学后六星期内减少已选之学程。

（四）学生依照前款规定减少学程者，须于前款期限内报告注册课。

（五）学生于开学六星期后减少学程者，其减去之学程成绩认为戊等。

第八十条　关于学生考试之限制如左：

（一）正生、未分班生及旁听生概须应学期学年考试。

（二）学生在一学期内于某学程之缺席时间超过第八十七条第一、三两款之限制者，不得参与该学程之学期考试。

第八十一条　每学程每学期之成绩分为左列五等。

（一）甲等，九十分以上。

（二）乙等，八十分至八十九分。

（三）丙等，六十分至七十九分。

（四）丁等，五十分至五十九分。

（五）戊等，五十分以下。

第八十二条　考试成绩之评定方法如左：

（一）学程成绩在丙等以上者为及格。

（二）学程成绩在丁等者为不及格。

（三）学程成绩在戊等者为不及格。全年学程第一学期得戊者，第二学期即不能继续学习。

（四）凡不及格之学程无学分。

第八十三条　补考及重习应照左列之规定。

（一）正生所习学程成绩列丁等者，得补考一次，补考成绩如列丙等以上，即认为合格。

（二）旁听生学程成绩列丁等者不得补考。

（三）全年学程第一学期列丁等，第二学期列丙等或丙等以上时，第一学期之丁等即作为及格，勿庸补考。

（四）全年学程第一学期列丙等或丙等以上者，第二学期列丁等或戊等者，该全年学程须全部补考或重习。

（五）各学院及各学系之必修学程经补考后仍不及格者，须重习之。

（六）学生按照本校告假规则，经注册课准假，因而未能参与学期或学年考试者，其未参与考试之各学程得各补考一次。

第八十四条　学程学分之计算方法除临时有特别规定者外，应照左列之规定。

（一）学程在一学期内每星期授课一小时自习二小时者为一学分。

（二）试验或实习每星期三小时者为一学分。

第八十五条　每学程成绩之优劣，另以名誉学分表明之，其计算方法如左：

（一）考试成绩列甲等者，每一学分得三名誉学分。

（二）考试成绩列乙等者，每一学分得二名誉学分。

（三）考试成绩列丙等者，每一学分得一名誉学分。

（四）考试成绩列丁等者，无名誉学分，虽经补考及格者亦同。

（五）考试成绩列戊等者，每一学分扣除一名誉学分。

第八十六条　学业之奖励。

（一）各学院学生于一学年内其学业成绩在各该学院中最优者，免除其下学年之学宿费。

（二）凡家境清寒、天资优秀，有志深造之学生，经本校特种入学考试及格后，得领受特种奖学金。其章程另订之。

（三）凡以有奖学科为主修学程之学生，其成绩经该学科奖金委员会审查合格后，得领受该学科之奖学金。其章程另订之。

第八十七条　旷课及告假应照左列之规定。

（一）学生于一学期内每学程之旷课时间不得超过三星期。

（二）旷课时间不论中断或继续者，一并计算。

（三）学生如遇疾病或亲丧者，前条期限得延长至四星期，但在第七十三条之情形下不适用之。

（四）学生如遇疾病或亲丧而旷课者，须到注册课告假，如因病告假者，须交验校医证书。

（五）学生告假经注册课允许后，发给准假单，学生持此假单交由各关系教授查验毕，仍须交还注册课存查。

（六）学生未经准假而旷课者，虽未超过本条第一、第三各款之期限，其学程成绩亦得由各教授酌量扣减。

第八十八条　退学及休学应照左列之规定。

（一）学生一学期内之成绩有六学分列戊等者，令其退学。

（二）学生一学期内之成绩有十八学分不及格者，令其退学。

（三）学生第一学年之成绩有六学分列戊等，而第二学年又有六学分列戊等，并六学分列丁等者，令其退学。

（四）学生有品行不良者，令其退学。

（五）学生因疾病或其他事故，得声明理由，请求休学，休学期限自一学期起至二学年止，逾二学年不回校者，认为退学。

（六）学生退学或休学，其已缴各费概不发还，但预偿费不在此限。

第二十八节　毕业通则

第八十九条　各学院学生于四年内备具左列各条件者，准予毕业。

（一）须习毕各学院、各学系规定之学程，并满足该学院、学系规定之条件。

（二）须得足一百三十二学分。

（三）须得足一百三十二名誉学分。

（四）须习毕三年规定体育课程。

第九十条　凡在本校各学院毕业者，遵照部章给予学士学位。

第五章　学生

第二十九节　学生之类别

第九十一条　正生。凡依照第六十四条第一、二两款规定入学者，得为本校正生。

第九十二条　未分班生。

（一）凡依照第六十四条第三款之规定入学者，为未分班生。

（二）未分班生肄业满一年后考试及格者，得改为正生。

（三）未分班生改为正生时，其在他校所得之成绩经本校教务长及其所属学院院长审查后，得予以相当之承认。

第九十三条　旁听生。

（一）学生曾在公立或已立案之私立高级中学毕业，其国文、英文之程度经本校考验认为合格者，得为本校旁听生。

（二）本校旁听生经补应入学考试及格后，得改为正生。

第三十节　学生之费用

第九十四条　凡本校正生、未分班生，每学年应缴纳左列各费。

（一）学费，陆拾元。

（二）宿费，叁拾贰元。

（三）体育费，叁元。

（四）印刷费，贰元。

（五）普通预偿费，拾元。

（六）膳费，每月约捌元。

第九十五条　前项各费分两期交付，每学期上课前各交半数，但膳费按月交付。

第九十六条　学生不寄宿者，免缴宿费，不用本校所备膳食者，免缴膳费。

第九十七条　学生如有毁灭或损坏本校财产者，其损失应由普通预偿费内扣偿。如有不足，仍应由该生补偿。

无前项情形者，普通预偿费于学期终了时原数退还，如经赔偿损失尚有剩余时，退还其剩余之部分。

第九十八条　学生所习学程有试验者，应于开学前缴纳试验费及试验预偿费。试验费及试验预偿费之金额临时公布之。前条规定于试验预偿费准用之。

第九十九条　旁听生每学年应缴之学费、宿费、试验费均照正生所缴数目加倍，其余各费与正生同。

第一百条　第九十五条至九十八条之规定于旁听生均适用之。

第六章　附则

第一百零一条　本章程经本校评议会通过，校董会同意后施行之。

第一百零二条　本章程不适处得由评议会提议修改之。

第一百零三条　本章程之解释权属于本校评议会。

（《天津南开大学一览》，民国二十一年，第21—52页）

南开大学宿舍规则

（1934年秋）

兹为维持宿舍之秩序及安全，厘订宿舍会规则十条，公布于左，望各遵守为要。

一、 凡住宿学生，皆须遵守公共之秩序，不得妨害公共之安全。

二、 饮酒、赌博绝对禁止。

三、 蜡烛火、酒及一切易于引火物品，不得使用或存放。

四、 熄灯以前须各归寝室。

五、 凡遇有要事在外住宿者，须向斋务指导员告假，返校时携家长或保证人之证明书。

六、 熄灯后不得有任何扰人睡眠之举动。

七、 自修时间及晨起前，不得歌唱或作乐。

八、 公共用品均有一定之分配与供给，不得毁坏或作过分之消耗。

九、 宾客来访，应在接待室接见。

十、 凡违背右列各条者，由斋务指导委员会分别轻重，予以惩戒。

（《南开大学规则汇刊》，民国二十三年秋季，第1页）

南开大学体育课程规则

（1934年秋）

一、 凡本大学学生，于普通学科之外，须修满三学年体育，共得体育六绩点者，方得毕业。每周习体育二小时，满一学期及格者，得一绩点。

二、 一年级学生习军事训练每周三小时，但仍须选课外运动，其成绩占体育百分之二十。

三、 二、三年级体育课程，有不及格者，须于第四年级补习。

四、 各生选习体育课程，每周不得过四小时。

五、 由他校转来之学生，须将该校所得之体育证书，送交本校体育课查验，经考试及格者，得予免习体育。

六、 凡上学期体育不及格，成绩得“E”者，本学期须重习二小时，得“D”者，须于本学期补习一小时。

七、 本学期体育班，自开学之日起算，凡旷课满六小时或告假满十二小时者，不给绩点。

八、 学生体育班告假旷课，按左列二项办理：

（一）自开学日起，每告假一小时，扣学期总分一分。

（二）旷课一小时者，扣学期总分二分。

（《南开大学规则汇刊》，民国二十三年秋季，第11—12页）

南开大学图书馆简则

（1934年秋）

一、 图书馆阅览室每日自〈上〉午八时至晚十时，长时开放，并不间断。

二、 室内所陈列之参考书、杂志，以及教授指定参考书等，只限在馆内阅读，不得携出馆外。

三、 在馆内阅读教授指定参考书，每人每次以三本为限，时间二小时，逾时若无他人需要，可以续借，每次借时，须填写书卡。

四、 每人在报到时，可凭授课证在发券处领取借书券三张，每券一张，可借书一册。

五、 每次借书，各人可就个人欲阅读之书，检查图书目录，依照目录所列事项填写“叫书条”，交出纳处取书，每借书一册，须缴借书券一张。

六、 借书以二星期为限，期满如无他人需要，可以续借一次。但须将原书携至出纳处证明。

七、 借书期满如不归还者，自满期日起，每册每日须纳洋二分之罚款，得由预偿费内扣除。

八、 所借各书，借者须负完全责任，如有遗失或污损者，应照价赔偿。

九、 学期终了或因事离校，须将所借各书检同所领借书券，一并交还图书馆，取得还书证，始得离校。

十、 借书券如有遗失，须即向本馆声明，在未声明前，被捡得借书券者借去之图书，由原领借书券人负责。

（《南开大学规则汇刊》，民国二十三年秋季，第13—14页）

南开大学章程及学则

（1935 年 2 月）

第一章　总纲

第一条　本大学定名为天津私立南开大学。

第二条　本大学遵照中华民国教育宗旨，以阐扬文化、研究学术、造成建设国家之中坚人才为目的。

第二章　行政组织

第一节　校董会

第三条　校董会以校董九人组成之。

第四条　校董会校董每年由校董会更选三分之一，但得连任。

第五条　校董会具有左列之职权。

（一）聘任校长。

（二）筹募本校经费。

（三）议决预算及审查决算。

（四）对于本校章程之制定、变更或撤废予以同意。

第二节　校长

第六条　校长总理学校一切校务。

第七条　校长办公室得设秘书若干人，襄助校长办理校务。

第三节　评议会

第八条　评议会以左列各员组成之。

（一）校长。

（二）教务长。

（三）秘书长。

（四）各院院长。

（五）教务会议选举教授二人。

（六）校长于教职员中指派二人。

前项第五款及第六款会员之任期为一年，但得连任。

第九条 校长为评议会常任会长。

第十条 评议会设书记一人，由会员互选之，其任期为一年，但得连任。

第十一条 评议会具有左列之职权。

（一）评议本校校政设计方针。

（二）规划本校内部之组织。

（三）根据本校岁入款项及各院、各系、各课之预算支配用途。

（四）制定、变更，或撤废本校章程，但须得校董会之同意。

（五）承受及评议一切建议案。

（六）评议本校及其他重要事件。

第四节 教务处

第十二条 本大学设教务处，由校长聘任教务长一人，处理本大学教务方面之事宜。

第十三条 校长不在校时，由教务长代行职权。

第十四条 教务处设注册课、图书馆、体育课，分掌该处各项事务。

第五节 注册课

第十五条 注册课设主任一人，课员若干人。

第十六条 注册课具有左列之职务。

（一）公布并执行教务会议议决事项，但有特别规定者不在此限。

（二）规定授课时间表。

（三）办理学期考试，并核算及宣布考试成绩。

（四）掌理学生告假事项。

（五）襄助入学委员会办理入学考试。

（六）保管关于注册事务之各种表册、证书及文件等。

（七）编制关于教员及学生之各种统计图表等。

第六节 图书馆

第十七条 图书馆设主任一人，馆员及事务员若干人。

第十八条 图书馆主任具有左列之职务。

（一）执行图书馆委员会议决事项。

（二）图书杂志之定购。

（三）编辑目录及装订书报。

（四）图书杂志之出纳与保管。

（五）阅览人及阅览图书杂志之统计。

第七节　体育课

第十九条　体育课设主任一人，课员若干人。

第二十条　体育课具有左列之职务。

（一）公布并执行教务会议关于体育之议决事项。

（二）检验学生身体。

（三）联络他校组织各种运动竞赛事项。

（四）组织校内体育竞赛事项。

（五）保管一切体育用品。

（六）掌理其他关于体育事件。

第八节　教务会议

第二十一条　教务会议以左列各员组成之。

（一）校长。

（二）教务长。

（三）专任教授。

（四）注册课主任。

（五）图书馆主任。

（六）体育课主任。

（七）军训教官。

第二十二条　教务会议之职权如左。

（一）决议学生入学之资格。

（二）决议全校学生之修业通则。

（三）决议全校学生之毕业通则。

（四）审定各学院优等生之奖学金受奖人。

（五）审定学生毕业之资格及等第。

（六）审定各学院共同之课程。

（七）议决关于各学院共同之教务事项。

（八）委托图书馆委员会议定图书馆之政策、规章，并督促图书馆事务之进行。

（九）委托入学委员会办理学生入学事宜。

（十）委托各检选委员会办理各项奖学金受奖人之检选事宜。

第二十三条　教务会议以校长或教务长为主席，并负责召集之。

第九节　图书馆委员会

第二十四条　图书馆委员会以左列各员组成之。

（一）教务长。

（二）各院教授会议各选举一人。

第二十五条　教务长为当然主席，负责召集会议。

第二十六条　图书馆委员会开会时，图书馆主任得列席以备咨询。

第二十七条　图书馆委员会具有左列之职权。

（一）议定图书馆之政策及规章。

（二）督促图书馆事务之进行。

第十节　入学委员会

第二十八条　入学委员会以左列各员组成之。

（一）教务长。

（二）各院院长。

（三）注册课主任。

第二十九条　入学委员会受教务会议之委托，具有左列之职权：

（一）执行教务会议关于入学考试之议决事项。

（二）办理入学考试。

第三十条　入学委员会以教务长为主席，负责召集之。

第十一节　各种奖学金委员会

第二十一条　各种奖学金委员会以左列各员组成之。

（一）校长。

（二）教务长。

（三）本校教授由校长指定者。

第三十二条　各种奖学金委员会受教务会议之委托，具有左列之职权。

（一）负责举行受奖学金者之特种入学考试。

（二）审查请求奖学金者之资格。

（三）决定奖学金之授予与停止。

第三十三条　各种奖学金委员会以校长为当然主席，负责召集之。

第三十四条　各种奖学金委员会之详章另定之。

第十二节　秘书处

第三十五条　本大学设秘书处，校长聘任秘书长一人，秉承校长处理本大学事务方面之事宜。

第三十六条 秘书处设秘书若干人，分担校长临时分派之事务，及专任之常务事宜。

第三十七条 秘书处设文牍课、会计课、庶务课、建筑课、学生辅导委员会，分掌该处各项事务。

第十三节 文牍课

第三十八条 文牍课设主任一人，课员及事务员若干人。

第三十九条 文牍课具有左列之职务。

（一）关于拟撰文件及布告事项。

（二）关于编纂《学校一览》及其他出版事项。

（三）关于收发及保管文件事项。

（四）关于学生贷金、津贴、免费等文稿及其他证明文件事项。

（五）关于编制各项事务报告及登记事项。

第十四节 会计课

第四十条 会计课设主任一人，课员若干人。

第四十一条 会计课具有左列之职务。

（一）编造每年度之概算、预算、决算等。

（二）经理银钱之出纳。

（三）保管一切帐簿及财务合同等。

第十五节 庶务课

第四十二条 庶务课设主任一人，副主任一人，课员及事务员若干人。

第四十三条 庶务课具有左列之职务。

（一）物件之添置及保管。

（二）校舍之保管与修缮。

（三）学校卫生之监督。

（四）讲义及文件之缮写。

（五）校工勤惰之考核。

第十六节 建筑课

第四十四条 建筑课设主任一人，课员及事务员若干人。

第四十五条 建筑课具有左列之职务。

（一）计划各项校舍之添盖及改修事宜。

（二）布置校园校景事宜。

第十七节　学生辅导委员会

第四十五条　学生辅导委员会以左列各员组成之。

（一）教务长。

（二）秘书长。

（三）各学院院长。

（四）校长由本校教职员中指定二人。

（五）斋务指导员。

（六）军训教官。

第四十六条　学生辅导委员会处理左列各种事宜。

（一）关于学生个人之品格者。

（二）关于全校之风纪者。

（三）关于学生之团体生活者。

第四十七条　学生辅导委员会由校长或校长指定委员之一召集之。

第四十八条　学生辅导委员会得设男女斋务指导员各一人，维持学生宿舍内之公共秩序及卫生。

第十八节　事务会议

第五十条　事务会议以左列各员组成之。

（一）秘书长。

（二）各课主任。

（三）图书馆主任。

（四）斋务指导员。

第五十一条　事务会议议决关于校内各处事务方面之一切事项。

第五十二条　事务会议议决事项依照其性质由各事务机关分别执行之。

第五十三条　事务会议以秘书长为当然主席，并负召集之责。

第三章　学制组织

第十九节　院系制

第五十四条　本大学现设文学院、理学院、商学院，每学院各设院长一人。

第五十五条　文、理两学院院长由各该学院教授互选之，商学院院长由校长于该学院教授中聘任之。各学院院长任期均为一年，但得连任。

第五十六条　各学院院长具有左列之职权。

（一）会同教务长及各学系主任编定及支配各该学院之课。

（二）商承校长，会同教务长及各学系主任，聘请各该学院之教授、教员及助教等。

（三）会同系主任指导各该学院学生选课事宜。

（四）审定各该学院拟购之图书及其他设备，并监督各该学院经济之支配。

（五）编造各该学院之预算。

第五十七条　各学院分设之学系各系设主任一人，由校长聘任之。

第五十八条　各学院教授会议以各该学院专任教授组成之，议决关于各该学院之事项。校长或教务长得出席此项会议发表意见。

第五十九条　各学系教授会议以各该学系之教授组成之，议决关于各该学系之事项。各该学系所属之学院院长得出席此项会议发表意见。

第二十节　文学院

第六十条　文学院现设各学系如左：

（一）英文学系。

（二）政治学系。

（三）哲学教育学系。

第二十一节　理学院

第六十一条　理学院现设各学系如左：

（一）算学系。

（二）物理学系。

（三）化学系。

（四）生物学系。

（五）电机工程系。

（六）化学工程系。

第二十二节　商学院

第六十二条　商学院现设各学系如左：

（一）经济学系（内设经济学组、经济史组、农业经济组、工业经济组）。

（二）银行学系。

（三）会计学系。

（四）统计学系。

第二十三节　研究所

第六十三条　本校现设经济研究所、应用化学研究所，其章程另定之。

第四章　学则

第二十四节　入学资格

第六十四条　男女学生具有左列资格之一者，得入本校各学院一年级肄业。

（一）公立或已立案之私立高级中学毕业生，应本校入学考试及格者。

（二）本校高级中学毕业生，合于免试条件者。

（三）国内外公立或已立案之私立大学学生依照第六十八条及第七十五条之规定，应本校入学考试及格者。

第六十五条　入学考试章程另订之。

第二十五节　入学手续

第六十六条　依照第六十四条第一款之规定，应入学考试者，须于应考前交验毕业证书或毕业证明书。

第六十七条　依照第六十四条第二款之规定，请求入学者得免去入学考试，惟须事先报名，其报名之手续应与应入学考试者同。

第六十八条　依照第六十四条第三款之规定，请求入学者须将其所学各学程之成绩送验后始得报名，其报名手续与应入学考试者同。

第六十九条　依照第七十五条之规定，应本校入学考试者，须于报名应考前由该校校长或教务长将其所学各学程成绩直接送交本校审查。

第七十条　学生依照第六十四条各款之规定，已取得入学资格者，须于入学前经本校校医检验身体，检验不合格者不得入学。

第七十一条　学生入学前须得在天津之有职业之成年为保证人，照式填写保证书，并署名盖章，交本校存查。

第七十二条　每学期开学前一日为报到期，学生于此期内须亲自来校报到，报到手续临时公布之。

第七十三条　学生逾期报到，在开学后第一星期内者，交迟到费壹圆；第二星期内者，交迟到费伍圆；三星期内者，交迟到费伍拾圆。若迟到三星期后仍不报到，即认为退学。

第七十四条　自第七十条至第七十三条之规定，于旧生在开学时报到者亦适用之。

第二十六节　转学规则

第七十五条　曾在国内外公立或已立案之私立各大学、各学院修业一年以上之学生，应本校入学考试及格者，得转入本校肄业。

第七十六条　由他校革除之学生不得转入本校。其已入学者，一经查出，即令退学。

第七十七条　转学学生至少须在本校肄业二年，始能毕业。

第二十七节　修业通则

第七十八条　院系之改修，应照左列之规定。

（一）学生就其所入学院各学系中选定一系为主修学系。

（二）学生欲中途改入他学院者，须经该学院院长之许可。

（三）学生中途改入他学院者，须于每年之第一学期开学前行之。

（四）学生甫入学校即改入他学院者，该学院入学考试之特试科目须行补习。

（五）学生中途改入他学院者，该学院之必修学程须行补习。

（六）学生中途改入他学院者，其改修前所得成绩经该学院院长审查后，得予以相当之承认。

（七）学生中途改入同一学院之其他学系者，须得该学系主任之许可，并须补习该学系之必修学程。

第七十九条　学程之改选及增减，应照左列之规定。

（一）各年级学生每学期所习课程至多不得超过二十学分。

（二）学生在开学后三星期内如欲改选或增减学程者，须至注册课填写改课单，并须得其本学院院长及有关系教授之许可。

（三）学生于开学三星期后不得改选或增加学程，但得于开学后六星期内减少已选之学程。

（四）学生依照前款规定减少学程者，须于前款期限内报告注册课。

（五）学生于开学六星期后减少学程者，其减去之学程成绩认为戊等。

第八十条　关于学生考试之限制如左。

（一）正生、未分班生及旁听生概须应学期、学年考试。

（二）学生在一学期内于某学程之缺席时间超过第八十七条第一、三两款之限制者，不得参与该学程学期考试。

第八十一条　每学期每学程之成绩分为左列五等。

（一）甲等，九十分以上。

（二）乙等，八十分至八十九分。

（三）丙等，六十分至七十九分。

（四）丁等，五十分至五十九分。

（五）戊等，五十分以下。

第八十二条　考试成绩之评定方法如左：

（一）学程成绩列丙等以上者为及格。

（二）学程成绩列丁等者为不及格。

（三）学程成绩列戊等者为不及格。全年学程第一学期得戊者，第二学期即不能继续学习。

（四）凡不及格之学程无学分。

第八十三条　补考及重习应照左列之规定。

（一）正生所习学程成绩列丁等者，得补考一次，补考成绩如列丙等以上，即认为及格。

（二）旁听生学程成绩列丁等者不得补考。

（三）全年学程第一学期列丁等，第二学期列丙等或丙等以上时，第一学期之丁等即作为及格，勿庸补考。

（四）全年学程第一学期列丙等或丙等以上，第二学期列丁等或戊等者，该全年学程全部补考或重习。

（五）各学院及各学系之必修学程经补考后仍不及格者，须重习之。

（六）学生按照本校告假规则，经注册课准假，因而未能参与学期或学年考试者，其未参与考试之各学程得各补考一次。

第八十四条　学程学分之计算方法除临时有特别规定者外，应照左列之规定。

（一）一学程在一学期内每星期授课一小时，并自习二小时者为一学分。

（二）试验或实习每星期三小时者为一学分。

第八十五条　每学程成绩之优劣，另以名誉学分表明之。其计算方法如左：

（一）考试成绩列甲等者，每一学分得三名誉学分。

（二）考试成绩列乙等者，每一学分得二名誉学分。

（三）考试成绩列丙等者，每一学分得一名誉学分。

（四）考试成绩列丁等者，无名誉学分，虽经补考及格亦同。

（五）考试成绩列戊等者，每一学分扣除一名誉学分。

第八十六条　学业之奖励。

（一）各学院学生于一学年内其学业成绩在各该学院中最优者，免除其下学年之学宿费。

（二）本校为纪念创办人严范孙先生起见，特设奖学金十名，每名每年九十二元。凡应本校普通考试学生，取录后，其成绩优良，经入学委员会认为合格者，得领受本奖学金，但以十名为限，成绩优良者，可以继续领受。

（三）本校为资助清寒学子得受大学教育起见，每年设立特种奖学金二十名，每名每年三百五十元，成绩优良者，可以继续。投考者须经普通及特种两项考试及格后，始能领受此项奖金。

（四）本校为奖励算学专门人才起见，每年设立算学奖学金四名，每名每年三百元，成绩优良者，可以继续。投考者须经普通及特种两项考试及格后始能领受。

（五）梁士诒先生奖助学术委员会为纪念梁先生起见，在本校商学院设立助学金额二名，每名每年四百元，成绩优良者可以继续，投考者须经普通及特种两项考验及格始能领受。

（六）思源助学基金董事会为本校理学院设立助学金额一名，每名每年二百元。凡在本校理学院肄业一年以上成绩优良之学生，经该会审查合格者，即可领受。

（七）觉顿奖学社乃汤明水夫人本汤先生遗志，在本校设立奖学金额二名，每名每年二百元。凡在本校理学院及经济学系肄业一年以上成绩优良之学生，经该社审查合格者，即可领受。

第八十七条　旷课及告假应照左列之规定。

（一）学生于一学期内每学程之旷课时间不得超过三星期。

（二）旷课时间不论中断或继续者，一并计算。

（三）学生如遇疾病或亲丧者，前条期限得延长至四星期，但在第七十三条之情形下不适用之。

（四）学生如遇疾病或亲丧旷课者，须至注册课告假，如因病告假者，须交验校医证书。

（五）学生告假经注册课允许后，发给准假单，学生持此假单交由各关系教授查验毕，仍须交还注册课存查。

（六）学生未经准假而旷课者，虽未超过本条第一、第三各款之期限，其学程成绩亦得由各教授酌量扣减。

第八十八条　退学及休学应照左列之规定。

（一）学生一学期内之成绩有六学分列戊等者，令其退学。

（二）学生一学年内之成绩有十八学分不及格者，令其退学。

（三）学生第一学年之成绩有六学分列戊等，而第二学年又有六学分列戊等，并六学分列丁等者，令其退学。

（四）学生有品行不良者，令其退学。

（五）学生因疾病或其他事故，得声明理由，请求休学。休学期限自一学期起至二学年止，逾二学年不回校者，认为退学。

（六）学生退学或休学，其已缴各费概不发还，但预偿费不在此限。

第二十八节　毕业通则

第八十九条　各学院学生于四年内备具左列各条件者，准予毕业。

（一）党义。

（二）须习毕各学院、各学系规定之学程，并满足该学院、学系规定之条件。

（三）须得足一百三十二学分。

（四）须得足一百三十二名誉学分。

（五）须习毕三年规定体育课程。

（六）须习毕部定军事训练之课程或军事看护课程。

第九十条　凡在本校各学院毕业者，遵照部章给予学士学位。

第五章　学生

第二十九节　学生之类别

第九十一条　正生。凡依照第六十四条第一、二两款规定入学者，得为本校正生。

第九十二条　未分班生。

（一）凡依照第六十四条第三款之规定入学者，为未分班生。

（二）未分班生肄业满一年后考试及格者，得改为正生。

（三）未分班生改为正生时，其在他校所得之成绩经本校教务长及其所属学院院长审查后，得予以相当之承认。

第九十三条　旁听生。

（一）学生曾在公立或已立案之私立高级中学毕业，其国文、英文之程度经本校考验认为合格者，得为本校旁听生。

（二）本校旁听生经补应入学考试及格后，得改为正生。

（三）有缺额时始行招收。

第三十节　学生之费用

第九十四条　凡本校正生、未分班生，每学年应缴纳左列各费。

（一）学费，陆拾元。

（二）宿费，叁拾贰元。

（三）体育费，叁元。

（四）印刷费，贰元。

（五）普通预偿费，拾元。

（六）膳费，每月约陆元。

（七）军训制服费，约八元。

第九十五条　前项各费分两期交付，每学期上课前各交半数，但膳费按月交付。

第九十六条　学生不寄宿者，免缴宿费；不用本校所备膳食者，免缴膳费。

第九十七条　学生如有毁灭或损坏本校财产者，其损失应由普通预偿费内扣偿。如有不足，仍应由该生补偿。

无前项情形者，普通预偿费于学期终了时原数退还；如经赔偿损失尚有余剩时，退还其剩余之部分。

第九十八条学生所习学程有试验者，应于开学前缴纳试验费及试验预偿费。试验费及试验预偿费之金额，临时公布之。

第九十九条旁听生每学年应缴之学费、宿费、试验费均照正生所缴数目加倍，其余各费与正生同。

第一百条　第九十五条至九十八条之规定，于旁听生均适用之。

第六章　附则

第一百零一条　本章程经本校评议会通过，校董会同意后施行之。

第一百零二条　本章程有不适处得由评议会提议修改之。

第一百零三条　本章程之解释权，属于本校评议会。

（《天津私立南开大学一览》，民国二十四年二月）

南开大学特种奖学金章程

（1935年2月）

第一节　总则

（一）南开大学为培植寒士起见，特募集特种奖学金，定名为南开大学特种奖学金。

（二）本奖学金以资助家境清寒，天资优秀，有志深造之学生，经本校特种入学考试及格者为限。

第二节　组织

（三）本奖学金由本校聘请热心人士若干人，组织特种奖学金董事会，负责募集捐款，并计划本奖学金之进行。其章程另定之。

（四）凡捐助本奖学金者，皆为本奖学金之赞成人。赞成人对于本奖学金之意见得提出奖学金董事会讨论之。

（五）奖学金董事会附设检选委员会，根据章程执行招考、选拔、奖学金之授予及停止等事。检选委员会之章程及办事细则另定之。

第三节　捐款

（六）凡捐助本奖学金者，可采左列办法之一。

（甲）捐助奖金一额或若干额，每额计每年三百五十元，继续四年，共一千四百元。

（乙）捐助基金一额或若干额，每额四千五百元（以之生息，大约每年可得三百五十元）。

（七）捐助奖金之办法如左：

（甲）凡个人捐助本奖学金之奖金者，每额奖金国币一千四百元，于学年开学之前一次交付。其托信托机关负责代付者，得按机关捐款办法分期交付。

（乙）凡机关捐助本奖学金者，每额奖金一千四百元，可分四期交付，于每学年开学之前各交三百五十元。

（丙）凡捐助奖金者，如遇受奖者中途停学或失去其受奖资格时，未交之款可中途停止，已交之款可发还原捐款人。但原捐款人愿与奖学金董事会另商办法者，得移奖他人。

（八）捐助基金之办法如左：

（甲）凡捐助本奖学金之基金者，须将每额基金四千五百元一次交付。交付之后，即存银行生息，永不动用母金。

（乙）凡为基金所供给之学生，毕业之后其奖额即移奖他人。

（丙）凡为基金所供给之学生，中途停学或失去其受奖资格者，一年中未用之款即归并基金，至下届招考后，另奖他人。

（九）凡捐助本奖金万元以上者，本校得按教育部章请奖，以资表彰。

（十）捐款者应照拟定之捐款书签章，存校为凭。

第四节　领受奖金之学生

（十一）领受本奖学金之学生须备具左列之条件：

（甲）家境清寒，天资敏秀，品行端正，身体康健，学业优良之高中三年毕业生而未进大学本科，经原校校长之证明者。

（乙）合于右项资格之学生，连同证明书，在本校规定之地点、日期内报名，应普通入学考试及特种试验者。

（丙）考试及试验及格者。

（丁）及格后经检选委员会之审察，认为合格者。

（十二）有左列条件之一者不得应考：

（甲）有入大学之财力者。

（乙）已入大学者。

检选委员会查明如有上项条件之一之学生，无论其证明书如何，在未入学前，或已入学后，均得随时停止其奖学金。

（十三）领受奖学金之学生，对于其捐款者须执弟子之礼。由本校于入学之始，将姓名通知双方，引导谒见，以示崇敬。捐款者如为机关，则以其主要负责人为代表人。

（十四）捐款人得随时到校考察受奖学生之成绩，并得招往谈话，以觇进益。

（十五）领受奖学金之学生对于捐款者，除第十三、第十四两条之规定外，别无其他义务。捐款者对于领受奖金之学生，亦不负本《章程》以外之责任。

（十六）本奖学金暂定每年级二十额。但检选委员会按章执行考试之结果，合格者不足定额时，得将其余额保留。

（十七）凡已得本奖学金而其成绩或品行不佳者，检选委员会得于学年之终，停止其下年之奖学金。

（十八）凡已得本奖学金之学生，不得在本校肄业期间领受他种奖学金。且不得于功课之外有受酬报之工作。其家中亦不得另寄款项补助。

（十九）凡领受本奖学金者，须遵守本校校章，与其他学生无异。

（二十）本《章程》得由特种奖学金董事会修改之。

（《天津私立南开大学一览·各种奖学金章程》，二十四年二月，第1—6页）

南开大学特种奖学金董事会章程

（1935年2月）

（一）本会定名为南开大学特种奖学金董事会。

（二）董事名额三十人，除本校校长为当然董事外，其余董事第一任由本校聘请，继任董事由董事会自行聘请。

（三）董事任期三年，第一任董事三分之一任期一年，三分之一任期二年，余任期三年，抽签定之，以后每年改选董事三分之一，皆得连选连任。

（四）本董事会之职权如左：

（甲）拟定本奖学金之计划及各种章程。

（乙）募集奖学金，并稽核本奖学金之账目。

（丙）监督检选委员会执行事务。

（五）本董事会设主席及秘书各一人，由委员互选，任期一年，但得连任。

（六）本董事会每年开例会一次，由主席召集之。

（七）本奖学金之招考、选拔、授予、停止等事，由本会委托检选委员会执行之。

（八）本《章程》得由本董事会二人以上之提议，多数之通过，修改之。

（《天津私立南开大学一览·各种奖学金章程》，二十四年二月，第6—7页）

南开大学特种奖学金检选委员会章程及办事细则

（1935年2月）

（一）本会定名为南开大学特种奖学金检选委员会。

（二）本会附设于特种奖学金董事会，受该会之委托，有左列各职权：

（甲）负责举行受奖学金者之特种入学试验，及审查在校试验成绩。

（乙）审查请求奖学金者之资格。

（丙）决定奖学金之授予与停止。

（三）本会委员七人，本校〈校〉长及教务长为当然委员，余五人由校长于本校教授中指定之。

（四）本委员会设主席及秘书各一人，执行会务。本校校长为当然主席，教务长为当然书记。

（五）本委员会每年至少开例会二次，由主席召集之。

（六）本委员会审查成绩之标准如下：

（甲）凡欲得本奖学金者，如投考理学院，则其国文、英文、算学三科，均须在八十分以上，或均在全体（入学考试）最高百分之五以内，其他科目之成绩，亦须在全体最高百分之二十以内，方为及格。但投考生物学系者，得以生物学替代算学。

如投考文、商等学院，则其国文、英文、历史三科，均须在八十分以上，或均在全体（入学考试）最高百分之五以内，其他科目之成绩，亦须在全体最高百分之二十以内，方为及格。

（乙）凡已入学在各年级肄业之本奖学金学生，其各门功课之试验，均以七十分为及格。

（七）本委员会须校阅特种试验之试题，及覆阅其试卷。

（八）各学院取录奖学金学生之人数，约以该学院该届所录之总数为比例。

（九）凡已得本奖学金者，除其他规定外，有下列情形之一者，本委员会得停止其奖学金：

（甲）过去一年主要科目之成绩，以学分除名誉学分（按本校章程计算），其商数在 1.7 以下者。

（乙）其他科目之成绩有一科目在七十分以下者。

（丙）触犯校规，曾由学校记大过一次者。

（丁）中途辍学或转学者。

（戊）奢侈浪费者。

（己）委员会认为不值奖励者。

（十）本《章程》得由本委员会之提议，特种奖学金董事会之通过，更改之。

（《天津私立南开大学一览·各种奖学金章程》，二十四年二月，第 8—9 页）

国立南开大学收支款项暂行办法

（1946年8月1日）

一、 本大学收支款项手续概依本办法行之。

二、 凡应缴之公款，于缴款时应先填写缴款通知，连同应缴款额一并送交出纳组或指定银行核收，随时出具收据，发交款人备查，并由出纳组将缴款通知送会计室，编制收入传票记账。

本大学一切款项，除各组零用金外，应一律按其性质，以学校名义分别立户存储国家银行。

三、 凡本大学应收之公款应随时填写收款通知，送交出纳组转知会计室登记，以备收款或扣除。

四、 各项付款之原始凭证（如发票、收据、俸薪表等）除依照政府颁布之《修正支出凭证单据证明规则》办理外，并应备具下列之手续：

（一）经办人员，检验人员，及点收人员之盖章。

（二）负责主管人（各组部室主任）之盖章。

（三）原始凭证在十万元以下者，由事务组主任核签，在十万元以上五十万元以下者经秘书长核签，在五十万元以上者经呈校长核签。

（四）加盖经办处所之戳记。

五、遵照第四条所列手续齐备之原始凭证，填具报账单，送请秘书长核签，交会计室审核，编制支出传票，连同附件送请校长核签后，交由出纳组付款，其有应付外埠款项，于手续完毕后由出纳组汇往。

六、各组零星之支出，得先请求预支零用金，其最高额不得超过二百万元（必要时得临时伸缩之）。

七、各组零星支出单据每五日结算一次，填具报账单，送请秘书长核签后，送交会计室审核，编制支出传票，连同单据送请校长核签后，交由出纳组付款。

八、凡因举办建筑设备及大量购置物品等之巨额付款应事前先与会计室接洽，查明预算余额，确定付款项目，再行送请校长核定。

九、经校长核定之应付各款关于合同契约等，应抄送副本交会计室登记存查，以备保留预算额。其未经登记者，付款时，如无预算余额，不负支付之责。

十、凡因建筑设备以及大量购置物品须预付款项或分期付款者，其预支单应由负责主管人及经手人签名盖章，其办法与第五条同。

十一、凡退还已收款，如学生退费、保证金等，应经负责主管人及经手人之证明方能付款。

十二、本办法有未尽事宜，得随时修改，提请校务委员会议决定之。

十三、本办法自行政会议决议之日施行。

（南开大学档案）

国立南开大学近亲回避规定

（1946年10月22日）

一、经聘任委员会认为必要者，夫妇得同在本校任教；

二、夫妇不得同时在本校任职员；

三、夫妇二人之一任教授或副教授者，其配偶不得任本校职员。

（南开大学档案）

本校教职员兼课兼职条例

（1946 年 10 月 23 日）

1. 本校教授、副教授须在本校任足最低限度之课程(每周 8 小时或 9 小时)，方能在外兼课，事先须得各院长、各系主任之同意，并在教务处登记。

2. 本校教授、副教授在校外兼任之学程，须与在本校所担任之学程相同。

3. 本校每学程授课之时间，均按星期一、三、五或二、四、六排定。兼任他校之学程时，须不妨碍本校之教授时间。

4. 兼任他校之课程，每周至多 4 小时。

5. 本校专任讲师、教员、助教不得兼任他校之课程。

6. 本校教职员不能在校外兼任有给之职务。

（南开大学档案）

南开大学现款收支及家具取用规定

（1946年10月23日）

现款收支：

甲、凡关教员预支薪俸事项，由各院长核交出纳组照发。

乙、凡关职员者，由各馆、组主任转秘书长核交出纳组照发。

丙、凡关购置者，由各处、组开列请求购置单，交事务组采购，所需款在十万元以下者，由事务组主任核；十万元以上者由秘书长核；五十万元以上者校长核。校长不在校时，由财务委员会核。

丁、除工程支款、理工设备、图书馆订购书籍分别另行规定手续外，其他支款均按上列手续办理。

家具取用：

本校所有家具应由工务组统筹分配，各部门需要家具应由各该管主管人员开单，向事务组领取，其有不足者，应开单交事务组转工务组，经核准后，再予添置。

（南开大学档案）

国立南开大学教务通则

（1947年3月7日[①]）

第一章 入学

第一条 本大学每学年招收新生一次，入学考试规程另定之。

第二条 本大学每学年招考新生时，酌招转学生，转学考试规程另定之。

第三条 已录取之新生，须依限定日期前来本大学办理入学手续，逾期无故不到者，即取消其学籍。惟因病或其他事故不能入学肄业，预经呈准者，得保留学籍一年，以一次限。凡欲保留学籍之新生，应于规定入学日期前申请。学生入校时须填缴志愿书、保证书、及履历表，并请现有职业而能负责者一人为保证人（本大学教职员不能当担保人）。

第四条 学生入学时，每人分发学生证一纸，为证明学籍之用。

第二章 纳费

第五条 本大学学生须于注册前缴纳下列各费：学费、宿费、体育费、讲义费、科学试验费、医药费、预存赔偿费，以上各项费用于每学期开始时规定之。

第三章 注册及选课

第六条 本大学学生于每学期开学时，须于规定注册日期内来校注册，逾期注册而未请假者，每逾期一日，以无故缺课二小时论（注册手续另定之）。

第七条 学生于开学后逾二星期尚未注册而又未请假者，均以退学论。

第八条 学生选习及改选课程须遵照学校历规定日期办理完竣，除体育之学分外，每学期所选学分以十七分为准，不得少于十四，多于二十。

第九条 选习及改选课程须得系主任之允许，改选课程限于每学期上课后二星期内行之。

① 此为张伯苓校长上报教育部的日期。

第十条　退选课程限于每学期上课后四星期以内行之，否则该课程以零分计。

第十一条　凡一年级必修课程，不准中途退选，如自行退出者，该课程以零分计。

第十二条　本大学课程除各院系共同必修者外，由各系分别规定为必修、选修二种，学生必须习完其本系所规定之课程。每年之必修课程，以不得提前或移后修习为原则。

第十三条　自开学日起，凡请假之学生迟到二星期以上者，其所选课程不得超过十七学分；迟到满三星期者，不得注册，即令休学一年。

第四章　学分及成绩

第十四条　本大学采用学分制，学生须修满一百三十二学分（工学院另定之），体育十六学分，其修业期限，至少须满四年。

第十五条　各课程按学分计算，每学期每周上课一小时为一学分，实习或实验二小时至三小学为一学分。

第十六条　凡必修课程不及格者，必须于次年该课开班时重习之，隔年重习者，不给学分。

第十七条　凡全年之课程，必须修满一年始给学分。

第十八条　第一年级以上之学生，其年级依所得之学分编定之。已得三十三学分者编入二年级，已得六十六学分者编入三年级，已得九十九学分者编入四年级。体育学分不在内。

第十九条　转学生入二年级者，至少必须在本大学修业三年，修满九十九学分。入三年级者，至少必须在本大学修业二年，修满六十六学分。补习课程学分除外。此项学分之核计，于必要时得令其增加补习课程，补习课程过多者，应降低其年级。

第二十条　凡一年级新生，曾在其他大学所习过之课程，本大学概不承认。

第二十一条　本大学学生成绩，分操行成绩、学业成绩两种。

第二十二条　学生操行成绩，分为甲、乙、丙、丁四种。丁等为不及格，其不及格者，应令退学或不予毕业。

第二十三条　本大学学生学业成绩之计算采用百分法，以满六十分为及格，不及格者不给学分，并不得补考。凡未参加学期考试者概作零分计。

第二十四条　学业成绩计算方法如下：

（一）以课程之学分数乘成绩之百分数为学分积。

（二）学生所选各课程学分之总和为学分总数。

（三）各课程学分积之总和，为总学分积。

（四）以学分总数除学分积，为成绩总平均。

（五）总平均之计算，包括不及格课程在内。

第二十五条　各学程考试分平时、学期、学年三种。平时考试次数及时间由各教师自行酌定，学期及学年考试须在学校规定期间举行之。

第二十六条　学生所修课程，平时成绩太劣，未参与学期或学年考试，教师得拒绝其补考。

第二十七条　学生于考试时作弊（如夹带、枪替、抄袭、传语等），一经查出，除该课程以零分计外，并记大过两次。

第二十八条　学生学期或学年成绩经教师交入注册组后，无论任何情形不得更改。

第二十九条　凡有下列情形之一者，应予留级，其在校修业年限酌予延长一年或半年。

一、学年成绩有三分之一不及格者。

二、转院转系后，某一年内所承认之学分，不足二十二学分者。

第五章　转院转系

第三十条　一年级新生不得更改报考时所填之院系。

第三十一条　学生欲转院系者，须于学年始业前选课期间向注册组填写转院系申请书，经所欲转入之学系主任及教务长核准后，送交注册组登记，方为有效。转院或转系以一次为限。

第三十二条　学生转入某系后，应由该系主任按照该系规定课程，重新审核其原有学分，并决定其年级。

第三十三条　转学学生入校后，第一年不得请求转系。

第六章　请假及缺课

第三十四条　学生如因事不能上课者，须先期亲到注册组填写请假单，注明课程及时数。如未经准假而缺课者，以无故缺课论，事后不得补假。无故缺课一小时，以请假二小时论。

第三十五条　学生缺课，无论曾经请假与否，均由教师填写缺课报告单，送交注册组。

第三十六条　学生因病请假，须得校医或其他医生之证明。

第三十七条　学生一学期内无故缺课（体育课在内）满十小时者，由注册组予以警告，满二十小时者，由注册组报告教务长，酌予训戒。训戒后而仍无故缺课者，由教务长酌令休学一年（或一学期）。

第三十八条　每学期学生请假日数超过上课总日数三分之一者，该学期以休学论。

第三十九条　每一学期学生于某课程请假时数超过上课时数三分之一者，不得参与该课程之学期考试，该课程成绩以零分计。

第四十条　学生因不得已事故（如疾病、亲丧）不能应学期或学年考试者，须先请领补考申请书，并须呈缴家长或医生之证明函件，经教务长核准后，得参加补考。

第四十一条　学生无故不参与学期或学年考试者，不得请求补考，其所缺考各课程成绩，皆以零分计。

第四十二条　补考于每学期始业前规定时期内举行之，逾期不得再补。

第七章　休学、退学及复学

第四十三条　在校学生因不得已事故必须休学或退学者，得陈述理由，向教务长请求休学或退学。其因病请求休学者，须缴验医生之证明。

第四十四条　学生休学以一年为限，逾期不到校者，作为退学。但因特别理由经教务长准许者，得延长休学期间，但只得延长一年。

第四十五条　学生全年成绩于所修学分有二分之一不及格者，即令退学。

第四十六条　学生全年成绩于所修学分有三分之一不及格者，下学年作为留校察看（全年选习学分不得超过三十三），如下年仍有同样情形者，即令退学。

第四十七条　学生如有品德不端或违犯规章者，给予小过、大过或开除学籍之处分。小过三次作大过一次算，积满大过一次者，于一年不得当选为学生会社职员，及享受公费待遇。积满大过二次者，休学一年。积满大过三次者，开除学籍。其开除学籍者，概不发给转学证明书或修业证明书。

第四十八条　自愿退学之学生，须在本大学肄业已满一年，始得发给转学证明书。

第四十九条　学生如患慢性疾病，在一学期内不能痊愈者，即令休学离校医治。

第五十条　本大学学生所缴证明文件，如有伪造、假借、涂改等情事，一经查明，立即开除学籍，并不发给转学证明书或修业证明书。如于毕业后始查明有上项情事者，除勒令缴销其毕业证书外，并公告取消其毕业资格。

第五十一条　学生休学期满申请复学时，应先将原休学证明书一并呈缴，经教务长核准后，方能复学。

第八章　毕业及学位

第五十二条　学生第四年级上学期始业时，应商承本系主任及教授，选定题目，并受其指导，撰作毕业论文一篇，并按照学校历规定日期呈请审核。

第五十三条　凡学生曾在本大学肄业满四年，修满所入院系规定之课程及学分，并缴清一切规定费用，经教授会议审查合格后，准予毕业。

第五十四条　本大学依照教育部定章，授予毕业生以各科学士学位。

第九章　附则

第五十五条　本通则除与大学本部特殊有关之各条外，亦适用于本大学附设之各部分。

第五十六条　本通则经教务会议通过后，公布实施之。

（南开大学档案）

国立南开大学学生课外活动规则

（1947年8月28日）

一、凡本大学学生组织一切课外活动团体，均应遵守本规则。

二、一切课外活动以不妨碍学业为主。

三、凡本大学学生拟组织壁报社及一切会社等课外活动团体，无论为永久或临时性质，欲在本校内活动者，均应由发起人向训导处先行申请，并说明发起之意义，经许可后组织之。

四、各种会社社员不得有校外人参加。

五、课外活动团体组成后，应向训导处办理登记，取得登记证后开始活动。

六、办理登记时，应到训导处详填登记表，并注明左列事项：

1．团体名称，2．活动方式及性质，3．负责人姓名，4．组织大纲，5．赞助人姓名。

七、遇有人事异动或组织变更与登记各项不符时，应随时向训导处申请更正。

八、一切课外活动团体之负责人及赞助人总数不得少于十人，且不得同时作其他同性质课外活动团体之负责人或赞助人。

九、各种课外活动团体之负责人应代表团体对外负一切责任。

十、所有各项课外活动遇有张贴壁报、启事及出版刊物时，均应注明团体名称、负责人姓名及登记证号、张贴开始日期。

十一、各壁报张贴时限为每期不得超过二周，期间逾期过一周者，即认作停刊。

十二、关于壁报之新闻稿件务宜翔实，评论态度务宜严正。

十三、各种课外活动遇有须借用校内院舍作会场时，必须先向训导处申请许可，取得借用证，然后使用。

十四、壁报及各种启事不得随处张贴，以求整洁。兹指定张贴地点如左：

1．启事栏

（1）胜利楼北端。

（2）芝琴楼一层。

（3）　北院膳厅前。

（4）　东院楼下。

2．　壁报栏

（1）　胜利楼南端。

（2）　北院膳厅前。

（3）　东院二楼。

十五、　凡未取得登记证或未合上列各条规则之各项课外活动，一经查出，立即制止活动，或将张贴之启事及壁报拆除，其负责人应受学校之处分。

十六、　本规则由训育委员会通过，交训导处施行。

（南开大学档案）

国立南开大学教授会会章

（1947年10月20日）

一、 名称。本会定名为国立南开大学教授会。

二、 宗旨。本会以促进教学效率，协助学校发展，并与学术界作应有之连系为宗旨。

三、 会址。本会设于本大学内。

四、 会员。本校专任教授、副教授均为本会会员。

五、 理事会。本会设理事会，为本会执行机构，以理事九人组织之。由理事互推三人分任理事会主席、秘书、总务之职。

六、 集会。

甲、 全体大会每学期举行二次，由理事会召集，但经会员十人以上之提议，得召集临时大会。凡大会以全体会员半数为法定人数，其主席临时推定之。

乙、 理事会每月开会二次，由理事会主席召集，以出席五人为法定人数。

七、 选举。理事由每学年第一次全体大会选举之，连选得连任一次，但每次连任人数不得超过三人。

八、 特种委员会。大会或理事会认为必要时，得设特种委员会，其组织临时决定之。

九、 附则。本会章经大会通过发生效力，必要时大会得修改之。

（南开大学档案）

国立南开大学试读生条例

（1947 年 11 月）

一、 凡经本校录取之试读生，以试读一年为限。

二、 关于上项试读生成绩计算方法如下：

1. 各年级试读生如于第一学年所修学程学年成绩皆及格者，得改为正式生。

2. 各年级试读生所修学程如学年成绩有三分之一不及格或学期成绩有二分之一不及格者，即令退学。

三、 凡本校各年级正式生上学期所修学程有二分之一不及格者，下学期改为试读生，其试读年限以半年为限，下学期如有二分之一或全年成绩三分之一不及格者，即令退学。

四、 凡试读生全年成绩不合于第二条第一项，与第二条第二项，或第三条者，得延长试读一年。

（南开大学档案）

国立南开大学学则

（1947年12月修正）

第一章 入学

第一条 本大学每学年招考新生一次，入学考试规程另定之。

第二条 本大学每学年招考新生时，酌招转学生，转学考试规程另定之。

第三条 已经录取之新生，须依限定日期，前来本大学办理入学手续，逾期无故不到者，即取消其学籍。惟因病或其他事故不能入学肄业，预经呈准者，得保留学籍一年，以一次为限。凡欲保留学籍之新生，应于规定入学日期前，呈缴学业证明文件及本人最近相片三张，书面向教务处申请。学生入校时须填缴志愿书、保证书及履历表，并请现有职业而能负责者一人，为保证人（本大学教职员不能当保证人）。

第四条 学生入学时，每人分发学生证一纸，为证明学籍之用。

第二章 纳费

第五条 本大学学生须于注册前，缴纳下列各费：学费、宿费、体育费、讲义费、科学试验费、医药费、预存赔偿费，以上各项费用，于每学期开始时规定之。

第三章 注册及选课

第六条 本大学学生于每学期开学时，须于规定日期内，来校注册，逾期注册而未请假者，每逾期一日，以无故缺课二小时论（注册手续另订之）。

第七条 学生于开学后逾二星期，尚未注册而又没请假者，均以退学论。

第八条 学生选习及改选课程，须遵照学校历规定日期办理完毕，除体育之学分外，每学期所选学分以十七学分为准，不得少于十四，多于二十。

第九条 选习及改选课程，须得系主任之允许，改选课程限于每学期上课后二星期内行之。

第十条 退选课程，限于每学期上课后四星期以内行之，否则该课程以零分计。

第十一条　凡一年级必修课程，不准中途退选，如自行退出者，该课程以零分计。

第十二条　本大学课程，除各院系共同必修者外，由各系分别规定为必修、选修二种。学生必须习完其本系所规定之课程。每年之必修课程，以不得提前或移后修习为原则。

第十三条　自开学日起，凡请假之学生迟到二星期以上者，其所选课程，不得超过十七学分；迟到满三星期者，不得注册，即令休学一年。

第四章　学分及成绩

第十四条　本大学采用学分制，学生须修满一百三十二学分（工学院另定之），体育十六学分，其修业期限，至少须满四年。

第十五条　各课程按学分计算，每学期每周上课一小时，为一学分；实习或实验二小时至三小时，为一学分。

第十六条　凡必修课程不及格者，必须于次年该课开班时重习之，隔年重习者，不给学分。

第十七条　凡全年之课程，必须修满一年始给学分。

第十八条　第一年级以上之学生，其年级依所得之学分编定之，已得三十三学分者，编入二年级，已得六十六学分者，编入三年级，已得九十九学分者，编入四年级，体育学分不在内。

第十九条　转学生入二年级者，至少必须在本大学修业三年，修满九十九学分；入三年级者，至少必须在本大学修业二年，修满六十六学分。补习课程学分除外。此项学分之核计，于必要时得令其增加补习课程。补习课程过多者，应降低其年级。

第二十条　凡一年级新生，曾在其他大学所习过之课程，本大学概不承认。

第二十一条　本大学学生成绩，分操行成绩与学业成绩两种。

第二十二条　学生操行成绩，分为甲、乙、丙、丁四等。丁等为不及格。其不及格者，应令退学或不予毕业。

第二十三条　本大学学生学业成绩之计算，采用百分法，以满六十分为及格，不及格者不给学分，并不得补考。凡未参加学期考试者，概作零分计。

第二十四条　学业成绩计算方法如下：

（一）以课程之学分数乘成绩之百分数为学分积。

（二）学生所选各课程学分之总和，为学分总数。

（三）各课程学分积之总和，为总学分积。

（四）以学分总数除总学分积，为成绩总平均。

（五）总平均之计算，包括不及格课程在内。

第二十五条　各学程考试，分平时、学期、学年三种。平时考试次数及时间，由各教师自行酌定，学期及学年考试，须在学校规定时间举行之。

第二十六条　学生所修课程，平时成绩太劣，未参与学期或学年考试，教师得拒绝其补考。

第二十七条　学生考试时作弊（如挟带、枪替、抄袭、传话等），一经查出，除该课程以零分计外，并记大过两次。

第二十八条　学生成绩既经教师交入注册组后，无论任何情形不得更改。

第二十九条　凡有下列情形之一者，应予留级，其在校修业年限，酌予延长半年或一年。

一、学年成绩有三分之一不及格者。

二、转院转系后，某一年内所承认之学分，不足二十二学分者。

第五章　转院转系

第三十条　一年级新生不得更改报考时所填之院系。

第三十一条　学生欲转院者，须于学年始业前选课期间，向注册组填写转院系申请书，经所欲转入学系主任及教务长核准后，送交注册组登记，方为有效，转院或转系以一次为限。

第三十二条　学生转入某系后，应由该系主任，按照该系规定课程，重行审核其原有学分，并决定其年级。

第三十三条　转学学生入校后，第一年不得请求转系。

第六章　请假与缺课

第三十四条　学生如因事不能上课者，须先期亲到注册组填写请假单注明课程及时数，如未经准假而缺课者，以无故缺课论，事后不得补假，无故缺课一小时，以请假二小时论。

第三十五条　学生缺课，无论曾经请假与否，均由教师填写缺课报告单，送交注册组。

第三十六条　学生因病请假，须得校医或其他医生之证明。

第三十七条　学生一学期内，无故缺课（体育在内）满十小时者，由注册组予以警告；满二十小时者，由注册组报告教务处长，酌予训诫，训诫后而仍无故缺课者，由教务长酌令休学一年（或一学期）。

第三十八条　每学期学生请假日数，超过总日数三分之一者，该学期以休学论。

第三十九条　每一学期学生于某课程请假时数超过上课时数三分之一者，不得参与该课程之学期考试，该课程成绩以零分计。

第四十条　学生因不得已事故（如疾病、亲丧），不能应学期考试者，须先请领补考申请书，并须呈缴家长或医生之证明函件，经教务长核准后，得参加补考。

第四十一条　学生无故不参与学期或学年考试者，不得请求补考。其所缺考各课程成绩，皆以零分计。

第四十二条　补考于每学期始业前规定时期内举行之，逾期不得再补。

第七章　休学、退学及复学

第四十三条　在校学生因不得已事故，必须休学或退学者，得陈述理由向教务长请求休学或退学。其因病请求休学者，须缴验医生之证明书。

第四十四条　学生休学以一年为限，逾期不到校者，作为退学，但因特别理由，经教务长准许者，得延长修学期间，但只得延长一年。

第四十五条　学生全年成绩，于所修学分有二分之一不及格者，即令退学。

第四十六条　学生全年成绩，于所习学分有三分之一不及格者，下学年作为留校察看（全年选习学分不得超过三十三），如下年仍有同样情形者，即令退学。

第四十七条　学生如有品行不端，或违反规章者，给予小过、大过或开除学籍之处分。小过三次作大过一次算，积满大过一次者，于一年内不得当选为学生会社职员，及享受公费待遇，积满大过二次者，休学一年，积满大过三次者，开除学籍。其开除学籍者，概不发给转学证明书或修业证明书。

第四十八条　自愿退学之学生，须在本大学肄业已满一年，始得发给转学证明书。

第四十九条　学生如患慢性病症，在一学期内不能痊愈者，即令休学离校医治。

第五十条　本大学学生所缴证明文件，如有伪造、假借、涂改等情事，一经查明，立即开除学籍，并不发给转学证明书或修业证明书；如于毕业后，始查明有上项情事者，除勒令缴销其毕业证书外，并公告取消其毕业资格。

第五十一条　学生休学期满，申请复学时，应先将原休学证明书一并呈缴，经教务长核准后，方能复学。

第八章　毕业及学位

第五十二条　学生第四年级上学期始业时，应商承本系主任及教授，选定题目，并受其指导，撰作毕业论文一篇，并按照校历规定日期，呈请审核。

第五十三条　凡学生曾在本大学肄业满四年，修满所入院系所规定之课程及学分，并交清一切规定费用，经教授会议审查合格后，准予毕业。

第五十四条　本大学依照教育部定章，授予毕业生以各科学士学位。

第九章　附章

第五十五条　本通则除与大学本部特殊有关之各条外，亦适用于本大学附设之各部分。

第五十六条　本学则经教务会议通过后，公布施行之。

（南开大学档案）

国立南开大学教师聘任待遇规程

（1947年）

第一条　本大学专任教师分教授、副教授、讲师、教员及助教。

第二条　兼任教师统称为兼任讲师。

第三条　本大学教授须具有下列四项资格之一：

甲、任副教授三年以上，著有特殊成绩者。

乙、具有副教授（丙）款资格，及在大学授课或在研究机关研究二年以上，著有特殊成绩者。

丙、于所任学科有重要创作或发明者。

丁、大学毕业执行专门职业十二年以上，著有特殊成绩者。

第四条　本大学副教授须具有下列五项资格之一：

甲、任讲师三年以上，著有特殊成绩者。

乙、具有讲师（乙）款资格，并在研究机关研究两年以上，著有特殊成绩者。

丙、得有博士学位，或具有同等学历之证件而成绩特优者。

丁、于所任学科有重要学术贡献者。

戊、大学毕业执行专门职业九年以上，著有特殊成绩者。

第五条　本大学专任讲师须具有下列四项资格之一：

甲、任教员二年以上或助教六年以上，对于其所任学科确有研究者。

乙、得有硕士学位，或具有同等学历之证件而成绩特优者。

丙、于所任学科有学术贡献者。

丁、大学毕业任专门职业六年以上，有特殊经验者。

第六条　本大学教员须具有下列四项资格之一：

甲、任助教四年以上著有成绩者。

乙、得有学士学位，或具有同等学历之证件而成绩优良者。

丙、大学毕业任专门职业四年以上，著有成绩者。

丁、于所任学科有专门知识或授课有成绩者。

第七条　本大学助教须大学毕业成绩优良者。

第八条　本大学兼任讲师须具有第三、四、五条资格之一者。

第九条　本大学教授、副教授之聘约，首二次每次限期一年，以后每次二年。

第十条　本大学兼任讲师、教员及助教之聘约，每年致送一次，每次以一年为限。

第十一条　本大学专任教师之续聘聘约，应于每年　月　日以前致送。

第十二条　本大学专任教师之薪俸，每年自八月起至次年七月止。兼任讲师每年自九月起至次年六月止。

第十三条　本大学新聘之教师自八月起薪，但于学年始业后到校者，自到校之月起薪。

第十四条　本大学教师于聘约期内离职者，其薪俸至离职之月止。

第十五条　本大学专任教师月薪之最低及最高额如下：

助教	教员	讲师	副教授	教授	
一五〇	一九〇	二四〇	三四〇	四四〇	最低额
二四〇	三八〇	三八〇	四八〇	六〇〇	最高额

第十六条　本大学兼任讲师之薪额办法另定之。

第十七条　本大学教授、副教授及专任讲师之授课钟点以每周九至十二小时为原则（实习钟点以二小时作一小时计算）。惟兼有行政职务者，得酌减授课之钟点。

第十八条　本大学教授、副教授不得在外兼事。其在他校兼课者，须先征得本校同意，其所兼课之学校，须先函商本校。

（南开大学档案）

南开大学训育委员会组织规程

（1947 年）

第一条　学校为增进训导效率，设置训育委员会。

第二条　训育委员会之职掌如左：

1. 部颁训育法令实施办法之订定。
2. 学校训导计划之决定。
3. 学生操行成绩之评定。
4. 学生团体活动之指导。
5. 学生风纪之整饬。
6. 训导处工作之协助与指导。

第三条　训育委员会以校长及教务、训导、秘书三处主管人、各学院院长为当然委员，并由校长选聘专任教授三人至十五人组织之。

第四条　训育委员会以校长为主任委员，训导长为秘书。

第五条　训育委员会每两周开会一次，必要时得开临时会。

第六条　训育委员会开会时，训导处有关各组主任得列席报告。

第七条　本规则自公布日施行。

（南开大学档案）

南开大学训导处分组规则

（1947 年）

第一条　训导处分设左列各组：

（一）生活指导组。

（二）课外活动组。

（三）体育卫生组。

第二条　生活指导组设主任一人，其职掌如下：

（1）关于训导计划之拟定。

（2）关于学生思想之训导。

（3）关于各种集会之领队。

（4）关于宿舍、膳堂、操场之管理。

（5）办理学生请假、缺席事项。

（6）调查、登记及统计学生奖惩状况。

（7）其他有关管理事项。

第三条　课外活动组设主任一人，其职掌如下：

（1）关于课外活动计划之拟定。

（2）关于学生课外团体之登记与指导。

（3）关于各项规章表册之拟定。

（4）关于社会服务及劳动服务之推行。

（5）关于参观、旅行之指导。

（6）其他有关课外活动事项。

第四条　体育卫生组设主任一人，由体育主任或校医兼任之，依据训导处工作计划办理下列事项：

（1）关于体育卫生各项计划之拟定。

（2）关于课外体育活动之倡导。

（3）关于学校卫生之计划与监督。

（4）关于学生健康营养之指导。

（5）其他有关体育卫生事项。

第五条　本规则自订定之日施行。

（南开大学档案）

国立南开大学建筑器材保管收发办法

（1947 年）

一、 本校购置或接收各项建筑器材，统由事务组保管股设库管理之。

二、 各项建筑器材之保管应按照其品类、性质、用途分别于库内户外妥为庋藏，以防腐损。

三、 保管各项建筑器材应由事务组会同会计室及各使用有关部份清点后按照原价或估值，与其他校产同样填造财产目录，登入财产明细分类帐，并设各项材料帐（如总帐、日记、分类卡片等），逐日分别登记备查。

四、 各部份因工厂实习或本校公用，需用各种建筑器材者，填具请领单一或三份送由秘书处核准后，饬由事务组保管股照发，并转送会计室登记。第一联之请领单仍送还领用部份存查。

五、 本校建筑工程及包做家具器材与包商厂家签订合同或订有承揽单内规定由本校供给器材者，领用时应由工务组根据合同或揽单将需用数量详细估计，先行签呈秘书长批准后，通知事务组再照第四条规定填具请领单手续请领之。

六、 本办法经行政会议通过后实行。

（南开大学档案）

国立南开大学学生壁报规则

（1947年）

一、凡本大学学生出张之任何性质之壁报，应遵守下列规则。

二、壁报社之成立，应先将下列各项呈报训导处，取得允许，然后备案。

（1）壁报名称，（2）主编人姓名，（3）壁报内容之性质，（4）定期或不定期，（5）张式及张数。

三、壁报须在训导处备案，领得许可证明后始得张贴。

四、壁报张贴时间不得超过两星期（十五日）。

五、壁报之投稿人以本校教职员、学生为原则。

六、壁报投稿人均应署真实姓名，其文责由主编人及投稿人共同负之。

七、学生壁报稿件均应由本校学生自行编撰，不许载转、剪贴或抄录他处稿件。

八、关于学术方面之稿件，由主编人分别请专门老师指导。

九、关于新闻方面之稿件，务宜翔实；关于言论方面之稿件，态度务宜公正。

十、壁报不得随意张贴。为整洁起见，由学校指定下列地点：

北院男生宿舍“学生布告处木栏”内；

芝琴楼女生宿舍“学生布告处木栏”内；

胜利楼南端布告处木栏内；

东院“二楼壁报张贴处”。

十一、本校学生壁报如有违反上述规则者，训导处即行拆下，并取消其张贴权。

十二、凡未备案之壁报（如有违反）一经查出，训导处即随时饬人拆除之。

十三、各壁报之费用及纸张等一切应由壁报社自理，学校概不津贴。

十四、本规则由训育委员会提请行政会议通过，训导处公布实施，如有未尽事宜，得由行政会议修正之。

（南开大学档案）

南开大学学生集会规则

（1947 年）

一、凡本大学学生所组织之会社及临时集会应遵守下列规则。

二、发起会社及临时集会时，先取得训导处之允许，并呈报该会之性质及发起人之姓名。

三、会社成立后，须向训导处备案，并呈报下列各项：

1. 性质；

2. 组织大纲；

3. 负责人姓名；

4. 会员名单。

四、在原则上每会社至少有顾问一人，由各会社就本校教职员中聘请之。

五、会社及临时集会之会员，不得有校外人参加。

六、会社改组及会员变动，应向训导处呈报。

七、会社及临时集会开会借用会场，必须先得训导处之许可，开会地点必须由训导处之指定。

八、开会次数以不妨碍毕业为主。

九、凡已备案之会社如有违反上述规则者，由训导处取缔之或监督其改组。

十、各会社及临时集会所有费用，均应自行筹措，学校不予津贴。

十一、凡未经训导处备案之会社及临时集会，一经查出，其负责人或召集人应受学校处分。

十二、本规则由学生生活辅导委员会提请行政会议通过，交训导处施行。其有未尽事宜，得随时由行政会议修正之。

（南开大学档案）

女生宿舍管理规则

（1947年）

一、学生就寝、起床均须按照规定时间：

起床——晨六时二十分打预备钟，六时半打起床钟。

就寝——晚十一时二十分打预备钟，十一时半打就寝钟，各室熄灯。

每晚十时半锁门。

二、熄灯后须一律宁静安眠，晨起前行动亦须安静，不得有扰乱睡眠或用功等事。

三、每日上课前必须将室内收拾整洁。

四、每日晚七时至十时为自修时间，不得拉唱或高声谈笑。

五、除于接待室会客外，寝室内不得招待及留宿外人。

六、寝室内不得盥漱洗濯或使用电炉及电熨斗等。

七、停电时燃点油灯须特别留神。

八、熄灯后及晨起前各室中不许燃点灯烛。

九、凡住校学生每晚均须在校住宿，如有因事不能返校者，须于事前请假。如在津市有家，每星期六下午回家居住者，必须预先由家长或保证人具函盖章证明。

十、宿舍床次须依照编定次序，不得擅自迁移。

十一、每室公举正、副室长各一人为全室代表。

十二、不准在寝室用饭，无论包饭与否，均须在饭厅进餐。疾病者除外。

十三、贵重物品不得携入校内，钱钞亦应妥为存放，以免遗失。

十四、若遇有传染病及失盗等事，得施行临时检查。

十五、倘有毁损宿舍任何物品者，须负赔偿之责。

十六、自行车不得随意放置寝室及甬道内。

十七、本规则由训导委员会通过，训导处公布施行之。

（南开大学档案）

国立南开大学学则

（1948年5月[1]）

第一章　入学

1.1　本大学每学年招收一年级新生一次，入学考试规则另订之。

1.2　本大学每学年招收一年级新生时得酌收二、三年级转学生，转学考试规则另订之。

1.3　已经录取之新生须填缴志愿书、保证书（保证人必须现有职业而能负责者，但本校教职员不得为保证人）及履历表，依照规定日期来校办理入学手续，逾期不到者，即取消其入学资格。惟因病或其他特殊事故，不能入学肄业，可检同学历证件，及本人最近相片三张，书面向本校教务长申请，如经核准，得保留资格，展缓一年入学，但以一次为限。

1.4　新生入学时，每人发给学生证一纸，为证明学籍之用。

第二章　纳费、注册及选课

2.1　学生于每学期开学时须在规定日期内来校报到注册（注册手续另订之），注册前须缴纳学费、体育费、讲义费、实验费、医药费、预存赔偿费。以上各项费用数额临时规定之。

2.2　开课后逾二星期学生既未注册又未请假者，以退学论。

2.3　学生选习课程须在学校历规定日期内办理，除体育外，每学期以选十七学分为准，但不得多于二十（工学院不得多于二十二），不得少于十四。但如有特殊原因（如上学期不及格学分过多），经系主任准许，得酌减一、二学分。

2.4　选习、加选及退选课程须受系主任之指导。

2.5　加选课程限于每学期开课后二星期内，退选课程限于四星期内行之，但一年级必修课程不准中途退选。

---

① 本《学则》1948年1月由张伯苓校长上报教育部，5月又对其进行了修正。

2.6 自开课日起，凡请假之学生迟到满二星期者，其所选课程不得超过十七学分；满三星期者，不得超过十五学分；满四星期者，即令休学。

第三章 转系

3.1 一年级新生及转学生第一年内不得请求转系。

3.2 学生欲转系者，须于学年开课前选课期间向注册组填写转系申请书，经所欲转入之学系系主任及教务长核准后，送交注册组登记，方为有效。但若原系与欲转入之系入学考试科目不同，得令其经过转系考试。

3.3 学生转系，应由转入之系主任按照该系规定课程重行审核其原有学分，并决定其年级。

3.4 学生转系至多不得超过两次。

第四章 课程

4.1 本大学课程，除各院系共同必修者外，由各系分别规定为必修、选修二种。各系课程另订之。

4.2 各系课程按其性质，分为以下四类：

甲、学期课程。

乙、学年课程之上、下两学期可单独修习，分别给予学分者。

丙、学年课程之上学期可单独给予学分，而下学期不可者。

丁、学年课程之必须修满全年方给予学分者。

4.3 丙类课程上学期及格后，方得修习下学期。

4.4 丁类课程上、下两学期必须连续修习，但上学期不足四十分者不得修习下学期。

第五章 学分及成绩

5.1 本大学采用学分制。但学生至少修满四年方准毕业。

5.2 学生除体育十二学分外，文、理及政治经济各学院学生须修满一百三十二学分，工学院学生须修满一百四十二学分，并修满各该院系所规定之必修课程方准毕业。

5.3 各课程每学期每周上课一小时为一学分，实习或实验二小时至三小时为一学分。

5.4 除转学生及曾转系或休学之学生外，学生年级依其在校之年次编定，但自第四年起至毕业时止，一律编入四年级。

5.5　转学生至少必须在本大学修满二年始准毕业。

5.6　转学生入学时，由本大学相关各系按照各该系课程之标准及该生在原校已习学分之成绩，核定本大学应予承认之学分，并决定其年级。

5.7　学生成绩之计算采用百分法，以满六十分为及格，不及格者不给学分。

5.8　学生成绩计算方法如下：

（一）以课程之学分数乘成绩之百分数为学分积。

（二）学生所选各课程学分之总和为学分总数。

（三）各课程学分积之总和为总学分积。

（四）以学分总数除总学分积，为成绩总平均。

（五）总平均之计算，包括不及格课程在内。

5.9　各课程考试分平时及学期两种。平时考试次数及时间由各教师自行酌定，学期考试须在学校规定期间举行之。

5.10　学生于考试时作弊（如夹带、枪替、抄袭、传语等），一经查出，除该课程以零分计外，并酌予记过或开除学籍之处分。

5.11　学生学分与成绩每学期核算一次。

5.12　丁类课程，在修完全年后，上、下两学期之成绩，各应按照两学期之平均成绩订正。其上学期不及格而平均及格者，上学期之学分应予补足；其上学期及格而平均不及格者，上学期之学分应予取消。乙、丙两类课程，上、下学期成绩概不平均。

5.13　学生成绩交注册组后，除根据5.12条所规定者外，无论任何情形，不得更改。

第六章　请假、缺课及补考

6.1　学生因事不能上课者，须先期到注册组填写请假单，注明课程及时数。未经准假而缺课者，以无故缺课论，事后不得补假。无故缺课一小时，以请假二小时计算。

6.2　学生缺课，无论曾经请假与否，均由教师填写缺课报告单送交注册组。

6.3　学生因病请假，须具医生证明书。

6.4　在一学期内学生请假日数，超过上课总日数三分之一者，即令休学。

6.5　在一学期内学生于某课程请假时数超过上课时数三分之一者，不得参与该课程之学期考试，该课程成绩以零分计。

6.6 学生因不得已事故（如疾病、亲丧），不能应学期考试者，须先填具补考申请书，并须呈缴家长、保证人，或医生之证明函件，经任课教师及教务长核准后，得参加补考。

6.7 学生无故不参与学期考试者，不得请求补考，其所缺考各课程成绩以零分计。

第七章 休学、退学及复学

7.1 学生因不得已事故不能继续肄业者，得向教务长陈述理由，并呈缴家长、保证人或医生之证明函件，请求休学或退学。

7.2 学生如患慢性病症有碍学业或他人者，即令休学离校医治。

7.3 学生休学以一学期或两学期为度，逾核准期不复学者，作为退学。其因特别理由，经教务长准许者，得延长休学期间，但休学期间共不得超过四学期。

7.4 学生成绩体育除外，有下列情形之一者，即令退学。

（一）上学期不及格学分数达该学期学分总数二分之一，而总平均不满五十分者。

（二）下学期不及格学分数达该学期修习学分总数二分之一者。

（三）同学年度上、下两学期不及格学分数均达各该学期修习学分总数三分之一者。

（四）同学年度所得学分总数不满十八者。

（五）必修课程两门连修两次或一门连修三次不及格者。

附注：（1）核算（一）项内之学分时，丁类课程均加入计算。

（2）核算（二）项内之学分时，丁类课程下学期未继续修习者不算，继续修习者按平均成绩计算。

（3）核算（三）项内之学分时，丁类课程下学期未继续修习者，上学期加入计算，下学期不算；下学期继续修习者，上、下学期均按平均成绩计算。

7.5 学生所受之操行处分，积满大过二次者，勒令休学一年。积满大过三次者，开除学籍。

7.6 学生所缴学历证明文件如有伪造、假借、涂改等情事，一经查明，立即开除学籍。毕业后始查明有上项情事者，除勒令缴销其毕业证书外，并公告取消其毕业资格。

7.7 学生休学核准后，由教务处发给休学证明书。

7.8　自愿退学或因第7.4条之规定而退学之学生，在本大学肄业已满一年者，得请求教务处发给修业证明书或转学证明书。

7.9　开除学籍之学生，概不发给修业证明书或转学证明书。

7.10　休学学生拟复学者，须于开学前一个月书面申请，并将原休学证明书呈缴教务长，经核准后方得返校注册。

第八章　毕业及学位

8.1　学生修满九十九学分后，应商承本系主任及教授，选定题目，受其指导，撰作毕业论文，缮写二份，按照学校历规定日期呈请审核。

8.2　凡学生曾在本大学肄业满四年，修满所入院系规定之课程及学分，并缴清一切规定费用，经毕业审查委员会审查合格，提交教授会议通过后，准予毕业。

8.3　本大学授予毕业生以学士学位。

第九章　附则

9.1　本学则除与大学本部特殊有关之各条外，亦适用于本大学附设之各部分。

9.2　本通则经教务会议通过后公布施行。

9.3　本学则有未尽事宜，由教务会议修正之。

（南开大学档案）

南开大学旁听生规则

（1948年10月6日）

一、旁听生应遵守本大学一切规程。

二、旁听限期以一学年为度。

三、旁听生无学籍且不得参加考试、试验及实习，亦不得在校住宿。退学或学期、学年终了时，本校不发证明书。

四、旁听生不得申请公费或奖金，并不得参加学生团体活动。

五、旁听生选习某学系课程前，应得该学系系主任之允许，上课时应呈缴上课证。

六、旁听生应受系主任及任课教师之监督、指导，无故不得迟到、早退或旷课。

七、任课教师遇旁听生有违反校规时，得予以训诫或令退出教室。其情节较重者，得通知训导处、教务处，令其停学或取消资格。

八、本规则自公布之日起施行。

（南开大学档案）

南开大学特种校务委员会组织原则

（1948年12月13日）

一、 为保存校产，策划全校员生、工人之安全起见，本校设特种校务委员会，由校务会议就本校教职员中推定若干人组织之，必要时该委员会得动员全校学生、员工。

二、 经常事务仍由经常行政机构处理。

三、 该委员会于运用全校之人力、物力，不必透过行政会议或秘书、教务、训导三处，其在法规上须有经常行政人员签署之处一律照办。

四、 该委员会章程由校务会议授权，根据上列要点自订之。

五、 该委员会人员经校务会议推出，即开始工作。

（南开大学档案）

生活福利委员会组织草案

（1949年1月19日）

一、本会定名为生活福利委员会。

二、本会以谋求全体师生员工的共同生活福利为目的。

三、本委员会以本校教授会、讲助会、职员会、学生自治会及工友会组织之。

四、本委员会委员十八人，由教授会代表三人，讲助会代表三人，职员会代表三人，工友会代表三人（每单位代表中至少有福利代表一人），及学生自治会代表六人（内至少有福利代表两人）担任之。

五、各单位对本会议决案有保留权。

六、本委员会下设四组：

（1）总务组（2）福利组（3）生活组（4）联络组

七、本草案由本委员会成立大会修正通过后执行之。

（南开大学档案）

国立南开大学校务处理暂行办法大纲

（1949年2月）

（甲）校务委员会

一、校务委员会为本大学最高行政机关，设委员五人，以一人兼主席，一人兼教务长，一人兼总务长，均由教授会选举之，除主席外，其余委员四人须从不同学院中选出，院长可以当选，委员任期一年，连选得连任。

二、校务委员会主席负责综理校务，对外代表本校，教务长、总务长在主席指导之下，分掌教务、总务事宜，其余委员二人协助主席推进校务，凡重要校务，均依校务委员会之决议行之，各校务委员就整个校务及主管职务，对教授会负连带及个别的双重责任，遇必要时，教授会得罢免校务委员。

（乙）校务评议会

一、校务评议会为校务委员会之咨询机关，由校务委员、各院院长、聘任委员会主席、财务委员会主席及讲助会代表三人组织之，由校务委员会召开，以校务委员会主席为主席。

二、左列事项，校务委员会应提出校务评议会讨论：

1．预算

2．施政方针

3．课程编制

4．院系之添设或裁撤

5．院与院间不能解决之事项

6．其他校务委员会认为应提出讨论之事项

7．各院或其他出席代表认为应提出讨论之事项

三、校务评议会之决议或意见，校务委员会应多加注意，尽量采纳，但无必须执行之义务。

（丙）聘任委员会

一、聘任委员会设委员九人，除以教务长及各院院长为当然委员外，其余

委员兼主席一人，委员三人，由教授会选举之，任期一年，连选得连任，聘任委员会开会时，应通知有关系主任列席。

二、左列事项，须经聘任委员会审核：

1．教员之聘任，由院长及系主任共同提出之。

2．教员之解聘，由院长、系主任或教务长提出之。

3．教员之升级（为由讲师升为副教授），由院长与系主任共同提出之。

三、凡教员有兼差，或兼课时数违反聘约之规定者，聘任委员会应予纠正，其不听纠正者应解聘之。

四、聘任委员会对教授会负责，其决议交由校务委员会执行之。

（丁）财务委员会

一、财务委员会设委员九人，除以总务长为当然委员及由每院教授各选代表一人为委员外，其余委员兼主席一人，委员三人，由教授会选举之，任期一年，得连选连任。

二、财务委员会为财务监察机关，对教授会负责。

左列事项，校务委员会应提请审议：

1．预算之审核

2．动用大宗款项之事前审查

3．决算之审查，注意各项支出之合法与经济与否

4．校款之调度

5．校产与重要物资之保管及处理

（戊）特种委员会

教授会遇必要时，得设各项特种委员会，目前即应设置者，为课程委员会。

一、课程委员会设委员七人，除以教务长为当然委员及主席外，其余委员六人由教授会选举之，自然科学、社会科学、文哲及工程每部门至少须有委员一人。

二、课程委员会当前紧急之任务，为参酌世界各国大学及本国各大学之成规，根据本大学各院系之实况，研讨本校学制及课程应为何彻底改革，以大量培养新民主义的新中国建设中所需要之各项专门人才，完成本大学的时代使命。

三、课程委员会应经常注意各院系之课程编排及其相互关联事宜，其决议案除交教务处尽量采行外，其重要者应提请教授会审议。

（己）教授会

一、教授会全体大会为本大学最高权力机关，每学期始末各开常会一次，由校务委员会主席召集之并担任主席，校务委员会或三分之一以上教授认为必要时，校务委员会主席应召开临时全体大会。

二、左列事项应经教授会全体大会议决：

1．预算、决算

2．施政方针及施政报告

3．学制及课程之修改

4．院系之添设或裁并

5．其他教授会认为主要之事项

三、教授会设秘书处，由全体大会选举秘书三人组织之，并指定一人为主任，任期一年，连选得连任，秘书处担任全体大会及各委员会间之联系工作及大会筹备开会、会议记录、档案保管等事宜。

（庚）院长、系主任

一、各院院长由各院教授自行选举之，任期一年，连选得连任。

二、各系系主任由各院院长提请校务委员会聘任之。

附：组织系统图

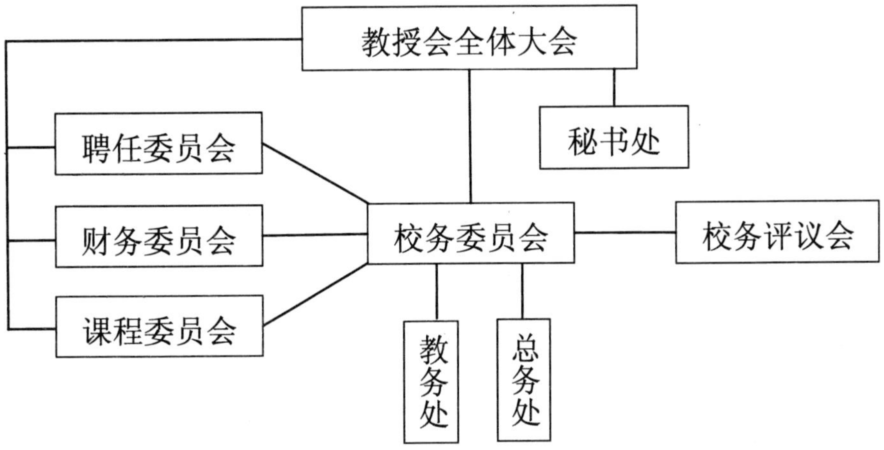

（南开大学档案）

国立南开大学校务委员会暂行规程

（1949年5月27日）

一、本校校务委员会（简称校委会）由人民政府主管机关委任委员若干人，讲助会及学生会各推选委员二人组织之。

二、校委会为本校最高权力机关，其职权如左：

1．决定教务方针；

2．核定重要规章；

3．复决教员之聘请及职员之任用；

4．核定员工名额之分配；

5．核定院系之添设或裁并；

6．核定校内行政机构之调整；

7．核定预算及决算；

8．决定一切款项之分配及稽核收支；

9．保管与处理校产；

10．核定校舍之分配；

11．处理其他重要校务。

三、校委会设常务委员会（简称常委会），由人民政府主管机关推定委员若干人，讲助会及学生会各推定委员一人组织之，常委会根据校委会之决议处理校务，对校委会负责。

四、校委会及常委会主席由人民政府主管机关就委员中指定一人兼任，其职权如左：

1．对外代表本校；

2．召集并主持校委会及常委会；

3．推行校委会及常委会之决议并处理日常校务。

五、校委会、常委会合设秘书一人，由全体校务委员就常务委员中推选一人兼任，秘书负责整理校委会及常委会提案及记录。

六、校委会每月开常会一次，常委会每星期开常会一次，主席认为必要或经各该会全体委员四分之一以上之提议时，得开临时会。

七、校委会及常委会议案之通过，原则上均采协议方式，不能获得协议时，始采表决方式。

八、校委会设聘任委员会，聘任委员会审核各系推荐并由院长提出之教员聘任、升等、晋级等事宜，其决议交校委会主席执行之。

聘任委员会由委员十二人组织之，除校委会主席、教务长及各院院长为当然委员，校委会主席为主席外，另由各院教授、副教授互选一人及讲助、学生各一人为委员。任期一年。

九、职员之任免与迁调，经常委会核定后由校委会主席执行之。

十、校委会设财务委员会，由秘书长及各院院长组织之，互推一人为主席。财务委员会之职权如左：

1. 审议预算及决算；

2. 核定临时款项之调度；

3. 稽核收支；

4. 保管与处理校产。

十一、 必要时校委会及常委会得设特种委员会。

十二、 本规程经校务委员会通过施行，如有未尽事宜，经校务委员会三分之二以上之同意得修改之。

（南开大学档案）

国立南开大学暂行学则

（1949年12月28日教务会议通过，12月29日校务委员会核准）

第一章 入学

1.1 本大学每学年招收一年级新生一次，入学考试规则另订之。

1.2 本大学招收一年级新生时酌收二、三年级转学生，转学生考试规则另订之。

1.3 录取新生应依照规定日期来校办理入学手续。逾期不到者，即取消其入学资格。惟因病或其他特殊事故不能入学肄业者，可检同学历证件，及本人最近相片三张，书面向本校教务长申请，如经核准，得保留资格，展缓一年入学，但以一次为限。

1.4 新生入学时，每人发给学生证一纸，为证明学籍之用。

第二章 纳费、注册及选课

2.1 每学期开始时，学生须在规定日期内，来校报到注册（注册手续另订之）。注册前须缴纳学费、体育费、讲义费、实验费、医药费、预存赔偿费，以上各项费用数额临时规定之。

2.2 开课后逾四星期，学生既未注册又未休学者，以退学论。

2.3 学生注册后应在规定日期内选课。除体育外，文理及财政经济学院学生每学期选课不得超过二十学分，工学院学生不得超过二十二学分（补习国文、补习英文每学期每周上课一小时相当于一学分）。

2.4 选习、加选及退选课程须受系主任之指导。

2.5 加选及退选课程限于开课后四星期内行之，但一年级必修课程不准中途退选。

2.6 自开课日起准假学生迟到满二星期者，其所选课程，不得超过十七学分，满三星期者，不得超过十五学分，满四星期者，即令休学。

第三章 转系

3.1 一年级新生及转学生第一年内不得请求转系。

3.2 学生欲转系者，须于学年开课前选课期间，向注册组填写转系申请书，经所欲转入之学系系主任及教务长核准后，送交注册组登记，方为有效。但若原系与欲转入之系入学考试科目不同，得令其经过转系考试。

3.3 学生转系，应由转入之系主任按照该系规定课程，重行审核其原有学分，并决定其年级。

3.4 学生转系至多不得超过两次。

第四章 课程、学分、成绩及年级

4.1 本大学采用学分制。

4.2 本大学各系课程由各系分别规定为必修、选修，学期或学年课程。学年课程以连续修习为原则。

4.3 各系学生除体育十六学分外，须修满各该系所规定之最低学分额及必修课程，方准毕业。但各系最低学分额不得少于一百二十。

4.4 各课程每学期每周上课一小时为一学分（每上课一小时原则上应有两小时之自习），实习或实验二小时至三小时为一学分。

4.5（一）一年级新生选课前，应参加国文及英文甄别试验。甄别标准，国文注重表达能力，英文注重文法及阅读能力。其不合标准者即应补习。

（二）补习国文或英文应于第一学年开始，但甄别后国文、英文均不合标准者，其中一门得暂缓补习。

（三）补习国文或英文者，其所修之“补习国文”或“补习英文”，不给予学分。但此外即与必修课程同样处理。

（四）补习国文或英文修习一年后不及格者，应于次年度继续补习。

4.6 各课程考试分平时及学期两种，平时考试次数及时间由各教师自行酌定，学期考试须在学校规定期间举行之。

4.7 学期终了时，由任课教师分别给予各课程之学期成绩。学年终了时，并由教师给予学年课程之学年成绩。学期及学年成绩之核给，采用百分法，以满60分为及格。

4.8 学生学分每学年结算一次。学期课程以学期成绩，学年课程以学年成绩为该课程之成绩，及格者给予各该课程之学分。

4.9 学生平时成绩每年结算一次，方法如下：

（一）以课程之学分数乘成绩之百分数为学分积。

（二）各课程学分积之和为总学分积。

（三）学生所选各课程学分之和为学分数。

（四）以学分数除总学分积，为平均成绩。

（五）平均之计算，包括不及格课程在内。

4.10 学生成绩交注册组后，不得更改。

4.11 除转学生及曾转系或休学之学生外，学生年级依其在校之年次编定，但自第四年起至毕业时止，一律编入四年级。

4.12 转学生入学时，由本大学相关各系按照各该系课程之标准及该生在原校已习学分之成绩，核定本大学应予承认之学分，并决定其年级。

4.13 转学生在本大学至少修满二年始准毕业。

第五章　请假、缺课及补考

5.1 学生因事不能上课者，应到注册组办理请假手续。缺课而未经准假者，以旷课论。旷课一小时，以因事假请假二小时计算。

5.2 学生缺课，无论曾经请假与否，均由教师填写缺课报告单送交注册组。

5.3 学生因病请假，须具医生证明书。

5.4 在一学期内学生请假日数，超过四星期，或因事及因病请假日数，超过上课总日数三分之一者，应即休学，不休学者作为退学。

5.5 在一学期内学生于某一课程请假时数超过上课时数三分之一而未休学者，不得参与该课程之学期考试，该课程成绩以零分计。

5.6 学生因不得已事故（如疾病、亲丧），不能应学期考试者，须填具补考申请书，并须呈缴家长、医生或政府机关之证明函件，经任课教师及教务长核准后，得参加补考，其补考成绩即作为其学期考试成绩（注意：并非学期成绩）。

5.7 学生不参与学期考试而未请准补考者，其所缺考各课程之学期考试成绩（注意：并非学期成绩）以零分计。

5.8 学期课程之学期成绩或学年课程之学年成绩不及格而在 50 分以上者得补考一次，补考后学期或学年成绩及格者，一律作为 60 分。但根据第 6.4 条应退学之学生，不得参与补考。

5.9 补考于每学期开学前规定时间内举行之，逾期不得再补。

第六章　休学、退学及复学

6.1 学生因不得已事故不能继续肄业者得向教务长陈述理由，并呈缴家长或医生之证明函件，请求休学或退学。

6.2 学生如患慢性病症有碍学业或他人者，即令休学离校医治。

6.3 学生休学以一学期或两学期为度，逾核准期不复学者，作为退学。其因特别理由，经教务长准许者，得延长休学期间，但休学期间共不得超过四学期。

6.4 学生成绩，体育除外，有下列情形之一者，即令退学。

（一）全年不及格学分数达该学年修习学分总数五分之二者。

（二）学年内所得学分总数不满十八者，但应届毕业生，因其已得学分数与规定毕业最低学分数，所差无多，而修习学分过少者，得不受此限制。

（三）必修课程两门连修两次或一门连修三次不及格者。

附注：（1）核算（一）项内之学分时，学年课程下学期未继续修习者，上学期加入计算，下学期不算；下学期继续修习者，上下学期均按学年成绩计算。

（2）核算本条之学分时，“补习国文”及“补习英文”均作为每学期三学分之必修课程。

6.5 学生所缴学历证明文件如有伪造、假借、涂改等情事，一经查明，立即开除学籍。毕业后始查明有上项情事者，除勒令缴销其毕业证书外，并公告取消其毕业资格。

6.6 学生休学核准后，由教务处发给休学证明书。

6.7 在本大学肄业不满一年者，得请求教务处发给到校证明书，已满一年者，经校教务长核准后由本大学发给修业证明书。

6.8 肄业满一年，自愿退学或因第 6.4 条之规定而退学之学生经校教务长核准后，由本大学发给转学证明书。

6.9 开除学籍之学生概不发给修业证明书或转学证明书。

6.10 休学学生拟复学者，须于开学前一个月书面申请，并将原休学证明书呈缴教务长，经核准后方得返校注册。

第七章　毕业及学位

7.1 凡学生在本大学修满所入院系规定之课程及学分，并缴清一切规定费用，经毕业审查委员会审查合格，提交教务会议通过后，准予毕业。

7.2 本大学授予毕业生以学士学位。

第八章　附则

8.1 本学则除与大学本部特殊有关之各条外，亦适用于本大学附设之各部分。

8.2 本学则经教务会议通过，并经校务委员会核准后公布施行。其修改手续亦同。

（南开大学档案）

西南联合大学规章制度

长沙临时大学借读生简章

（1937 年 10 月 2 日）

（一）本大学遵照教育部规定比例，收容借读生十分之三。其额数须俟本大学原有三校学生注册后规定之。

（二）借读生所纳学费诸项与本校学生同一待遇（即每学期学费十元、理工实验预偿费五元、制服费五元，其他宿费杂费等一概免收），并须受军事管理。

（三）本大学所未设之学系，不收借读生。即原有之学系，因设备关系，本大学学生尚须至他校借读者（如机械、电机等系），本大学亦不收借读生。

（四）凡原校未经停办或已改组临时大学者，其学生不得在本大学借读，以免占据真正失学者之机会。

（五）凡未经立案之学校，或学校性质不相当者，其学生不得在本大学借读。

（六）借读生须备有原校证明文件及成绩单（因特殊情形一时不能交成绩单者，得以后补交）并须经甄别试验，以便插班，其报名及甄别日期规定如下：

报名——十月廿八日起至十一月四日止。

甄别——十一月八日、九日两天。

（七）借读生在本大学读满一学期或一学年，经考试成绩及格者，本大学发予借读证明书。但不负借读生毕业或介绍转学他校之责。

（八）借读生不属于组织本大学之任何一校，若本大学组织有变更时，本借读生简章即归无效。

（九）本简章自公布之日实行。

{北京大学、清华大学、南开大学、云南师范大学编：《国立西南联合大学史料》（2）会议记录卷，云南教育出版社 1998 年版，第 6—7 页}

长沙临时大学女生宿舍规则

（1937 年 10 月 21 日）

（一）凡本大学女生，除有女生保护人函请，经本校女生宿舍管理处核准者得住亲属家中外，余者概须住女生宿舍。

（二）寄宿女生须受女生宿舍管理处指导员之指导。

（三）舍内学生寝室之分配，由宿舍管理处订定办法决定之。

（四）舍内除会客室外，不得招待男宾。

（五）在自修时间（上午八时前，下午八时后），舍内除会客室外，不得招待女宾。

（六）女生不得在舍内自行烹饪。

（七）如有银钱应交银行存储，贵重物品不得携入校内，以免遗失。

（八）女生每晚须于十时以前回舍，宿舍十时上锁，非因特别事故经女生指导员许可者，不得开启。

（九）女生如患疾病，经指导员认为须离宿舍时，得由校方送入医院留医。

（十）女生如因事须外宿时，须由家长或保证人来函证明，声明外宿地址及日期，经宿舍管理处核准后，方得外宿。

（十一）本规则自公布之日施行。

{《国立西南联合大学史料》（2）会议记录卷，第 16—17 页}

长沙临大教学设施与校外合作的办法[①]

（1937年11月17日）

关于教学之设施：教学设施方面，一面仍重养成各种学术之基础，一面兼重国难中临时之需要。首为课程问题，本会曾组织课程委员会，专任其事。大凡旧有课程，均经重新审定，以应学术上及国难中双方之任务。其次厥为教学设备问题。三校原有之图书及理工设备，殆皆无法迁出；欲大量购置，又为力所不及。然此与教学关系綦切，不能不亟求解决，经本会分向长沙各学校及各文化机关接洽，可合作者合作，可利用者利用。接洽结果：（一）关于图书，则与国立北平图书馆合作，由双方合组图书馆，除将该馆原有图书之一部，供予阅览外，并另订合同，各出资相当数目，添购图书，专供本校员生教学及研究之用。此外，于湖南国货陈列馆图书室，觅得图书全部，与订合作办法，亦能利用。（二）关于理工设备，其属理科各系，则与湘雅医学院合作，各项设备皆允利用。其属工科各系，则与湖南大学、重庆大学及南昌航空机械学校合作。电机、机械两系学生，全部寄宿湖大上课。机械系航空研究班在南昌航空机械学校寄宿上课，由本校教授前往，分别担任课程。

{《国立西南联合大学史料》（6）经费、校舍、设备卷，第392页}

① 摘自《长沙临时大学筹委会工作报告书》。

长沙临大购买图书、仪器及其他事项办法

（1938年2月4日）

第一条　购买书籍，由各系主席开单交图书馆定购，直交昆明本大学办事处。

第二条　原版书籍由系主席及图书理工设备设计委员会联席会议推定各系负责人，在广州或香港定购，由图书馆给予推定负责人以证明文件，负责人应于赴港前到图书馆查明已购订书籍及预算余数，以免重复或超过预算。

第三条　推定各系负责人如下：

哲学	金岳霖	西文	叶公超
数学	江泽涵	历史	雷海宗
物理	吴有训	化学	黄子卿
地学	李宪之	生物	张景钺
政治	崔书琴	法律	李祖荫
经济商业	方显廷	工业	庄前鼎

第四条　由常务委员会电中华文化基金委员会，请准北平国立图书馆与本校同赴昆明继续合作。

第五条　由常务委员会进款一万元至香港，委托银行担保理工各系在港定货信用。

第六条　由常务委员会购置西文油印机一具。

第七条　推定各系在港购订仪器负责人如下：

物理　吴有训

电工　任之恭

化学　张大煜　钱思亮

生物　张景钺

{《国立西南联合大学史料》(6) 经费、校舍、设备卷，第279页}

国立西南联合大学校务会议组织大纲

（1938年5月）

第一条 本大学依大学组织法之规定，设校务会议。

第二条 校务会议以下列人员组织之：

（一）常务委员；

（二）常务委员会秘书主任；

（三）教务长；

（四）总务长；

（五）各学院院长；

（六）教授、副教授互选之代表十一人（每学院至少须有代表一人）。

第三条 校务会议审议下列事项：

（一）本大学预算及决算；

（二）大学学院学系之设立及废止；

（三）大学各种规程；

（四）建筑及他项重要设备；

（五）校务改进事项；

（六）常务委员会交议事项。

第四条 校务会议开会时，以常务委员会主席为主席。

第五条 本组织大纲经常务委员会通过后施行。

{《国立西南联合大学史料》(1）总览卷，第105页}

国立西南联合大学关于本校及分校校务委员会组织规程及职权的布告

（1938年5月）

一、蒙自分校应设分校校务委员会，由文学院院长、法商学院院长及文法两院教授代表四人组织之，处理文法两院院务及分校经常事务，并得互推一人任该会主席。

二、昆明本校应由理学院院长、工学院院长、教务长、总务长、建设长及理工两院教授代表四人组织校务委员会，处理理工两院院务及本校经常事务，并得互推一人任该会主席。

{《国立西南联合大学史料》(1) 总览卷，第106页}

国立西南联合大学借读生改正式生办法

（1938年6月28日）

一、本校根据教育部所颁借读办法规定，借读生须经编级试验及格后，始得改为正式生。

二、借读生编级试验性质与转学试验同，但不及格者仍准在本校借读。

三、借读生编级试验与下学年转学生入学试验一并办理。

四、借读生应就其原属级系应编级试验，不得越级，并暂不许转系。

五、凡不应编级试验之借读生，本校即停止其借读。

六、嗣后凡请求借读之学生须经编级试验，方准入学。

七、编级试验日期及应试手续另订之。

附：借读生申请编级试验表

借读生×××今愿改为国立西南联合大学正式生，并愿听受编级试验，特填具下列各点，用当申请：

一、原属学校名称

二、系别

三、级别

四、原属学校目前情况

五、入本校借读年月

六、拟编入本校年级

××系×年级借读生×××谨具

{《国立西南联合大学史料》（3）教学科研卷，第42—43页}

西南联大暂行宿舍规则

（1938年6月公布）

一、学生宿舍之分配，由教务处交军事训练队规定之。

二、宿舍房屋经指定后，不得任意更换；如有不得已之情形必须更换时，须预得军训队之许可。

三、宿舍内不得有妨碍他人安宁及公众秩序之举动，玩习乐器及高声歌唱谈笑，于夜间八时后尤应一律停止。

四、宿舍内应注意整洁及公共卫生。

五、除指定之会客室外，男生宿舍内不得接见女宾，女生宿舍内不得接见男宾。

六、宿舍内不得容留来宾住宿。

七、门窗户壁及公共器物，不得任意污损。如有无故损坏者，由现住人照价赔偿。

八、有危险性之物品，不得留藏室内。

九、宿舍内每人之用具，其种类与数量由学校规定供给，不得自行调动。

十、宿舍中学生生活由军训队随时察看约束。

十一、本规则自公布日施行。

附：女生宿舍暂行规则

（一）宿舍门户，早六时启，晚十一时闭。

（二）在启闭门户时间前后，除有急病外，不为个人启闭门户。

（三）因病或事请假，或在放假期内，如在外寄宿，须事先在女生导师办公室声明。

（四）宿舍内之安宁、秩序、清洁，由全体学生负责。细则由学生公议，经学校当局核准后，共同遵行。

（五）男宾来访应在宿舍之接待室接见，不得请入寝室；凡与外方（如洗衣、裁缝等）接洽事项，须在指定处所举行之。

（六）公用器物，经安排后，不得随意迁移或增减。

（七）每日作息时间，均须按照军训队及注册组之规定实行。

（八）凡公用物品，须加意爱惜，遇毁坏时，由个人负责修理。

{清华大学校史研究室编:《清华大学史料选编》(三) 下　西南联合大学与清华大学，清华大学出版社 1994 年版，第 171—172 页}

西南联大图书馆购书办法

（1938年7月12日）

（一）本馆设采访组专司本校购书事宜。

（二）本馆购书费之分配由图书委员会斟酌，各院系情形于编制预算时决定之。

（三）购置参考书之手续如下：

甲、本馆印就图书购置单分发各系办公室备用。

乙、各系教授教员及助教需用书籍须赴所属之学系办公室填写购书单（正副各一），单上所列事项如著者、书名、版次、出版年及价值等，均须详细注明，并在单上签名，以便书到时由馆通知。

丙、购书单填妥后须请系主任加盖系章，无系章者作为无效。

丁、填写购书单手续完毕后，正张送交本馆，副张存各系中，以资稽查。

戊、本馆收到书单后，即检查该项书籍已否入藏，无者购之，已有者除必须购备□本者外，概不再购。

己、本馆收到所订书籍后，即行登记编目，送交阅览室陈列时，通知请求购置人，以便借阅。

庚、所需书籍如因绝版或他种原因不能购到时，由本馆函告请求购置人。

（四）购置及领取教授用书手续。

甲、教授需用课本须将书单交教务处核准，由注册组备函送交本馆代为办理。

乙、教授用书购到后，即加盖馆章，通知领用人，凡领用教授用书者须开具收据一纸交本馆保存。

丙、学期终了时，领用人须将领用之书交还本馆，下学期开学时再行领用。

（五）各系嘱赔[购]书籍，如其价值超过各该系之预算，而又无其他款项可以挪用时，本馆得函知请求赔[购]置之学系说明不能照赔[购]之理由。

（六）本馆每月编制赔[购]书报告表致送各院系，如数字有不符之处，请通知本馆清查改正。

（七）本办法经常委会核准后实行之。

{《国立西南联合大学史料》(6)经费、校舍、设备卷，第294—295页}

对于贫寒学生患急性或长期病症者补助或贷与办法

（1938年8月20日）

（一）学生患急性病症经校医诊断，急需入医院治疗或施行手术而该生确系贫寒者，得向学校请求补助或贷与医疗或手术费。

（二）学生疾病，经校医诊断，认为须长期休养，必须住入医院或其他疗养处所，而该生确系贫寒者，得向学校请求补助或贷与疗养费。

（三）本校接受是项请求后，得斟酌情形，分补助与贷与二项办法，其确属贫寒经师长证明者，得请求补助；其或因汇兑不通，暂时资用告乏者，得请求贷与。

（四）请求贷与学生，俟有款进来时，均须尽先缴还贷款。

（五）凡请求补助或贷与之贫寒学生，必须请医院将医药或手术或每周疗养费用，列具预算，呈校审核。

（六）无论补助或贷与，本校只能将金额径付与医院或疗养处所。

（七）凡未经校医诊断，自行入院，事后再行请求者，概不受理。

（八）本办法经常务委员会通过后实行。

{《国立西南联合大学史料》（5）学生卷，第616—617页}

国立西南联合大学二十八年度训导处工作大纲

（1938 年 8 月 22 日）

Ⅰ．原则：

1．本校训导处遵照部令规定组织，分设生活指导、军事管理、体育卫生三组，秉承常务委员会主持全校训导事宜。

2．本校本训、教合一精神，并注重学校事务之教育价值，教务、训导、总务三处应力求密切合作。

3．本校训导之责任由训导长、教务长、总务长、各学院院长、学系主任及各导师共同担负。训导实施计划由训导会议决定，交由训导处负责执行。本校原有之“生活指导委员会”加以扩充辅助训导处推行训导事宜。

4．本校训导方法，注重积极的引导，行动的实践。对于学生之训练与管理，注重自治的启发，与同情的处置，以期实现严整的生活，造成诚朴的风气。

Ⅱ．目标：

1．力求北大、清华、南开三校校风之优点在联大有表现机会。

2．就学生日常团体生活，培养互助为公之团体精神。

3．促进学生对于时代的觉悟与对于青年责任之认识，以增强其参加抗战建国工作之志向与努力。

Ⅲ．进行步骤：

1．尽九月十八日以前，完成训导处筹备工作。

甲、依规定，成立各组——生活指导组主任由训导长兼任；军事管理组及体育卫生组两主任，由本校主任教官及体育部主任分别担任。

乙、调整本校原有关于训导事宜之设置（如军训队、斋务股等）。

丙、由各组拟定二十八年度工作实施计划。

2．扩充生活指导委员会。

3．定期召集训导会议，拟定本年度训导工作计划。

4．遵照训导会议议决案进行训导工作。

{《国立西南联合大学史料》（3）教学科研卷，第 45—46 页}

西南联大出纳组组织大纲

（1938 年 10 月 11 日）

一、本大纲依据会计法第七十二条及教育部暨所属机关学校暂行会计规程第四条之规定拟定之。

二、本组直属于本大学总务处。

三、本组之职掌如下：

（一）关于现金、票据、证券之出纳、保管、移转事项。

（二）关于原始凭证及合同之审核事项。

（三）关于原始凭证及暂时凭证之粘贴、保管事项。

（四）关于现金出纳账目之登记事项。

（五）关于编制现金出纳报告书表事项。

（六）关于债权、债务发生之处理、清偿事项。

（七）关于处理出纳事项文件之撰拟事项。

（八）其他有关出纳事项。

四、本室设主任 1 人，秉承总务长督率本组职员办理本组一切事务。

五、组主任得列席本校有关其职掌之各项会议。

六、本组以事务之需要，得设干事 1 人，司现金出纳及审核事务；事务员或助理 2 人至 3 人，分别司登记账目、编制报表、保管凭证等事务；书记 3 人至 4 人，司缮写及助理一切事务。

七、本组于必要时，得于本校各设立出纳人员 1 人，秉承组主任处理有关事务。

八、本组对于应有之出纳报告及工作报告，应遵照会计法规及教育部所订会计法规之规定。

九、本组办事细则另订之。

十、本大纲经呈准常务委员会通过之日施行。

{《国立西南联合大学史料》（6）经费、校舍、设备卷，第 84—85 页}

国立西南联合大学本科教务通则

（1938年10月20日[①]）

第一章　入学及转学

第一条　凡具有下列资格之男女学生，经本大学审查合格，准予参加入学考试，并经录取者，得入本大学本科一年级：

（一）公立或经立案之私立高级中学或同等学校毕业，曾经参加会考准予升学者；

（二）非高级中学毕业而学力与之相等者。

第二条　凡在其他公立或曾经立案之私立大学本科修业满一年或二年（转入本大学师范学院之学生不受此项年限之限制）之男女学生携有原校之证明书，经本大学审查合格准予参加转学考试，并经录取者，得转入本大学肄业。

第三条　凡有下列情形之男女学生得为本大学试读生：

（一）高中毕业会考有一二科不及格而应本大学入学考试及格录取者；

（二）在抗战期间，具有公立或已立案之私立高级中学或同等学校毕业资格之华侨学生、蒙藏学生及来自沦陷区之学生，因故不及参加入学考试，而其中学毕业成绩经审查确属优良者；

（三）第四条所规定之借读生于借读期满后应本大学转学考试不及格而仍愿留校肄业者。

其第（二）项试读生须补受下届入学考试，第（三）项试读生须再受下届转学考试，及格后始得呈部改为正式生，其不及格者即取消其学籍，并不予发给转学证明书或修业证明书。

第四条　本大学于每学年始业前，酌收来自其他国立或曾经立案之私立大学之借读生，借读期间以一学期或一学年为限，期满得应本大学转学考试，不及格者取消学籍或降退年级为试读生。

① 《国立西南联合大学本科教务通则》有两个版本，第一个是1938年10月20日教务会议通过的，共八章五十九条，收入本卷的是后来的修订本，共九章六十五条，其中第二十条前漏印“第四章 选系及转系”一行字，据原版本补正。

第五条　本大学于每学年始业前，招考新生一次，其招考规程另定之。

第六条　本大学于招考一年级新生时，酌招转学生，其转学考试规程另定之。

第七条　已经录取之学生，须依限定日期前来本大学注册组报到，逾期无故不到者，即取消其学籍。惟因病或其他事故不能入学肄业预经呈准者得保留学籍一年。

第八条　新生入校时须填写志愿书、保证书、履历表，并请现有职业而能负责者二人，为正副保证人，照式填具保证书，粘贴相片，署名盖章，交本大学存查（本大学教职员不能请当保证人）。

第二章　纳费

第九条　本大学学生须于注册前缴纳下列各费：

（一）学费（暂不征收）。

（二）宿费（暂不征收）。

（三）体育费（暂不征收）。

（四）科学试验费（暂不征收）。

（五）预存赔偿费国币十元。

（六）制服费国币若干元（第一学期缴纳）。

第三章　注册及选课

第十条　本大学学生每学期开学时，须于规定注册日期内，来校注册（注册手续另定之）。逾期注册而未请假者，每逾期一日，以无故缺课二小时论。

第十一条　学生于开学后逾二星期尚未注册而又未请假者，以休学论。

第十二条　学生选修课程，须遵照校历规定日期，办理完竣。改选课程，于每学期始业后二星期内行之，逾期不得增选或改选。

第十三条　选修及增改课程，须得系主任之允许。除党义、体育及军事训练之学分外，每学期所选学分以十七学分为准，不得少于十四，亦不得超过二十（法商学院法律学系及工学院各系另有规定）。

第十四条　退选课程，限于该课程始业之学期开学后四星期以内行之。逾期退选者，以已经选修不及格论。

第十五条　凡一年级应修课程（课程表另定之），不准中途退选，如自行退出者该课以零分计。

第十六条　凡选修全年课程，已修毕一学期成绩及格而自愿于第二学期退选者，得于第二学期增改课程期内，请求退选之。但该课程上学期成绩不得学分。逾期取消者，上学期成绩不得学分，下学期成绩以已经选修不及格论。

第十七条　凡选修全年课程，已修毕一学期而成绩未及格或因故请假未受第一学期期考者，若于第二学期改课期内请求取消该课，其成绩以上学期不及格论。逾期取消者，以全年不及格论。

第十八条　学生开学时，请假满二星期，其所选课程不得超过十七学分；满三星期者，不得超过十四学分；满五星期者，不得注册，即令休学一年。

第十九条　凡有下列情形之一者应予留级，其在校修业年限酌予延长半年或一年。

（一）学年成绩有三分之一不及格者；

（二）转院转系时经转入之系将学分另行核算，设某一年内所承认之学分数不足二十二学分者；

（三）因开学时迟到致一年所修不足二十二学分者。

第四章　选系及转系

第二十条　新生入学后，得就其报考之学院所设学系中，选择其一，以为主系。

第二十一条　学生中途欲转入他系者，须于学年始业前选课期间陈明理由，经所欲转入之学系主任及教务长核准，方为有效。

第二十二条　学生转入某系后，应由该系主任按照该系规定课程，重行审核其原有学分，并决定其年级。

第二十三条　转学学生入校后，第一年不得请求转系。

第二十四条　学生于毕业后，如欲更入其他院系肄业者须受转学考试。

第五章　学分及成绩

第二十五条　本大学采用学分制，但学生在校修业期限至少四年。

第二十六条　本大学课程，除各系共同必修者外，由各系分别规定为必修、选修二种，学生须按照其本系所规定，依次习完。

第二十七条　凡有必修课程不及格者，须于次年该课开班时补习之；隔年补习者，不给学分。

第二十八条　凡有必修课程次年经补修仍不及格者应令退学，如其他学科成绩优良，得由教务长酌准留校察看。

第二十九条　各课程按学分计算，每学期每周上课一小时为一学分，实习或实验二小时至三小时为一学分。

第三十条　学生在修业期间，须修满一百三十二学分，及党义二学分，体育八学分，军事训练六学分。

第三十一条　第一年级以上之学生，其年级依所得之学分编定之：已得三十三学分者，编入二年级；已得六十六学分者，编入三年级；已得九十九学分者，编入四年级。党义、体育及军事训练之学分，不计在内。

第三十二条　转学生入四年级者，至少必须在本大学修业三年，修满九十九学分。入三年级者至少必在本大学修业二年，修满六十六学分，补习学分除外。此项学分之支配，由本大学各系主任按照各该系课程之标准，及该生等在原校已习学科之成绩，审核定之。其因补习学分过多者，并得降低其年级。

第三十三条　凡一年级学生已在其他大学习过与本大学相同之课程，成绩及格者，经本大学系主任之承认，得免习该项课程，但不给予学分。

第三十四条　本大学学生成绩分操行成绩与学业成绩两种。

第三十五条　学生操行成绩以丙等为及格；其不及格者，应令退学或不予毕业。

第三十六条　本大学学生学业成绩之计算采用百分法，以满六十分为及格。不及格者不给学分并不得补考，凡不及格之课程概作零分计算。

第三十七条　学业成绩计算方法如下：

（一）以课程之学分数乘该课成绩之百分数，为学分积。

（二）学生所选各课程学分之总合，为学分总数。

（三）各课程学分积之总合，为总学分积。

（四）以学分总数除总学分积，为成绩总平均。

（五）总平均之计算，包括不及格课程在内。

第三十八条　学生成绩之考核，分平时、学期、学年三种。平时成绩考查之方法，由各教师酌给临时考试或审查听讲笔记、读书报告及练习实习等；学期及学年考试须于规定考试期间用笔试方式举行之。

第三十九条　学生所修某项课程平时成绩太劣，即使未参与学期或学年考试，教师亦得给予不及格之成绩。

第四十条　学生于考试时作弊（如夹带、枪替、抄袭、传语等）一经查出除该课程以零分计外，并记大过两次。

第四十一条　学生学期或学年成绩经教师交入注册组后，无论任何情形不得更改。

第六章　缺课及请假

第四十二条　学生缺课，无论曾经请假与否，均由教师填写缺课报告单送交注册组。

第四十三条　学生如因事不能上课者，须先期亲到注册组填写请假单，注明所缺课程及时数。如未经准假而缺课者，以无故缺课论，事后不得补假。

第四十四条　学生因病请假者，须得校医之证明。

第四十五条　学生一学期内，无故缺课（体育及军事训练在内）满十小时者，由注册组予以警告；满二十小时者，由注册组报告教务长，酌予训诫。训诫后而仍无故缺课者，由教务长酌令休学一年或一学期。

第四十六条　学生一学期中因任何事故于某课程缺课逾三分之一者，不得参与该课程之学期考试，该课程成绩以零分计。

第四十七条　学生因不得已事故（如疾病、亲丧）不能应学期或学年考试者，须先呈缴家长或医生之证明函件，经教务长核准后，得参加补考。

第四十八条　学生无故不参与学期或学年考试者，不得请求补考，其所缺考各课程成绩以零分计。

第四十九条　补考于每学期始业前规定时期内举行之，逾期不得再补。

第七章　休学及退学

第五十条　在校学生因不得已事故必须休学或退学者，得陈述理由向教务长请求休学或退学，其因病请求休学者须缴验医生之证明书。

第五十一条　学生休学以一年为限，逾期不到校者，作为退学；但因特别理由，经教务长准许者，得延长休学期间，至多一年，并只得延长一次。

第五十二条　新生在校未满一年者，除因重病外不得请求休学。

第五十三条　学生休学期内，如在他校上课得有学分，除因特殊情形预经系主任及教务长核准者外，不予承认。

第五十四条　学生一学期成绩，于所修学分有二分之一不及格者，即令退学。

第五十五条　学生全年成绩，于所修学分有三分之一不及格者，下年作为留校察看（选修学分不得过三十三）；如下年仍有同样情形者，即令退学。

第五十六条　学生如有品行不端，或违犯规章者，给予小过、大过或开除学籍之处分。小过三次作大过一次算；积满大过一次者，于一年内不得当选为学生会社职员。积满大过二次者，休学一年。积满大过三次者，开除学籍。其开除学籍者不予发给转学证明书或修业证明书。

第五十七条　自愿退学之学生，须在本大学肄业已满一年，始得发给转学证明书。

第五十八条　学生如患慢性病症，在一学期内不能痊愈者，即令休学离校医治，过第五十条所规定休学之期间者，即令退学。

第五十九条　本大学学生所缴证明文件如有伪造、假借、涂改等情事，一经查明，应即开除学籍（由校通知其家长或监护人），并不予发给转学证明书或修业证书。如于毕业后始发觉或经告发经查明有上项情事者，除勒令缴销其毕业证书外，并公告取消其毕业资格。

第八章　毕业及学位

第六十条　本大学第四年级之学年考试即为毕业考试。为使学生对于所习学科融会贯通起见，并须加考其以前各年级所习之专门主要科目共三种，不及格者不得毕业。

第六十一条　学生第四年级上学期始业时，应商承本系主任及教授，选定题目，并受其指导，撰作毕业论文一篇，并按照校历规定日期，呈请审核。

第六十二条　凡学生曾在本大学肄业满四年，修满所入院系所规定之课程及学分，而党义、体育、军事训练亦均及格，并缴清一切规定校费，经审查合格后，准予毕业。

第六十三条　本大学依照教育部定章授予毕业生以各科学士学位。

第九章　附则

第六十四条　本通则除与本科特殊有关之各条外，亦适用于本大学附设之各科部。

第六十五条　本通则经校务会议通过后公布施行。

{《国立西南联合大学史料》(3) 教学科研卷，第35—42页}

西南联大教授会组织大纲

（1938年10月26日）

第一条　本大学设教授会。

第二条　教授会以全体教授、副教授组织之。

常务委员及常务委员会秘书主任为教授会当然会员。

第三条　教授会审议下列事项：

（一）教学及研究事项改进之方案。

（二）学生导育之方案。

（三）学生毕业成绩及学位之授予。

（四）建议于常务委员会或校务会议事项。

（五）常务委员会或校务会议交议事项。

第四条　教授会开会时以常务委员会主席为主席。

第五条　本组织大纲经常务委员会通过后施行。

{《国立西南联合大学史料》(1）总览卷，第111页}

国立西南联合大学旁听生规则

（1938年12月13日）

一、本大学按照各系课室情形，酌收旁听生。

二、旁听生以已取得国内公私立大学学籍，经本校审查合格者为限。

三、旁听生不得改为正式生，其所选课程亦不给学分。

四、旁听生得依其志愿于各系中选习功课，但每周至多不得过十五小时；所选功课并须预先取得各课教师之同意。

五、旁听生每学期注册时须纳旁听费五元，始得领取旁听证。

六、旁听生不许住校。

七、旁听生平时对内对外均应称“西南联合大学旁听生”，不得通称“西南联合大学学生”。

八、所有本校正式生应守之规则，旁听生均应遵守。

九、本规则之适用，暂以廿七年度为限。

{《国立西南联合大学史料》（3）教学科研卷，第43页}

国立西南联合大学分校组织简则草案

（1938 年）

第一条　本大学分校设主任一人，由常务委员会推聘之，商承常务委员会处理分校校务。

第二条　本大学分校设教务主任一人，由大一课业指导委员会主席兼任之。

第三条　本大学分校设注册组，管理学生注册及成绩各事宜，隶于教务主任。

第四条　本大学分校设图书馆，管理图书阅览各事宜，隶于教务主任。

第五条　本大学分校设训导主任一人，由导师会议主席兼任之。

第六条　本大学分校设军事管理组，管理学生军训事宜，隶于训导主任。

第七条　本大学分校设生活指导组，指导学生生活各事宜，隶于训导主任。

第八条　本大学分校设体育组，管理学生体育事宜，隶于训导主任。

第九条　本大学分校设校医室，管理医药卫生各事宜，隶于训导主任。

第十条　本大学分校设总务主任一人，处理分校总务各事宜。

第十一条　本大学分校设文书组，管理撰拟及保管文书各事宜，隶于总务主任。

第十二条　本大学分校设事务组，管理采买登记保管及杂务各事宜，隶于总务主任。

第十三条　本大学分校设出纳组，管理现金出纳各事宜，隶于总务主任。

第十四条　本大学分校设会计室，由常务委员会派员办理分校会计事宜。

第十五条　本大学分校教授、副教授、讲师、教员及助教，由本大学常务委员会聘定之。

第十六条　本大学分校职员除雇员及学生助理得由分校主任约定，请常务委员会备案外，均由本大学聘任之，必要时得由分校主任向常务委员会荐请聘用。

第十七条　本大学分校设校务委员会，由本大学常务委员会聘请若干人组织之，以分校主任为主席。

校务委员会审议以下事项：

一、分校之预算草案及决算。

二、分校各种章则。

三、关于管理学生事项。

四、各种委员会之设立。

五、教授会建议事项。

六、分校主任交议事项。

校务委员会议事规则另定之。

第十八条　本大学教务长、训导长、总务长及各院院长在分校时，得出席校务委员会。

第十九条　本大学分校教务主任、训导主任、总务主任得列席校务委员会。

第二十条　本大学分校设教授会，以全体教授、副教授及专任讲师组织之。

教授会职权如下：

一、审查学生成绩。

二、听取学生报告。

三、建议事项于校务委员会。

第二十一条　本大学分校设大一课业指导委员会，由校务委员会推请九人至十一人组织之，指导大一学生课业事宜，并由校务委员会推请一人为主席。

第二十二条　本大学分校设导师会议，由全体教授、副教授、专任讲师组织之，并推一人为主席。

第二十三条　本《简则》未经规定之事项，悉依本大学各种章则办理。

第二十四条　本《简则》经本大学校务会议通过施行，修正时亦同。

{《国立西南联合大学史料》(1) 总览卷，第 165—167 页}

国立西南联合大学学生免修军训或体育规则

（1939年1月10日）

一、凡有肺病、心脏病、小肠气及四肢残废者，得请求检查办理免操免训。

二、请求免训学生必须按照平常门诊规则，到校医室挂号检查。

三、检查遇有疑惑之诊断，或校医室之设备不全时，必须依照医师指定方针，前往医院或卫生院试验、检查。根据确切报告结果，由校医签名证明。

四、其一切试验之费用，由学生自理，不得请校医代为请求，但校医得出书向指定之医院或试验所接洽优待办法。

五、经校医证明之后，其他免操免训等手续，由学生自行办理之。

六、学生持有医院证明书者，须经校医室审查正确后方为有效。

七、凡在本学期前，得有本校校医室签出之证明书，一概无效。

八、学生不得因上届免操免训理由，请求校医室续发证明书。除该生再到校医室检查后，经校医认为确有续免之必要者，不得要求校医室再签发证明书。

{《国立西南联合大学史料》（3）教学科研卷，第43—44页}

西南联大学生请求津贴医药费办法

（1939年1月10日）

（一）学生患病经校医诊断，须入医院治疗或施行手术，而该生确系贫寒者，得向学校请求补助或贷与住院费（以三等为限）、医药费或手术费。

（二）凡请求学校津贴医药费之学生，须先请校医室函教务处证明，并由学生向教务处申请，由教务处将申请书转送贷金委员会审查认可后方可津贴。

（三）贷金委员会接受是项请求后得斟酌情形，分别决定予以补助全数或半数、贷与全数或半数。

（四）经贷金委员会认可津贴者，即由学校致函医院认付。

（五）受贷与医药费之学生，俟有款汇来时，须尽先缴还贷款。

（六）凡患长期疾病，经校医诊断必须住院，而该生确系贫寒者，请求津贴时，须请医院将每周疗养费用，列具预算呈校审核。

（七）无论补助或贷与，本校只能将金额径付医院。

（八）凡未经校医诊断，自行入院，事后请求津贴者，概不受理。

（九）本办法经常务委员会通过后施行。

{《国立西南联合大学史料》（5）学生卷，第618页}

国立西南联合大学师范学院学生领受膳食津贴之原则及办法

（1939年1月10日）

（一）师范学院学生之膳食费，由学校给予津贴，每人每月以国币七元为限。

（二）于每月初，造具领款清册，由各生签名盖章齐全后，送呈主任导师及院长核签，转送本校常务委员会核发具领。

（三）每月所领津贴，交由出纳组保管，取款时，凭条及印鉴付款。

（四）此项津贴，以不将现款发给个人为原则。

（五）此项津贴，大部分用作本院学生之膳费，凡因请假或改假而不参加团体之伙食者，其所省之经费，亦不发给原人。

（六）本院学生之伙食，以学生在本院指导下自行办理为原则。其办理手续如下：（甲）学生轮流负经理膳食之责。（乙）每届负责者编制预算，呈主任导师核准，向本校出纳组分期领款，至该届任满时，除将经理账目编制报告公布外，并将现金单据账目及所管之什物等点交下届。（丙）大宗购置，如煤米之类，时间超过一届时，得另推临时采购委员会办理之，其用款凭所据收条及印鉴，由出纳组直接付与商家。

（七）津贴项下结余（无论其为届结或月结）扫数充公积金，不得摊分现款。公积金用于与本院全体学生有益之事项，其保管及支配方法，由全体学生公议，呈请学校核准后办理之。

{《国立西南联合大学史料》(5)学生卷，第617页}

国立西南联合大学军事训练队学生奖惩要则

（1939年1月17日）

第一条 本校对于军事训练学生奖惩，除遵照部颁高中以上学校军事教育奖惩规则办理外，依本要则施行之。

第二条 具有下列情形之一者分别奖励之：

一、绝对服从命令并热心服务者。

二、军容整肃礼节周到者。

三、集合动作静肃者。

四、内务甚优者。

五、军训学术科从未请假或缺课者。

六、于学科或术科成绩特优者。

第三条 奖励之方法如下：

一、嘉奖（三次嘉奖积为一次小功）。

二、小功（三次小功积为一次大功）。

三、大功。

第四条 记大功一次者，发给银面奖章一枚，记大功三次者，发给金面奖章一枚。

第五条 具有下列情形之一者分别惩罚之：

一、不按时起床或不到早点名者。

二、不到升旗或不出晨操者。

三、不到晚点名或不按时就寝者。

四、不按规定穿着服装或军容不整者。

五、不按规定整理内务或内务不良者。

六、不爱护公物或任意搬用者。

七、不守宿舍规则或不服纠正者。

八、不到各种集合者。

第六条 惩罚之方法如下：

一、警告（三次警告积为一次小过）。

二、小过（三次小过积为一次大过）。

三、大过（三次大过开除学籍）。

第七条　记过一次者，如领有救济金或贷金，其救济或贷金停发一月，记大过一次者，停发一学期，已停发之救济金或贷金概不补发。

第八条　奖惩各项功过准予相抵。

第九条　军训队队长、副队长有给嘉奖、小功、大功及警告、小过、大过之权及呈请开除之权。大队长有给嘉奖、小功及警告、小过之权，有呈请大功及大过、开除之权。

第十条　本要则自公布之日起施行。

第十一条　本要则如有未尽事宜由校务会议随时修定[订]之。

{《国立西南联合大学史料》(3) 教学科研卷，第46—48页}

国立西南联合大学教授校外兼课规则

（1939年3月14日）

（一）本校教授在其他大学兼课，应先取得本校及有关院系之同意。

（二）本校教授在外兼课，以四小时为限。

（三）本校教授在外兼课时，其所授课程，以在本校现授者为限。

（四）本校教授在外兼课所得报酬，应由所兼之学校发交本校，另由本校致送车马费，其数目最多以四十元为限。

（五）本校教授在他校兼课，以昆明市范围为限。

（六）本校教授资格以下教师，不得在外兼课。

{《国立西南联合大学史料》（4）教职员卷，第422页}

西南联大防空委员会组织大纲

（1939 年 3 月 14 日）

一、本校以消极防空为目的设立防空委员会（以下简称本会），负责办理关于消极防空之设计、指挥及善后等事宜。

二、本会直隶于常务委员会，由常务委员会聘定教职员若干人为委员组织之；并指定一人为主任委员，负处理会务并召集会议及会议时充当主席之责。

三、本会设书记一人，承主任委员之命，负责办理会内一切文书事宜。

四、本会分设警备、救护、避难指导等三组，每组设正副组长各一人，由本会委员兼任之。各组职责如下：

甲、警备组　负警戒、保卫之责，依必要成立警备队，以本校校警、校工及学生等编组之。其任务如下：

1．空袭时哨所之固定；

2．空袭警报时必要疏散门之开启；

3．紧急警报后出入门之关闭及交通管制；

4．偷窃及火灾之防止；

5．汉奸行动之监视与汉奸之捕捉；

6．其他灯火之限令熄灭；

7．灯火管制纪律之维持。

乙、救护组　负医疗及收容受伤者之责，依必要时成立救护队，以本校校医、学生及校工等编组之，其任务如下：

1．空袭后急疗所之开设；

2．被灾地点受伤害者之救护与收容；

3．对建筑物压盖下之受伤害者掘寻与救护；

4．对轻伤者由被灾地点至急疗所之搬运：

5．对重伤者由被灾地点或由急疗所至医院之输送；

6．关于救护之通讯联络。

丙、避难指导组　负避难人员秩序之维持、指导并避难场所管理之责，依必要成立避难指导队，以本校军事教官、事务员与其他教职员及学生、号兵、传达兵、校工等编组之，其任务如下：

1．警报之传达；

2．避难地点及经过路线之指示；

3．避难地点防空纪律之维持；

4．防空壕内救险器具之管理；

5．空袭警报时防空壕出入门之开启；

6．解除警报后防空壕内之清查与出入门之锁闭。

五、本会所属各任务队设队长一人，由本会各该组长兼任；副队长一人或二人，本会聘请教职员充任之，负责办理各该队一切事宜。

六、本会所属各任务队，依本身任务及校舍分散情形分设各任务分队或各任务班，其人数之多少，以能执行任务为原则，本会组织系统及各任务队编制如附表①。

七、本大纲如有未尽事宜得随时由本会呈请常务委员会修改之。

八、本大纲由常务委员会核准后，自公布之日起施行。

{《国立西南联合大学史料》（6）经费、校舍、设备卷，第454—455页}

① 原文无附表。

西南联大学生会社管理规则

（1939年5月16日）

一、学生组织会社应以下列性质者为限：

甲、关于学生自治者，如学生自治会、级会。

乙、关于学术研究者，如各种学会。

丙、关于课外作业者，如体育会、音乐会、演说辩论会、出版组织。

丁、关于日常生活者，如伙食团体。

二、凡属第一条所列性质之会社得向教务处请求登记。

三、凡请求登记之会社，应将其简章或办法及负责人名单送呈教务处，经核准后方得登记。

四、学生会社应聘请教职员为顾问。

五、学生会社于每学年终了时，应将其工作情形及全体会员名单具报教务处。

六、学生会社职员改选后，应将新职员名单录呈教务处备案。

七、凡学业成绩或平日操行不良者，不得当选学生会社职员。

八、学生会社经费应完全由会员负担。

九、凡经准许登记之会社，得请求借用学校房舍家具。

十、学生会社违反本规则时，教务处得随时取消其登记。

十一、凡学生临时集会应先取得教务处之核准。

十二、本规则自公布日起施行。

{《国立西南联合大学史料》（5）学生卷，第623—624页}

国立西南联合大学出版组组织大纲

（1939年6月6日）

一、本组隶属于西南联合大学，为教务处下之一组。

二、由本大学组织出版设计委员会，为出版组之设计机关。出版委员会设秘书一人，即由出版组主任兼任。

三、本组所有预算、决算，皆由出版委员会决定，并审核之。

四、本组设主任一人，记账兼统计一人，监工一人，薪俸由本大学预算下支付。

五、本组设印刷所一所，由监工管理之，按情形之需要，所内雇用工头及工人若干人，其工资由印刷所营业收入项下支付。

六、在需要时本组得添设售书课，另雇人员管理，薪资由营业项下支给。

七、本组会计，由本大学设附属会计管理之。

八、本组对于校内校外一切营业之盈利，统由出版委员会常务委员决定其用途。

{《清华大学史料选编》(三)下　西南联合大学与清华大学，第162页}

西南联大注册组办事细则

（1939年10月17日）

（一）注册组设主任一人，商承教务处长处理本组一切事宜。

（二）注册组设下列三股：（甲）注册股；（乙）课程股；（丙）成绩股。每股设股员一人、助理一人或二人。

（三）注册股管理学生注册、请假、休学、退学、复学等事宜。

（四）课程股管理编制课程时间表、学生选课、加选、退选及教员请假等事宜。

（五）成绩股管理登记与保管学生成绩及月考、期考、年考等事宜。

（六）遇有全校招考事宜，由注册组主任领导全组职员办理之。

（七）注册组对外一切往来文件，由主任指定职员分类登记并处理之。

（八）注册组设书记及练习生若干人，由主任视各股之需要随时指定工作。遇必要时，得请本校学生助理。

（九）本办事细则经常务委员会通过后施行。

{《国立西南联合大学史料》（3）教学科研卷，第44—45页}

西南联大职员公会简章

（1939 年 11 月）

（1）定名 本会定名为国立清华、北京、南开西南联合大学职员公会。

（2）宗旨 本会以联络感情、交换智识、增进同人之修养，谋团体之福利，并促进学校行政效率为宗旨。

（3）会员资格 凡现任清华、北京、南开西南联大之职员，均为本会会员。

（4）组织 本会由全体大会选举干事十一人（候补干事五人），组织干事会，互选常务干事三人，书记二人，并就需要酌设学术、娱乐、体育、旅行、交际、财务等组。

（5）职权 本会以全体大会为最高意思机关，确立会务之方针，解决重大之事件。本会以干事会为执行机关，负责执行全体大会之决议，规划推进日常之会务。

（6）任期 干事任期为一年，连举得连任一次。

（7）会期 全体大会每半年举行一次，若遇有重要事故经会员二十人以上之申请，得临时召集之。干事会每月召集一次，遇必要时得随时召开之。

（8）会员 本会会费每人每年交国币壹元，分两期各于学期开始时交纳。

（9）附则 本简章由全体大会通过，呈请学校备案实行，如有未尽事宜，得由全体大会通过修正之。

{《清华大学史料选编》（三）下 西南联合大学与清华大学，第 144 页}

国立西南联合大学财务审核办法

（1939年12月23日）

现行程序　本校经费支出动用时，须根据支出法案，即岁出经常费预算、临时费预算或专款预算是也。为实施是项计划，必须经过一种支出程序，即事前审核。计分两种：1. 未购时之呈请购置：凡各部分五〈百〉元以上之支用，须填具请求购置单，书明物品名称及价格，交会计室核预算及定科目，然后送常务委员会批准；其二百元以下支出，授权总务长批准；五十元以下授权事务主任批准。2. 已购后单据之事前审核：凡支出单据未报账时，先送会计室审核单据无误后，再行制传票付款，至此项单据，向由校规定须由常务委员会签字，其二百元以下授权总务长签核，五十元以下授权事务主任核签，出纳组方得付款。

{《国立西南联合大学史料》（6）经费、校舍、设备卷，第86页}

国立西南联合大学职员签到办法

（1941 年 5 月 5 日）

一、本大学各部分职员，每日上下午到校办公时须亲自在签到簿上签名。其因事或病请假及因公出外者，由各该部分主任代签，并注明理由。

二、各部分之签到簿每日上下午于开始办公半小时由各该部分主任查核签字或盖章后，图书馆、注册组即送教务处，军事管理组、斋务股即送训导处，文书组、事务组、出纳组、校医室即送总务处，三处长各于上下午开签后发还各该部分。

三、总务、教务、训导三处所属部分驻工学院办公室之签到簿应按前条规定时间送工学院院长室阅签后发还。

四、会计室签到簿由该室主任于每日上下午开始办公半小时查核签字或盖章后，送常委办公室阅签后发还。

五、总务处、教务处、训导处每星期一将上周所属各部分缺席、迟到、早退人员汇列周报表送陈常务委员阅核；会计室由该室列表送总务处转陈常务委员阅核；工学院由院长室汇送总务处转陈常务委员阅核。

{《国立西南联合大学史料》（4）教职员卷，第 423 页}

国立西南联合大学职员请假暂行办法

（1941 年 5 月 7 日）

第一条　本办法本大学各部分职员请假适用之。

第二条　职员非因不得已事故或疾病不得请假。

第三条　职员请假分下列四项

一、事假

二、病假

三、婚丧假

四、生育假

第四条　职员临时有事必须请假者，得请事假，每年积计不得逾二十日，在七月一日以后到职者，在本年内至多以十日为限。

第五条　职员有病得请病假，每年积计不得逾三十日。

第六条　职员遇父母或承重祖父母丧，得请丧假，以十五日为限，如遇本人婚嫁或妻丧夫丧，以十日为限。前项婚丧假得按路程远近呈请酌给程期假若干日。

第七条　女职员因生育得请生育假二月，但须取具医师或助产士之证明书。

第八条　职员请假须亲自缮具请假书，呈由各该主管人核转主管处长核准，院长室职员径呈院长核准，各系及会计室职员呈各主任核准。因病不能自缮请假书者，得托友人代为请假，但病假在三日以上者，应送核医生证明书或足资证明之方剂。

第九条　各院、处、系、室办公处每周须汇编职员请假周报表，连同证明书送总务处登录并转呈常务委员阅核。

第十条　职员请假不论久暂，均须将经办事件委托同事代理，并经核准方得离职，以免公事延搁。

第十一条　职员请假在十日以上者，应由主管部分呈常务委员核准。

第十二条　职员请假均须按时销假，如因不得已事故必须逾原准假期者，应声叙事由，呈请续假，未经核准续假而不到者，以旷职论。

第十三条　职员每年请假逾规定日期者，须按日扣薪。但病假、事假日期得互相抵扣。

第十四条　凡不请假而任意缺席者为旷职。旷职一星期以内者应由主管部分报告总务处按日扣薪，其逾一星期者，报由总务处呈请常务委员予以解职，并扣其旷职期间薪金。

第十五条　会计室职员请假除依各条办理外，其由部处委任者，并应呈报教育部会计处备案。

第十六条　凡职员满一年不请假者，至年终或学期终，得由主管部分报由总务处转呈常务委员奖给薪金一个月，奖给薪额以最后一个月为准。

第十七条　本办法经校务会议议决公布实行。

{《国立西南联合大学史料》(4) 教职员卷，第423—425页}

西南联大教师资格标准

（1941年12月10日）

（1）教授具有下列三项资格之一：

甲、三年研究院工作或具有博士学位，及有在大学授课二年或在研究机关研究二年，执行专门职业二年之经验，及于所任学科有重要学术贡献者。

乙、于所任学科有创作或发明者。

丙、曾任大学或同等学校教授或讲师，或在研究机关研究或执行专门职业共六年，具有特殊成绩者。

（2）副教授须具有下列三项资格之一者：

甲、三年研究院工作或具有博士学位者。

乙、于所任学科有重要学术贡献者。

丙、曾任大学或同等学校教授、副教授或讲师，或在研究机关研究或执行专门职业共四年，有特殊成绩者。

（3）专任讲师须具有下列三项资格之一者：

甲、二年研究院工作或具有硕士学位者。

乙、于所任学科有学术贡献者。

丙、于专门职业有特殊经验者。

（4）教员须具有下列二项资格之一：

甲、大学毕业成绩特优，具有曾在大学或同等学术机关授课或研究二年者。

乙、于所任学科有专门知识或授课有特殊成绩者。

（5）助教须具有大学毕业成绩特优之资格。

{《国立西南联合大学史料》（4）教职员卷，第390—391页}

西南联大营缮工程及购置财物委员会暂行简则①

（1942年10月21日）

第一条　本大学为慎重营缮工程及购置财物起见，设置营缮工程及购置财物委员会。

第二条　本大学营缮工程费每次在三千元以上，购置财物价格每批在二千元以上者，依本简则处理之。

第三条　本大学各部分需要之营缮工程或拟购置各种财物时，关于工程之营缮，须先行拟送计划、预估价格等，关于财物之购置，须填具请求购置单，送由本委员会审核，报请常务委员核准后办理之。

第四条　凡营缮工程及购置财物须依法招标或用估价办法，以及订定契约、预付价款等情事，须先经本委员会审核，报请常务委员核准，不得径行处理。

第五条　凡营缮工程及购置各种财物验收时，须经本委员会依据契约或其他证明文件之规定，要按照说明及图样等，逐一审核，除因特殊情形常务委员核准者外，不得支付价款。遇必要时，本委员会得实施拆验或化验手续，以为缜密之检查。

第六条　如系自行购料办理之工程，应由经办主管人员，造具材料明细清单，并分别注明包工或雇工之工价等，依照本简则第三条至第五条所规定之程序，送由本委员会审核之。

第七条　本简则所称之营缮工程，指营造房屋及修缮土木工程而言。所称之财物，凡图书、仪器、器械、体育用品、校具、家具、服装以及文具消耗等均属之。

第八条　本委员会设委员五人至八人，由常务委员在本大学教职员中聘充。以总务长为当然委员，并负责召集之。

第九条　本委员会之议决案，应随时报请常务委员核夺。

第十条　本简则自公布之日施行。

（南开大学档案）

① 标题为编者所拟。

西南联大学生征调充任译员办法

（1943 年 12 月 3 日）

（一）本校遵照教育部高字第五一〇八一号训令，指定四年级男生于第一学期期考完毕后，一律前往翻译人员训练班受训。

（二）四年级女生及男生因体格孱弱往训练班检查不能合格者，得留校继续肄业，于肄业期满后仍照《兵役法》服务。

（三）四年级征调服务各生于第一学期期考后考试及格课程，无论系全年或半年，均照给一学期学分；其结至本学期末之成绩，经审查委员会之审查，如较规定毕业所须学分所差不逾三十二学分（必修或选修）者，于服务期满后发给毕业证书，仍作为原毕业年度毕业。（本届四年级征调服务学生于三十四年暑假发给毕业证书，仍作为三十三年暑假毕业。）

（四）一、二、三年级学生志愿应征服务者，于服务期满返校时，由各该系酌定免修学科三十二学分。

（五）服务各生概予免修军训、体育。

（六）服务各生有因过失经服务机关开除职务或擅自离职者，本校取销其学籍，并不发给转学证书或毕业证书。

（七）四年级征调服务学生所差学分，在三十二学分以上者，于服务满期复学时，除免修三十二学分外，补足所差学分。

（八）四年级学生以前曾任翻译人员满一年者，此次得免征调；如愿重应征服务者，得照本办法第三条办理，其二次服务期限，得予减短，但至少为一年。

（九）四年级征调服务学生，本学期考试因病未能参加者，得于各该生受训期间，另定时间补考。

（十）凡在本校试读学生，征调或志愿应征服务者，准于服务期满返校试读，并于甄试及格取得正式学籍时，照本办法第四条免修学分。

（十一）凡在本校借读学生，征调或志愿应征服务者，准于服务期满继续借读一年，如欲转学本校者，于考试及格取得正式学籍时，照第四条免修学分。

（十二）以上办法适用于经教务处登记保送征调或志愿应征之学生，其自行离校觅得工作者不得援用。

（十三）四年级学生不遵照本办法办理者，照军事委员会译员训练征调条例第三条办理。

附抄征调条例第三条原文："各大学学生均有被征调之义务，一经征调来班，即作服兵役论，原校须留其学籍。其有规避不来者，作逃避兵役论，由校开除其学籍，并送交兵役机关办理。"

{《国立西南联合大学史料》（5）学生卷，第668—669页}

西南联合大学学生壁报管理办法

（1944年5月13日）

1. 凡学生组办壁报应先由其负责人向训导处申请登记并于每期报端将各该报负责人列注。

2. 各壁报文字撰述人应将姓名书于每篇首行，不得用笔名。倘有用社团名义者必须由该社团负责人署名方得揭载。

3. 壁报所登稿件如有措辞失当或违反校规者，除令该报停刊外，其负责人及本文撰述人应各予惩处。

4. 本大学学生壁报应以同学间互相观摩作学术上之研究及练习负责发表言论为原则，校外人士来稿概不得揭载。

5. 各壁报应由负责人请定本校教授为各该报导师。

{《国立西南联合大学史料》(5) 学生卷，第628页}

西南联合大学研究生奖助金暂行办法

（经1944年9月21日第310次常委会议决）

一、本校于本学年暂设研究生奖助金廿名，给予该生等之学业优良、生活确属困难者，每名每月给国币贰仟元，由本年九月起至明年六月止。

二、奖助金名额依各研究所研究生人数比例分配之。

三、各所奖学金之给与，由各该所的三校所长及各部主任公同决定之。

四、已领受奖助金之研究生，以后如经查明其经济状况与所报不符者，除取销其名额外，并追还其已领之奖金。

五、如本学年内，政府对于研究生待遇另予提高时，本办法应随时酌予改订。

{《国立西南联合大学史料》（5）学生卷，第620—621页}

西南联大事务组办事细则[①]

（1946年2月13日）

一、本大学事务组之职务为管理一切财产物品与校内安全清洁以及其他有关事项。

二、事务组分设各股、室、队如左：

1. 保管股　2. 购办股　3. 技术股　4. 杂务股　5. 收发室　6. 警卫队

三、各股、室、队之职掌如左：

1. 保管股管理财产及物品之收发登记与编制财产报告事项。

2. 购办股管理财产物品之调查与购置各事项。

3. 技术股管理房屋场圃之建筑修缮与租借以及器具修缮各事项。

4. 杂务股管理房舍场圃工役、卫生及一切不属于各股之事项。

5. 收发室管理公私函件收发与传递事项。

6. 警卫队管理训练校警、校内安宁及一切保卫事项。

四、事务组设主任一人，秉承总务长、常务委员之命办理本大学事务事宜，设事务员、助理书记、练习生若干人协助各项事项。

五、每股、室由事务主任遴选职员一人负责股务，并呈报备案。

六、警卫队以事务主任兼任大队长，另设副大队长，队长、队附各一人，由学校委派之。

七、事务主任得指定事务员一人管理本组文书收发事项。

八、离校较远各学院得由事务主任遴选事务员及助理员等驻院办理各该学院之事务事宜，但于审核登记及一切法定程序仍由事务组各股分别办理之。

九、事务组请领周转金及临时专款办法如左：

1. 备用金：事务组得按学校公物购办需要情形，依照手续请领备用金，除由组按职务需要的分拨购办股技术股及驻工学院事务人员以备零星之用外，其余款项由组存入银行以备周转。

2. 临时专款：凡遇营造修缮或购置品物数量或价值较大时，得依照手续请

① 原标题为“本大学事务组办事细则”。

领临时专款，每宗专款统限于一周内报销清结。如遇有特殊情形须延期报销者应特案呈请核准。

十、所有一切报销单据其数额在五千元以上者须呈总务委员审核，其数额在二万元以上者，由总务长核转常务委员审核，再交由事务组送请会计室出纳组付款及报销。

十一、事务组于财物之收发均应依照法定格式登记帐簿，并按月份年份编制财产增减表，财产目录送由会计室签章并呈送总务长、常务委员核签，随同会计报告送审。关于修缮杂支等事项应登记备查簿俾备查考。

十二、事务组发放工饷应点名发放，如有出差请假等情事，须经主管人员证明，不得由他人代领，发放工饷时应请总务长派人会同监发。

十三、事务组职员之请假出差及工作考核事项依照本大学普通规定处理之。

十四、事务组之办公时间依照本大学之办公时间办理但必要时得延长之。

十五、本细则如有未尽事宜得随时呈请修改之。

十六、本细则自常务委员会核准之日施行。

（南开大学档案）

西南联大财物处理办法[①]

（1946年2月13日）

一、本办法所称之财物除图书由图书馆主任负责保管外，凡一切财产及物品均属之。

二、本大学财物之购置均由事务组办理之，各院、系、处、组、馆、室（以下简称各部分）得将拟购置之财物牌、商店及价值介绍于事务组，如以特别原因必须自行购置者，须先经总务长、常务委员之核准，购办后须连同取得之凭证单据送交事务组编号标签登记帐簿。

三、事务组应视需要预购普通文具用品等存储以备各部分领用。

四、各部分拟购置之财物须先填具请购单送事务组，如所购置财物价值在五千元以内者由事务组主任审核，如在五千元以上二万元以下者送由总务长审核，在二万以上者送由总务长核转常务委员审核，再送会计室查明预算及保留款额。

五、凡购置财物取得之凭证单据，金额在五千元以下者由事务主任签核，在五千元以上者须经总务长签核，二万元以上者并须经常务委员签核始得编号登记转移付款。

六、手续完备之凭证单据送由会计室及出纳组支付款项，普通以两日为完成支付程序之时限，遇急件应特予赶付。

七、本大学一切财物购置以由出纳组径行付款为原则，如因特殊情形须预行付款者，呈经总务长、常务委员核准得支领暂付款，购后再行依照规定手续销帐，但事后发现数额不符情事应由经办人员负赔偿责任。

八、各部分事实上须支付零星款项者，经总务长及常务委员之核准得请求预领零用金，但须依法设置零用金帐簿并按月编造零用金清单，于下月五日之内送交主管部分转帐。

九、本大学购办财物以向商店购办并取得正式凭证单据为原则。如在商店无法购办之财物得向私人或小贩购置，但非不得已时不得用证明单替代凭证单

---

① 原标题为“本大学财物处理办法”。

据。

十、事务组收到各部分请求购置单，于签核手续完备后即速查照需用之缓急分别购办，不得延宕积压。

十一、凡购置之财物应即分别编号标签登记帐簿，未经登记者不得领用。

十二、各部分领用财物须填具领物单，经主管人签证向事务组领取，各部分自行购办者亦须补填领物单以凭登记帐簿。

十三、各部分领用之财物应妥为保管，如有损毁情事，应随时说明理由通知事务组，以便登记帐簿并按月由事务组编造财物增减表报核。

十四、各部分请求营造修缮时，应填具工程单送事务组，比照本办法第四条所规定分层签核手续后交事务组办理，关于审核单据及支付款项等手续比照本办法第五条签核购置财物办法处理之。

十五、本办法如有未尽事宜得随时呈请修改之。

十六、本办法自常务委员会核准之日施行。

（南开大学档案）

国立西南联合大学人事登记办法

第一条　本办法本大学各部分任用职员均适用之。

第二条　各部分任用职员，凡在书记以上须先由主管部分开具履历，如经考试，连同考卷（由总务处招考录取分派者，不在此限）送由总务处转呈常务委员核准后始得任用，练习生得径由总务长核准。

第三条　各部分任用职员经核准后，总务处应即登记（登记簿另定），并将到职起薪日期通知相关部分。

第四条　各部分助理、书记、练习生初任用二月内为试用时期，但得视其成绩缩短至一个月，试用薪额由总务处依照改定起薪标准通知会计室出纳组照办。事务员以上得免试用。

第五条　各部分试用人员，如主管部分认为试用合格，适以任用者，依前条规定时间内声叙工作情形，送由总务处转呈常务委员核准，得改为正式任用。

第六条　凡正式任用人员之薪给均依标准最低额起薪，但试用成绩特优者，得由主管部分声叙事实，申请提高一级起薪。

第七条　凡任用人员未依前数条手续办理，并未由总务处通知起薪日期，非有特殊情形，由主管部分预先声明者，不补给薪金。

第八条　凡职员辞职者，应将辞职原因签请主管部分送由总务处转呈常务委员核准，并应自核准之日起二星期后，将所任职务交代清楚始得离职，如有特殊情形，请由主管部分核许者，得提早之，但须于公务无妨碍。

第九条　凡职员离职后，主管部分应将该员离职日期报由总务处通知会计室出纳组停薪，并告知相关各部分。

第十条　凡职员辞职，如未经前两条手续办理而先已离职者，主管部分应以该员开始不签到之日期报告总务处停止给薪。

第十一条　前条离职人员如有特殊情形不及正式提请辞职，经主管人特许先离职者，得按其情形送由总务处呈请常务委员核定停薪日期。

第十二条　本办法经校务会议通过后实行。

{《国立西南联合大学史料》(4) 教职员卷，第425—426页}

国立西南联合大学职员考绩办法草案

第一条 本办法本大学各部分职员均适用之。

第二条 职员考绩之种类分平日与年功两项。

第三条 平日考绩由主管部分就其工作之勤奋与懈怠、忠实与敷衍、精细与粗率，以及每日签到之迟早、请假之多寡等考核之，签到簿与请假簿之管理另定之。

第四条 前条考绩办法由主管部分每半年开具考语，送由总务处汇送常务委员核阅，并由总务处登记之，以备年功考绩之参考。

第五条 年功考绩，凡职员服务满一年者，由主管部分就平日考核之结果，送由总务处汇呈常务委员分别奖惩之。

第六条 奖励之种类分下列二种：

一、加薪　　二、晋级

第七条 惩戒之种类分下列三种：

一、告诫　　二、减薪　　三、停职

第八条 凡职员服务已满二年，无过失者，由主管部分叙由，送总务处汇呈常务委员予以进叙。

第九条 本办法自校务会议通过后实行。

{《国立西南联合大学史料》(4) 教职员卷，第427—428页}

国立西南联合大学学生自治会章程

总则

第一条　本会定名为国立西南联合大学学生自治会。

第二条　本会以：（甲）促进学生自治；（乙）努力抗战建国工作；（丙）练习组织；（丁）协助学校当局共谋学校团体生活之健全为宗旨。

第三条　凡已在西南联合大学注册之学生均为本会会员。

第四条　本会组织系统如下：

评议会
会员大会——代表大会 监察会
干事会

会员大会

第五条　会员大会为本会最高权力机关。

第六条　会员大会须到会人数在全体会员半数以上方得开会。

第七条　会员大会每学期开会一次，遇必要时经代表大会之议决或会员五分之一以上之建议，得由代表大会之主席召开临时大会。

第八条　代表大会主席为会员大会之主席，必要时大会得产生主席团，代表大会主席为主席团之一。

代表大会

第九条　代表大会由各院一年级、师范学院第二部及各系二、三、四各年级代表组织之。

第十条　代表大会在会员大会闭会期间，为本会最高权力机关。

第十一条　代表大会设主席一人、副主席二人。主席对外代表本会，副主席兼代表大会秘书。

第十二条　代表大会每六星期开会一次。首次会议须于选举完成后一星期内由上届代表大会主席召集之。

第十三条　代表大会主席遵照会员大会之决议案或根据评议会、监察会、干事会之请求，或代表大会三分之一以上之请求，或会员十分之一以上之建议，须召开临时代表大会。

第十四条　代表大会之职权如下：（一）通过评议会议决各项章程及其他决议案。（二）审定监察会弹劾事件及审计报告。（三）选举评议会评议员、监察会监察员、干事会干事及罢免干事会干事。（四）议决召集会员大会临时会。（五）议决设立各种特种委员会。（六）议决向会员大会建议案。

评议会

第十五条　评议会由代表大会就代表中选出评议员二十一人组织之。

第十六条　评议会设正副主席各一人，副主席兼评议会秘书。

第十七条　评议会每三星期开会一次，如有特别事故得召开临时会。

第十八条　评议会之职权如下：（一）草拟并议决各项章程。（二）规划自治进行方案。（三）审议代表大会交议事件。（四）审议干事会送议事件。

监察会

第十九条　监察会由代表大会就代表中选出监察员十一人组织之。

第二十条　监察会设正副主席各一人，副主席兼监察会秘书。

第二十一条　监察会每三星期开会一次，如有特别事故得召开临时会。

第二十二条　监察会之职权如下：（一）行使弹劾权。（二）查核收支簿据，调查实况，并报告其意见于代表大会。（三）同学生活之调查与勉励。

干事会

第二十三条　干事会由代表大会就全体会员中选出干事二十一人组织之。

第二十四条　干事会为本会最高执行机关，负责执行会员大会及代表大会之决议案。

第二十五条　干事会每二星期开会一次，遇必要时得召开临时会。首次会议由代表大会主席于选举完毕后一星期内召集之。

第二十六条　干事会之职务分配如下：（一）总务股一人，总理干事会事务兼干事会主席。（二）文书股一人，管理文书事宜兼干事会副主席。（三）事务股三人，管理会计、庶务等事宜。（四）学术股三人，管理学术研究及一切课外作业，如演讲会、讨论会及出版等事宜。（五）康乐股五人，管理体育、娱乐及宿舍清洁等事宜。（六）社会服务股五人，负责推动抗战建国工作及一切有关社会福利事宜。

经费

第二十七条　凡本会会员，须于每学期开始时缴纳会费一角。

第二十八条　本会经费得向学校请求补助，必要时得临时捐募，但事前须取得学校当局准许。

选举

第二十九条　本会代表大会代表、评议会评议员、监察会监察员、干事会干事之选举，均于每学年正式上课后两周内办理之。

第三十条　每选举单位人数，由一人至二十人选举代表一人。二十一人至四十人增派代表一人，余依此类推。

第三十一条　代表大会之选举，以记名投票之方法行之。

第三十二条　代表大会之选举，由上届代表大会组织选举委员会主持之。

第三十三条　代表大会之代表连选得连任一次。

第三十四条　代表大会主席与副主席之选举，由代表大会代表就代表中以记名投票方法行之。但其当选票数须超过投票数之半数。

第三十五条　评议会评议员、监察会监察员之选举，由代表大会代表就代表中以记名投票方法行之。干事会干事之选举，由代表大会代表就全体会员中以记名投票方法行之。

第三十六条　评议会评议员、监察会监察员、干事会干事不得兼任，连选得连任一次。

顾问会

第三十七条　顾问会由教职员七人组织之，教务长、总务长、生活指导委员会主席为当然顾问，其余四人由代表大会就教职员中聘定之。

第三十八条　本会对于顾问委员会应履行下列任务：（一）缴纳各种规程记录等。（二）报告选举结果。（三）随时报告工作计划及经过。（四）邀请指导各种集会。

附则

第三十九条　本章程由会员大会或代表大会出席会员或代表三分之二以上之议决得修改之。

第四十条　本章程解释权属于会员大会或代表大会。

第四十一条　本章程经第一届代表大会通过公布施行。

{《国立西南联合大学史料》(5)学生卷，第624—628页}

西南联大总务处组织简则

一、总务长承常务委员会之命，处理总务处全部事务。

二、总务处设干事及事务员、助理、书记，承总务长之命禀办本处事务。

三、总务处所属各机关职掌如下：

文书组：掌理本校文件之收发、撰拟、缮校、归档及其他文书事项。

事务组：掌理本校物具用品之购置、分配、保管，校舍之修缮，水电之管理，警卫消防之监督、训练，校工之进退、支配、训练，及其他庶务事项。

出纳组：掌理本校款项之收支，簿据之保管，及其他关于银钱事项。

校医室：掌理本校医药、防疫及其他卫生事项。

四、以上各组、室主任承总务长之命，处理各本部分一切事务。凡关于学校文件及付款票据、购置单据等项，均由总务长核阅审查之。

五、总务处相关机关“会计室”之职掌如下：

会计室：掌理本校预算、决算、计算各项书表之编造，校款出入审核登记事项。

会计主任商承总务长办理以上事务；凡呈常委会及批复之件，均由总务处呈转之。

六、总务处设处务会议，由总务长及各组室主任组织之。

七、关于总务处范围之兴革事项，得随时签呈常委会核准办理之。

八、本简则呈奉常委会核准之日施行。

{《清华大学史料选编》(三) 下 西南联合大学与清华大学，第166—167页}

西南联大会计室组织及办事通则

一、本通则依照《修正教育部所属机关学校会计室组织及办事通则》制定之。

二、本会计室定名为国立西南联合大学会计室（以下简称本室）。

三、本室设会计主任 1 人，为主办会计人员。

四、本室主办人员秉承主计长之命，受主计处主管局长之指导，教育部会计长之监督指挥，并依法受所在学校常务委员会之指挥，主办全校岁计、会计事务。

五、本室之职掌如下：

（一）关于概算决算之核编整理事项；

（二）关于依法执行预算内各款留用登记事项；

（三）关于会计制度之设计事项；

（四）关于制具记账凭证事项；

（五）关于账目登记事项；

（六）关于收支凭单之核签事项；

（七）关于编送会计报告事项；

（八）关于财务上增进效力及减少不经济支出之建议事项；

（九）关于其他有关岁计会计事项。

六、本室主办人员得出席所在学校有关职掌之各项会议。

七、本室视事务之需要，得设置佐理员及雇员各 6 人，承主任之命佐理各项事务。上项佐理员，由教育部会计处呈请主计长任用；雇员（事务员、练习生或书记）由主任呈请教育部会计长派充，并由教育部会计处呈报主计处备案。

八、本室人事事项由主任报请教育部会计处转呈主计处核办，并按月填送人事月报表送由教育部会计处核转备查。

九、本室经办岁计、会计事务，得由主任分配所属职员办理之。

十、本室对于特殊事项须严守秘密者，得由主任斟酌情形，临时指派职员办理之。

十一、本室主任对于所在学校会计制度之设计、修定、实施等事项，应拟具方案呈送教育部会计处核转、主计处核办。

十二、本室应行请示或报告教育部会计处转呈主计处及所在学校长官各事项，应按其性质，分别行之。

十三、本室办理岁计、会计文件，关于到文应具备到文簿，依到文日期、摘由、编号、顺序登记送主任核阅后，分发主管职员拟办，经主任核判后发缮。其与所在学校其他部分组织有关联性质者，应会核办理。关于发文应具备发文簿，依发文日期、摘由、编号顺序登记，连同附件一并发出，其文稿连同来文归档。归档文件之保管，应具备档案目录，依次分类登记，以便查核。

十四、本室收到所在学校交办文件及承办文稿，照所在学校通例办理。

十五、本室办理岁计、会计文件应查案者，得填具调卷单，向管卷人员调取，阅毕送还，仍将原调单收回。

十六、本室行文程式规定如下：

（一）对外行文以所在学校名义行之。

（二）对内行文：

对教育部会计处用呈；

对所在学校长官用呈；

对主计处所派其他机关学校之计政组织用函；

对所在学校各部分组织及会计室所属职员用函。

十七、本室登记账册，应依照会计法之规定，由主管职员依据原始凭证，制具传票送由主任及主管长官或其授权代签人盖章；如涉及现金、票据、证券、出纳、保管、转移之事项时，并须由主办出纳人员盖章证明收讫或付讫后，交还会计室登记保管；如涉及财物增减、保管、移转之事项时，并应由主办事务人员盖章以明责任。

十八、本室簿册每日现金结存数，须与主办出纳人员所送当日之库存表互相核对。

十九、本室应依照规定按期办理结账，并依照规定格式及期限，编造各项岁计、会计及工作报告；其应送主计处各项表报，须送由教育部会计处核转。

二十、本室职员应遵守所在学校规定办公时间按时到室办公，并置考勤簿亲自签到。

二十一、本室职员请假办法，应依照所在学校规则办理。

二十二、本室职员平日工作之考核，除参照所在学校原有规定外，得由主任报请教育部会计处，依法为之。

二十三、本通则如有未尽事宜，得随时呈请修正之。

二十四、本通则自呈准之日施行。

{《国立西南联合大学史料》(6) 经费、校舍、设备卷，第 82—84 页}

西南联大建设处组织及办事细则

一、本处设建设长一人，干事、助理、书记若干人，秉承常委会办理建筑、修缮及购置教具、仪器、药物、家具等事宜。

二、本处办理事项，所用经费以列入“开办费”预算及“经常费”中指定购置教具、仪器标本、试验用品及试验消耗者为限。其不能由上列两项下开支者，虽性质与上列各项相同，概由经常费开支。但经常委会议决，特殊开支者不在此例。

三、办理建筑及修缮等事项之手续（除新校舍建筑之监工付款手续，另由常委会规定外）如下：

甲、建筑修缮之设计，由建筑设计委员会同关系之院、系、组决定之。

乙、按设计招工估价后，其费用在二百元以上者，呈请常委会核准后执行之。

丙、建筑修缮竣工后，由本处呈请常委会或会同关系之院、系、组点收后，由各该院、系、组或常委会指定之机关分别保管。

丁、建筑修缮之付款，按包工契约与会计室收支款项暂行办法办理之。

四、购置仪器、药物等之手续如下：

甲、仪器、药物之性质、数量及估价，概由关系之学系负责人设计开列定购物品单，交与本处购置。

乙、本处接到订单后，即核查该系在开办费预算中，及经常费分配额下，可以动用之款项是否再敷用；其价值在二百元以上者，呈请常委会核准后订购之。

丙、在本地采购之物品，由本处会同关系之学系向商家采购之。

丁、货物交到或运到后，由本处会同关系之学系点收，由各该系分别保管；并由本处将货物清单誊写三份，一交关系之学系，一交事务组登记入财产账目，一存本处备查。

戊、货物发单由点收人签字，再由本处编号，将发单转会计室后，另出领款凭单，由商家向会计室支领货款。

己、有关购置之信札，由本处办理之。

五、定制教具及实验室、教室、宿舍等设备之手续如下：

甲、教具及各种设备之数量、样式、尺码，概由关系之院系组织设计，开列订单及图样交与本处定制。

乙、教具及各种设备制成后，由本处先行存入库房保管，并加盖大印，以资识别，然后分别送交各关系之院、系、组，并由本处填写备就之三联单，一联交关系之院、系、组，一联由关系之院、系、组点收签字后，转交事务组登记，入财产账目，一联存本处备查。

丙、教具及各种设备之发单，由本处编号，转会计室后，另出领款凭单，交商家向会计室支领货款。

六、在开办费预算中或经常费指定购置仪器、教具项下之各项建筑、修缮，仪器、药物、家具购置等，需先期付款者，如该款在五百元以下者，可由本处直接向会计室暂支；五百元以上者，须经常委会核准后支取之。

七、本细则经常委会核准后实施之。

{《清华大学史料选编》(三)下 西南联合大学与清华大学，第172—174页}

国立西南联大暂行收支程序

一、本草案系依据会计法第八条、十二条、八十三条编制之。

二、凡收入款项均应由会计室制具收入传票交出纳组收款。

三、出纳组收入款项核与收入传票之数额相符后于收入传票上加盖主办出纳人员名章并注明收讫字样。

四、收入款项若为教育部汇拨本校之经费，应于款项收到后由出纳组填具三联领款书送会计室主任并转送常务委员会签署，除第一联存根留存本校查存外，其第二联收据、第三联报核送部分别存转。

五、收入款项若为国库拨付本校之经费，应于款项收到后由出纳组填具三联领款书送会计主任并转送常务委员签署，除第一联存根留存本校外，其第二联收据送交国库，第三联报核送教育部。

六、收入款项若为教育部以外各机关拨付本校之补助费，应于款项收到后由出纳组填具二联领款收据送会计主任并转送常务委员签署，除一联存根留存本校存查外，余一联送付款机关。

七、对于其他机关或个人向本人[校]缴款时，得由出纳人员书具收据但仍须照第一条、第二条办理。

八、本校对于岁入部分及经费剩余部分依法向国库交款时应填具回联缴款书，除第一联存根留存本校存查外，将第二联报告，第三联回证，第四联报核连同现金送库，并挚取回证送会计室核对。

九、本校接到教育部坐字支付书应即填具缴款书及领款书送部领抵，其手续与现款同时收付相同，但须于缴款书及领款书上加盖“转账”二字以资区别。

十、本校一切款项除事务组零用金外应一律存入公库及银行，按其性质分别立户存储，并得由出纳组提存一部分以备周转。

十一、会计室根据合法之原始单据制具支付传票交出纳组付款。

十二、出纳组凭支付传票付款后于支付传票上加盖主办出纳人员名章并注明付讫字样。

十三、支票应经常务委员、总务长、会计主任及主办出纳人员签署。

十四、凡零星用款均由事务组由零用金项下支付之。

十五、出纳组支付款项以开挚支票为原则。

十六、出纳组应备现金、出纳备查簿及银行往来簿，根据收付传票分别登载后即将传票送还会计室分别登账。

十七、出纳组应每日编制现金结存表、本日结存细数表及现金收支日计表各三份，除出纳组存留一份存查外，余两份送会计室核签后以一份存会计室，一〈份〉送总务处转呈常务委员核阅。

十八、本程序自常务委员核定实施并呈教育部备案。

{《国立西南联合大学史料》(6)经费、校舍、设备卷，第90—92页}

西南联大图书馆组织规程

第一章 组织规程

一、本馆属大学教务处之一部，内设主任一人，承常委及教务长之命办理全校图书事宜。

二、主任以下分列各股，分别办事。每股设股长一人，由主任指派馆中职员一人兼充。

（一）总务股

（二）采访股

（三）中文编目股

（四）西文编目股

（五）期刊股

（六）图书影片股

（七）讲义股

（八）阅览股[①]

（九）工院分馆

（十）师院分馆

（十一）中山室

（十二）参考股

（十三）典藏股

三、总务股执掌事务如下：

（一）文件之收发、拟稿、缮写、整理、保管事项

（二）馆舍之管理、修缮、布置、清洁事项

（三）桌椅家具之购领、整理、保管、修缮、布置、清洁事项

（四）文具用品之购领、收发、整理、保管事项

（五）馆股之调遣、管理事项

（六）征书致谢事项

---

① 原文如此，下文作“阅览室”。

（七）职员签到、请假登记事项
（八）馆务会议记录事项
（九）参观招待事项
（十）凡不属其他各股事项
四、采访股执掌事务如下：
（一）图书之介绍事项
（二）书目书价之调查、收集事项
（三）图书之订购事项
（四）图书、期刊、日报之购买、登记、收发事项
（五）图书经费之领款、登报账事项
（六）图书经费之收支报告事项
（七）图书、期刊、日报之装订事项
（八）藏书统计之编制报告事项
五、中文编目股执掌事务如下：
（一）中文图书之收发事项
（二）中文图书之分类编目事项
（三）中文目录卡片之缮写、排列、撤消事项
（四）中文图书之点查事项
（五）遗失书单之编制事项
六、西文编目股执掌事务如下：
（一）西文图书之收发事项
（二）西文图书之分类编目事项
（三）西文目录卡片之缮制、排列、撤消事项
（四）西文图书之点查事项
（五）遗失书单之编制事项
（六）打字机之整理、保管事项
七、期刊股执掌事务如下：
（一）期刊、日报之收支、登记、陈列、保管事项
（二）期刊、日报之征求、催询事项
（三）期刊、日报之借阅登记事项
（四）期刊、日报借阅统计之编制报告事项
（五）期刊、日报之整理、点查事项

（六）期刊、日报遗失之报告事项
（七）期刊阅览室之布置、管理事项
八、图书影片股执掌事务如下：
（一）图书影片之点收、登记、陈列、保管事项
（二）图书影片之放映、阅读事项
（三）图书影片之流通事项
（四）图书影片阅览室之管理事项
（五）图书影片阅览统计之编制报告事项
九、讲义股执掌事务如下：
（一）讲义之收发、缮写、印刷事项
（二）各处组室交印之文件事项
（三）印刷费统计之编制报告事项
（四）印刷机械之爱护、保管事项
（五）印刷材料之□□整理、保管事项
十、阅览室执掌事务如下：
（一）原文不清——编者注
（二）原文不清——编者注
（三）原文不清——编者注
（四）借阅统计之编制报告事项
（五）指定参考书之管理事项
（六）借书罚款之收受、登账、保管、报告事项
（七）阅览桌椅及电灯泡之管理事项
（八）阅览室之布置、管理、清洁卫生事项
十一、参考股执掌事务如下：
（一）参考资料之搜集、整理、保管事项
（二）参考询问之名单事项
十二、典藏股执掌事务如下：
（一）图书之点收、陈列、保管事项
（二）图书清查事项
（三）图书损失之报告事项
（四）入库人之检查事项
十三、工院分馆执掌事务如下：

（一）代表本馆与工院师生接洽事务
（二）图书介绍单之收受、转交事项
（三）图书、期刊、日报之点收、登记、陈列、保管事项
（四）图书、期刊、日报之借阅事项
（五）图书影片之点收、阅读事项
（六）阅读统计之编制、报告事项
（七）图书、期刊、日报之点查、报告事项
（八）工院阅览室及桌椅、电灯泡、汽灯之管理事项
十四、师院分馆执掌事务与工院分馆同。
十五、中山室执掌事务如下：
（一）总理遗教及古今圣者选著之收集、征集事项
（二）上项书籍之陈列、管理事项
（三）上项书籍之目录卡片缮写、排列、撤消事项
（四）抗战有关之图书、期刊、日报之征购、点收、陈列、保管事项
（五）中山室之□□管理事项
十六、本规程如有未尽事宜得随时修改之。
十七、本规程经常务委员会通过实行之。

{《国立西南联合大学史料》（6）经费、校舍、设备卷，第 290—294 页}